Les aventures de Télémaque

LES AVENTURES

DE

TÉLÉMAQUE

FÉNELON

LES AVENTURES

DE

TÉLÉMAQUE

SUIVIES DES AVENTURES D'ARISTONOÜS

PAR

FÉNÉLON

NOUVELLE ÈDITION

ACCOMPAGNÉE DE NOTES PHILOLOGIQUES ET LITÉRAIRES

ORNÉE DE NOMBREUSES GRAVURES

ET PRÉCÉDÉE DE

L'ÉLOGE DE FÉNELON PAR HARPE

PARIS
LIBRAIRIE GARNIER FRÈRES
6, Rue des Saints-Pères, 6

AVERTISSEMENT DES ÉDITEURS

L'édition donnée en 1824 par M. Lefèvre est celle
que nous avons suivie pour cette réimpression
classique M. Lefèvre avait choisi le texte excellent
donné d'après les manuscrits, par l'abbé Caron. Il
avait adopté la division du *Télémaque* en dix-huit
livres au lieu de vingt-quatre qu'on trouve dans
beaucoup d'éditions. Les manuscrits prouvent, en
effet, que la division en dix-huit livres est la véritable, celle qui fut faite par Fénelon lui-même.

M. Lefèvre a enrichi son édition de notes dont les
principales indiquent les imitations de l'antiquité,
si nombreuses chez Fénelon, et reproduisent le
texte original des endroits imités. Voulant offrir au
public, et notamment à la jeunesse lettrée, une édition classique du *Télémaque*, nous avons reproduit

toutes les notes utiles à conserver, toutes celles qui contiennent des rapprochements et des points de comparaison instructifs.

L'éloge de Fénelon par La Harpe, avec les notes qui l'accompagnent et le complètent, sera lu, nous le croyons, avec plaisir. Quelques-unes de ces pages, trop oubliées peut-être, sont un hommage éloquent rendu à l'un des plus beaux génies de la France.

ÉLOGE[1]

DE FÉNELON[2]

PAR LA HARPE

Non illum Pallas, non illum carpere livor
Possit.   OVIDE.

Parmi les noms célèbres qui ont des droits aux éloges publics et aux hommages des peuples, il en est que l'admiration a consacrés, qu'il faut honorer sous peine d'être injuste, et qui se présentent devant la postérité environnés d'une pompe imposante et des attributs de la grandeur. Il en est de plus heureux qui réveillent dans les cœurs un sentiment plus flatteur et plus cher, celui de l'amour; qu'on ne prononce point sans attendrissement, qu'on n'oublierait pas sans ingratitude ; que l'on exalte à l'envi, non pas tant pour remplir le devoir de l'équité, que pour se livrer au plaisir de la reconnaissance; et qui, loin de rien perdre en passant à travers les âges, recueillent sur leur route de nouveaux honneurs, et arriveront à la dernière postérité, précédés des acclamations de tous les peuples, et chargés des tributs de tous les siècles.

Tels sont les caractères de gloire qui appartiennent aux vertus aimables et bienfaisantes, et aux talents qui les inspirent. Tels sont ceux du grand homme que la nation

---

[1] Cet éloge est imprimé d'après la dernière édition publiée a Paris, du vivant de l'auteur. C'est le discours que l'Académie française a couronné en 1771, et non celui qu'on trouve dans le tome III des Œuvres choisies et posthumes de La Harpe. (LEF.....)

[2] François de Salignac de La Motte-Fénelon, né le 6 août 1651, au château de Fénelon, en Périgord : il était fils de Pons de Salignac, marquis de Fenelon, et de Louise de La Crople, sœur du marquis de Saint-Abre. (RAMSAY.)

célèbre aujourd'hui par la voix de ses orateurs, et sous les
auspices de sa première académie. Fénelon est parmi les
gens de lettres ce que Henri IV est parmi les rois. Sa réputation est un dépôt conservé par notre amour, et son pané-
gyriste, quel qu'il soit, est surpassé d'avance par la sensibilité de ceux qui l'écoutent. Il n'est peut-être aucune classe
d'hommes à qui l'on ne puisse offrir son éloge, et qui ne
doive s'y intéresser. Je dirai aux littérateurs : il eut l'é-
loquence de l'âme et le naturel des anciens; aux ministres
de l'Église : il fut le père et le modèle de son peuple ; aux
controversistes : il fut tolérant, il fut docile; aux courtisans:
il ne rechercha point la faveur et fut heureux dans la disgrâce ; aux instituteurs des rois : la nation attendait son
bonheur du prince qu'il avait élevé ; à tous les hommes : il
fut vertueux, il fut aimé. Ses ouvrages furent des leçons
données par un génie ami de l'humanité à l'héritier d'un
grand empire. Ainsi je rapprocherai l'histoire de ses écrits
de l'auguste éducation qui en fut l'objet ; je le suivrai de la
gloire à la disgrâce, de la cour à Cambrai, sur le théâtre
de ses vertus épiscopales et domestiques ; et je puis remarquer d'avance comme un trait rare, et peut-être unique,
que l'honneur d'être compté parmi nos premiers écrivains,
qui suffit à l'ambition des plus beaux génies, est le moindre
de Fénelon.

PREMIÈRE PARTIE

Entre les avantages que Fénelon dut à la nature ou à la
fortune, à peine faut-il compter celui de la naissance. Un
homme tel que lui devait répandre sur ses ancêtres plus
d'illustration qu'il n'en pouvait recevoir. Un hasard plus
heureux peut-être, c'était d'être né dans un siècle où il pût
prendre sa place. Cette âme douce et tendre, toute rem-
plie de l'idée du bonheur que peuvent procurer aux nations
policées les vertus sociales et les sacrifices de l'intérêt et
des passions, se serait trouvée trop étrangère dans ces
temps d'ignorance et de barbarie où l'on ne connaissait de
prééminence que la force qui opprime, ou la politique qui
trompe. Sa voix se fût perdue parmi les clameurs d'une multitude grossière et dans le tumulte d'une cour orageuse.
Ses talents eussent été méconnus ou ensevelis ; mais la

nature le plaça dans un temps de lumière et de splendeur. Lorsque après des études distinguées qui annonçaient déjà tout ce qu'il serait un jour, après les épreuves nécessaires pour être admis aux honneurs du sacerdoce, il parut à la cour de Louis XIV, la France était à son époque la plus brillante ; le trône s'élevait sur des trophées, et ne foulait point les peuples. Le monarque, entouré de tous les arts, était digne de leurs hommages et leur offrait son règne pour objet de leurs travaux. L'activité inquiète et bouillante du caractère français, longtemps nourrie de troubles et de discordes, semblait n'avoir plus pour aliment que le désir de plaire au héros couronné qui daignait encore être aimable. L'ivresse de ses succès et les agréments de sa cour avaient subjugué cette nation sensible qui ne résiste ni aux grâces ni à la gloire. Les sentiments qu'il inspirait étaient portés jusqu'à un excès d'idolâtrie dont l'Europe même donnait l'excuse et l'exemple. Tout était soumis et se glorifiait de l'être ; il n'y avait plus de grandeur qu'au pied du trône, et l'adulation même avait pris l'air de la vérité et le langage du génie.

Fénelon, apportant au milieu de la cour la plus polie de l'univers des talents supérieurs, des mœurs douces, des vertus indulgentes, devait être accueilli par tout ce qui avait assez de mérite pour sentir le sien et attirer les regards d'un maître à qui nulle espèce de mérite n'échappait. Dès l'âge de dix-neuf ans[1] il s'était essayé dans le ministère de la parole évangélique, et avait réussi après Bossuet et Bourdaloue. Ses succès même avaient été si brillants, que son oncle, le marquis de Fénelon, homme de mœurs sévères et d'une probité respectée, craignit que le jeune apôtre ne se livrât trop aux impressions d'une gloire mondaine, et l'obligea de se renfermer dans les fonctions les plus obscures d'un état dont tous les devoirs sont également sacrés. Il fallut, dans l'âge où l'on est avide de succès et plein du sentiment de ses forces, que ce génie naissant ralentît son essor et descendît de sa hauteur. Cette première épreuve, qui était pénible, parut cependant ne pas coûter beaucoup à sa docilité naturelle. Il étudia tous les exercices de la religion et de la piété sous la conduite du supérieur de Saint-Sulpice[2] ; mais ceux qui le voyaient obéir le jugèrent bientôt digne de

[1] En 1670.
[2] M. Tronson.

commander. On crut pouvoir confier à sa jeunesse[1] une
place qui semblait demander de la maturité, celle de supérieur des Nouvelles Catholiques. C'étaient, pour la plupart,
de jeunes personnes arrachées à l'hérésie, et qu'il fallait
affermir dans une croyance qui n'était pas celle de leurs
pères. Pour cet emploi, sans doute, on ne pouvait mieux
choisir. Personne n'était plus capable que lui de tempérer
l'austérité de sa mission en faveur d'un sexe délicat et
sensible, près de qui le don de persuader ne peut guère
être séparé de celui de plaire, et à qui le législateur de
l'Evangile n'a jamais adressé que des paroles de grâce, de
clémence et de paix. Là commencèrent à se développer
les qualités apostoliques de Fénelon. C'est alors qu'il com-
posa le *Traité de l'Education des Filles* et celui du *Ministere
des Pasteurs*, premières productions de sa plume. Le bruit
de ses travaux vint jusqu'aux oreilles de Louis XIV, d'autant plus flatté de ce genre de succès, qu'il croyait sa
gloire intéressée à effacer jusqu'aux derniers vestiges du
calvinisme. C'est à regret, c'est en gémissant que, pour ne
pas trahir la mémoire de Fénelon, je rappelle ici des violences exercées contre des sujets paisibles, qu'on pouvait
ramener par la tolérance, ou du moins contenir par l'autorité. Je ne recherche point le triste plaisir d'accuser les
mânes d'un monarque illustre. En déplorant ces abus horribles dont je suis forcé de parler, je ne les impute ni au
prince, qui fut séduit, ni à la religion, qui les désavoue,
ni à la nation, qui les condamne. Mais je ne dois pas
omettre l'un des plus beaux traits de la vie de Fénelon,
celui qui décela le premier toute la bonté de son âme et la
supériorité de ses lumières. Le roi le charge [2] d'une mission dans la Saintonge et dans l'Aunis ; mission, il faut
bien le dire, qui devait comme les autres être soutenue par
les armes, et escortée de soldats. Qu'il ait eu horreur de
cet affreux ministère, ce n'est pas ce que j'admire. Etait-
il donc le seul qui éprouvât un sentiment si juste et si na-

---

[1] Fénelon avait environ vingt-sept ans lorsqu'il fut nommé supérieur des Nouvelles Catholiques, par M. de Harlay, archevêque de
Paris (RAMSAY.)

[2] En 1686 — Fénelon revint à Paris en 1687 et se présenta
devant le roi ; mais il fut plus de deux ans après sans retourner à
la cour. Il reprit ses fonctions de supérieur des Nouvelles Catholiques. (RAMSAY.)

turel ? Ferons-nous cette injure à une nation telle que la
nôtre, de croire que lui seul connût alors l'humanité ?
Non, mais lui seul la défendit. Hélas! il est si commun
d'être humain par caractère et cruel par principe ! On ne
connaît que trop cette pitié stérile et barbare qui plaint les
malheureux qu'elle immole. Ce n'était pas celle de Fénelon. Une sensibilité profonde et éclairée, qui, lorsqu'i
s'agit de morale, devient une raison sublime, l'élevait alors
au-dessus de son siècle, et lui faisait voir les suites funestes
de ce système d'oppression. Il déclare qu'il ne se chargera
pas de porter la parole divine, si on lui donne des soutiens
qui la déshonorent, et qu'il ne parlera au nom de Dieu et
du roi que pour faire aimer l'un et l'autre. Ce courage de
la vérité imposa aux préjugés et au pouvoir. Deux provinces, grâce à ses soins, furent préservées du fléau de la
persécution qui en accablait tant d'autres. Lui seul offrit à
la religion des conquêtes dignes d'elle et de lui. D'autres
se contentèrent de gémir en exécutant des ordres rigoureux, d'autres eurent des remords : lui seul eut de la vertu.

S'il est pour l'homme vertueux une récompense qui
puisse le toucher après le témoignage de son propre cœur,
c'est l'amitié de ceux qui lui ressemblent, et c'est le tribut
que recueillit Fénelon en reparaissant à Versailles. Les
Beauvilliers, les Chevreuse, les Langeron [1], parurent s'ho-

---

[1] M. le duc de Beauvilliers, gouverneur des princes, cachait, sous
une grande simplicité de mœurs, des vertus rares. Ennemi du
faste, guéri de l'ambition, détaché des richesses, il était modeste,
libéral, doux, vrai, poli et mesuré en tout. Etant ministre d'Etat,
la base de sa politique était l'amour de la justice : c'était sa vertu
dominante ; il lui sacrifiait ses propres goûts, ses amitiés personnelles et les intérêts mêmes de sa famille. Toutes ces grandes qualités
etaient relevées par une piété éminente qui rapportait tout à Dieu.

M. le duc de Chevreuse avait été elevé par MM. de Port-Royal
Des maîtres si habiles ne négligèrent rien pour cultiver ses talents
naturels. Il avait des connaissances rares pour une personne de
son rang, une eloquence aisée, le génie étendu, capable de remonter en tout aux principes et de former les plus grands projets. Si
son esprit avait quelques défauts, ils ne venaient que de l'abondance de ses vues. Son abord était facile, gracieux et modeste; sa
politesse noble, delicate et simple; son naturel doux, affable et
liant. Il vivait dans sa famille, avec ses enfants, en bon ami autant
qu'en bon père. Son âme paraissait toujours égale et tranquille,
malgré sa vivacité naturelle. En un mot, la piété avait uni les

norer du titre de ses amis. Les belles âmes se jugent,
s'entendent et se recherchent. Ces hommes rares se faisaient respecter par une conduite irréprochable et des
connaissances étendues, dans une cour où les principes
de l'honneur et l'élévation du caractère entraient pour
beaucoup dans les talents de plaire et les moyens de
s'agrandir. Content de leurs suffrages, heureux dans leur
société, Fénelon négligeait d'ailleurs tout ce qui pouvait
l'avancer dans la carrière des dignités ecclésiastiques ; il
les méritait trop pour les briguer Il est bien rare que les
distributeurs des grâces, même en reconnaissant le mérite,
aillent au-devant de lui. La vanité veut des clients, et
l'intérêt veut des créatures. Fénelon, recommandé par la
voix publique, allait pourtant être nommé à l'évêché de
Poitiers ; il était même inscrit sur la feuille ; mais ses
concurrents mirent plus d'art à le traverser qu'il n'en mit
à se maintenir ; il fut rayé, et déjà s'ouvrait devant lui
un autre champ de gloire et de travaux. L'éducation du
petit-fils de Louis XIV devenait un objet de rivalité entre
tout ce que la cour avait de plus éminent en mérite. Beauvilliers, gouverneur du jeune prince, devait désirer un
associé tel que Fénelon Louis XIV crut Beauvilliers et la
renommée, et Fénelon fut chargé de former un roi [1].

vertus humaines et divines dans un tel degré, qu'il était tout ensemble bon chrétien, bon citoyen et parfait ami.
M. l'abbé de Langeron, lecteur des princes, avait été de tout
temps l'ami intime, et, en quelque façon, l'eleve de M de Fenelon.
Il s'etait appliqué aux sciences sérieuses qui forment le jugement,
aussi bien qu'aux belles-lettres qui ornent l'esprit. Son naturel était
gai et aimable, son cœur rempli de sentiments nobles et tendres :
jamais on n'a vu un meilleur ami. La disgrâce de M. de Fenelon,
qui attira la sienne, le rendit insensible a sa fortune, pour ne
sentir que le plaisir de suivre son ami dans l'exil et de passer le
reste de ses jours avec lui. Tels étaient les amis de M de Cambrai. (RAMSAY.)

[1] L'abbé Fenelon entra chez les princes à l'âge de trente-huit
ans, en septembre 1689. Louis XIV le nomma précepteur du duc
de Bourgogne, sans aucune sollicitation de sa part. Tout le monde
applaudit à ce choix, et surtout M. l'évêque de Meaux, qui écrivit
la lettre suivante a Mme de Fenelon, fille du marquis de Fénelon, oncle de l'illustre abbé :

« A Germigny, ce 9 d'août 1689.

« Hier, Madame, je ne fus occupé que du bonheur de l'Église et

L'orgueil peut être flatté d'un pareil choix ; l'ambition peut s'en applaudir. Combien les sentiments qu'éprouve Fénelon sont plus nobles et plus purs! Cette âme, enflammée de l'amour des hommes, va donc travailler pour leur bonheur! Elle pourra faire passer dans l'âme d'un prince ce feu sacré qui l'anime elle-même, et qui, semblable au feu de Vesta, qui assurait jadis les destins de Rome tant qu'il brûlait sur les autels, assurerait de même le bonheur des empires, s'il brûlait toujours dans le cœur des souverains! Combien Fénelon se croit heureux! Ses pensées ne seront point vaines et ses vœux ne seront point stériles. Tout ce qu'il a conçu et désiré en faveur du genre humain va germer dans le sein de son auguste élève, pour porter un jour des fruits de gloire et de prospérité. Il va se faire entendre à cette âme neuve et flexible ; il la nourrira de vérités et de vertus ; il y imprimera les traits de sa ressemblance. Voilà le bonheur dont il jouit. Telle était, s'il est permis de s'exprimer ainsi, telle était la pensée du Créateur, quand il dit : « Faisons l'homme à notre image ».

Plein de ces grandes espérances, il embrasse avec transport les laborieuses fonctions qui vont occuper sa vie. Cesser d'être à soi, et n'être plus qu'à son élève ; ne plus se permettre une parole qui ne soit une leçon, une démarche qui ne soit un exemple ; concilier le respect dû à l'enfant qui sera roi, avec le joug qu'il doit porter pour apprendre à l'être ; l'avertir de sa grandeur, pour lui en tracer les devoirs et pour en détruire l'orgueil ; combattre des penchants que la flatterie encourage, des vices que la séduction fortifie ; en imposer par la fermeté et par les mœurs au sentiment de l'indépendance si naturel dans un prince ; diriger sa sensibilité et l'éloigner de la faiblesse ; le blâmer souvent sans perdre sa confiance ; le punir quelquefois sans perdre son amitié ; ajouter sans cesse à l'idée de ce qu'il doit, et restreindre l'idée de ce qu'il peut ; enfin ne tromper jamais ni son disciple, ni l'État, ni sa conscience, tels sont les devoirs

« de l'État. Aujourd'hui, j'ai eu le loisir de réfléchir avec plus
« d'attention sur votre joie. Elle m'en a donné une très sensible.
« Monsieur votre père, un ami si cordial et si sensible, m'est revenu
« dans l'esprit. Je me suis représenté comme il serait à cette occasion,
« en voyant l'éclat d'une vertu qui se cachait avec tant de soin.
« Recevez, je vous en conjure, les témoignages de ma joie et les
« assurances du respect avec lequel je suis, etc. » (RAMSAY.)

que s'impose un homme à qui le monarque a dit : Je vous
donne mon fils; et à qui les peuples disent : Donnez-nous
un père.

A ces difficultés générales se joignaient des obstacles
particuliers qui appartenaient au caractère du jeune prince.
Avec des qualités heureuses, il avait tous les défauts qui
résistent le plus au frein de la discipline : un naturel hautain, qui s'offensait des remontrances et s'indignait des
contradictions; une humeur violente et inégale, qui se
manifestait tantôt par l'emportement, tantôt par le caprice;
une disposition secrète à mépriser les hommes, qui perçait
à tout moment : voilà ce que l'instituteur eut à combattre, ce
que lui seul peut-être pouvait surmonter. Il y avait deux
écueils également à craindre pour lui, et où viennent
échouer presque tous ceux qui se condamnent à élever la
jeunesse : c'était ou de céder par lassitude ou par faiblesse
à des penchants si difficiles à rompre, ou d'aigrir et de
révolter sans retour une âme si prompte et si fière, en la
heurtant avec trop peu de ménagement. Mais Fénelon ne
pouvait être dur, et il sut n'être pas faible. Il n'ignorait
pas que dans tous les caractères il y a une impulsion irrésis-
tible dont on ne peut briser le ressort, mais que l'on peut
tromper et détourner par degrés en la dirigeant vers un
but. Le duc de Bourgogne avait l'âme impérieuse, et pleine
de tous les désirs de la domination. Son maître sut tourner
cette disposition dangereuse au profit de l'humanité et de la
vertu. Sans trop blâmer son élève de se croire fait pour
commander aux hommes, il lui fit sentir combien son
orgueil se proposait peu de chose en ne voulant d'autre
empire que celui dont il recueillerait l'héritage, comme on
hérite du patrimoine de ses pères, au lieu d'ambitionner cet
autre empire fait pour les âmes vraiment privilégiées et
fondé sur les talents qu'on admire et sur les vertus qu'on
adore. Il s'emparait ainsi de cette âme dont la sensibilité
impétueuse ne demandait qu'un aliment. Il l'enivrait du
plaisir si touchant que l'on goûte à être aimé, du pouvoir si
noble que l'on exerce en faisant du bien, de la gloire si
rare que l'on obtient en se commandant à soi-même.
Lorsque le prince tombait dans ces emportements dont il
n'était que trop susceptible, on laissait passer ce moment
d'orage où la raison n'aurait pas été entendue. Mais dès ce
moment tout ce qui l'approchait avait ordre de le servir en

silence et de lui montrer un visage morne. Ses exercices
mêmes étaient suspendus; il semblait que personne n'osât
plus communiquer avec lui, et qu'on ne le crût plus digne
d'aucune occupation raisonnable. Bientôt, le jeune homme,
épouvanté par sa solitude, troublé de l'effroi qu'il inspirait,
ne pouvant plus vivre avec lui ni avec les autres, venait
demander grâce et prier qu'on le réconciliât avec lui-même.
C'est alors que l'habile maître, profitant de ses avantages,
faisait sentir au prince toute la honte de ses fureurs, lui
montrait combien il était triste de se faire craindre et de
s'entourer de consternation. Sa voix paternelle pénétrait
dans un cœur ouvert à la vérité et au repentir, et les larmes
de son élève arrosaient ses mains. Ainsi c'était toujours
dans l'âme du prince qu'il prenait les armes dont il combattait ses défauts : il ne l'éclairait que par le témoignage
de sa conscience, et ne le punissait qu'en le faisant rougir
de lui-même. Cette espèce de châtiment est sans doute la
plus salutaire; car l'humiliation qui nous vient d'autrui est
un outrage, celle qui vient de nous est une leçon.

Il n'opposait pas un art moins heureux à la légèreté de
l'esprit et aux inégalités de l'humeur. La jeunesse est avide
d'apprendre, mais lasse aisément de l'étude : un travail
suivi lui coûte, il coûte même à la maturité. Fénelon, pour
fixer l'inconstance naturelle de son disciple, semblait toujours consulter ses goûts, que pourtant il faisait naître. Une
conversation qui paraissait amenée sans dessein, mais qui
toujours en avait un, réveillait la curiosité ordinaire à cet
âge et donnait à une étude nécessaire l'air d'une découverte
agréable. Ainsi passaient successivement sous ses yeux
toutes les connaissances qu'il devait acquérir, et qu'on
faisait ressembler à des grâces qu'on lui accordait, dont le
refus même devenait un punition. L'adresse du maître
nettait de l'ordre et de la suite dans ce travail en paraissant
n'y mettre que de la variété. Le prince s'accoutumait à
l'application, et sentait le prix du savoir. Un des secrets de
l'instituteur était de paraître toujours le traiter en homme,
et jamais en enfant. On gagne beaucoup à donner à la
jeunesse une haute opinion de ce qu'elle peut faire; elle
vous croit aisément quand vous lui montrez de l'estime. Cet
âge n'a que la candeur de l'amour-propre, et n'en a pas les
défiances.

A des **soins si sagement** ménagés et si constamment

suivis, que l'on joigne la douceur attirante et affectueuse
de Fénelon, sa patience inaltérable, la flexibilité de son
zèle et ses inépuisables ressources quand il s'agissait d'être
utile, et l'on ne sera pas surpris du prodigieux changement
qu'on remarqua dans le jeune prince, devenu depuis l'idole
de la cour et de la nation. Oh ! si nous pouvions réveiller
du sommeil de la tombe les générations ensevelies, ce serait
à elles de prendre la parole, de tracer le portrait de ce prince,
qui serait vraiment l'éloge de Fénelon. « C'est lui, diraient-
« elles, dont l'enfance nous avait donné des alarmes, dont
« la jeunesse nous rendit l'espérance, dont la maturité
« nous transporta d'admiration, dont la mort trop prompte
« nous a coûté tant de larmes. C'est lui que nous avons vu
« si affable et si accessible dans sa cour, si compatissant pour
« les malheureux, adoré dans l'intérieur de sa maison.
« ami de l'ordre, de la paix et des lois C'est lui qui, lors-
« qu'il commanda les armées, était le père des soldats,
« les consolait dans leurs fatigues, les visitait dans leurs
« maladies ; c'est lui dont l'âme était ouverte à l'attrait des
« beaux-arts, aux lumières de la philosophie ; lui qui fut
« le bienfaiteur de La Fontaine ; c'est lui que nous avons
« vu verser, sur les misères publiques, des pleurs qui nous
« promettaient de les réparer un jour. Hélas! les nôtres
« ont coulé trop tôt sur ses cendres; et quand le grand
« Louis fut frappé dans sa prospérité de tant de coups à la
« fois, nous avons vu descendre dans le cercueil l'espoir
« de la France et l'ouvrage de Fénelon. »

Ce qui peut achever l'éloge du maître et du disciple,
c'est le tendre attachement qui les liait l'un à l'autre, et
qui ne finit qu'avec leur vie [1]. Le duc de Bourgogne voulut toujours avoir pour ami et pour père son respectable ins-

---

[1] Lorsque le duc de Bourgogne alla faire la campagne de Flandre,
en 1708, Louis XIV lui défendit de parler en particulier à Fénelon.
L'archevêque de Cambrai vint à l'hôtellerie de la poste où ce prince
devait descendre et fut présent à son dîner. Au moment où le duc
de Bourgogne se leva de table, tous les courtisans sortirent de l'ap-
partement. Ce jeune prince, qui était dans sa vingt-cinquième
année, se voyant seul alors avec Fénelon, lui sauta au cou, les yeux
baignés de larmes, et lui dit d'une voix entrecoupée de sanglots :
*J'ai fait le plus pénible effort de ma vie. Adieu, mon bon ami, je
sais ce que je vous dois. vous savez ce que je vous suis.* (*Le cardinal* Maury.)

tituteur. On ne lit point sans attendrissement les lettres
qu'ils s'écrivaient. Plus capable de réflexion, à mesure
qu'il avançait en âge, le prince se pénétrait des principes
de gouvernement que son éducation lui avait inspirés, et
l'on croit que, s'il eût régné, la morale de Fénelon eût été
la politique du trône. Ce prince pensait (du moins il est permis
de le croire en lisant les écrits faits pour l'instruire) que les
hommes, depuis qu'ils ont secoué le joug de l'ignorance
et de la superstition, sont dignes de ne plus porter que
celui des lois dont les rois justes sont les vivantes images,
que les monarques, ayant dans leurs mains les deux grands
mobiles de tout pouvoir, l'or et le fer, et redevables aux progrès des lumières du progrès de l'obéissance, en doivent
d'autant plus respecter les droits naturels des peuples qui
ont mis sous la protection du trône tout ce qu'ils ne peuvent
plus défendre ; que l'autorité, qui n'a plus rien à faire pour
elle-même, est comptable de tout ce qu'elle ne fait pas pour
l'État ; qu'on ne peut alléguer aucune excuse à des peuples
qui souffrent et qui obéissent ; que les plaintes de la soumission sont sacrées, et que les cris du malheur, s'ils sont
repoussés par le prince, montent au trône de Dieu ; qu'il
n'est jamais permis de tromper ni ses sujets, ni ses ennemis, et qu'il faut, s'il est possible, ne faire sentir aux uns
et aux autres ni trop de faiblesse, ni trop de puissance ;
que toutes les nations étant fixées dans leurs limites, et ne
pouvant plus craindre ni méditer ces grandes émigrations
qui jadis ont changé la face de l'univers, la fureur de la
guerre est une maladie des rois et des ministres, dont les
peuples ne devraient ressentir ni les accès, ni les fléaux ;
qu'enfin, excepté ces moments de calamité où l'air est
infecté de vapeurs mortelles, et où la terre refuse le tribut
de ses moissons, excepté ces jours de désastres marqués
par les rigueurs de la nature, dans tout autre temps, lorsque les hommes sont malheureux, ceux qui les gouvernent
sont coupables.

Telles sont les maximes répandues en substance dans
les *Dialogues des Morts*, ouvrage rempli des notions les plus
saines sur l'histoire, et des vues les plus pures sur l'administration ; dans les *Directions pour la Conscience d'un
Roi*[1], que l'on peut appeler l'abrégé de la sagesse et le

[1] Cet ouvrage fut le fruit de la correspondance secrète que l'on

catéchisme des princes ; mais surtout dans le *Télémaque*,
chef-d'œuvre de son génie, l'un des ouvrages originaux du
dernier siècle, l'un de ceux qui ont le plus honoré et em-
belli notre langue, et celui qui plaça Fénelon parmi nos
plus grands écrivains [1].

Son succès fut prodigieux, et la célébrité qu'il eut
n'avait pas besoin de ces applications malignes qui le firent
rechercher encore avec plus d'avidité, et laissèrent dans
l'âme de Louis XIV des impressions qui ne s'effacèrent

chevêque de Cambrai entretint avec le duc de Bourgogne, qui lisait
souvent ce recueil, mais en le remettant aussitôt entre les mains de
M. le duc de Beauvilliers, dont la veuve le rendit ensuite à la famille de l'auteur. Si cet ouvrage se fût trouvé dans le cabinet de
l'héritier du trône, après sa mort, Mme de Maintenon y aurait probablement aperçu beaucoup plus de prétendues allusions que dans
le *Télémaque*. Heureusement, le secret de Fenelon lui avait été bien
gardé Voici ce que Mme de Maintenon écrivit au duc de Beauvilliers, après avoir lu avec le roi tous les papiers que le duc de
Bourgogne avait laissés dans son cabinet au moment où la France
venait de perdre le dauphin : « Je voulais vous envoyer tout ce que
« j'ai trouvé de M. de Cambrai dans la cassette de M. le dauphin :
« mais le roi a brûlé lui-même tous ces papiers*. Je vous avoue
« que j'en ai un grand regret. Jamais on n'écrivit rien de si beau
« et de si bon. Si le prince que nous pleurons a eu quelques défauts,
« ce n'est pas pour avoir reçu des conseils trop timides, ni qu'on
« l'ait trop flatte. On peut dire que ceux qui vont droit ne sont
« jamais confus. » (*Le cardinal* MAURY.)

[1] Un valet de chambre de M. de Fenelon écrivit le *Télémaque*
sous la dictee de son auteur, et le fit imprimer furtivement d'apres
une copie qu'il en avait gardée Cet ouvrage parut, pour la première fois, en 1698. De rigoureuses defenses empêcherent l'impression de cette belle production littéraire, dans le royaume, pendant
la vie de Louis XIV. On fit des visites très exactes chez les imprimeurs. On aurait anéanti ce chef-d'œuvre, s'il n'en avait point
existe de copie hors de la librairie de Paris. Lorsque Louis XIV
signa l'ordre d'arrêter *Arnauld*, Boileau dit ingenieusement : *Le
Roi fait chercher M. Arnauld ; mais le Roi est trop heureux pour
le trouver.* Dans les dernières années de sa vie, le roi n'était plus
heureux : il trouva le *Telemaque.* On molesta les imprimeurs : les
editions clandestines furent confisquées et livrées aux flammes...
Le cardinal MAURY.)

On peut croire que si le manuscrit des *Directions* se fût trouvé dans
le cabinet du duc de Bourgogne, Louis XIV aurait également brûlé ce
precieux ouvrage.

point [1]. La France le reçut avec enthousiasme, et les
étrangers s'empressèrent de le traduire. Quoiqu'il semble
écrit pour la jeunesse, et particulièrement pour un prince,
c'est pourtant le livre de tous les âges et de tous les
esprits. Jamais on n'a fait un plus bel usage des richesses
de l'antiquité et des trésors de l'imagination. Jamais la
vertu n'emprunta, pour parler aux hommes, un langage
plus enchanteur, et n'eut plus de droits à notre amour.
Là se fait sentir davantage ce genre d'éloquence qui est
propre à Fénelon ; cette onction pénétrante ; cette élocution persuasive ; cette abondance de sentiment qui se répand de l'âme de l'auteur, et qui passe dans la nôtre ;
cette aménité de style qui flatte toujours l'oreille et ne la
fatigue jamais ; ces tournures nombreuses où se dévelop-
pent tous les secrets de l'harmonie périodique, et qui,
pourtant, ne semblent être que les mouvements naturels
de sa phrase et les accents de sa pensée ; cette diction
toujours élégante et pure qui s'élève sans effort, qui se
passionne sans affectation et sans recherche ; ces formes
antiques qui sembleraient ne pas appartenir à notre langue, et qui l'enrichissent sans la dénaturer ; enfin, cette
facilité charmante, l'un des plus beaux caractères du génie,
qui produit de grandes choses sans travail, et qui s'épan-
che sans s'épuiser.

Quel genre de beautés ne se trouve pas dans le *Télé-*

[1] Le *Télemaque* présente sans doute quelques réflexions que l'or.
peut détourner contre Louis XIV ; mais c'est une absurde injustice
de chercher dans cet ouvrage la censure allégorique et méditée de
ce grand roi ; il était même impossible d'avoir mieux combiné tous
les détails pour déconcerter les allusions, et pour échapper, autant
que possible, à l'inévitable fatalité des ressemblances. Nous croyons
que cette précaution généreuse occupait encore Fénelon écrivant
pour le bonheur des peuples, et qu'elle lui fit chercher cette con-
ception poétique, ces mœurs primitives, ces sociétés antiques si
éloignées du tableau de l'Europe moderne. Pourquoi, d'ailleurs,
aurait-il voulu peindre Louis XIV sous les traits de l'imprudent
Idoménée ou du sacrilège Adraste, plutôt que sous l'image du grand
et vertueux Sésostris ?... Mais non ; ces diverses images sont les
jeux d'une imagination variée qui cherche à multiplier d'intéressants
contrastes, aucune, en particulier, n'est le portrait du grand roi
dont le règne a formé la plus belle époque morale de l'Europe moderne. (M. VILLEMAIN, *art.* FÉNELON, *dans la Biographie universelle, etc.)*

maque ? L'intérêt de la fable, l'art de la distribution, le choix des épisodes, la vérité des caractères, les scènes dramatiques et attendrissantes, les descriptions riches et pittoresques, et ces traits sublimes qui, toujours placés à propos et jamais appelés de loin, transportent l'âme et ne l'étonnent pas.

Il avait formé son goût sur celui des anciens, c'est-à-dire que la trempe de son esprit se trouvait analogue à celle des meilleurs écrivains de la Grèce et de Rome ; car l'étude et la méthode ne servent qu'à mettre nos sentiments en principes, et c'est toujours notre caractère qui anime notre style, et qui lui donne son empreinte. En observant de près quel est ce caractère dans l'auteur du *Télémaque* et dans ses illustres modèles, on trouvera que c'est une sensibilité exquise du cœur et des organes. Il ne faut pas se méprendre à ce mot. Ce n'est point cette chaleur apprêtée qui couvre d'expressions vives et de figures violentes des idées communes ou fausses, comme un acteur médiocre gesticule avec force et pousse de grands cris, sans être ému et sans émouvoir. La sensibilité dont je parle résulte à la fois d'une âme prompte à s'affecter, et d'un esprit prompt à apercevoir ; c'est celle qui, ne résistant point à l'impression des objets, les rend comme elle les a reçus, sans songer à leur ajouter rien, mais aussi sans leur rien ôter ; qui, gardant les traces fidèles de ce qu'elle a éprouvé, se trouve toujours d'accord avec ce qu'ont éprouvé les autres, et leur raconte leurs sensations; c'est elle qui laisse tomber une larme au moindre cri, au moindre accent de la nature, mais qui demeure l'œil sec à toutes les contorsions de l'art ; qui dans ce qu'elle compose donne aux lecteurs plus de plaisir qu'ils ne lui supposent de mérite, leur inspire plus d'intérêt que d'admiration, et, se rapprochant toujours d'eux, les attache toujours davantage ; c'est elle qui faisait les vers de Racine, qui prête tant de charmes aux tendresses de Tibulle, et même à la négligence de Chaulieu : c'est elle enfin qui répandit sur les écrits de Fénelon des couleurs si douces et si aimables, et qui nous·y rappelle sans cesse, comme nous sommes rappelés vers une société qui nous charme, ou vers l'ami qui nous console.

Le discours qu'il prononça dans l'Académie, lorsqu'elle

le reçut parmi ses membres [1], la lettre qu'il lui adressa [2] sur la poésie, les *Dialogues sur l'Éloquence*, sont autant de monuments de la plus belle littérature et de la critique la plus lumineuse. Il est impossible, en les lisant, de ne pas aimer les anciens, la poésie, les arts, et surtout de ne pas l'aimer lui-même. Mais cet amour qu'il inspire à ses lecteurs n'a-t-il pas un peu égaré ceux qui ont voulu regarder le *Télémaque* comme un poème épique? C'est dans l'éloge même de Fénelon, c'est en invoquant ce nom cher et vénérable qui rappelle les principes de la vérité et du goût, qu'il faut repousser une erreur que sans doute il condamnerait lui-même. Ne confondons point les limites des arts, et ressouvenons-nous que la prose n'est jamais la langue du poète. Il suffit, pour la gloire de Fénelon, qu'elle puisse être celle du génie.

Le *Télémaque*, dérobé à la modestie de l'auteur, comme tous ses autres écrits, lui donnait une renommée qu'il ne cherchait pas ; l'archevêché de Cambrai, qu'il n'avait pas demandé, le mettait au rang des princes de l'Église [3], et l'éducation du duc de Bourgogne achevée, au rang des bienfaiteurs de l'État, lorsqu'une déplorable querelle [4], que son nom seul pouvait rendre fameuse, vint troubler son heureuse et brillante carrière, et versa les chagrins dans son cœur et l'amertume sur ses jours.

Arrêtons-nous un moment avant d'entrer dans ces tristes détails, et considérons le sort de l'humanité.

[1] Le 31 mars 1693.

[2] En 1714. — Le *Telemaque* n'est pas la seule production qui atteste le goût vif et pur de Fenelon pour l'antiquité ; tous ses écrits le respirent ; mais nul autre, peut-être, à un si haut degré que sa *Lettre à l'Académie française* C'est là que les plus beaux passages des écrivains du siècle d'Auguste se pressent dans sa mémoire, s'accumulent sous sa plume, et reçoivent ces commentaires courts et rapides ou se peignent si bien son exquise sensibilité, sa profonde admiration, son doux enthousiasme. Ce qui prouve combien ces sentiments sont naturels a Fenelon, c'est qu'ils s'épanchent, non seulement dans les ouvrages faits pour le public, mais dans des lettres particulières écrites longtemps avant qu'il fût auteur, qu'il pensât même à le devenir, à peine au sortir de ses études.

[3] Fénelon fut nommé a l'archeveche de Cambrai le 8 février 1695.

[4] Le livre des *Maximes des Saints*, qui donna lieu a cette *deplorable querelle,* parut à la fin de janvier 1697.

Comment cet homme si aimé, et si digne de l'être, trouva-
t-il des persécuteurs? Oh! que désormais nul mortel ne
se flatte d'échapper à la haine et à l'envie! la haine et
l'envie n'ont pas épargné Fénelon. Mais quoi! oublions-
nous que la disgrâce est le moment du grand homme? Ne
nous hâtons pas de le plaindre. Quand nous le verrons
aux prises avec le malheur, nous ne pourrons que l'admirer.

DEUXIÈME PARTIE

L'enthousiasme de religion est le plus puissant de tous
et le plus exalté. Comme il appartient tout entier à l'imagination, il est sans bornes comme elle. Il s'élance au delà
des temps et habite dans l'éternité. Il ajoute aux terreurs
d'une âme craintive, et le solitaire vit immobile, l'œil attaché sur les menaces de l'autre vie et sur les profondeurs
des enfers; il transporte une âme impétueuse, et l'ardent
missionnaire vole aux extrémités du monde pour y porter
les dogmes révélés, et y chercher le trépas; enfin, donnant
toujours à tous les caractères une nouvelle énergie, il dut
embraser l'âme pure et tendre de Fénelon de l'amour de
l'ordre, de la vérité et de la paix, réunis dans l'idée d'un
Dieu.

Puisque Fénelon était destiné à l'erreur, cette erreur,
au moins, ne pouvait être qu'un excès d'amour. C'était
l'essence de son caractère. L'amitié, toute sublime qu'elle
est quand elle est jointe à la vertu, ne suffisait pas à cette
intarissable sensibilité. Il lui fallait un objet immortel, et
l'on conçoit sans peine qu'il fut vivement frappé de l'idée
d'aimer toujours, et d'aimer sans intérêt et sans crainte.
Sa religion n'était qu'amour. Toutes ses pensées étaient
célestes. Il suffit de lire dans son *Télémaque* la description
de l'Élysée, pour voir combien il se transportait facilement
dans un autre ordre de choses. Ce morceau est le chef-
d'œuvre d'une imagination passionnée: toutes les expressions semblent au-dessus de l'humain. C'est la peinture
d'un bonheur qui n'appartient pas à l'homme terrestre, et
qui ne peut être conçu et senti que par une substance
immortelle. En le lisant, on est enlevé dans les cieux, et
l'on respire en quelque sorte l'air de l'immortalité. Ceux
qui ont observé que l'on a toujours réussi à peindre l'Enfer

et jamais le Paradis, n'ont qu'à jeter les yeux sur l'Élysée du *Télémaque*, et ils feront du moins une exception.

Plus susceptible qu'aucun autre d'affections extrêmes et de jouissances spéculatives, Fénelon parut avoir porté trop loin le plaisir d'aimer Dieu. Il n'est point de mon devoir de discuter cette controverse théologique, ni même d'examiner comment l'amour de Dieu a pu être l'objet d'une controverse. Je ne retracerai point non plus l'histoire de cette secte appelée *quiétisme*, et j'écarte de Fénelon cet odieux nom de secte, qui semble si peu fait pour lui. J'en crois ses protestations, renouvelées tant de fois pendant sa vie et au moment de sa mort, contre l'abus qu'on pourrait faire de ses expressions pour les tourner en hérésie, et je ne saurais croire que la secte de Fénelon ait pu jamais être autre chose que cette grande et respectable société d'hommes vertueux répandus sur la terre et éclairés par ses écrits. Ce qui intéresse sa mémoire et notre admiration, c'est le contraste de sa conduite avec celle de ses adversaires. Ce n'est pas qu'on veuille obscurcir du moindre nuage la victoire décernée à leur doctrine ; mais on ne peut se dissimuler tout ce que mêlèrent les intérêts humains à ces combats d'opinions et de dogmes. En parcourant les mémoires du siècle, on voit les athlètes de Port-Royal, fatigués de cette longue et pénible lutte où ils triomphaient par écrit, tandis qu'on les accablait par le pouvoir, se retirer de la lice avec adresse, et alarmer la religion et la cour sur une hérésie naissante. On arme la jalousie secrète de tous ceux qu'avait blessés l'élévation de l'archevêque de Cambrai. Desmarêts, l'évêque de Chartres, plus ardent que les autres, entraîne Mᵐᵉ de Maintenon, qu'il dirigeait. Cette adroite favorite, née avec un esprit délicat et un caractère faible, qui avait plus de vanité que d'ambition, et plus d'ambition que de sensibilité; qui ne pouvait ni être heureuse à la cour, ni la quitter; plus jalouse de gouverner le roi que l'Etat, et surtout plus savante à gouverner l'un que l'autre; cette femme qui eut une destinée singulière, sans laisser une réputation éclatante, avait aimé Fénelon comme elle aima Racine, et les abandonna tous les deux [1]. Elle fit plus,

---

[1] Mᵐᵉ de Maintenon eut toujours un fond de bienveillance pour Fénelon, mais elle n'osa jamais le défendre auprès du roi, qui avait des préventions personnelles contre lui. Malgré la plénitude

elle se joignit à ceux qui sollicitaient à Rome la condamnation de l'archevêque, soit qu'elle fût blessée, comme on
l'a dit, de n'avoir pas obtenu sur son esprit et sur ses opi-

de confiance et de tendresse dont le monarque honorait le dévouement de la compagne de sa vie, il y avait des circonstances et des
préventions avec lesquelles Mme de Maintenon n'osait mesurer ni
son esprit ni son courage. Quand on cherche dans le caractère de
ce monarque, ou dans la vie de l'archevêque de Cambrai, les véritables motifs de cette rigueur persévérante avec laquelle Fénelon
fut traité par son souverain, pendant les dix-huit dernières années
de sa vie, on les découvre peut-être dans la fameuse conversation
qu'ils eurent ensemble avant les disputes sur les *Maximes des Saints.*
Dans cette conversation, Fénelon s'abandonna sans contrainte à
toute la fécondité de son imagination, et Louis XIV, qui, voulant
toujours être roi, aimait à imprimer beaucoup de respect pour la
majesté de son rang comme de sa personne, ne goûta nullement
cette confiante liberté d'esprit avec laquelle il profitait de tous ses
avantages. Fénelon déplut au roi, non seulement par l'éblouissante
facilité de son élocution, mais aussi par l'austère singularité de ses
principes politiques. Le roi indiqua lui-même ce double mécon-
tement, lorsqu'il dit, après la conférence, qu'il venait de s'entretenir *avec le plus bel esprit et le plus chimerique de son royaume.*
Il est certain que Fénelon était l'homme de la cour et du siecle de
Louis XIV qui parlait le mieux *. Sa conversation était noble,
facile, abondante, variée, et pleine de traits. Or, quoique le roi
eût beaucoup d'esprit, quoiqu'il aimât et protégeât les lettres, il ne
pouvait souffrir qu'on montrât en sa présence une supériorité qui
humiliait son amour-propre... C'est donc au ressentiment de la
vanité, et non pas aux instigations de Bossuet, qu'il faut imputer
l'ardeur avec laquelle le roi poursuivit à Rome la condamnation de
Fénelon. (*Le cardinal* MAUR..')

On a cru que l'élocution brillante et facile de Fénelon gênait un
prince qui ne voulait, nulle part, sentir une autre prééminence que
la sienne. Mais si l'on jette les yeux sur une lettre où Fénelon, dans
l'épanchement de la confiance, avertissait Mme de Maintenon *que
Louis XIV n'avait aucune idée de ses devoirs de roi,* on supposera
sans peine qu'une opinion aussi dure, dont Fénelon paraît trop
pénétré pour n'en avoir jamais laissé échapper quelque révélation
indiscrète, ne dut pas rester complètement ignorée d'un monarque
accoutumé aux louanges, et qui pouvait s'offenser même d'un jugement moins sévère. (M. VILLEMAIN.)

* Une dame de la cour ayant demandé à Bossuet, dans le fort de sa
querelle theologique avec Fenelon, s'il était bien vrai que l'archevêque
de Cambrai eût réellement autant d'esprit que lui en attribuaient ses
admirateurs · *Ah! madame,* répondit Bossuet, *il en a jusqu'à faire trembler.* (D'ALEMBERT et *le cardinal* MAURY.)

nions tout l'ascendant qu'elle prétendait, soit qu'elle n'eût
jamais la force de résister à Louis XIV, alors conduit par
Bossuet. A ce nom justement respecté, à ce nom qu'on ne
peut pas confondre dans la foule des ennemis de Fénelon,
étouffons, s'il est possible, les idées peu favorables qui
s'élèvent dans tous les esprits. Ne voyons, dans la violence
de ses écrits et de ses démarches, que la dureté naturelle
à un esprit nourri de controverse, et le zèle inflexible d'un
théologien qui craint pour la sainte doctrine. Il n'est pas
en moi de fouiller dans le cœur d'un grand homme, pour
y chercher des sentiments peu propres à faire chérir sa
mémoire. Il est triste de représenter le génie persécutant
la vertu. Je veux croire que Bossuet, qui avait vu s'élever
la jeunesse de Fénelon et naître sa fortune et sa gloire, qui
même avait voulu lui imprimer de ses mains le caractère
de la dignité épiscopale [1], ne le vit pas avec les yeux d'un
concurrent, après l'avoir vu si longtemps avec les yeux
d'un père; qu'il était vraiment effrayé des erreurs de Fénelon, et non pas de ses succès et de sa renommée; qu'il poursuivit sa condamnation avec la vivacité d'un apôtre, plutôt
qu'avec l'animosité d'un rival, et qu'en demandant pardon
à Louis XIV [2] de ne lui avoir pas révélé plus tôt une hérésie
plus dangereuse encore que le calvinisme, il n'était agité
que des saintes terreurs d'un chrétien et d'un évêque, et
non pas animé de l'ambition d'un courtisan qui voulait se
rendre de plus en plus considérable, et qui flattait les dispositions secrètes du monarque, moins blessé peut-être
des *Maximes des Saints* que des maximes du *Télémaque* [3].

[1] Fénelon fut sacré dans la chapelle de Saint-Cyr, le 10 juin 1695,
par Bossuet, assisté des évêques de Châlons et d'Amiens. (RAMSAY.)

[2] Bossuet dénonça lui-même à Louis XIV, au milieu de sa cour,
l'hérésie de M. de Cambrai. Au moment où Fénelon était frappé
de ce coup sensible, l'incendie de son palais de Cambrai, la perte
de sa bibliothèque, de ses manuscrits, de ses papiers, mit son âme
à une nouvelle épreuve, et ne lui arracha d'autres plaintes que ces
paroles si touchantes et si vraies dans sa bouche : « Il vaut mieux
« que le feu ait pris à ma maison qu'à la chaumière d'un pauvre
« laboureur ». (M. VILLEMAIN, *Biographie universelle*, tome XIV,
page 288.)

[3] Quelques jours après que le *Télémaque* eut paru, Louis XIV
dit, en présence de Fagon, son premier médecin, et de Félix, son
premier chirurgien : « Je savais par le livre des *Maximes des*
« *Saints,* que M. de Cambrai avait un mauvais esprit; mais je ne

Mais, s'il est possible de contester sur les reproches qu'on a faits à Bossuet, on ne peut pas se refuser aux éloges que mérita Fénelon. Jamais on n'a su mieux accorder cette fermeté qui naît de l'intime persuasion et du témoignage de la conscience avec l'inaltérable modération, que les violences et les outrages ne peuvent ni vaincre ni fatiguer. En même temps qu'il persévère à désavouer les conséquences que l'on tire de ses principes, en même temps qu'il persiste dans le refus d'une rétractation qui pouvait prévenir sa disgrâce, il déclare que s'il ne croit pas devoir céder à ses adversaires, qui interprètent mal ses pensées, il ne résistera jamais à l'autorité du Saint-Siège, qui a le droit de les juger. Il attend ce jugement avec une soumission profonde; il ne se plaint ni des déclamations injurieuses qu'on se permet contre lui, ni des manœuvres qu'on emploie pour le perdre : lui-même il couvre d'un voile tous ces ressorts odieux que font jouer les passions humaines; il défend à son agent à la cour de Rome de se prévaloir des découvertes qu'il a pu faire sur les intrigues de ses ennemis, et surtout de se servir des mêmes armes. Il écrit à Bossuet, qui le traite de blasphémateur : « Je prie « Dieu qu'il vous enflamme de ce feu céleste que vous « voulez éteindre ». Il écrit à Beauvilliers : « Si le Pape me « condamne, je serai détrompé; s'il ne me condamne pas, « je tâcherai, par mon silence et mon respect, d'apaiser « ceux de mes confrères qui sont animés contre moi ». Enfin Louis XIV laisse éclater sa colère. Les services de Fénelon sont oubliés. Il reçoit l'ordre de quitter la cour, et de se retirer à Cambrai [1]. Ses amis sont exilés, ses parents

« savais pas qu'il eût un mauvais cœur. Je viens de l'apprendre en « lisant le *Telemaque*. On ne peut pas pousser l'ingratitude plus « loin. Il a entrepris de decrier mon règne ». Fagon et Félix combattirent courageusement la prévention du roi Ils lui représentèrent que tous les ouvrages de morale deviendraient des satires, si la haine y cherchait des allegories; que Fenelon avait peint de bons et de mauvais rois, et qu'un grand prince tel que lui devait se reconnaître plus aisément dans les premiers que dans les derniers; qu'il n'y avait pas un Français qui ne désirât de voir une ressemblance parfaite entre Telemaque et M le duc de Bourgogne, etc. Louis ne repondit rien. La vérité desarma sa puissance; mais elle ne changea pas son cœur. (*Le cardinal* MAURY.)

[1] Au commencement d'août 1697. Il ne reparut plus à la cour. (RAMSAY.)

privés de leurs emplois. On presse à Rome l'arrêt de sa condamnation, que l'on arrache avec peine, et que les juges donnent à regret, et même avec des réserves assez obligeantes pour que l'inexorable évêque de Meaux se plaigne que Rome n'en a pas fait assez. Ses ennemis semblent ne pas trouver leur triomphe assez complet. Ils ne savaient pas alors qu'ils lui en préparaient un bien plus digne d'envie, auquel rien n'a manqué, que des imitateurs. Dans le temps même où l'esprit de discorde et de résistance semblait répandu dans l'Église, où l'on voyait de 'ous côtés l'exemple de la révolte [1], et nulle part celui de l'obéissance, Fénelon monte en chaire, annonce qu'il est condamné et qu'il se soumet, invite tous les peuples de son diocèse et tous les chrétiens à se soumettre comme lui; s'oppose au zèle des écrivains de Port-Royal, qui ne voient plus alors que la gloire de le défendre et le plaisir d'attaquer Rome; enfin il publie ce mandement qui nous a été conservé comme un modèle de l'éloquence la plus touchante et de la simplicité évangélique. « A Dieu ne plaise, « dit-il, qu'il soit jamais parlé de nous, que pour se sou- « venir qu'un pasteur a cru devoir être aussi soumis que « le dernier de son troupeau! » Cet acte de résignation, écrit en peu de mots, et contenu dans une page, a mérité d'échapper à l'oubli où sont plongés ces innombrables volumes, monuments de dispute et de démence, qui ont fait à la religion tout le mal qu'ils pouvaient lui faire, sans produire jamais aucun bien; au lieu qu'il est vrai de dire que si Dieu voulait faire un miracle pour amener à la foi tout le reste de la terre, il n'en pourrait choisir un

[1] C'est sans doute d'après le *Mémoire envoyé à Rome par le Roi* que La Harpe a cru pouvoir dire que *l'esprit de discorde et de résistance semblait répandu dans l'Église; que l'on voyait de tous côtes l'exemple de la révolte*, etc.; mais « il est difficile de ne pas « trouver au moins de l'exagération dans l'accusation portée par « Louis XIV contre le livre de Fénelon, qu'il declare *mettre tout* « *son royaume en combustion*. On ne voit rien, dans les *memoires* « du temps, qui annonce que la doctrine des *quietistes* se fût pro- « pagée en France avec une rapidité si alarmante. Toute la chaleur « de cette controverse était concentrée à Paris et a la cour. Elle « n'inspirait, dans les provinces, d'autre intérêt que celui qui etait « attaché au nom et aux talents des deux celebres adversaires ». (M. DE BAUSSET. *Histoire de Bossuet* tome III. page 329.)

plus grand et plus efficace que de renouveler souvent l'exemple et les vertus de Fénelon.

Qui croirait que cet effort de docilité et de patience ne désarma pas ses ennemis ? La haine alla plus loin que Rome, et voulut joindre les humiliations de l'auteur à la proscription de l'ouvrage. Ses propres suffragants, assemblés pour recevoir le bref qui le condamne, osent lui reprocher que son mandement ne marque pas un *acquiescement total,* et laisse encore un prétexte à la résistance intérieure. Ils décident, contre l'avis du Saint-Siège, et malgré les réclamations de Fénelon, que tous ses écrits apologétiques sont proscrits avec son livre ; et cet avis passe, en sa présence, à la pluralité[1]. Ainsi l'on accumulait outrage sur outrage ; ainsi, au moment même de son abaissement, on se vengeait de sa faveur passée, de sa dignité même, qui joignait les honneurs de la principauté à ceux de la prélature ; on se vengeait de la gloire qu'il avait acquise en se soumettant ; on se vengeait de sa renommée et du *Télémaque.* Qu'on ne dise point qu'il est des moyens d'adoucir l'envie. On peut quelquefois terrasser ce monstre, mais on ne l'apprivoise jamais. Il s'indigne également, et qu'on lui résiste, et qu'on lui cède. Il vous poursuit sans relâche, si vous le combattez ; et si vous lui demandez grâce, il vous déchire et vous foule aux pieds.

Bossuet, après sa victoire, passa pour le plus savant et le plus orthodoxe des évêques ; Fénelon, après sa défaite, pour le plus modeste et le plus aimable des hommes. Bossuet continua de se faire admirer à la cour ; Fénelon se fit adorer à Cambrai et dans l'Europe. Peut-être serait-ce ici le lieu de comparer les talents et la réputation de ces

---

[1] Quelques suffragants de l'archevêque de Cambrai, réunis en *assemblée provinciale* dans son palais pour adhérer au bref du Pape, eurent le tort inexcusable de maltraiter Fénelon. L'évêque de Saint-Omer, Valbelle, voulait qu'il condamnât, outre l'explication des *Maximes des Saints,* tous ses écrits apologétiques. Fénelon lui répondit, avec autant de douceur que de fermeté, que les propositions de son livre n'ayant été condamnées que respectivement, et que le Pape n'ayant rien prononcé contre ses autres ouvrages, quoiqu'ils fussent très répandus a Rome, il ne croyait pas devoir aller plus loin que le Saint-Siège. Cependant il offrit de conclure le procès-verbal a la pluralité des suffrages, au nom de l'assemblée, contre son propre sentiment; il le fit. (*Le cardinal* MAURY.)

deux hommes également célèbres, également immortels. On pourrait dire que tous deux eurent un génie supérieur : mais que l'un avait plus de cette grandeur qui nous élève, de cette force qui nous terrasse ; l'autre, plus de cette douceur qui nous pénètre, et de ce charme qui nous attache. L'un fut l'oracle du dogme, l'autre celui de la morale : mais il paraît que Bossuet, en faisant des conquêtes pour la foi, en foudroyant l'hérésie, n'était pas moins occupé de ses propres triomphes que de ceux du christianisme ; il semble, au contraire, que Fénelon parlait de la vertu comme on parle de ce qu'on aime, en l'embellissant sans le vouloir, et s'oubliant toujours sans croire même faire un sacrifice. Leurs travaux furent aussi différents que leurs caractères. Bossuet, né pour les luttes de l'esprit et les victoires du raisonnement, garda, même dans les écrits étrangers à ce genre, cette tournure mâle et nerveuse, cette vigueur de raison, cette rapidité d'idées, ces figures hardies et pressantes, qui sont les armes de la parole. Fénelon, fait pour aimer la paix et pour l'inspirer, conserva sa douceur même dans la dispute, mit de l'onction jusque dans la controverse, et parut avoir rassemblé dans son style tous les secrets de la persuasion. Le *Télémaque* est un ouvrage unique, dont nous ne pouvons rien rapprocher. Au livre des *Variations*, aux combats contre les hérétiques, on peut opposer le livre sur l'*Existence de Dieu*, les combats contre l'athéisme, doctrine funeste et destructive, qui dessèche l'âme et l'endurcit, qui tarit une des sources de la sensibilité, et brise le plus grand appui de la morale, arrache au malheur sa consolation, à la vertu son immortalité, glace le cœur du juste en lui ôtant un témoin et un ami, et ne rend justice qu'au méchant qu'elle anéantit.

Cet ouvrage sur l'*Existence de Dieu* en réunit toutes les preuves ; mais la meilleure, c'était l'auteur lui-même. Une âme telle que la sienne prouve qu'il est quelque chose digne d'exister éternellement. C'est surtout lorsqu'il se vit fixé dans son diocèse, c'est pendant son séjour à Cambrai (que par habitude on appelait son exil, comme si l'on pouvait jamais être exilé là où notre devoir nous a placé), c'est dans ce temps qu'il signala davantage toutes ces qualités personnelles qui le rendaient vraiment digne de ce nom de pasteur des peuples, qu'autrefois on donnait aux

rois. On a prétendu qu'il regrettait la cour. N'est-ce point
vouloir trop lire dans le cœur des hommes! Il se peut
qu'attaché tendrement à la personne du jeune prince,
peut-être même à celle de Louis XIV, qu'il était difficile
de ne pas aimer, attaché surtout à des amis tels qu'il
savait les choisir et les mériter, il regrettât quelquefois
et les charmes de leur commerce, et la vue de l'enfant
auguste et chéri qu'il avait élevé pour la France, et qu'il
portait toujours dans son cœur. Mais quel censeur assez
sévère, quel homme assez dur pourrait lui reprocher ces
sentiments si justes et si naturels? Qu'ils sont loin de cette
dégradation trop honteuse et trop ordinaire aux courtisans
dépouillés, qui, du moment où ils n'ont ni théâtre ni spectateurs, tombent aussitôt accablés du poids d'eux-mêmes,
et ne se relèvent plus! Fénelon avait perdu quelque chose
sans doute; on tient à ses premières affections, à ses liens
habituels; on tient à ses travaux et à ses espérances. On
peut même croire que les vertus qui lui restaient à pratiquer, seules consolations d'un homme tel que lui, pouvaient être d'un plus difficile usage que celles qui l'avaient
distingué jusqu'alors. Les grands objets appellent les
grands efforts, et les épreuves violentes avertissent l'âme
de rassembler ses forces. Il est des sacrifices plus pénibles,
parce qu'ils sont plus durables, qui demandent un courage
de tous les moments et un dévouement continuel. On pouvait, occupant une place à la cour, s'être montré vigilant
et irréprochable, et s'endormir dans la mollesse et l'oisiveté
sur le siège épiscopal. Pour se refuser à cette facilité
encouragée par l'exemple, de remettre ses fonctions à des
mains subalternes, pour échapper aux séductions inséparables de l'autorité, pour résister aux douceurs d'un repos
qui semble permis après des occupations laborieuses et
des succès brillants, pour se dérober même à l'attrait si
noble des arts et de l'étude, enfin pour s'oublier soi-même
et appartenir tout entier aux autres, il fallait avoir un
trésor inépuisable d'amour pour l'humanité, et ne plus
rien voir dans la nature que le plaisir de faire du bien. Il
y a peu d'hommes assez corrompus pour n'avoir pas connu
quelquefois cette espèce de plaisir; mais il est au moins
aussi rare de n'en pas connaître d'autres. Ce fut le seul de
Fénelon, dès qu'il fut rendu à ses diocésains; et il ne paraît
pas, en lisant les historiens de sa vie, qu'il pût y avoir dans

sa journée des moments dérobés aux fonctions de son ministère. Veiller lui-même sur les exercices d'un séminaire qu'il rapprocha de sa résidence pour s'en occuper de plus près; instruire et former toute cette jeunesse qui doit fournir des soutiens à l'Église, et aux fidèles des pasteurs; parcourir sans cesse les villes et les campagnes pour y présider au maintien de la discipline et au soulagement des peuples; ne croire aucune fonction du sacerdoce indigne de l'épiscopat : un tel plan de conduite ne laisse aucun accès à la dissipation, et permet à peine le délassement. Je ne trace point ici un modèle imaginaire. Je n'use point du droit des panégyristes, d'écrire quelquefois ce qu'on a dû faire, plutôt que ce qu'on a fait. L'éloge doit être fidèle comme l'histoire; et l'éloquence, soit qu'elle loue, soit qu'elle raconte, a toujours à perdre en se séparant de la vérité. C'est cette vérité même, c'est Fénelon, c'est la foule des monuments historiques, c'est cet amas d'autorités, que j'atteste ici. Je croirais affaiblir leur témoignage, si j'avais eu la vaine prétention d'y ajouter. Oui, c'est lui, c'est cet écrivain si riche, si sublime, cet esprit si brillant et si délicat, qui descendait jusqu'aux moindres détails de l'administration ecclésiastique, si pourtant on peut descendre en remplissant ses devoirs. Il prêchait dans une église de village aussi volontiers que dans la chapelle de Versailles [1]. Cette voix qui avait charmé

[1] Toutes les semaines, il allait faire des conférences de piété et des examens théologiques dans son séminaire. Lorsqu'il visitait son diocèse (et il s'acquittait exactement de ce devoir), il prêchait dans tous les villages; mais ses discours n'étaient ordinairement que des exhortations improvisées et paternelles. Il accommodait les procès à ses dépens, réconciliait les ennemis les plus acharnés et ramenait la paix dans les familles. De retour a Cambrai il confessait assidûment et indistinctement dans sa metropole toutes les personnes qui s'adressaient a lui ; il y disait la messe tous les samedis. Un jour il aperçut, au moment où il allait monter à l'autel, une pauvre femme fort âgée, qui paraissait vouloir et n'osait lui parler; il s'approcha d'elle avec bonté, et l'enhardit par sa douceur à s'exprimer sans crainte : *Monseigneur*, lui dit-elle en pleurant et en lui presentant une pièce de douze sous, *je n'ose pas, mais j'ai beaucoup de confiance en vos prières; je voudrais vous prier de dire la messe pour moi.* — *Donnez, ma bonne.* lui repondit Fenelon, en acceptant son offrande, *donnez, votre aumône sera agreable à Dieu.* Après la messe, il fit remettre à cette femme une petite somme d'argent, et lui

la cour de Louis XIV, ce génie qui avait éclairé l'Europe,
se faisait entendre à des pâtres et à des artisans, et nul
langage ne lui était étranger, dès qu'il s'agissait d'instruire
les hommes et de les rendre meilleurs. Il se mettait sans
peine à la portée de ces esprits simples et grossiers. Il ne
préparait point ses discours. C'était un père qui parlait à
ses enfants, et qui leur parlait d'eux-mêmes. Il était sûr
d'être inspiré par son cœur; et il sentait que lorsqu'il
n'aurait rien à leur dire, c'est qu'il cesserait de les aimer.
Il ne combattait point les incrédules en parlant à des laboureurs. Il savait que s'il est des esprits infortunés et superbes,
qui ne connaissent la religion que par des abus, le peuple
ne doit la connaître que par des bienfaits.

Les siens se répandaient autour de lui avec abondance
et avec choix. Son bien était le bien des pauvres. Le désintéressement lui était naturel, et quand le Roi lui donna
l'archevêché de Cambrai, il résigna l'abbaye de Saint-
Valery, disant qu'il avait assez et même trop d'un seul bénéfice [1]. Il eût été à souhaiter qu'il pût en administrer plu-

promit de dire une seconde messe le lendemain a son intention. (*Le
cardinal* MAURY)

[1] Pendant tout le temps que M. l'abbé de Fenelon a été a la cour,
il a toujours marqué un parfait désintéressement et un grand oubli
de lui-meme. Il n'avait pour tout bénéfice qu'un prieure mediocre,
que M. l'eveque de Sarlat, son oncle, lui avait résigné. Ayant appris
de bonne heure a se contenter de peu, a mesurer sa depense, a vivre
independant de la servitude que cause l'interêt, cette habitude a
borner ses désirs, jointe a l'amour surnaturel de la pauvreté de
Jesus-Christ, le fit rester six ans à la cour dans une faveur marquée,
sans recevoir ni demander aucune grâce, ni pour lui, ni pour ses
parents. Enfin le Roi lui donna l'abbaye de Saint-Valery, en lui
faisant une espèce d'excuse de ce qu'il donnait *peu et si tard*. Quelques mois après, l'archevêche de Cambrai etant venu a vaquer, Sa
Majesté l'y nomma; en l'acceptant, Fenelon remit l'abbaye de Saint-
Valery. Le Roi en parut etonne et le pressa de la garder; mais
Fenelon lui représenta que les revenus de son archevêché étant plus
que suffisants, il se croyait dans le cas où les canons défendent la
pluralité des bénéfices. Il se défit en même temps du prieuré qu'il
tenait de son oncle. Ce désintéressement si rare lui attira des
louanges, mais il indisposa aussi contre lui bien des personnes que
son exemple condamnait *. (RAMSAY.)

* Ce fut en lui reprochant ce sacrifice volontaire que l'archevêque de
Reims, Le Tellier, lui dit : *Monseigneur, vous nous perdez !* (MAURY.)

sieurs; la bienfaisance n'a jamais trop à donner. Ses
revenus étaient distribués entre des ecclésiastiques qui,
s'acquittant des devoirs de leur état, n'en recevaient pas
issez de secours; et ces maisons de retraite où le sexe,
n se mettant à l'abri de la séduction, n'est pas toujours
à l'abri de la pauvreté; et ces asiles consacrés au soulagement de l'humanité·où,quelquefois elle manque du nécessaire; et ces malheureux qui souffrent en secret plutôt que
de s'exposer à rougir, et qui souvent périraient dans
l'obscurité, s'il n'y avait pas quelques âmes divines qui
cherchent les besoins qui se cachent. Mais que dis-je? Il
ne s'agit plus d'infortunes secrètes ou particulières. Une
plus vaste scène de malheur s'offre à la sensibilité de
Fénelon. Elle n'est point effacée de notre mémoire cette
époque désastreuse et terrible, cette année, la plus funeste
des dernières années de Louis XIV, où il semblait que
le Ciel voulût faire expier à la France ses prospérités
orgueilleuses, et obscurcir l'éclat du plus beau règne qui eût
encore illustré ses annales. La terre, stérile sous les flots
de sang qui l'inondent, devient cruelle et barbare comme
les hommes qui la ravagent; et l'on s'égorge en mourant
de faim. Les peuples, accablés à la fois par une guerre
malheureuse, par les impôts et par le besoin, sont livrés
au découragement et au désespoir. Le peu de vivres qu'on
a pu conserver ou recueillir est porté à un prix qui effraie
l'indigence, et qui pèse même à la richesse [1]. Une armée,
alors la seule défense de l'État, attend en vain sa subsis-
tance des magasins qu'un hiver destructeur n'a pas permis
de remplir. Fénelon donne l'exemple de la générosité; il
envoie le premier toutes les récoltes de ses terres, et l'émulation gagnant de proche en proche, les pays d'alentour
font les mêmes efforts, et l'on devient libéral même dans
la disette. Les maladies, suite inévitable de la misère,
désolent bientôt et l'armée et les provinces. L'invasion de
l'ennemi ajoute encore la terreur et la consternation à tant
de fléaux accumulés. Les campagnes sont désertes, et leurs
habitants épouvantés fuient dans les villes. Les asiles
manquent à la foule des malheureux. C'est alors que
Fénelon fit voir que les cœurs sensibles, à qui l'on reproche

---

[1] L'année 1709 était une année d'excessive cherté : l'armée de
Flandre était sans magasins. (RAMSAY.)

d'étendre leurs affections sur le genre humain, n'en aiment pas moins leur patrie[1]. Son palais est ouvert aux malades, aux blessés, aux pauvres sans exception. Il engage ses revenus pour faire ouvrir des demeures à ceux qu'il ne saurait recevoir. Il leur rend les soins les plus charitables, il veille sur ceux qu'on doit leur rendre; il n'est effrayé ni de la contagion, ni du spectacle de toutes les infirmités humaines rassemblées sous ses yeux. Il ne voit en eux que l'humanité souffrante. Il les assiste, leur parle, les encourage. Oh! comment se défendre de quelque attendrissement, en voyant cet homme vénérable par son âge, par son rang, par ses lumières, tel qu'un génie bienfaisant, au milieu de tous ces malheureux qui le bénissent, distribuer les consolations et les secours, donner les plus touchants exemples de ces mêmes vertus dont il avait donné les plus touchantes leçons[2]!

---

[1] Personne n'aimait mieux que lui sa patrie; mais il ne pouvait souffrir qu'on en cherchât les intérêts en violant les droits de l'humanité, ni qu'on l'exhaltât en dégradant le mérite des autres peuples. *J'aime mieux ma famille*, disait-il, *que moi-même; j'aime mieux ma patrie que ma famille; mais j'aime encore mieux le genre humain que ma patrie.* (RAMSAY.)

[2] Un jour qu'il se promenait autour des tables qu'il avait fait dresser dans ses appartements pour nourrir ces infortunés habitants de la campagne, il vit un paysan, jeune encore, qui ne mangeait point, et lui en demanda la raison : *Hélas! monseigneur*, lui dit le paysan, *je n'ai pas eu le temps, en fuyant de ma cabane, d'emmener une vache qui me donnait beaucoup de lait et nourrissait ma famille; les ennemis me l'auront enlevée, et je n'en trouverai pas une aussi bonne.* Fénelon promit de lui donner une autre vache, si les soldats enlevaient la sienne. Après avoir fait d'inutiles efforts pour le consoler, il voulut avoir une indication précise de la chaumière qu'habitait ce paysan à une lieue de Cambrai; il partit ensuite a dix heures du soir, a pied, avec son sauf-conduit et un seul domestique. Il se rendit à ce village, ramena lui-même la vache à Cambrai vers le milieu de la nuit, alla sur-le-champ en donner avis à ce pauvre laboureur, et dut goûter un bien doux repos après une si bonne action. (*Le cardinal* MAURY.)

Voici un autre trait de cette vertu simple, humaine, et surtout indulgente, que l'archevêque de Cambrai savait encore mieux pratiquer que définir. Un de ses curés se félicitait en sa présence d'avoir aboli les danses des paysans, les jours de dimanche et de fête. *Monsieur le curé*, lui dit Fénelon, *ne dansons point; mais permet-*

Le nom de Fénelon était en vénération dans l'Europe, et sa personne était chère aux étrangers, et même à nos ennemis. Eugène et Marlborough, qui accablaient alors la France, lui prodiguèrent toujours ces déférences et ces hommages que la victoire et l'héroïsme accordent volontiers aux talents paisibles et aux vertus désarmées. Des détachements étaient commandés pour garder ses terres, et l'on escortait ses grains jusqu'aux portes de sa métropole. Tout ce qui lui appartenait était sacré. Le respect et l'amour que · l'on avait pour son nom avait subjugué même cette espèce de soldats qui semblent devoir être plus féroces que les autres, puisqu'ils se sont réservé ce que la guerre a de plus cruel, la dévastation et le pillage. Leurs chefs lui écrivaient qu'il était libre de voyager dans son diocèse sans danger et sans crainte, qu'il pouvait se dispenser de demander des escortes françaises, et qu'ils le priaient de permettre qu'eux-mêmes lui servissent de gardes Ils lui tenaient parole; et l'on vit plus d'une fois l'archevêque Fénelon conduit par des hussards autrichiens. Il doit être bien doux d'obtenir un pareil empire, il l'est même de le raconter.

S'il avait cet ascendant sur ceux qui ne le connaissaient que par la renommée, combien devait-il être adoré de ceux qui l'approchaient! On croit aisément, en lisant ses écrits et ses lettres, tout ce que ses contemporains rapportent des charmes de sa société[1]. Son humeur était égale, sa poli-

---

tons à ces pauvres gens de danser : pourquoi les empêcher d'oublier un moment combien ils sont malheureux?

[1] Ce prelat était un grand homme maigre, bien fait, avec un grand nez, des yeux d'où le feu et l'esprit sortaient comme un torrent, et une physionomie telle que je n'en ai jamais vu qui lui ressemblât, et qui ne pouvait s'oublier, quand on ne l'aurait vue qu'une fois : elle rassemblait tout, et les contraires ne s'y combattaient point; elle avait de la gravité et de l'agrement, du sérieux et de la gaité ; elle sentait également le docteur, l'evêque, le grand seigneur. Tout ce qui y surnageait, ainsi que dans toute sa personne, c'était la finesse, l'esprit, les grâces, la douceur et surtout la noblesse: il fallait faire effort pour cesser de le regarder. Tous ses portraits sont parlants, sans toutefois avoir pu attraper la justesse de l'harmonie qui frappait dans l'original, et la délicatesse de chaque caractere que ce visage rassemblait; ses manières y répondaient dans la même proportion, avec une aisance qui en donnait aux autres, et cet air et ce bon goût, qu'on ne tient que de l'usage de la meilleure compagnie et du grand monde, qui se trouvait répandu de

tesse affectueuse et simple, sa conversation féconde et ani-
mée. Une gaîté douce tempérait en lui la dignité de son
ministère, et le zèle de la religion n'eut jamais chez lui ni
sécheresse ni amertume. Sa table était ouverte pendant la
guerre à tous les officiers ennemis ou nationaux que sa
réputation attirait en foule à Cambrai. Il trouvait encore
des moments à leur donner au milieu des devoirs et des
fatigues de l'épiscopat. Son sommeil était court, ses repas
d'une extrême frugalité, ses mœurs d'une pureté irréprochable. Il ne connaissait ni le jeu ni l'ennui. Son seul délassement était la promenade, encore trouvait-il le secret de
la faire rentrer dans ses exercices de bienfaisance. S'il
rencontrait des paysans, il se plaisait à les entretenir; on
le voyait assis sur l'herbe au milieu d'eux, comme autrefois
saint Louis sous le chêne de Vincennes. Il entrait même
dans leurs cabanes, et recevait avec plaisir tout ce que lui
offrait leur simplicité hospitalière. Sans doute ceux qu'il
honora de semblables visites racontèrent plus d'une fois à
la génération qu'ils virent naître que leur toit rustique avait
reçu Fénelon.

Vers ses dernières années, il se trouva engagé dans une
sorte de correspondance philosophique avec le duc d'Orléans, depuis régent de France, sur ces grandes questions
qui tourmentent la curiosité humaine, et auxquelles la révélation seule peut répondre. C'est ce commerce qui produi-
sit les *Lettres sur la Religion*. C'est vers ce temps que l'on
crut qu'il désirait de revenir à la cour. On prétendait qu'il
ne s'était déclaré contre le jansénisme que pour flatter les
opinions de Louis XIV, et pour se venger du cardinal de
Noailles, qui avait condamné le quiétisme. Mais Fénelon
connaissait-il la vengeance? N'était-il pas fait pour aimer le
pieux Noailles, quoiqu'il ne pensât pas comme lui? N'avait-
il pas été toujours opposé à la doctrine de Port-Royal?
Enfin est-ce dans la retraite et dans la vieillesse que cet
homme incorruptible, qui n'avait jamais flatté, même à la
cour, aurait appris l'art des souplesses et de la dissimulation? Nous avons des lettres originales où il proteste de la
pureté de ses intentions, et ne parle du cardinal de Noailles
que pour le plaindre et pour l'estimer. Gardons-nous de

soi-même dans toutes ses conversations. (*Mémoires du duc de*
SAINT-SIMON.)

récuser ce témoignage. Quelle âme mérita mieux que la sienne de n'être pas légèrement soupçonnée ? Il me semble que, dans tous les cas, le parti qui coûte le plus à prendre, c'est de croire que Fénelon a pu tromper.

Sa vie, qui n'excéda pas le terme le plus ordinaire des jours de l'homme, puisqu'elle ne s'étendit guère au delà de soixante ans, éprouva cependant l'amertume qui semble réservée aux longues carrières. Il vit mourir tout ce qu'il aimait. Il pleura Beauvilliers et Chevreuse; il pleura le duc de Bourgogne, cet objet de ses affections paternelles qui naturellement devait lui survivre. C'est alors qu'il s'écria : « Tous mes liens sont rompus ». Il suivit de près son élève. Une maladie violente et douloureuse l'emporta en six jours[1]. Il souffrit avec constance, et mourut avec la tranquillité d'un cœur pur, qui ne voit dans la mort que l'instant où la vertu se rapproche de l'Être suprême, dont elle est l'ouvrage. Ses dernières paroles furent des expressions de respect et d'amour pour le roi qui l'avait disgracié, et pour l'Église qui le condamna. Il ne s'était jamais plaint ni de l'un ni de l'autre [2].

[1] Fénelon termina sa carrière, sans argent et sans dettes, à Cambrai, le 7 janvier 1715, huit mois avant la mort de Louis XIV. L'archevêque de Cambrai venait de faire une visite pastorale ; il se mit en route à l'entrée de la nuit. Tandis que son carrosse traversait un pont, une vache qui paissait dans un ravin effraya ses chevaux : la voiture versa et fut fracassée. Fénelon reçut une commotion très violente, qui devint la cause de sa mort. Cette anecdote est très certaine; mais il ne l'est pas moins que Louis XIV, vivement touché du zèle avec lequel l'archevêque de Cambrai avait secondé ses ministres à Utrecht, et des divers mémoires qu'il avait composés pour l'instruction des ambassadeurs en 1712, manifestait, selon la ferme assertion du marquis de Fénelon, son neveu, quelque velléité de le rappeler à la cour, lorsqu'il apprit sa mort. *Il nous manque,* dit le Roi, *au moment où nous aurions pu le consoler et lui rendre justice.* (*Le cardinal* MAURY.)

[2] Voici ce qu'il écrivait, la veille de sa mort, au confesseur du Roi :

« Cambrai, ce 6 janvier 1715.

« Je viens de recevoir l'extrême-onction. C'est dans cet état, mon « Révérend Père, que je me prépare à aller paraître devant Dieu, « et que je vous supplie instamment de présenter au Roi mes véri- « tables sentiments.

« Je n'ai jamais eu que docilité pour l'Église et qu'horreur pour

Sa mémoire doit avoir le même avantage que sa vie, celui
de faire aimer la religion. Ah! si elle eût toujours été annon-
cée par des ministres tels que lui, quelle gloire pour elle,
et quel bonheur pour l'humanité! Quel honnête homme
refusera d'être de la religion de Fénelon?

« les nouveautés. J'ai reçu la condamnation de mon livre avec la
« simplicité la plus absolue. Je n'ai jamais été, un seul moment en
« ma vie, sans avoir pour la personne du Roi la plus vive recon-
« naissance, le zèle le plus ingénu, l'attachement le plus invio-
« lable...

« Je souhaite à Sa Majesté une longue vie, dont l'Église aussi bien
« que l'Etat ont définitivement besoin. Si je puis aller voir Dieu,
« je lui demanderai souvent cette grâce. » (RAMSAY, *Hist. de la vie*
« *de M. de Fénelon*, page 182, édition de 1724.)

Aucun éloge ne fut prononcé sur la tombe de Fénelon, point
d'oraison funèbre dans le temple, point de panegyrique à la cour ;
l'Académie n'osa pas même placer le *Telémaque* parmi les titres de
ce grand écrivain. Louis XIV vivait encore, et le silence du cercueil
ne fut interrompu que par des larmes.

Plus tard, au milieu des barbaries de notre Révolution, des ouvriers
étant descendus dans les caveaux de la cathedrale de Cambrai, on
les employa à briser toutes les tombes. Les cercueils de plomb furent
envoyés à l'arsenal, et les cendres des pasteurs dispersées dans le
cimetière ; mais lorsqu'on arriva au sépulcre de Fénelon, les autorités accoururent, et, par une espece de prodige, toutes les âmes se
trouvèrent adoucies. Ses cendres ne furent point jetees au vent, un
nouveau cercueil leur fut accordé ; on les porta dans la ville, dit le
proces-verbal, *avec decence et veneration*, puis il fut décidé qu'un
tombeau recevrait les restes du prelat, et consacrerait à la fois sa
memoire et le respect de la cité, à une époque où les cendres mêmes
des rois n'avaient pas été respectées [1] (AIMÉ MARTIN, *Etudes sur la
vie de Fenelon.*)

TÉLÉMAQUE

LIVRE PREMIER

SOMMAIRE

Télémaque, conduit par Minerve sous la figure de Mentor, est jeté par une tempête dans l'île de Calypso. Cette déesse, inconsolable du départ d'Ulysse, fait au fils de ce héros l'accueil le plus favorable ; et, concevant aussitôt pour lui une violente passion, elle lui offre l'immortalité, s'il veut demeurer avec elle. Pressé par Calypso de faire le récit de ses aventures, il lui raconte son voyage à Pylos et à Lacédémone, son naufrage sur la côte de Sicile, le danger qu'il y courut d'être immolé aux mânes d'Anchise, le secours que Mentor et lui donnèrent à Aceste, roi de cette contrée, dans une incursion de barbares, et la reconnaissance que ce prince leur en témoigna, en leur donnant un vaisseau phénicien pour retourner dans leur pays.

Calypso ne pouvait se consoler du départ d'Ulysse. Dans sa douleur, elle se trouvait malheureuse d'être immortelle. Sa grotte ne résonnait plus de son chant: les nymphes qui la servaient n'osaient lui parler. Elle se promenait souvent seule sur les gazons fleuris dont un printemps éternel bordait son île [1] : mais ces beaux lieux, loin de modérer sa douleur, ne faisaient que lui rappeler le triste souvenir d'Ulysse, qu'elle y avait vu tant de fois auprès

[1] Homère donne à cette île le nom d'Ogygie. Une note d'un ancien éditeur du *Télémaque* dit qu'Ogygie est Gaulus, aujourd'hui Gozzo, près de Malte. Callimarque avait eu cette opinion. Celle de Scylax, qui place Ogygie près des côtes de la Grande-Grèce, au voisinage du cap Lacinium, aujourd'hui le cap Colonne, est plus probable et plus généralement suivie.

d'elle. Souvent elle demeurait immobile sur le rivage de
la mer, qu'elle arrosait de ses larmes; et elle était sans
cesse tournée vers le côté où le vaisseau d'Ulysse, fendant
les ondes, avait disparu à ses yeux.

Tout à coup elle aperçut les débris d'un navire qui venait
de faire naufrage, des bancs de rameurs mis en pièces,
des rames écartées çà et là sur le sable, un gouvernail, un
mât, des cordages flottant sur la côte : puis elle découvre
de loin deux hommes, dont l'un paraissait âgé; l'autre,
quoique jeune, ressemblait à Ulysse, Il avait sa douceur
et sa fierté, avec sa taille et sa démarche majestueuse. La
déesse comprit que c'était Télémaque, fils de ce héros.
Mais, quoique les dieux surpassent de loin en connaissance tous les hommes, elle ne put découvrir qui était
cet homme vénérable dont Télémaque était accompagné:
c'est que les dieux supérieurs cachent aux inférieurs tout
ce qu'il leur plaît; et Minerve, qui accompagnait Télémaque
sous la figure de Mentor, ne voulait pas être connue de
Calypso.

Cependant Calypso se réjouissait d'un naufrage qui
mettait dans son île le fils d'Ulysse, si semblable à son
père. Elle s'avance vers lui; et, sans faire semblant de
savoir qui il est : « D'où vous vient, lui dit-elle, cette
témérité d'aborder en mon île? Sachez, jeune étranger,
qu'on ne vient point impunément dans mon empire ».
Elle tâchait de couvrir sous ces paroles menaçantes
la joie de son cœur, qui éclatait malgré elle sur son
visage.

Télémaque lui répondit: « O vous, qui que vous soyez [1],
mortelle ou déesse (quoique à vous voir on ne puisse vous

---

[1] Le discours d'Ulysse a Nausicaa (*Od.*, VI, 149) commence par
une pensée semblable :

Γουνοῦμαί σε, ἄνασσα. Θεός νύ τις ἢ βροτός ἐσσι.

Énée, dans l'*Énéide* (I, 327), dit a Vénus, qu'il rencontre sans la
connaître :

O quam te memorem, virgo? Namque haud tibi vultus
Mortalis, nec vox hominem sonat. O dea certe.

prendre que pour une divinité), seriez-vous insensible au malheur d'un fils. qui, cherchant son père à la merci

D'où vous vient, jeune étranger, cette témérité d'aborder en mon île?... (P. 34.)

des vents et des flots, a vu briser son navire contre vos rochers ? » « Quel est donc votre père que vous cherchez ? » reprit la déesse. « Il se nomme Ulysse, dit Télé-

maque ; c'est un des rois qui ont, après un siège de dix
ans, renversé la fameuse Troie. Son nom fut célèbre,
dans toute la Grèce et dans toute l'Asie, par sa valeur
dans les combats, et plus encore par sa sagesse dans
les conseils. Maintenant, errant dans toute l'étendue des
mers, il parcourt tous les écueils les plus terribles. Sa
patrie semble fuir devant lui [1]. Pénélope, sa femme, et
moi, qui suis son fils, nous avons perdu l'espérance
de le revoir. Je cours, avec les mêmes dangers que lui,
pour apprendre où il est. Mais que dis-je ! peut-être qu'il
est maintenant enseveli dans les profonds abîmes de
la mer. Ayez pitié de nos malheurs; et, si vous savez,
ô déesse, ce que les destinées ont fait pour sauver ou
pour perdre Ulysse, daignez en instruire son fils Télémaque. »

Calypso, étonnée et attendrie de voir dans une si vive
jeunesse tant de sagesse et d'éloquence, ne pouvait rassasier ses yeux en le regardant; et elle demeurait en
silence. Enfin elle lui dit : « Télémaque, nous vous appren-
drons ce qui est arrivé à votre père. Mais l'histoire en est
longue : il est temps de vous délasser de tous vos travaux.
Venez dans ma demeure, où je vous recevrai comme mon
fils; venez, vous serez ma consolation dans cette solitude; et je ferai votre bonheur, pourvu que vous sachiez
en jouir ».

Télémaque suivait la déesse accompagnée d'une foule
de jeunes nymphes au-dessus desquelles elle s'élevait de
toute la tête [2], comme un grand chêne dans une forêt
élève ses branches épaisses au-dessus de tous les arbres
qui l'environnent. Il admirait l'éclat de sa beauté, la
riche pourpre de sa robe longue et flottante, ses cheveux

[1]   Italiam sequimur fugientem. ...
VIRG., Æn., V, v 626

[2] Homère (Odyss., t. IV, 107), décrivant Diane au milieu des
nymphes, dit de même qu'elle les surpasse de toute la tête :

Πασάων δ' ὑπὲρ ἥγε κάρη ἔχει ἠδὲ μέτωπα.

noués par derrière négligemment, mais avec grâce [1], le
feu qui sortait de ses yeux, et la douceur qui tempérait
cette vivacité. Mentor, les yeux baissés, gardant un silence
modeste, suivait Télémaque.

On arriva à la porte de la grotte de Calypso, où Télémaque fut surpris de voir, avec une apparence de simplicité rustique, des objets propres à charmer les yeux. Il
est vrai qu'on n'y voyait ni or, ni argent, ni marbre, ni
colonnes [2], ni tableaux, ni statues; mais cette grotte était
taillée dans le roc, en voûte pleine de rocailles et de
coquilles; elle était tapissée d'une jeune vigne qui étendait ses branches souples également de tous côtés [3]. Les
doux zéphyrs conservaient en ce lieu, malgré les ardeurs
du soleil, une délicieuse fraîcheur; des fontaines [4], coulant avec un doux murmure sur des prés semés d'ama-
rantes et de violettes, formaient en divers lieux des bains
aussi purs et aussi clairs que le cristal; mille fleurs naissantes émaillaient les tapis verts dont la grotte était envi-
ronnée. Là on trouvait un bois de ces arbres touffus qui
portent des pommes d'or [5], et dont la fleur, qui se renouvelle dans toutes les saisons, répand le plus doux de tous
les parfums. Ce bois semblait couronner ces belles prairies,

[1]   Cui flavam religas comam,
        Simplex munditiis?
                                HOR., I, *Od.* **v.**
        Non ebur, neque aureum
          Mea renidet in domo lacunar;
        Non trabes Hymettiæ
          Premunt columnas ultima recisas
        Africa
                                HOR., II. *Od.* XVIII.

[3] Ce détail et quelques-uns de ceux qui suivent sont pris de la
description qu'a faite Homere de la grotte de Calypso (*Odyssee*,
V, 68) :

        ʼΗδʼ αὐτοῦ τετάνυστο περὶ σπείους γλαφυροῖο
        Ἡμερὶς ἡδώωσα, τεθήλει δὲ σταφυλῇσιν.

[4]   Κρῆναι δʼ ἐξείης πίσυρες ῥέον ὕδατι λευκῷ.
                                Ibid.

[5] C'est-à-dire un bois d'orangers.

et formait une nuit que les rayons du soleil ne pouvaient percer [1] : là, on n'entendait jamais que le chant des oiseaux ou le bruit d'un ruisseau qui, se précipitant du haut d'un rocher, tombait à gros bouillons pleins d'écume et s'enfuyait au travers de la prairie.

La grotte de la déesse était sur le penchant d'une colline. De là, on découvrait la mer, quelquefois claire et unie comme une glace, quelquefois follement irritée contre les rochers [2], où elle se brisait en gémissant et élevant ses vagues comme des montagnes; d'un autre côté, on voyait une rivière où se formaient des îles bordées de tilleuls fleuris et de hauts peupliers, qui portaient leurs têtes superbes jusque dans les nues. Les divers canaux qui formaient ces îles semblaient se jouer dans la campagne: les uns roulaient leurs eaux claires avec rapidité; d'autres avaient une eau paisible et dormante; d'autres, par de longs détours, revenaient sur leurs pas, comme pour remonter vers leur source, et semblaient ne pouvoir quitter ces bords enchantés [3]. On apercevait de loin des collines et des montagnes qui se perdaient dans les nues, et dont la figure bizarre formait un horizon à souhait pour le plaisir des yeux. Les montagnes voisines étaient couvertes de pampre vert qui pendait en festons: le raisin, plus éclatant que la pourpre, ne pouvait se cacher sous les feuilles, et la vigne était accablée sous son fruit. Le figuier, l'olivier, le grenadier, et tous les autres arbres, couvraient la campagne et en faisaient un grand jardin.

Calypso, ayant montré à Télémaque toutes ces beautés naturelles, lui dit: « Reposez-vous; vos habits sont mouil-

---

[1]
$$\ldots \,\text{ἐν λόχμῃ πυκινῇ}\ldots$$
Τὴν μὲν ἄρ' οὔτ' ἀνέμων διάει μένος ὑγρὸν ἀέντων,
Οὔτε μιν ἠέλιος φαέθων ἀκτῖσιν ἔβαλλεν.
Odyss., XIX, 439.

[1] ... Insani feriant sine littora fluctus.
VIRG., *Ecl.* IX, 43.

[6] Ce fleuve coule lentement,
Et s'éloigne à regret d'un séjour si charmant
QUINAULT, *Arm.*, II. 3.

lés, il est temps que vous en changiez. Ensuite, nous nous reverrons; et je vous raconterai des histoires dont votre cœur sera touché ». En même temps, elle le fit entrer avec Mentor dans le lieu le plus secret et le plus reculé d'une grotte voisine de celle où la déesse demeurait. Les nymphes avaient eu soin d'allumer en ce lieu un grand feu de bois de cèdre, dont la bonne odeur se répandait de tous côtés ; et elles y avaient laissé des habits pour les nouveaux hôtes.

Télémaque, voyant qu'on lui avait destiné une tunique d'une laine fine dont la blancheur effaçait celle de la neige, et une robe de pourpre avec une broderie d'or, prit le plaisir qui est naturel à un jeune homme, en considérant cette magnificence.

Mentor lui dit d'un ton grave : « Est-ce donc là, ô Télémaque, les pensées qui doivent occuper le cœur du fils d'Ulysse ? Songez plutôt à soutenir la réputation de votre père, et à vaincre la fortune qui vous persécute. Un jeune homme qui aime à se parer vainement comme une femme est indigne de la sagesse et de la gloire : la gloire n'est due qu'à un cœur qui sait souffrir la peine et fouler aux pieds[1] les plaisirs ».

Télémaque répondit en soupirant : « Que les dieux me fassent périr, plutôt que de souffrir que la mollesse et la volupté s'emparent de mon cœur! Non, non ; le fils d'Ulysse ne sera jamais vaincu par les charmes d'une vie lâche et efféminée. Mais quelle faveur du ciel nous a fait trouver, après notre naufrage, cette déesse ou cette mortelle qui nous comble de biens ? »

« Craignez, répartit Mentor, qu'elle ne vous accable de maux ; craignez ses trompeuses douceurs plus que les écueils qui ont brisé votre navire: le naufrage et la mort sont moins funestes que les plaisirs qui attaquent la vertu. »

[1] Il y a quelque chose d'étrange dans cette métaphore d'un cœur qui foule *aux pieds* les plaisirs. « La mort et la vie sont *aux mains de la langue* », dit l'auteur des *Proverbes* (xviii, 21) : « Mors et vita in manibus linguæ ».

Gardez-vous bien de croire ce qu'elle vous racontera. La jeunesse est présomptueuse ; elle se promet tout d'elle-même ; quoique fragile, elle croit pouvoir tout, et n'avoir jamais rien à craindre ; elle se confie légèrement et sans précaution. Gardez-vous d'écouter les paroles douces et flatteuses de Calypso, qui se glisseront comme un serpent sous les fleurs [1]; craignez le poison caché. Défiez-vous de vous-même, et attendez toujours mes conseils. »

Ensuite ils retournèrent auprès de Calypso qui les attendait. Les nymphes, avec leurs cheveux tressés et des habits blancs, servirent d'abord un repas simple, mais exquis pour le goût et pour la propreté. On n'y voyait aucune autre viande que celle des oiseaux qu'elles avaient pris dans des filets, ou des bêtes qu'elles avaient percées de leurs flèches à la chasse. Un vin plus doux que le nectar coulait de grands vases d'argent dans des tasses d'or couronnées de fleurs. On apporta dans des corbeilles tous les fruits que le printemps promet et que l'automne répand sur la terre. En même temps, quatre jeunes nymphes se mirent à chanter. D'abord, elles chantèrent le combat des dieux contre les Géants; puis les amours de Jupiter et de Sémélé ; la naissance de Bacchus, et son éducation conduite par le vieux Silène ; la course d'Atalante et d'Hippomène, qui fut vainqueur par le moyen des pommes d'or venues du jardin des Hespérides : enfin, la guerre de Troie fut aussi chantée ; les combats d'Ulysse et sa sagesse furent élevés jusqu'aux cieux. La première des nymphes, qui s'appelait Leucothoé, joignit les accords de sa lyre aux douces voix de toutes les autres.

Quand Télémaque entendit le nom de son père, les larmes qui coulèrent le long de ses joues donnèrent un nouveau lustre à sa beauté [2]. Mais comme Calypso s'aper-

---

[1] Frigidus (o pueri, fugite hinc!) latet anguis in herba
VIRG., *Ecl.*, III, 93.

[2] La Fontaine, dans le poème d'*Adonis,* peint Vénus qui pleure, et que ses larmes embellissent :

Là se fondant en pleurs, on voit croître ses charmes.

çut qu'il ne pouvait manger, et qu'il était saisi de douleur, elle fit signe aux nymphes. A l'instant, on chanta le combat des Centaures avec les Lapithes, et la descente d'Orphée aux Enfers pour en retirer Eurydice.

Quand le repas fut fini, la déesse prit Télémaque, et lui parla ainsi : « Vous voyez, fils du grand Ulysse, avec quelle

Ailleurs il dit de la matrone d'Éphèse :

Jeune et belle, elle avait sous les pleurs de l'éclat.

Ovide avait déjà eu la même idée (*Am.* II, v. 44) :

Mœsta erat in vultu; mœsta decenter erat.

L'interprète d'Aristénète, page 341, a recueilli plusieurs passages parallèles. Fénelon dira plus bas, livre VI, que « l'affliction aug- « mente la beauté d'Eucharis ».

faveur je vous reçois. Je suis immortelle : nul mortel ne
peut entrer dans cette île sans être puni de sa témérité ;
et votre naufrage même ne vous garantirait pas de mon
indignation, si d'ailleurs je ne vous aimais. Votre père a
eu le même bonheur que vous : mais, hélas ! il n'a pas su
en profiter. Je l'ai gardé longtemps dans cette île : il n'a
tenu qu'à lui d'y vivre avec moi dans un état immortel [1] ;
mais l'aveugle passion de retourner dans sa misérable
patrie lui fit rejeter tous ces avantages. Vous voyez tout
ce qu'il a perdu pour Ithaque, qu'il n'a pu revoir. Il
voulut me quitter, il partit ; et je fus vengée par la tempête :
son vaisseau, après avoir été le jouet des vents, fut enseveli
dans les ondes. Profitez d'un si triste exemple. Après
son naufrage, vous n'avez plus rien à espérer, ni pour le
revoir, ni pour régner jamais dans l'île d'Ithaque après
lui. Consolez-vous de l'avoir perdu, puisque vous trouvez
ici une divinité prête à vous rendre heureux et un royaume
qu'elle vous offre ».

La déesse ajouta à ces paroles de longs discours pour
montrer combien Ulysse avait été heureux auprès d'elle :
elle raconta ses aventures [2] dans la caverne du cyclope
Polyphème et chez Antiphatès, roi des Lestrygons : elle
n'oublia pas ce qui lui était arrivé dans l'île de Circé [3],
fille du Soleil, ni les dangers qu'il avait courus entre Scylle
et Charybde [4]. Elle représenta la dernière tempête que Neptune avait excitée contre lui quand il partit d'auprès d'elle.
Elle voulut faire entendre qu'il était péri dans ce nau-

---

[1] C'est ce que Calypso dit a Mercure, en parlant d'Ulysse
(*Odyss* , V, 135) :

Τὸν μὲν ἐγὼ φίλεόν τε καὶ ἔτρεφον, ἠδὲ ἔφασκον
Θήσειν ἀθάνατον καὶ ἀγήραον ἤματα πάντα.

[2] Ces diverses aventures sont racontées dans l'*Odyssée*, livres IX,
X, XII

[3] L'île *Æa*. On la place au *Circœum Promontorium*, aujourd'hui
Monte Circello.

[4] Scylle, plus vulgairement appelé *Scylla*, ecueil dans le détroit
de Sicile ; Charybde, gouffre dans les memes parages.

frage, et elle supprima son arrivée dans l'île des Phéaciens [1].

Télémaque, qui s'était d'abord abandonné trop promptement à la joie d'être si bien traité de Calypso, reconnut enfin son artifice et la sagesse des conseils que Mentor venait de lui donner. Il répondit en peu de mots : « O déesse, pardonnez à ma douleur : maintenant je ne puis que m'affliger ; peut-être que dans la suite j'aurai plus de force pour goûter la fortune que vous m'offrez : laissez-moi en

ce moment pleurer mon père ; vous savez mieux que moi combien il mérite d'être pleuré ».

Calypso n'osa d'abord le presser davantage : elle feignit même d'entrer dans sa douleur, et de s'attendrir pour Ulysse. Mais, pour mieux connaître les moyens de toucher le cœur du jeune homme, elle lui demanda comment il

[1] Homère l'appelle Schérie. C'est l'île de Corfou.

avait fait naufrage, et par quelles aventures il était sur ses
côtes. « Le récit de mes malheurs, dit-il, serait trop long. »
« Non, non, répondit-elle, il me tarde de les savoir : hâtez-
vous de me les raconter. » Elle le pressa longtemps. Enfin
il ne put lui résister, et il parla ainsi :

« J'étais parti d'Ithaque pour aller demander aux autres
rois revenus du siège de Troie des nouvelles de mon père.
Les amants de ma mère Pénélope furent surpris de mon
départ : j'avais pris soin de le leur cacher, connaissant
leur perfidie. Nestor, que je vis à Pylos [1], ni Ménélas, qui
me reçut avec amitié dans Lacédémone, ne purent m'apprendre si mon père était encore en vie. Lassé de vivre
toujours en suspens et dans l'incertitude, je me résolus
d'aller dans la Sicile, où j'avais ouï dire que mon père
avait été jeté par les vents. Mais le sage Mentor, que vous
voyez ici présent, s'opposait à ce téméraire dessein : il me
représentait d'un côté les Cyclopes, géants monstrueux qui
dévorent les hommes; de l'autre, la flotte d'Énée et des
Troyens, qui était sur ces côtes. Ces Troyens, disait-il,
sont animés contre tous les Grecs, mais surtout ils répan-
draient avec plaisir le sang du fils d'Ulysse. Retournez,
continuait-il, en Ithaque : peut-être que votre père, aimé
des dieux, y sera aussitôt que vous. Mais si les dieux ont
résolu sa perte, s'il ne doit jamais revoir sa patrie, du
moins il faut que vous alliez le venger, délivrer votre
mère, montrer votre sagesse à tous les peuples, et faire
voir en vous à toute la Grèce un roi aussi digne de régner
que le fut jamais Ulysse lui-même.

« Ces paroles étaient salutaires : mais je n'étais pas assez
prudent pour les écouter : je n'écoutais que ma passion.
Le sage Mentor m'aima jusqu'à me suivre dans un voyage
téméraire que j'entreprenais contre ses conseils; et les
dieux permirent que je fisse une faute qui devait servir à
me corriger de ma présomption. »

Pendant qu'il parlait, Calypso regardait Mentor. Elle
était étonnée, elle croyait sentir en lui quelque chose de

---

[1] Ville du Péloponèse, dans la Triphylie

divin; mais elle ne pouvait démêler ses pensées confuses : ainsi elle demeurait pleine de crainte et de défiance à la vue de cet inconnu. Alors elle appréhenda de laisser voir son trouble. « Continuez, dit-elle à Télémaque, et satisfaites ma curiosité. » Télémaque reprit ainsi :

« Nous eûmes assez longtemps un vent favorable pour aller en Sicile; mais ensuite une noire tempête déroba le ciel à nos yeux, et nous fûmes enveloppés dans une profonde nuit [1]. A la lueur des éclairs, nous aperçûmes d'autres vaisseaux exposés au même péril; et nous reconnûmes bientôt que c'étaient les vaisseaux d'Énée : ils n'étaient pas moins à craindre pour nous que les rochers. Alors je compris, mais trop tard, ce que l'ardeur d'une jeunesse imprudente m'avait empêché de considérer attentivement. Mentor parut dans ce danger, non seulement ferme et intrépide, mais encore plus gai qu'à l'ordinaire : c'était lui qui m'encourageait; je sentais qu'il m'inspirait une force invincible. Il donnait tranquillement tous les ordres, pendant que le pilote était troublé. Je lui disais : Mon cher Mentor, pourquoi ai-je refusé de suivre vos conseils? Ne suis-je pas malheureux d'avoir voulu me croire moi-même dans un âge où l'on n'a ni prévoyance de l'avenir, ni expérience du passé, ni modération pour ménager le présent! Oh! si jamais nous échappons à cette tempête, je me défierai de moi-même comme de mon plus dangereux ennemi : c'est vous, Mentor, que je croirai toujours.

« Mentor, en souriant, me répondit : Je n'ai garde de vous reprocher la faute que vous avez faite; il suffit que vous la sentiez, et qu'elle vous serve à être une autre fois plus modéré dans vos désirs. Mais, quand le péril sera passé, la présomption reviendra peut-être. Maintenant il faut se soutenir par le courage. Avant que de se jeter dans le péril, il faut le prévoir et le craindre : mais quand on y est, il ne reste plus qu'à le mépriser [2]. Soyez donc le digne fils

[1] Eripiunt subito nubes cœlumque diemque
Teucrorum ex oculis; ponto nox incubat atra.
VIRG., Æn., I, 88.
[2] Mentor confirme ce précepte par ses actions. On lit dans le

d'Ulysse ; montrez un cœur plus grand que tous les maux
qui vous menacent.

« La douceur et le courage du sage Mentor me char-
mèrent : mais je fus encore bien plus surpris quand je vis
avec quelle adresse il nous délivra des Troyens. Dans le
moment où le ciel commençait à s'éclaircir, et où les
Troyens, nous voyant de près, n'auraient pas manqué de
nous reconnaître, il remarqua un de leurs vaisseaux qui
était presque semblable au nôtre, et que la tempête avai'
écarté. La poupe en était couronnée de certaines fleurs :
il se hâta de mettre sur notre poupe des couronnes de
fleurs semblables ; il les attacha lui-même avec des ban-
delettes de la même couleur que celles des Troyens ; il
ordonna à tous nos rameurs de se baisser le plus qu'ils
pourraient le long de leurs bancs, pour n'être point reconnus des ennemis. En cet état, nous passâmes au milieu
de leur flotte : ils poussèrent des cris de joie en nous
voyant, comme en revoyant des compagnons qu'ils avaient
crus perdus. Nous fûmes même contraints par la violence
de la mer d'aller assez longtemps avec eux ; enfin nous
demeurâmes un peu derrière ; et, pendant que les vents
impétueux les poussaient vers l'Afrique, nous fîmes les
derniers efforts pour aborder à force de rames sur la côte
voisine de Sicile.

« Nous y arrivâmes en effet. Mais ce que nous cherchions
n'était guère moins funeste que la flotte qui nous faisait
fuir : nous trouvâmes sur cette côte de Sicile d'autres
Troyens ennemis des Grecs. C'était là que régnait le vieux
Aceste sorti de Troie[1]. A peine fûmes-nous arrivés sur ce
rivage que les habitants crurent que nous étions ou d'autres
peuples de l'île armés pour les surprendre, ou des étran-

---

deuxième livre que « Mentor, qui craignait les maux avant qu'ils
« arrivassent, ne savait plus ce que c'était que de les craindre dès
« qu'ils étaient arrivés ».

> ... Occurit Acestes.
> Troïa Crimiso conceptum flumine mater
> Quem genuit.
>   VIRG., Æn., V, 36

gers qui venaient s'emparer de leurs terres. Ils brûlent
notre vaisseau dans le premier emportement ; ils égorgent
tous nos compagnons ; ils ne réservent que Mentor et moi
pour nous présenter à Aceste, afin qu'il pût savoir de nous
quels étaient nos desseins, et d'où nous venions. Nous entrons dans la ville les mains liées derrière le dos ; et notre
mort n'était retardée que pour nous faire servir de spec-

tacle à un peuple cruel, quand on saurait que nous étions
grecs.

« On nous présenta d'abord à Aceste, qui, tenant son
sceptre d'or en main, jugeait les peuples, et se préparait à
un grand sacrifice. Il nous demanda, d'un ton sévère, quel
était notre pays et le sujet de notre voyage. Mentor se
hâta de répondre et lui dit : Nous venons des côtes de la
grande Hespérie [1], et notre patrie n'est pas loin de là. Ainsi

[1] Il désigne l'Italie, et plus particulièrement la Grande-Grèce.

il évita de dire que nous étions grecs. Mais Aceste, sans
l'écouter davantage et nous prenant pour des étrangers
qui cachaient leur dessein, ordonna qu'on nous envoyât
dans une forêt voisine, où nous servirions en esclaves sous
ceux qui gouvernaient ses troupeaux.

« Cette condition me parut plus dure que la mort. Je
m'écriai : O roi ! faites-nous mourir, plutôt que de nous
traiter si indignement. Sachez que je suis Télémaque, fils
du sage Ulysse, roi des Ithaciens : je cherche mon père
dans toutes les mers. Si je ne puis le trouver, ni retourner
dans ma patrie, ni éviter la servitude, ôtez-moi la vie, que
je ne saurais supporter.

« A peine eus-je prononcé ces mots, que tout le peuple
ému s'écria qu'il fallait faire périr le fils de ce cruel Ulysse,
dont les artifices avaient renversé la ville de Troie. O fils
d'Ulysse, me dit Aceste, je ne puis refuser votre sang aux
mânes de tant de Troyens que votre père a précipités sur
les rivages du noir Cocyte : vous et celui qui vous mène
vous périrez. En même temps un vieillard de la troupe
proposa au roi de nous immoler sur le tombeau d'Anchise.
Leur sang, disait-il, sera agréable à l'ombre de ce héros :
Énée même, quand il saura un tel sacrifice, sera touché de
voir combien vous aimez ce qu'il avait de plus cher au
monde.

« Tout le peuple applaudit à cette proposition, et on ne
songea plus qu'à nous immoler. Déjà on nous menait sur
le tombeau d'Anchise. On y avait dressé deux autels, où
le feu sacré était allumé; le glaive qui devait nous percer
était devant nos yeux; on nous avait couronnés de fleurs,
et nulle compassion ne pouvait garantir notre vie. C'était
fait de nous, quand Mentor demanda tranquillement à
parler au roi. Il lui dit :

« O Aceste, si le malheur du jeune Télémaque, qui n'a
jamais porté les armes contre les Troyens, ne peut vous
toucher, du moins que votre propre intérêt vous touche.

Virgile a placé le tombeau de *Caieta*, c'est-à-dire la ville de Gaëte
d'aujourd'hui, *Hesperia in magna* (*Æn.*, VII, 7).

La science que j'ai acquise des présages et de la volonté
des dieux me fait connaître qu'avant que trois jours soient
écoulés vous serez attaqué par des peuples barbares, qui
viennent comme un torrent du haut des montagnes pour
inonder votre ville et pour ravager tout votre pays. Hâtez-
vous de les prévenir, mettez vos peuples sous les armes,
et ne perdez pas un moment pour retirer au-dedans de vos
murailles les riches troupeaux que vous avez dans la campagne. Si ma prédiction est fausse, vous serez libre de nous
immoler dans trois jours; si au contraire elle est véritable,
souvenez-vous qu'on ne doit pas ôter la vie à ceux de qui
on la tient.

« Aceste fut étonné de ces paroles que Mentor lui disait
avec une assurance qu'il n'avait jamais trouvée en aucun
homme. Je vois bien, répondit-il, ô étranger, que les
dieux, qui vous ont si mal partagé pour tous les dons de
la fortune, vous ont accordé une sagesse qui est plus estimable que toutes les prospérités. En même temps il re-
tarda le sacrifice, et donna avec diligence les ordres nécessaires pour prévenir l'attaque dont Mentor l'avait menacé.
On ne voyait de tous côtés que des femmes tremblantes,
des vieillards courbés, de petits enfants les larmes aux
yeux, qui se retiraient dans la ville. Les bœufs mugissants
et les brebis bêlantes venaient en foule, quittant les gras
pâturages et ne pouvant trouver assez d'étables pour être
mis à couvert. C'étaient de toutes parts des cris confus de
gens qui se poussaient les uns les autres, qui ne pouvaient
s'entendre, qui prenaient dans ce trouble un inconnu pour
leur ami, et qui couraient sans savoir où tendaient leurs
pas. Mais les principaux de la ville, se croyant plus sages
que les autres, s'imaginaient que Mentor était un impos-
teur qui avait fait une fausse prédiction pour sauver
sa vie.

« Avant la fin du troisième jour, pendant qu'ils étaient
pleins de ces pensées, on vit sur le penchant des montagnes
voisines un tourbillon de poussière; puis on aperçut une
troupe innombrable de barbares armés : c'étaient les
Himériens, peuples féroces, avec les nations qui habitent

4

sur les monts Nébrodes, et sur le sómmet d'Acragas ¹, où
règne un hiver que les zéphyrs n'ont jamais adouci. Ceux
qui avaient méprisé la prédiction de Mentor perdirent
leurs esclaves et leurs troupeaux. Le roi dit à Mentor :
J'oublie que vous êtes des Grecs, nos ennemis deviennent
nos amis fidèles. Les dieux vous ont envoyés pour nous
sauver : je n'attends pas moins de votre valeur que de la
sagesse de vos conseils ; hâtez-vous de nous secourir.

« Mentor montre dans ses yeux une audace qui étonne
les plus fiers combattants. Il prend un bouclier, un casque,
une épée, une lance ; il range les soldats d'Aceste ; il
marche à leur tête, et s'avance en bon ordre vers les ennemis. Aceste, quoique plein de courage, ne peut dans sa
vieillesse le suivre que de loin. Je le suis de plus près.
mais je ne puis égaler sa valeur. Sa cuirasse ressemblait,
dans le combat, à l'immortelle égide. La mort courait de
rang en rang partout sous ses coups. Semblable à un lion
de Numidie que la cruelle faim. dévore, et qui entre dans
un troupeau de faibles brebis, il déchire, il égorge, il nage
dans le sang² ; et les bergers, loin de secourir le troupeau,
fuient, tremblants, pour se dérober à sa fureur.

« Ces barbares, qui espéraient de surprendre la ville,
furent eux-mêmes surpris et déconcertés. Les sujets
d'Aceste, animés par l'exemple et par les ordres de Mentor.

---

¹ La ville d'Himère, en Sicile, a été fort célèbre dans l'antiquité ;
elle était voisine d'un fleuve du même nom, qui prenait sa source
au pied du mont Nebrodes, aujourd'hui nommé *Madonia* Le mont
Acragas était au voisinage de la ville du même nom, l'*Agrigentum*
des Romains, aujourd'hui *Girgente*.

²   Impastus ceu plena leo per ovilia turbans
    (Suadet enim vesana fames) manditque trahitque
    Molle pecus, mutumque metu ; fremit ore cruento.
           Virg., *Æn*, IX. 339

Βῆ ῥ ἴμεν, ὥστε λέων ὀρεσίτροφυς, ὅστ' ἐπιδευής
Δηρὸν ἔῃ κρειῶν, κέλεται δέ ἑ θυμὸς ἀγήνωρ
Μήλων πειρήσοντα καὶ ἐς πυκινὸν δόμον ἐλθεῖν...
           Hom , *Il.*, XII, 299

On peut voir aussi dans l'*Iliade* (V, 161) la comparaison de Diomède avec un lion.

eurent une vigueur dont ils ne se croyaient point capables. De ma lance je renversai le fils du roi de ce peuple ennemi. Il était de mon âge, mais il était plus grand que moi : car ce peuple venait d'une race de géants qui étaient de la même origine que les Cyclopes. Il méprisait un ennemi aussi faible que moi. Mais, sans m'étonner de sa force prodigieuse ni de son air sauvage et brutal, je poussai ma lance contre sa poitrine, et je lui fis vomir, en expirant, des torrents d'un sang noir. Il pensa m'écraser dans sa chute ; le bruit de ses armes retentit jusqu'aux montagnes. Je pris ses dépouilles [1], et je revins trouver Aceste. Mentor ayant achevé de mettre les ennemis en désordre, les tailla en pièces, et poussa les fuyards jusque dans les forêts.

« Un succès si inespéré fit regarder Mentor comme un homme chéri et inspiré des dieux. Aceste, touché de reconnaissance, nous avertit qu'il craignait tout pour nous, si les vaisseaux d'Énée revenaient en Sicile. Il nous en donna un pour retourner sans retardement en notre pays, nous combla de présents, et nous pressa à partir pour prévenir tous les malheurs qu'il prévoyait. Mais il ne voulut nous donner ni un pilote ni des rameurs de sa nation, de peur qu'ils ne fussent exposés sur les côtes de la Grèce : il nous donna des marchands phéniciens [2], qui, étant en commerce avec tous les peuples du monde, n'avaient rien à craindre, et qui devaient ramener le vaisseau à Aceste quand ils nous auraient laissés à Ithaque. Mais les dieux, qui se jouent des desseins des hommes, nous réservaient à d'autres dangers.

[1] Selon l'usage des héros homériques, qui ne manquent jamais de dépouiller leur ennemi mort, quand on leur en laisse le temps.

[2] Les Phéniciens, dont Sidon et Tyr, sur les côtes de la Syrie, étaient les principales villes, faisaient, dans la haute antiquité, un commerce immense, et leur navigation s'étendait sur toutes les mers.

LIVRE II

SOMMAIRE

Suite du récit de Télémaque. Le vaisseau tyrien qu'il montait
ayant été pris par une flotte de Sésostris, Mentor et lui sont
faits prisonniers et conduits en Égypte. Richesses et merveilles de ce pays : sagesse de son gouvernement. Télémaque
et Mentor sont traduits devant Sésostris, qui renvoie l'examen
de leur affaire à un de ses officiers appelé Métophis. Par ordre
de cet officier, Mentor est vendu a des Éthiopiens, qui l'emmènent dans leur pays ; et Télémaque est réduit à conduire
un troupeau dans le désert d'Oasis. Là, Termosiris, prêtre
d'Apollon, adoucit la rigueur de son exil, en lui apprenant à
imiter le dieu, qui, etant contraint de garder les troupeaux
d'Admète, roi de Thessalie, se consolait de sa disgrâce en po-
lissant les mœurs sauvages des bergers Bientôt, Sésostris,
informé de tout ce que Télémaque faisait de merveilleux
dans les déserts d'Oasis, le rappelle auprès de lui, reconnaît
son innocence et lui promet de le renvoyer à Ithaque. Mais
la mort de ce prince replonge Télémaque dans de nouveaux
malheurs : il est emprisonné dans une tour sur le bord de la
mer, d'où il voit Bocchoris, nouveau roi d'Égypte, périr
dans un combat contre ses sujets révoltés et secourus par les
Phéniciens.

« Les Tyriens, par leur fierté, avaient irrité contre eux
le grand roi Sésostris, qui régnait en Égypte, et qui avait
conquis tant de royaumes. Les richesses qu'ils ont acquises
par le commerce, et la force de l'imprenable ville de Tyr,
située dans la mer, avaient enflé le cœur de ces peuples :
ils avaient refusé de payer à Sésostris le tribut qu'il leur
avait imposé en revenant de ses conquêtes ; et ils avaient
fourni des troupes à son frère, qui avait voulu à son retour
le massacrer au milieu des jouissances d'un grand festin[1].

« Sésostris avait résolu, pour abattre leur orgueil, de

---

[1] Diodore de Sicile (I, ch. lvii) et Hérodote (II, ch. cvii) ont raconté ce fait.

troubler leur commerce dans toutes les mers. Ses vaisseaux allaient de tous côtés cherchant les Phéniciens. Une
flotte égyptienne nous rencontra comme nous commencions à perdre de vue les montagnes de la Sicile. Le port
et la terre semblaient fuir derrière nous[1] et se perdre
dans les nues : en même temps, nous voyions approcher
les navires des Egyptiens, semblables à une ville flottante.
Les Phéniciens les reconnurent et voulurent s'en éloigner,
mais il n'était plus temps. Leurs voiles étaient meilleures
que les nôtres; le vent les favorisait; leurs rameurs étaient
en plus grand nombre : ils nous abordent, nous prennent,
et nous emmènent prisonniers en Egypte.

« En vain je leur représentai que nous n'étions pas
phéniciens, à peine daignèrent-ils m'écouter. Ils nous
regardèrent comme des esclaves dont les Phéniciens tra-
fiquaient; et ils ne songèrent qu'au profit d'une telle
prise. Déjà nous remarquons les eaux de la mer qui blanchissent par le mélange de celles du Nil[2], et nous voyons
la côte d'Égypte presque aussi basse que la mer[3]. Ensuite
nous arrivons à l'île de Pharos[4], voisine de la ville de
No[5]. De là, nous remontons le Nil jusqu'à Memphis[6].

[1]   Provehimur portu; terræque urbesque recedunt.
                                        VIRG., Æn., III, 72

Fénelon emploie plus d'une fois cette figure ; par exemple, livre III :
« Les rivages d'Egypte s'enfuyaient loin de nous ».

[2] « J'aperçus sur la surface verte et ridée de la mer une barre
« d'écume, et, de l'autre côté de cette barre, une eau pâle et tran-
« quille. Le capitaine vint me frapper sur l'epaule, et me dit en
« langue franque : *Nilo !...* La ligne des eaux du fleuve et celle des
« eaux de la mer ne se confondaient point ; elles étaient distinctes,
« séparées ; elles écumaient en se rencontrant, et semblaient se ser-
« vir mutuellement de rivage. » (CHATEAUBR., *Itin.* t. III, pp. 66, 67.)

[3] Lucain (VIII, 464) donne au rivage de l'Egypte l'épithète d'*in-
fima*.

[4] Le premier passage classique sur l'île de Pharos est dans
l'*Odyssee* (IV, 354). Cette île, qui a conservé son antique dénomi-
nation, forme aujourd'hui le port d'Alexandrie.

[5] L'ancienne ville de No paraît avoir occupé la place où Alexandrie fut depuis bâtie.

[6] Memphis, aujourd'hui détruite, était bâtie au voisinage des
Pyramides, non loin du Caire.

« Si la douleur de notre captivité ne nous eût rendus insensibles à tous les plaisirs, nos yeux auraient été charmés de voir cette fertile terre d'Égypte, semblable à un jardin délicieux arrosé d'un nombre infini de canaux. Nous ne pouvions jeter les yeux sur les deux rivages sans apercevoir des villes opulentes, des maisons de campagne

agréablement situées, des terres qui se couvraient tous les ans d'une moisson dorée sans se reposer jamais, des prairies pleines de troupeaux, des laboureurs qui étaient accablés sous le poids des fruits que la terre épanchait de son sein, des bergers qui faisaient répéter les doux sons de leurs flûtes et de leurs chalumeaux à tous les échos d'alentour.

« Heureux, disait Mentor, le peuple qui est conduit par un sage roi ! Il est dans l'abondance ; il vit heureux, et

aime celui à qui il doit tout son bonheur. C'est ainsi,
ajoutait-il, ô Télémaque, que vous devez régner et faire la
joie de vos peuples, si jamais les dieux vous font posséder
le royaume de votre père. Aimez vos peuples comme vos
enfants; goûtez le plaisir d'être aimé d'eux; et faites qu'ils
ne puissent jamais sentir la paix et la joie sans se ressouvenir que c'est un bon roi qui leur a fait ces riches présents. Les rois qui ne songent qu'à se faire craindre, et
qu'à abattre leurs sujets pour les rendre plus soumis, sont
les fléaux du genre humain. Ils sont craints comme ils le
veulent être; mais ils sont haïs, détestés; et ils ont encore
plus à craindre de leurs sujets que leurs sujets n'ont à
craindre d'eux[1].

« Je répondais à Mentor : Hélas! il n'est pas question de
songer aux maximes suivant lesquelles on doit régner : il
n'y a plus d'Ithaque pour nous. Nous ne reverrons jamais
ni notre patrie, ni Pénélope : et quand même Ulysse re-
tournerait plein de gloire dans son royaume, il n'aura
jamais la joie de m'y voir; jamais je n'aurai celle de
lui obéir pour apprendre à commander. Mourons, mon
cher Mentor; nulle autre pensée ne nous est plus permise : mourons, puisque les dieux n'ont aucune pitié de
nous.

« En parlant ainsi, de profonds soupirs entrecoupaient
toutes mes paroles. Mais Mentor, qui craignait les maux
avant qu'ils arrivassent, ne savait plus ce que c'était que de
les craindre dès qu'ils étaient arrivés. Indigne fils du sage
Ulysse! s'écriait-il, quoi donc! vous vous laissez vaincre à
votre malheur! Sachez que vous reverrez un jour l'île
d'Ithaque et Pénélope. Vous verrez même dans sa première gloire celui que vous n'avez point connu, l'invincible
Ulysse, que la fortune ne peut abattre, et qui, dans ses
malheurs, encore plus grands que les vôtres, vous apprend
à ne vous décourager jamais. Oh! s'il pouvait apprendre

---

[1] « Quem metuunt oderunt », a dit Ennius. La même pensée est
dans Laberius :

Necesse est, multos timeat quem multi timent.

dans les terres éloignées, où la tempête l'a jeté, que son
fils ne sait imiter ni sa patience ni son courage, cette
nouvelle l'accablerait de honte et lui serait plus rude que
tous les malheurs qu'il souffre depuis si longtemps.

« Ensuite, Mentor me faisait remarquer la joie et l'abondance répandue dans toute la campagne d'Égypte, où l'on
comptait jusqu'à vingt-deux mille villes. Il admirait la
bonne police de ces villes ; la justice exercée en faveur du
pauvre contre le riche ; la bonne éducation des enfants,
qu'on accoutumait à l'obéissance, au travail, à la sobriété,
à l'amour des arts ou des lettres ; l'exactitude pour toutes
les cérémonies de la religion ; le désintéressement, le
désir de l'honneur, la fidélité pour les hommes et la
crainte pour les dieux, que chaque père inspirait à ses
enfants. Il ne se lassait point d'admirer ce bel ordre.
Heureux, me disait-il sans cesse, le peuple qu'un sage roi
conduit ainsi ! mais encore plus heureux le roi qui fait le
bonheur de tant de peuples, et qui trouve le sien dans sa
vertu ! Il tient les hommes par un lien cent fois plus fort
que celui de la crainte : c'est celui de l'amour. Non seulement on lui obéit, mais encore on aime à lui obéir. Il
règne dans tous les cœurs ; chacun, bien loin de vouloir
s'en défaire, craint de le perdre et donnerait sa vie pour
lui.

« Je remarquais ce que disait Mentor, et je sentais
renaître mon courage au fond de mon cœur à mesure que
ce sage ami me parlait.

« Aussitôt que nous fûmes arrivés à Memphis, ville opu-
lente et magnifique, le gouverneur ordonna que nous
irions jusqu'à Thèbes [1], pour être présentés au roi Sésostris, qui voulait examiner les choses par lui-même, et qui
était fort animé contre les Tyriens. Nous remontâmes donc
encore le cours du Nil, jusqu'à cette fameuse Thèbes aux
cent portes, où habitait ce grand roi. Cette ville nous

---

[1] Thèbes aux cent portes, appelée aussi Diosopolis par les Grecs,
est détruite. Luxor occupe aujourd'hui une partie de l'emplacement
de Thèbes.

parut d'une étendue immense, et plus peuplée que les
plus florissantes villes de la Grèce. La police y est parfaite
pour la propreté des rues, pour le cours des eaux, pour la
commodité des bains, pour la culture des arts, et pour la
sûreté publique. Les places sont ornées de fontaines et
d'obélisques; les temples sont de marbre et d'une architecture simple, mais majestueuse. Le palais du prince est
lui seul comme une grande ville : on n'y voit que colonnes
de marbre, que pyramides et obélisques, que statues
colossales, que meubles d'or et d'argent massif.

« Ceux qui nous avaient pris dirent au roi que nous
avions été pris dans un navire phénicien. Il écoutait
chaque jour, à certaines heures réglées, tous ceux de ses
sujets qui avaient ou des plaintes à lui faire, ou des avis
à lui donner. Il ne méprisait ni ne rebutait personne, et
ne croyait être roi que pour faire du bien à tous ses
sujets, qu'il aimait comme ses enfants. Pour les étrangers,
il les recevait avec bonté et voulait les voir, parce qu'il
croyait qu'on apprenait toujours quelque chose d'utile en
s'instruisant des mœurs et des maximes des peuples
éloignés.

« Cette curiosité du roi fit qu'on nous présenta à lui.
Il était sur un trône d'ivoire, tenant en main un sceptre
d'or. Il était déjà vieux, mais agréable [1], plein de douceur
et de majesté: il jugeait tous les jours les peuples, avec
une patience et une sagesse qu'on admirait sans flatterie.
Après avoir travaillé toute la journée à régler les affaires
et à rendre une exacte justice, il se délassait le soir à
écouter des hommes savants ou à converser avec les plus
honnêtes gens, qu'il savait bien choisir pour les admettre
dans sa familiarité. On ne pouvait lui reprocher en toute
sa vie que d'avoir triomphé avec trop de faste des rois
qu'il avait vaincus, et de s'être confié à un de ses suje's
que je vous dépeindrai tout à l'heure. Quand il me vit, J
fut touché de ma jeunesse et de ma douleur : il me

---

[1] Jam senior; sed cruda deo viridisque senectus.
VIRG., Æn. VI, 301.

demanda ma patrie et mon nom. Nous fûmes étonnés de
la sagesse qui parlait par sa bouche.

« Je lui répondis : « O grand roi ! vous n'ignorez pas le
siège de Troie, qui a duré dix ans, et sa ruine, qui a
coûté tant de sang à toute la Grèce. Ulysse, mon père, a
été un des principaux rois qui ont ruiné cette ville : il
erre sur toutes les mers, sans pouvoir retrouver l'île
d'Ithaque, qui est son royaume. Je le cherche ; et un malheur semblable au sien fait que j'ai été pris. Rendez-moi
à mon père et à ma patrie. Ainsi puissent les dieux vous
conserver à vos enfants, et leur faire sentir la joie de
vivre sous un si bon père !

« Sésostris continuait à me regarder d'un œil de compassion : mais, voulant savoir si ce que je disais était vrai,
il nous renvoya à un de ses officiers, qui fut chargé de
savoir de ceux qui avaient pris notre vaisseau si nous
étions effectivement grecs ou phéniciens. S'ils sont phéniciens, dit le roi, il faut doublement les punir, pour être
nos ennemis, et plus encore pour avoir voulu nous tromper par un lâche mensonge ; si au contraire ils sont grecs,
je veux qu'on les traite favorablement, et qu'on les renvoie dans leur pays sur un de mes vaisseaux : car j'aime
la Grèce ; plusieurs Égyptiens y ont donné des lois [1]. Je
connais la vertu d'Hercule ; la gloire d'Achille est parvenue
jusqu'à nous ; et j'admire ce qu'on m'a raconté de la
sagesse du malheureux Ulysse. Tout mon plaisir est de
secourir la vertu malheureuse.

« L'officier auquel le roi renvoya l'examen de notre
affaire avait l'âme aussi corrompue et aussi artificieuse
que Sésostris était sincère et généreux. Cet officier se
nommait Métophis ; il nous interrogea pour tâcher de
nous surprendre ; et comme il vit que Mentor répondait
avec plus de sagesse que moi, il le regarda avec aversion
et avec défiance, car les méchants s'irritent contre les

---

[1] Allusion aux colonies conduites, selon des traditions plus ou
moins contestables, d'Égypte en Grèce par Inachus, Ogygès, Danaüs,
Cécrops

bons. Il nous sépara, et depuis ce moment je ne sus point
ce qu'était devenu Mentor.

« Cette séparation fut un coup de foudre pour moi.
Métophis espérait toujours qu'en nous questionnant sépa-
rément il pourrait nous faire dire des choses contraires:
surtout il croyait m'éblouir par ses promesses flatteuses,

et me faire avouer ce que Mentor lui aurait caché. Enfin,
il ne cherchait pas de bonne foi la vérité; mais il voulait
trouver quelque prétexe de dire au roi que nous étions
des Phéniciens, pour nous faire ses esclaves. En effet,
malgré notre innocence et malgré la sagesse du roi, il
trouva le moyen de le tromper.

« Hélas ! à quoi les rois sont-ils exposés ! les plus sages
mêmes sont souvent surpris [1]. Des hommes artificieux et
intéressés les environnent. Les bons se retirent, parce
qu'ils ne sont ni empressés ni flatteurs; les bons attendent
qu'on les cherche, et les princes ne savent guère les aller
chercher ; au contraire, les méchants sont hardis, trompeurs, empressés à s'insinuer et à plaire, adroits à dissimuler, prêts à tout faire contre l'honneur et la conscience
pour contenter les passions de celui qui règne. Oh ! qu'un
roi est malheureux d'être exposé aux artifices des méchants ! Il est perdu s'il ne repousse la flatterie, et s'il
n'aime ceux qui disent hardiment la vérité. Voilà les
réflexions que je faisais dans mon malheur, et je rappe-
lais tout ce que j'avais ouï dire à Mentor.

« Cependant Métophis m'envoya vers les montagnes du
désert d'Oasis [2], avec ses esclaves, afin que je servisse
avec eux à conduire ses grands troupeaux. »

En cet endroit, Calypso interrompit Télémaque, disant :
« Eh bien, que fîtes-vous alors, vous qui aviez préféré en
Sicile la mort à la servitude ? »

Télémaque répondit : « Mon malheur croissait toujours ;
je n'avais plus la misérable consolation de choisir entre
la servitude et la mort ; il fallut être esclave, et épuiser
pour ainsi dire toutes les rigueurs de la fortune ; il ne me
restait plus aucune espérance, et je ne pouvais pas même
dire un mot pour travailler à me délivrer.

« Mentor m'a dit depuis qu'on l'avait vendu à des Éthiopiens, et qu'il les avait suivis en Éthiopie. Pour moi, j'ar-
rivai dans des déserts affreux. On y voit des sables brûlants au milieu des plaines; des neiges qui ne se fondent
jamais font un hiver perpétuel sur le sommet des montagnes; et on trouve seulement, pour nourrir les troupeaux, des pâturages parmi des rochers, vers le milieu du

---

[1] Joad, dans *Athalie,* parlant des lâches flatteurs qui séduisent
les princes, s'écrie :

Hélas! ils ont des rois égaré le plus sage.

[2] Il veut désigner le désert de Lybie où sont les Oasis.

penchant de ces montagnes escarpées. Les vallées y sont si profondes, qu'à peine le soleil y peut faire luire ses rayons.

« Je ne trouvai d'autres hommes en ce pays que des bergers aussi sauvages que le pays même. Là, je passais les nuits à déplorer mon malheur, et les jours à suivre un troupeau pour éviter la fureur brutale d'un premier

esclave qui, espérant d'obtenir sa liberté, accusait san cesse les autres pour faire valoir à son maître son zèle et son attachement à ses intérêts. Cet esclave se nommait Butis. Je devais succomber en cette occa..ion : la douleur me pressant, j'oubliai un jour mon troupeau, et je m'étendis sur l'herbe auprès d'une caverne où j'attendais la mort, ne pouvant plus supporter mes peines.

« En ce moment, je remarquai que toute la montagne

tremblait ; les chênes et les pins semblaient descendre du
sommet de la montagne ; les vents retenaient leurs haleines
Une voix mugissante sortit de la caverne, et me fit entendre
ces paroles : Fils du sage Ulysse, il faut que tu deviennes,
comme lui, grand par la patience : les princes qui ont toujours été heureux ne sont guère dignes de l'être ; la mollesse les corrompt, l'orgueil les enivre. Que tu seras heureux, si tu surmontes tes malheurs, et si tu ne les oublies
jamais ! Tu reverras Ithaque, et ta gloire montera jusqu'aux astres [1]. Quand tu seras le maître des autres hommes,
souviens-toi que tu as été faible, pauvre, et souffrant
comme eux [2]; prends plaisir à les soulager ; aime ton
peuple ; déteste la flatterie ; et sache que tu ne seras grand
qu'autant que tu seras modéré et courageux pour vaincre
tes passions.

« Ces paroles divines entrèrent jusqu'au fond de mon
cœur; elles y firent renaître la joie et le courage. Je ne
sentis point cette horreur qui fait dresser les cheveux sur
la tête, et qui glace le sang dans les veines, quand les
dieux se communiquent aux mortels. Je me levai tranquille : j'adorai à genoux, les mains levées vers le ciel,
Minerve, à qui je crus devoir cet oracle. En même temps,
je me trouvai un nouvel homme ; la sagesse éclairait mon
esprit ; je sentais une douce force pour modérer toutes
mes passions, et pour arrêter l'impétuosité de ma jeunesse. Je me fis aimer de tous les bergers du désert ; ma
douceur, ma patience, mon exactitude, apaisèrent enfin
le cruel Butis, qui était en autorité sur les autres esclaves
et qui avait voulu d'abord me tourmenter.

« Pour mieux supporter l'ennui de la captivité et d   la
solitude, je cherchai des livres ; car j'étais accablé de tristesse, faute de quelque instruction qui pût nourrir mon

---

[1] Cette locution hyperbolique est d'origine grecque. Aristophane
et d'autres auteurs ont dit : κλέις οὐρανόμηκες.

[2] C'est ce que, dans *Athalie*, le grand prêtre dit à Joas :

Entre le pauvre et vous, vous prendrez Dieu pour juge,
Vous souvenant, mon fils, que, caché sous ce lin,
Comme eux vous fûtes pauvre, et comme eux orphelin.

esprit et le soutenir. Heureux, disais-je, ceux qui se dégoûtent des plaisirs violents, et qui savent se contenter des
douceurs d'une vie innocente! Heureux ceux qui se diver-
tissent en s'instruisant, et qui se plaisent à cultiver leur
esprit par les sciences! En quelque endroit que la fortune
ennemie les jette, ils portent toujours avec eux de quoi
s'entretenir[1]; et l'ennui, qui dévore les autres hommes, au
milieu même des délices, est inconnu à ceux qui savent
s'occuper par quelque lecture. Heureux ceux qui aiment à
lire, et qui ne sont point, comme moi, privés de la lecture [2]!

« Pendant que ces pensées roulaient dans mon esprit, je
m'enfonçai dans une sombre forêt, où j'aperçus tout à coup
un vieillard qui tenait dans sa main un livre. Ce vieillard
avait un grand front chauve et un peu ridé; une barbe
blanche pendait jusqu'à sa ceinture ; sa taille était haute et
majestueuse; son teint était encore frais et vermeil, ses
yeux vifs et perçants, sa voix douce, ses paroles simples et
aimables. Jamais je n'ai vu un si vénérable vieillard. Il
s'appelait Termosiris [3], et il était prêtre d'Apollon, qu'il
servait dans un temple de marbre que les rois d'Égypte
avaient consacré à ce dieu dans cette forêt. Le livre qu'il
tenait était un recueil d'hymnes en l'honneur des dieux.

« Il m'aborde avec amitié : nous nous entretenons. Il
racontait si bien les choses passées qu'on croyait les voir;
mais il les racontait courtement, et jamais ses histoires ne

---

[1] Cet éloge des livres et de la lecture est aussi vrai que bien
exprimé ; mais la critique pourrait observer qu'au temps de Télémaque on ne lisait guère, si même on lisait. Au livre XIV, il sera dit
de Philoclès qu'il avait quelques livres, qu'il lisait à certaines heures.
Le passage, bien que controversé, où Homère parle des tablettes
remises par Prœtus à Bellérophon, celui où Déjanire, dans les *Trachiniennes* de Sophocle, décrit les tablettes qui lui ont été laissées
par Hercule, défendent suffisamment Fénelon du reproche d'anachronisme.

[2] « Hæc studia... secundas res ornant, adversis perfugium ac sola-
« tium præbent..., pernoctant nobiscum, peregrinantur. » (CICER.,
Pro Archia.)

[3] L'épisode de Termosiris *vaut seul un long poème.* (CHATEAU-
BRIAND, *Itin.*, t. III, p. 80.)

m'ont lassé. Il prévoyait l'avenir par la profonde sagesse
qui lui faisait connaître les hommes et les desseins dont ils
sont capables. Avec tant de prudence, il était gai, complaisant, et la jeunesse la plus enjouée n'a point autant de
grâce qu'en avait cet homme dans une vieillesse si avancée.
Aussi aimait-il les jeunes gens quand ils étaient dociles, et
qu'ils avaient le goût de la vertu.

« Bientôt il m'aima tendrement, et me donna des livres
pour me consoler. Il m'appelait : Mon fils. Je lui disais souvent : Mon père, les dieux qui m'ont ôté Mentor, ont eu
pitié de moi ; ils m'ont donné en vous un autre soutien.
Cet homme, semblable à Orphée ou à Linus, était sans
doute inspiré des dieux : il me récitait les vers qu'il avait
faits, et me donnait ceux de plusieurs excellents poètes
favorisés des Muses. Lorsqu'il était revêtu de sa longue
robe d'une éclatante blancheur, et qu'il prenait en main
sa lyre d'ivoire, les tigres, les lions et les ours venaient
le flatter et lécher ses pieds ; les Satyres sortaient des forêts
pour danser autour de lui ; les arbres mêmes paraissaient
émus, et vous auriez cru que les rochers attendris allaient
descendre du haut des montagnes au charme de ses doux
accents. Il ne chantait que la grandeur des dieux, la vertu
des héros et la sagesse des hommes qui préfèrent la gloire
aux plaisirs.

« Il me disait souvent que je devais prendre courage, et
que les dieux n'abandonneraient ni Ulysse, ni son fils.
Enfin il m'assura que je devais, à l'exemple d'Apollon, enseigner aux bergers à cultiver les Muses. Apollon, disait-il,
indigné de ce que Jupiter, par ses foudres, troublait le ciel
dans les plus beaux jours, voulut s'en venger sur les
Cyclopes qui forgeaient les foudres, et il les perça de ses
flèches. Aussitôt le mont Etna cessa de vomir des tourbillons de flammes ; on n'entendit plus les coups des terribles
marteaux qui, frappant l'enclume, faisaient gémir les profondes cavernes de la terre et les abîmes de la mer : le fer
et l'airain, n'étant plus polis par les Cyclopes, commençaient à se rouiller. Vulcain furieux sort de sa fournaise :
quoique boiteux, il monte en diligence vers l'Olympe ; il

arrive, suant et couvert d'une noire poussière, dans l'assemblée des dieux; il fait des plaintes amères. Jupiter
s'irrite contre Apollon, le chasse du ciel, et le précipite sur
la terre. Son char vide faisait de lui-même son cours ordinaire, pour donner aux hommes les jours et les nuits avec
le changement régulier des saisons.

« Apollon, dépouillé de tous ses rayons, fut contraint de
se faire berger, et de garder les troupeaux du roi Admète.

Lorsqu'il était revêtu de sa longue robe d'une éclatante
blancheur... (P. 64.)

Il jouait de la flûte; et tous les autres bergers venaient
à l'ombre des ormeaux, sur le bord d'une claire fontaine, écouter ses chansons. Jusque-là ils avaient mené
une vie sauvage et brutale; ils ne savaient que conduire leurs brebis, les tondre, traire leur lait, et faire
des fromages : toute la campagne était comme un désert
affreux.

« Bientôt Apollon montra à tous ces bergers les arts qui

peuvent rendre leur vie agréable. Il chantait les fleurs dont le Printemps se couronne, les parfums qu'il répand, et la verdure qui naît sous ses pas. Puis il chantait les délicieuses nuits de l'été, où les zéphirs rafraîchissent les hommes, et où la rosée désaltère le terre. Il mêlait aussi dans ses chansons les fruits dorés dont l'automne récompense les travaux des laboureurs, et le repos de l'hiver, pendant lequel la jeunesse folâtre danse auprès du feu. Enfin il représentait les forêts sombres qui couvrent les montagnes, et les creux vallons où les rivières, par mille détours, semblent se jouer au milieu des riantes prairies. Il apprit ainsi aux bergers quels sont les charmes de la vie champêtre, quand on sait goûter ce que la simple nature a de gracieux.

« Bientôt les bergers avec leurs flûtes se virent plus heureux que les rois; et leurs cabanes attiraient en foule les plaisirs purs qui fuient les palais dorés. Les jeux, les ris, les grâces, suivaient partout les innocentes bergères. Tous les jours étaient des jours de fête : on n'entendait plus que le gazouillement des oiseaux, ou la douce haleine des zéphirs qui se jouaient dans les rameaux des arbres, ou le murmure d'une onde claire qui tombait de quelque rocher, ou les chansons que les Muses inspiraient aux bergers qui suivaient Apollon. Ce dieu leur enseignait à remporter le prix de la course, et à percer de flèches les daims et les cerfs. Les dieux mêmes devinrent jaloux des bergers : cette vie leur parut plus douce que toute leur gloire ; et ils rappelèrent Apollon dans l'Olympe.

« Mon fils, cette histoire doit vous instruire, puisque vous êtes dans l'état où fut Apollon. Défrichez cette terre sauvage ; faites fleurir comme lui le désert; apprenez à tous ces bergers quels sont les charmes de l'harmonie; adoucissez les cœurs farouches; montrez-leur l'aimable vertu; faites-leur sentir combien il est doux de jouir dans la solitude des plaisirs innocents que rien ne peut ôter aux bergers. Un jour, mon fils, un jour, les peines et les soucis cruels qui environnent les rois vous feront regretter sur le trône la vie pastorale.

« Ayant ainsi parlé, Termosiris me donna une flûte si douce que les échos de ces montagnes, qui la firent entendre de tous côtés, attirèrent bientôt autour de nous tous les bergers voisins. Ma voix avait une harmonie divine; je me sentais ému et comme hors de moi-même, pour chanter les grâces dont la nature a orné la campagne. Nous passions les jours entiers et une partie des nuits à chanter ensemble. Tous les bergers, oubliant leurs cabanes et leurs troupeaux, étaient suspendus et immobiles autour de moi pendant que je leur donnais des leçons. Il semblait que ces déserts n'eussent plus rien de sauvage; tout y était redevenu doux et riant; la politesse des habitants semblait adoucir la terre.

« Nous nous assemblions souvent pour offrir des sacrifices dans ce temple d'Apollon où Termosiris était prêtre. Les bergers y allaient couronnés de lauriers en l'honneur du dieu; les bergères y allaient aussi, en dansant, avec des couronnes de fleurs, et portant sur leurs têtes, dans des corbeilles, les dons sacrés. Après le sacrifice, nous faisions un festin champêtre; nos plus doux mets étaient le lait de nos chèvres et de nos brebis, que nous avions soin de traire nous-mêmes, avec les fruits fraîchement cueillis de nos propres mains, tels que les dattes, les figues et les raisins : nos sièges étaient les gazons; les arbres touffus nous donnaient une ombre plus agréable que les lambris dorés des palais des rois.

« Mais ce qui acheva de me rendre fameux parmi nos bergers, c'est qu'un jour un lion affamé vint se jeter sur mon troupeau. Déjà il commençait un carnage affreux. Je n'avais en main que ma houlette; je m'avance hardiment. Le lion hérisse sa crinière, me montre ses dents et ses griffes, ouvre une gueule sèche et enflammée; ses yeux paraissent pleins de sang et de feu; il bat ses flancs avec sa longue queue. Je le terrasse : la petite cotte de mailles dont j'étais revêtu, selon la coutume des bergers d'Égypte, l'empêcha de me déchirer. Trois fois je l'abattis; trois fois il se releva : il poussait des rugissements qui faisaient retentir toutes les forêts. Enfin je l'étouffai entre mes bras;

et les bergers, témoins de ma victoire, voulurent que je me
revêtisse de la peau de ce terrible lion.

« Le bruit de cette action, et celui du beau changement
de tous nos bergers, se répandit dans toute l'Égypte; il
parvint même jusqu'aux oreilles de Sésostris. Il sut qu'un
de ces deux captifs qu'on avait pris pour des Phéniciens
avait ramené l'âge d'or dans ces déserts presque inhabi-
tables. Il voulut me voir, car il aimait les Muses; et tout
ce qui peut instruire les hommes touchait son grand cœur.
Il me vit, il m'écouta avec plaisir; il découvrit que Métophis l'avait trompé par avarice : il le condamna à une
prison perpétuelle, et lui ôta toutes les richesses qu'il possédait injustement. Oh! qu'on est malheureux, disait-il,
quand on est au-dessus du reste des hommes! souvent on
ne peut voir la vérité par ses propres yeux : on est environné de gens qui l'empêchent d'arriver jusqu'à celui qui
commande; chacun est intéressé à le tromper; chacun, sous
une apparence de zèle, cache son ambition. On fait semblant
d'aimer le roi, et on n'aime que les richesses qu'il donne :
on l'aime si peu que, pour obtenir ses faveurs, on le flatte
et on le trahit.

« Ensuite Sésostris me traita avec une tendre amitié, et
résolut de me renvoyer en Ithaque avec des vaisseaux et
des troupes pour délivrer Pénélope de tous ses amants. La
flotte était déjà prête; nous ne songions qu'à nous embar-
barquer. J'admirais les coups de la fortune, qui relève tout
à coup ceux qu'elle a le plus abaissés. Cette expérience me
faisait espérer qu'Ulysse pourrait bien revenir enfin dans
son royaume après quelque longue souffrance. Je pensais
aussi en moi-même que je pourrais encore revoir Mentor,
quoiqu'il eût été emmené dans les pays les plus inconnus
de l'Éthiopie.

« Pendant que je retardais un peu mon départ, pour
tâcher d'en savoir des nouvelles, Sésostris, qui était fort
âgé, mourut subitement, et sa mort me replongea dans de
nouveaux malheurs.

« Toute l'Égypte parut inconsolable dans cette perte;
chaque famille croyait avoir perdu son meilleur ami, son

protecteur, son père. Les vieillards, levant les mains au ciel, s'écriaient : Jamais l'Égypte n'eut un si bon roi!

jamais elle n'en aura de semblable! O dieux! il fallait ou ne le montrer point aux hommes [1], ou ne le leur ôter jamais!

Ostendent terris hunc tantum fata
VIRG., *Æn.*, VI, 869.

« Heureux l'âg~ ~i *montra* à la terre un si bon roi! » (MASSILLON, *Petit Carême.*)

Pourquoi faut-il que nous survivions au grand Sésostris!
Les jeunes gens disaient : L'espérance de l'Égypte est détruite (nos pères ont été heureux de passer leur vie sous
un si bon roi; pour nous, nous ne l'avons vu que pour
sentir sa perte.) Ses domestiques pleuraient nuit et jour.
Quand on fit les funérailles du roi, pendant quarante jour
tous les peuples les plus reculés y accoururent en foule :
chacun voulait voir encore une fois le corps de Sésostris :
chacun voulait en conserver l'image; plusieurs voulurent
être mis avec lui dans le tombeau.

« Ce qui augmenta encore la douleur de sa perte, c'est
que son fils Bocchoris n'avait ni humanité pour les étrangers, ni curiosité pour les sciences, ni estime pour les
hommes vertueux, ni amour de la gloire. La grandeur de
son père avait contribué à le rendre si indigne de régner.
Il avait été nourri dans la mollesse et dans une fierté brutale ; il comptait pour rien les hommes, croyant qu'ils
n'étaient faits que pour lui, et qu'il était d'une autre nature
qu'eux ; il ne songeait qu'à contenter ses passions, qu'à
dissiper les trésors immenses que son père avait ménagés
avec tant de soins, qu'à tourmenter les peuples, et qu'à
sucer le sang des malheureux ; enfin qu'à suivre les
conseils flatteurs des jeunes insensés qui l'environnaient,
pendant qu'il écartait avec mépris tous les sages vieillards
qui avaient eu la confiance de son père. C'était un monstre,
et non pas un roi. Toute l'Égypte gémissait ; et quoique le
nom de Sésostris, si cher aux Égyptiens, leur fît supporter
la conduite lâche et cruelle de son fils, le fils courait à sa
perte ; et un prince si indigne du trône ne pouvait longtemps régner.

« Il ne me fut plus permis d'espérer mon retour en
Ithaque. Je demeurai dans une tour sur le bord de la mer
auprès de Péluse [1], où notre embarquement devait se faire,
si Sésostris ne fût pas mort. Métophis avait eu l'adresse
de sortir de prison, et de se rétablir auprès du nouveau

[1] Ville d'Égypte située près du bord oriental de la Méditerranée.
Il n'en reste guère que des ruines.

roi : il m'avait fait renfermer dans cette tour pour se
venger de la disgrâce que je lui avais causée. Je passais
les jours et les nuits dans une profonde tristesse ; tout ce
que Termosiris m'avait prédit, et tout ce que j'avais entendu dans la caverne, ne me paraissait plus qu'un songe ;
j'étais abîmé dans la plus amère douleur. Je voyais les
vagues qui venaient battre le pied de la tour où j'étais
prisonnier : souvent je m'occupais à considérer des
vaisseaux agités par la tempête, qui étaient en danger
de se briser contre les rochers sur lesquels la tour était
bâtie. Loin de plaindre ces hommes menacés du naufrage, j'enviais leur sort. Bientôt, disais-je en moi-
même, ils finiront les malheurs de leur vie, ou ils arriveront en leur pays. Hélas! je ne puis espérer ni l'un ni
l'autre.

« Pendant que je me consumais ainsi en regrets inutiles,
j'aperçus comme une forêt de mâts de vaisseaux. La mer
était couverte de voiles que les vents enflaient ; l'onde
était écumante sous les coups de rames innombrables.
J'entendais de toutes parts des cris confus ; j'apercevais
sur le rivage une partie des Egyptiens effrayés qui couraient aux armes, et d'autres qui semblaient aller au-
devant de cette flotte qu'on voyait arriver. Bientôt je
reconnus que ces vaisseaux étrangers étaient les uns de
Phénicie, et les autres de l'île de Chypre[1] ; car mes malheurs commençaient à me rendre expérimenté sur ce qui
regarde la navigation. Les Egyptiens me parurent divisés
entre eux : je n'eus aucune peine à croire que l'insensé
Bocchoris avait, par ses violences, causé une révolte de ses
sujets et allumé la guerre civile. Je fus, du haut de cette
tour, spectateur d'un sanglant combat.

« Les Egyptiens qui avaient appelé à leur secours les
étrangers, après avoir favorisé leur descente attaquèrent
les autres Egyptiens qui avaient le roi à leur tête. Je voyais
ce roi qui animait les siens par son exemple ; il paraissait

---

[1] Aujourd'hui cette île porte le même nom ; elle est voisine des
côtes de la Syrie.

comme le dieu Mars [1] : des ruisseaux de sang coulaient
autour de lui ; les roues de son char étaient teintes d'un
sang noir, épais et écumant : à peine pouvaient-elles passer
sur des tas de corps morts écrasés Ce jeune roi, bien fait,
vigoureux, d'une mine haute et fière, avait dans ses yeux
la fureur et le désespoir : il était comme un beau cheval
qui n'a point de bouche ; son courage le poussait au hasard,
et la sagesse ne modérait point sa valeur. Il ne savait ni
réparer ses fautes, ni donner des ordres précis, ni prévoir
les maux qui le menaçaient, ni ménager les gens dont il
avait le plus grand besoin. Ce n'était pas qu'il manquât
de génie ; ses lumières égalaient son courage : mais il
n'avait jamais été instruit par la mauvaise fortune ; ses
maîtres avaient empoisonné par la flatterie son beau
naturel. Il était enivré de sa puissance et de son bonheur ;
il croyait que tout devait céder à ses désirs fougueux : la
moindre résistance enflammait sa colère. Alors il ne raisonnait plus, il était comme hors de lui-même ; son orgueil
furieux en faisait une bête farouche ; sa bonté naturelle et
sa droite raison l'abandonnaient en un instant : ses plus
fidèles serviteurs étaient réduits à s'enfuir ; il n'aimait
plus que ceux qui flattaient ses passions. Ainsi il prenait
toujours des partis extrêmes contre ses véritables intérêts,
et il forçait tous les gens de bien à détester sa folle conduite.

« Longtemps sa valeur le soutint contre la multitude de
ses ennemis ; mais enfin il fut accablé. Je le vis périr : le
dard d'un Phénicien perça sa poitrine. Les rênes lui échappèrent des mains ; il tomba de son char sous les pieds des
chevaux. Un soldat de l'île de Chypre lui coupa la tête ;
et, la prenant par les cheveux, il la montra comme en
triomphe à toute l'armée victorieuse.

« Je me souviendrai toute ma vie d'avoir vu cette tête

---

[1]   Οἶος δὲ βροτολοιγὸς Ἄρης πολεμόνδε μέτεισιν...
                    Hom., *Il.*, XIII, 298.

Cette comparaison des guerriers avec Mars est fréquente dans
les poëtes anciens.

qui nageait dans le sang ; ces y<   fermés et éteints ; ce visage pâle et défiguré ; cette bouche entr'ouverte, qui semblait vouloir encore achever des paroles commencées ; cet air superbe et menaçant que la mort même n'avait pu effacer ; toute ma vie, il sera peint devant mes yeux ; et, si jamais les dieux me faisaient régner, je n'oublierais point, après un si funeste exemple, qu'un roi n'est digne de commander, et n'est heureux dans sa puissance, qu'autant qu'il la soumet à la raison. Hé ! quel malheur pour un homme destiné à faire le bonheur public, de n'être le maître de tant d'hommes que pour les rendre malheureux ! »

LIVRE III

Calypso écoutait avec étonnement des paroles si sages. Ce qui la charmait le plus était de voir que Télémaque racontait ingénument les fautes qu'il avait faites par précipitation, et en manquant de docilité pour le sage Mentor: elle trouvait une noblesse et une grandeur étonnantes dans ce jeune homme qui s'accusait lui-même, et qui paraissait avoir si bien profité de ses imprudences pour se rendre sage, prévoyant et modéré. « Continuez, disait-elle, mon cher Télémaque; il me tarde de savoir comment vous sortîtes de l'Egypte, et où vous avez retrouvé le sage Mentor, dont vous aviez senti la perte avec tant de raison »

Télémaque reprit ainsi son discours: « Les Égyptiens les plus vertueux et les plus fidèles au roi, étant les plus faibles, et voyant le roi mort, furent contraints de céder aux autres. On établit un roi nommé Termutis. Les Phéniciens, avec les troupes de l'île de Chypre, se retirèrent après avoir fait alliance avec le nouveau roi. Celui-ci

rendit tous les prisonniers phéniciens ; je fus compté
comme étant de ce nombre. On me fit sortir de la tour ;
je m'embarquai avec les autres, et l'espérance commença
à reluire au fond de mon cœur. Un vent favorable remplissait déjà nos voiles, les rameurs fendaient les ondes écu-
mantes, la vaste mer était couverte de navires ; les
mariniers poussaient des cris de joie ; les rivages d'Égypte
s'enfuyaient loin de nous ; les collines et les montagnes
s'aplanissaient peu à peu. Nous commencions à ne voir
plus que le ciel et l'eau, pendant que le soleil, qui se
levait, semblait faire sortir du sein de la mer des feux
étincelants: ses rayons doraient le sommet des montagnes
que nous découvrions encore un peu sur l'horizon ; et tout
le ciel, peint d'un sombre azur, nous promettait une heureuse navigation.

« Quoiqu'on m'eût renvoyé comme étant phénicien,
aucun des Phéniciens avec qui j'étais ne me connaissait.
Narbal, qui commandait dans le vaisseau où l'on me mit,
me demanda mon nom et ma patrie. De quelle ville de
Phénicie êtes-vous? me dit-il. Je ne suis point phénicien,
lui dis-je ; mais les Égyptiens m'avaient pris sur la mer
dans un vaisseau de Phénicie : j'ai demeuré captif en
Égypte comme un Phénicien ; c'est sous ce nom que j'ai
longtemps souffert ; c'est sous ce nom qu'on m'a délivré.
De quel pays êtes-vous donc? reprit Narbal. Alors je lui
parlai ainsi : Je suis Télémaque, fils d'Ulysse roi d'Ithaque
en Grèce. Mon père s'est rendu fameux entre tous les rois
qui ont assiégé la ville de Troie : mais les dieux ne lui ont
pas accordé de revoir sa patrie. Je l'ai cherché en plusieurs
pays ; la fortune me persécute comme lui : vous voyez un
malheureux qui ne soupire qu'après le bonheur de retourner parmi les siens, et de trouver son père.

« Narbal me regardait avec étonnement ; et il crut apercevoir en moi je ne sais quoi d'heureux qui vient des dons
du ciel, et qui n'est point dans le commun des hommes.
Il était naturellement sincère et généreux ; il fut touché
de mon malheur et me parla avec une confiance que les
dieux lui inspiraient pour me sauver d'un grand péril.

« Télémaque, je ne doute point, me dit-il, de ce que vous me dites, et je ne saurais en douter; la douleur et la vertu peintes sur votre visage ne me permettent pas de me défier de vous : je sens même que les dieux, que j'ai toujours servis, vous aiment, et qu'ils veulent que je vous aime aussi comme si vous étiez mon fils. Je vous donnerai un conseil salutaire, et pour récompense je ne vous

O mes amis!... je vous laisse ce fils qui m'est si cher... (P.77.)

demande que le secret. Ne craignez point, lui dis-je, que j'aie aucune peine à me taire sur les choses que vous voudrez me confier : quoique je sois si jeune, j'ai déjà vieilli dans l'habitude de ne dire jamais mon secret, et, encore plus, de ne trahir jamais, sous aucun prétexte, le secret d'autrui. Comment avez-vous pu, me dit-il, vous habituer au secret dans une aussi grande jeunesse? Je serai ravi d'apprendre par quel moyen vous avez acquis cette qualité, qui est le fondement de la plus sage conduite, et sans laquelle tous les talents sont inutiles.

« Quand Ulysse, lui dis-je, partit pour aller au siège de Troie, il me prit sur ses genoux et entre ses bras; c'est ainsi qu'on me l'a raconté. Après m'avoir baisé tendrement, il me dit ces paroles, quoique je ne pusse les entendre : O mon fils! que les dieux me préservent de te revoir jamais; que plutôt le ciseau de la Parque tranche le fil de tes jours lorsqu'il est à peine formé, de même que le moissonneur tranche de sa faux une tendre fleur qui commence à éclore; que mes ennemis te puissent écraser aux yeux de ta mère et aux miens, si tu dois un jour te corrompre et abandonner la vertu! O mes amis! continua-t-il, je vous laisse ce fils qui m'est si cher; ayez soin de son enfance : si vous m'aimez, éloignez de lui la pernicieuse flatterie; enseignez-lui à se vaincre; qu'il soit comme un jeune arbrisseau encore tendre, qu'on plie pour le redresser. Surtout n'oubliez rien pour le rendre juste, bienfaisant, sincère et fidèle à garder un secret. Quiconque est capable de mentir est indigne d'être compté au nombre des hommes; et quiconque ne sait pas se taire est indigne de gouverner.

« Je vous rapporte ces paroles, parce qu'on a eu soin de me les répéter souvent, et qu'elles ont pénétré jusqu'au fond de mon cœur : je me les redis souvent à moi-même.

« Les amis de mon père eurent soin de m'exercer de bonne heure au secret; j'étais encore dans la plus tendre enfance, et ils me confiaient déjà toutes les peines qu'ils ressentaient, voyant ma mère exposée à un grand nombre de téméraires qui voulaient l'épouser. Ainsi on me traita dès lors comme un homme raisonnable et sûr : on m'entretenait secrètement des plus grandes affaires; on m'instruisait de tout ce qu'on avait résolu pour écarter ces prétendants. J'étais ravi qu'on eût en moi cette confiance : par là je me croyais déjà un homme fait. Jamais je n'en ai abusé; jamais il ne m'a échappé une seule parole qui pût découvrir le moindre secret. Souvent les prétendants

tâchaient de me faire parler, espérant qu'un enfant, qui
pourrait avoir vu ou entendu quelque chose d'important,
ne saurait pas se retenir ; mais je savais bien leur répondre
sans mentir, et sans leur apprendre ce que je ne devais pas
dire.

« Alors Narbal me dit : Vous voyez, Télémaque, la puissance des Phéniciens ; ils sont redoutables à toutes les
nations voisines par leurs innombrables vaisseaux : le
commerce qu'ils font jusques aux Colonnes d'Hercule [1]
leur donne des richesses qui surpassent celles des peuples
les plus florissants. Le grand roi Sésostris, qui n'aurait
jamais pu les vaincre par mer, eut bien de la peine à les
vaincre par terre, avec ses armées qui avaient conquis tout
l'Orient ; il nous imposa un tribut que nous n'avons pas
longtemps payé. Les Phéniciens se trouvaient trop riches
et trop puissants pour porter patiemment le joug de la servitude ; nous reprîmes notre liberté. La mort ne laissa pas
à Sésostris le temps de finir la guerre contre nous. Il est
vrai que nous avions tout à craindre de sa sagesse encore
plus que de sa puissance : mais, sa puissance passant dans
les mains de son fils, dépourvu de toute sagesse, nous con-
clûmes que nous n'avions plus rien à craindre. En effet,
les Égyptiens, bien loin de rentrer les armes à la main dans
notre pays pour nous subjuguer encore une fois, ont été
contraints de nous appeler à leur secours pour les délivrer
de ce roi impie et furieux. Nous avons été leurs libérateurs.
Quelle gloire ajoutée à la liberté et à l'opulence des Phéniciens !

« Mais pendant que nous délivrons les autres, nous
sommes esclaves nous-mêmes. O Télémaque, craignez de
tomber dans les mains de Pygmalion, notre roi : il les a
trempées, ces mains cruelles, dans le sang de Sichée, mari
de Didon, sa sœur ; Didon [2], pleine du désir de la vengeance,

---

[1] Les anciens appelaient Colonnes d'Hercule le mont Calpé, aujourd'hui Gibraltar, et le mont Abyla en Afrique, qui s'élèvent
comme des colonnes, et semblent fermer le détroit.

[2] Fénelon suit ici la narration de Virgile. Voyez l'*Énéide*, I, 343
et suiv.

s'est sauvée de Tyr avec plusieurs vaisseaux. La plupart
de ceux qui aiment la vertu et la liberté l'ont suivie :
elle a fondé sur la côte d'Afrique une superbe ville
qu'on nomme Carthage. Pygmalion, tourmenté par une
soif insatiable de richesses, se rend de plus en plus misé

rable, et odieux à ses sujets. C'est un crime à Tyr que
d'avoir de grands biens : l'avarice le rend défiant, soupçonneux, cruel ; il persécute les riches et il craint les
pauvres.

« C'est un crime encore plus grand à Tyr d'avoir de la
vertu ; car Pygmalion suppose que les bons ne peuvent
souffrir ses injustices et ses infamies : la vertu le condamne ; il s'aigrit et s'irrite contre elle. Tout l'agite, l'inquiète, le ronge ; il a peur de son ombre ; il ne dort ni nuit

ni jour. Les dieux, pour le confondre, l'accablent de trésors dont il n'ose jouir. Ce qu'il cherche pour être heureux
est précisément ce qui l'empêche de l'être. Il regrette tout
ce qu'il donne; il craint toujours de perdre; il se tourmente pour gagner.

« On ne le voit presque jamais; il est seul, triste, abattu,
au fond de son palais : ses amis mêmes n'osent l'aborder,
de peur de lui devenir suspects. Une garde terrible tient
toujours des épées nues et des piques levées autour de sa
maison. Trente chambres qui communiquent les unes aux
autres, et dont chacune a une porte de fer avec six gros
verrous, sont le lieu où il se renferme : on ne sait jamais
dans laquelle de ces chambres il couche; et on assure qu'il
ne couche jamais deux nuits de suite dans la même, de
peur d'y être égorgé. Il ne connaît ni les doux plaisirs, ni
l'amitié encore plus douce; si on lui parle de chercher la
joie, il sent qu'elle fuit loin de lui, et qu'elle refuse d'entrer dans son cœur. Ses yeux creux sont pleins d'un feu
âpre et farouche; ils sont sans cesse errants de tous côtés.
Il prête l'oreille au moindre bruit et se sent tout ému. Il
est pâle, défait, et les noirs soucis sont peints sur son
visage toujours ridé. Il se tait, il soupire, il tire de son
cœur de profonds gémissements; il ne peut cacher les
remords qui déchirent ses entrailles. Les mets les plus
exquis le dégoûtent. Ses enfants, loin d'être son espérance,
sont le sujet de sa terreur : il en a fait ses plus dangereux
ennemis. Il n'a eu toute sa vie aucun moment d'assuré; il
ne se conserve qu'à force de répandre le sang de tous ceux
qu'il craint. Insensé, qui ne voit pas que sa cruauté, à laquelle il se confie, le fera périr! Quelqu'un de ses domestiques, aussi défiant que lui, se hâtera de délivrer le monde
de ce monstre.

« Pour moi, je crains les dieux : quoiqu'il m'en coûte,
je serai fidèle au roi qu'ils m'ont donné. J'aimerais mieux
qu'il me fît mourir que de lui ôter la vie, et même que de
manquer à le défendre. Pour vous, ô Télémaque, gardez-
vous bien de lui dire que vous êtes le fils d'Ulysse : il
espérerait qu'Ulysse, retournant à Ithaque, lui payerait

quelque grande somme pour vous racheter, et il vous tiendrait en prison.

« Quand nous arrivâmes à Tyr, je suivis le conseil de Narbal, et je reconnus la vérité de tout ce qu'il m'avait raconté. Je ne pouvais comprendre qu'un homme pût se rendre aussi misérable que Pygmalion me le paraissait.

« Surpris d'un spectacle si affreux et si nouveau pour moi, je disais en moi-même : Voilà un homme qui n'a cherché qu'à se rendre heureux : il a cru y parvenir par les richesses et par une autorité absolue ; il possède tout ce qu'il peut désirer ; et cependant il est misérable par ses richesses et par son autorité même. S'il était berger, comme je l'étais naguère, il serait aussi heureux que je l'ai été : il jouirait des plaisirs innocents de la campagne, et en jouirait sans remords ; il ne craindrait ni le fer ni le poison ; il aimerait les hommes, il en serait aimé : il n'aurait point ces grandes richesses qui lui sont aussi inutiles que du sable, puisqu'il n'ose y toucher ; mais il jouirait librement des fruits de la terre, et ne souffrirait aucun véritable besoin. Cet homme paraît faire tout ce qu'il veut : mais il s'en faut bien qu'il ne le fasse ; il fait tout ce que veulent ses passions féroces ; il est toujours entraîné par son avarice, par sa crainte, par ses soupçons. Il paraît maître de tous les autres hommes, mais il n'est pas maître de lui-même ; car il a autant de maîtres et de bourreaux qu'il a de désirs violents.

« Je raisonnais ainsi de Pygmalion sans le voir, car on ne le voyait point, et on regardait seulement avec crainte ces hautes tours, qui étaient nuit et jour entourées de gardes, où il s'était mis lui-même comme en prison, se renfermant avec ses trésors. Je comparais ce roi invisible avec Sésostris, si doux, si accessible, si affable, si curieux de voir les étrangers, si attentifs à écouter tout le monde et à tirer du cœur des hommes la vérité qu'on cache aux rois. Sésostris, disais-je, ne craignait rien et n'avait rien à craindre ; il se montrait à tous ses sujets comme à ses propres enfants : celui-ci craint tout et a tout à craindre. Ce méchant roi est toujours exposé à une mort funeste, même dans son

6

palais inaccessible, au milieu de ses gardes ; au contraire, le bon Sésostris était en sûreté au milieu de la foule des peuples, comme un bon père dans sa maison, environné de sa famille.

« Pygmalion donna ordre de renvoyer les troupes de l'île de Chypre qui étaient venues secourir les siennes à cause de l'alliance qui était entre les deux peuples. Narbal prit cette occasion de me mettre en liberté : il me fit passer en revue parmi les soldats chypriens; car le roi était ombrageux jusque dans les moindres choses.

« Le défaut des princes trop faciles et inappliqués est de se livrer avec une aveugle confiance à des favoris artificieux et corrompus. Le défaut de celui-ci était au contraire de se défier des plus honnêtes gens : il ne savait point discerner les hommes droits et simples qui agissent sans déguisement ; aussi n'avait-il jamais vu de gens de bien, car de telles gens ne vont point chercher un roi si corrompu. D'ailleurs, il avait vu, depuis qu'il était sur le trône, dans les hommes dont il s'était servi, tant de dissimulation, de perfidie et de vices affreux déguisés sous les apparences de la vertu, qu'il regardait tous les hommes, sans exception, comme s'ils eussent été masqués Il supposait qu'il n'y a aucune sincère vertu sur la terre : ainsi il regardait tous les hommes comme étant à peu près égaux. Quand il trouvait un homme faux et corrompu, il ne se donnait point la peine d'en chercher un autre, comptant qu'un autre ne serait pas meilleur Les bons lui paraissaient pires que les méchants les plus déclarés, parce qu'il les croyait aussi méchants et plus trompeurs.

« Pour revenir à moi, je fus confondu avec les Chypriens, et j'échappai à la défiance pénétrante du roi Narbal tremblait, dans la crainte que je ne fusse découvert : il lui en eût coûté la vie et à moi aussi. Son impatience de nous voir partir était incroyable, mais les vents contraires nous retinrent assez longtemps à Tyr.

« Je profitai de ce séjour pour connaître les Phéniciens, si célèbres dans toutes les nations connues. J'admirais l'heureuse situation de cette grande ville, qui est au milieu de la mer, dans une île. La côte voisine est délicieuse par sa fertilité, par les fruits exquis qu'elle porte, par le nombre des villes et des villages qui se touchent presque, enfin par la douceur de son climat : car les montagnes mettent cette côte à l'abri des vents brûlants du midi; elle est rafraîchie par le vent du nord, qui souffle du côté de la mer. Ce pays est au pied du Liban[1], dont le sommet fend les nues et va toucher les astres; une glace éternelle couvre son front; des fleuves pleins de neige tombent, comme des torrents, des pointes des rochers qui environ-

nent sa tête. Au-dessous on voit une vaste forêt de cèdres antiques, qui paraissent aussi vieux que la terre où ils sont plantés, et qui portent leurs branches épaisses jusque vers les nues. Cette forêt a sous ses pieds de gras pâturages dans la pente de la montagne. C'est là qu'on voit errer les taureaux qui mugissent, les brebis qui bêlent avec leurs tendres agneaux qui bondissent sur l'herbe fraîche; là coulent mille divers ruisseaux d'une eau claire, qui distribuent l'eau partout. Enfin on voit au-dessous de ces pâ-

[1] Haute montagne de Syrie.

turages le pied de la montagne qui est comme un jardin :
le printemps et l'automne y règnent ensemble pour y
joindre les fleurs et les fruits. Jamais ni le souffle empesté
du midi, qui sèche et qui brûle tout, ni le rigoureux
aquilon, n'ont osé effacé les vives couleurs qui ornent ce
jardin.

« C'est auprès de cette belle côte que s'élève dans la mer
l'île où est bâtie la ville de Tyr. Cette grande ville semble
nager au-dessus des eaux et être la reine de toute la mer.
Les marchands y abordent de toutes les parties du monde,
et ses habitants sont eux-mêmes les plus fameux marchands qu'il y ait dans l'univers. Quand on entre dans cette
ville, on croit d'abord que ce n'est point une ville qui
appartienne à un peuple particulier, mais qu'elle est la ville
commune de tous les peuples, et le centre de leur commerce. Elle a deux grands môles, semblables à deux bras,
qui s'avancent dans la mer, et qui embrassent un vaste
port où les vents ne peuvent entrer. Dans ce port on voit
comme une forêt de mâts de navires, et ces navires sont si
nombreux qu'à peine peut-on découvrir la mer qui les porte.
Tous les citoyens s'appliquent au commerce, et leurs grandes
richesses ne les dégoûtent jamais du travail nécessaire
pour les augmenter. On y voit de tous côté le fin lin
d'Égypte, et la pourpre tyrienne deux fois teinte[1], d'un
éclat merveilleux : cette double teinture est si vive que le
temps ne peut l'effacer; on s'en sert pour des laines fines,
qu'on rehausse d'une broderie d'or et d'argent. Les Phéniciens font le commerce de tous les peuples jusqu'au
détroit de Gades [2], et ils ont même pénétré dans le vaste
océan qui environne toute la terre. Ils ont fait aussi de
longues navigations sur la mer Rouge; et c'est par ce chemin qu'ils vont chercher dans des îles inconnues de l'or,
des parfums, et divers animaux qu'on ne voit point ailleurs.

Induerat Tyrio bis tinctam murice pallam.
                              Ovid., *Fast*, II, 107.

[2] Aujourd'hui le détroit de Cadix.

« Je ne pouvais rassasier mes yeux du spectacle magnifique de cette grande ville, où tout était en mouvement. Je
n'y voyais point, comme dans les villes de la Grèce, des
hommes oisifs et curieux, qui vont chercher des nouvelles
dans la place publique, ou regarder les étrangers qui arrivent
sur le port. Les hommes y sont occupés à décharger leurs
vaisseaux, à transporter leurs marchandises ou à les vendre,
à ranger leurs magasins et à tenir un compte exact de ce qui
leur est dû par les négociants étrangers. Les femmes ne ces-
sent jamais ou de filer les laines, ou de faire des dessins de
broderies, ou de plier les riches étoffes.

« D'où vient, disais-je à Narbal, que les Phéniciens se
sont rendus les maîtres du commerce de toute la terre, et
qu'ils s'enrichissent ainsi aux dépens de tous les autres
peuples? Vous le voyez, me répondit-il, la situation de Tyr
est heureuse pour le commerce. C'est notre patrie qui a la
gloire d'avoir inventé la navigation : les Tyriens furent les
premiers, s'il en faut croire ce qu'on raconte de la plus
obscure antiquité, qui domptèrent les flots[1] longtemps
avant l'âge de Tiphys et des Argonautes[2] tant vantés dans la
Grèce ; ils furent, dis-je, les premiers qui osèrent se mettre
dans un frêle vaisseau à la merci des vagues et des tempêtes[3], qui sondèrent les abîmes de la mer, qui obser-
vèrent les astres loin de la Terre[4], suivant la science des
Égyptiens et des Babyloniens[5], enfin qui réunirent tant de

[1]   Prima ratem ventis credere docta Tyros.
                    TIBULL., I, vii, 20

[2] En effet, Cadmus arriva de Tyr en Grèce bien longtemps avant
l'expédition des Argonautes Tiphys était le pilote du vaisseau *Argo*.

Tiphys in Æmonia puppe magister erat.
                    OVID, *A. A.*, I, 6

[3]   Fragilem truci
          Commisit pelago ratem
          Primus.
                    HOR., I, *Od* iii.

[4] « Siderum observationem in navigando Phœnices (invenerunt) »
(PLINE, *Hist. nat.*, VIII, 56.)
[5] Hérodote (II, chap. cix) attribue aux Babyloniens la découverte
du pôle, du gnomon et de la division du jour en douze parties.

peuples que la mer avait séparés. Les Tyriens sont industrieux, patients, laborieux, propres, sobres et ménagers; ils
ont une exacte police ; ils sont parfaitement d'accord entre
eux ; jamais peuple n'a été plus constant, plus sincère[1],
plus fidèle, plus sûr, plus commode à tous les étrangers.

« Voilà, sans aller chercher d'autres causes, ce qui leur
donne l'empire de la mer et qui fait fleurir dans leurs
ports un si utile commerce. Si la division et la jalousie se
mettaient entre eux; s'ils commençaient à s'amollir dans
les délices et dans l'oisiveté ; si les premiers de la nation
méprisaient le travail et l'économie ; si les arts cessaient
d'être en honneur dans leur ville ; s'ils manquaient de
bonne foi envers les étrangers ; s'ils altéraient tant soit peu
les règles d'un commerce libre ; s'ils négligeaient leurs
manufactures et s'ils cessaient de faire les grandes avances
qui sont nécessaires pour rendre leurs marchandises par-
faites, chacune dans son genre, vous verriez bientôt tomber cette puissance que vous admirez.

« Mais expliquez-moi, lui disais-je, les vrais moyens
d'établir un jour à Ithaque un pareil commerce. Faites,
me répondit-il, comme on fait ici : recevez bien et facilement tous les étrangers ; faites-leur trouver dans vos ports
la sûreté, la commodité, la liberté entière ; ne vous laissez
jamais entraîner ni par l'avarice ni par l'orgueil. Le vrai
moyen de gagner beaucoup est de ne vouloir jamais trop
gagner, et de savoir perdre à propos. Faites-vous aimer
par tous les étrangers; souffrez même quelque chose d'eux;
craignez d'exciter leur jalousie par votre hauteur : soyez
constant dans les règles du commerce ; qu'elles soient
simples et faciles; accoutumez vos peuples à les suivre
inviolablement ; punissez sévèrement la fraude et même
la négligence ou le faste des marchands, qui ruinent le
commerce en ruinant les hommes qui le font.

« Surtout, n'entreprenez jamais de gêner le commerce
pour le tourner selon vos vues. Il faut que le prince ne

---

[1] *Tyros instabilis, Tyriosque bilingues,* disent pourtant Lucain
(III, 217) et Virgile (*Æn.*, I, 661).

s'en mêle point, de peur de le gêner, et qu'il en laisse tout le profit à ses sujets qui en ont la peine; autrement, il les découragera: il en tirera assez d'avantages par les grandes richesses qui entreront dans ses Etats. Le commerce est comme certaines sources : si vous voulez détourner leur cours, vous les faites tarir. Il n'y a que le profit et la commodité qui attirent les étrangers chez vous ; si vous leur rendez le commerce moins commode et moins utile, ils se retirent insensiblement et ne reviennent plus, parce que d'autres peuples, profitant de votre imprudence, les attirent chez eux et les accoutument à se passer de vous. Il faut même vous avouer que depuis quelque temps la gloire de Tyr est bien obscurcie. Oh! si vous l'aviez vue, mon cher Télémaque, avant le règne de Pygmalion, vous auriez été bien plus étonné ! Vous ne trouvez plus maintenant ici que les tristes restes d'une grandeur qui menace ruine. O malheureuse Tyr ! en quelles mains es-tu tombée. autrefois, la mer t'apportait le tribut de tous les peuples de la terre.

« Pygmalion craint tout, et des étrangers et de ses sujets. Au lieu d'ouvrir, suivant notre ancienne coutume, ses ports à toutes les nations les plus éloignées, dans une entière liberté, il veut savoir le nombre des vaisseaux qui arrivent, leur pays, les noms des hommes qui y sont, leur genre de commerce, la nature et le prix de leurs marchandises, et le temps qu'ils doivent demeurer ici. Il fait encore pis ; car il use de supercherie pour surprendre les marchands et pour confisquer leurs marchandises. Il inquiète les marchands qu'il croit les plus opulents; il établit, sous divers prétextes, de nouveaux impôts. Il veut entrer lui-même dans le commerce, et tout le monde craint d'avoir quelque affaire avec lui. Ainsi, le commerce languit; les étrangers oublient peu à peu le chemin de Tyr, qui leur était autrefois si doux : et, si Pygmalion ne change de conduite, notre gloire et notre puissance seront bientôt transportées à quelque autre peuple mieux gouverné que nous.

« Je demandai ensuite à Narbal comment les Tyriens

s'étaient rendus si puissants sur la mer : car je voulais n'ignorer rien de tout ce qui sert au gouvernement d'un royaume. Nous avons, me répondit-il, les forêts du Liban qui fournissent le bois des vaisseaux ; et nous les réservons avec soin pour cet usage, on n'en coupe jamais que pour les besoins publics. Pour la construction des vaisseaux, nous avons l'avantage d'avoir des ouvriers habiles.

« Comment, lui disais-je, avez-vous pu faire pour trouver ces ouvriers ?

« Il me répondait : Ils se sont formés peu à peu dans le pays. Quand on récompense bien ceux qui excellent dans les arts, on est sûr d'avoir bientôt des hommes qui les mènent à leur dernière perfection ; car les hommes qui ont le plus de sagesse et de talents ne manquent point de s'adonner aux arts auxquels les grandes récompenses sont attachées. Ici, on traite avec honneur tous ceux qui réussissent dans les arts et dans les sciences utiles à la navigation. On considère un bon géomètre ; on estime fort un habile astronome ; on comble de biens un pilote qui surpasse les autres dans sa fonction ; on ne méprise point un bon charpentier ; au contraire, il est bien payé et bien traité. Les bons rameurs même ont des récompenses sûres et proportionnées à leurs services ; on les nourrit bien, on a soin d'eux quand ils sont malades ; en leur absence, on a soin de leurs femmes et de leurs enfants ; s'ils périssent dans un naufrage, on dédommage leur famille ; on renvoie chez eux ceux qui ont servi un certain temps. Ainsi, on en a autant qu'on en veut : le père est ravi d'élever son fils dans un si bon métier ; et, dès sa plus tendre jeunesse, il se hâte de lui enseigner à manier la rame, à tendre les cordages et à mépriser les tempêtes. C'est ainsi qu'on mène les hommes, sans contrainte, par la récompense et par le bon ordre. L'autorité seule ne fait jamais bien ; la soumission des inférieurs ne suffit pas : il faut gagner les cœurs et faire trouver aux hommes leur avantage dans les choses où l'on veut se servir de leur industrie.

« Après ce discours, Narbal me mena visiter tous les
magasins, les arsenaux, et tous les métiers qui servent à la
construction des navires. Je demandais le détail des moindres choses, et j'écrivais tout ce que j'avais appris, de
peur d'oublier quelque circonstance utile.

« Cependant Narbal, qui connaissait Pygmalion et qui
m'aimait, attendait avec impatience mon départ, craignant
que je ne fusse découvert par les espions du roi, qui
allaient nuit et jour par toute la ville; mais les vents ne
nous permettaient point encore de nous embarquer. Pendant que nous étions occupés à visiter curieusement le
port et à interroger divers marchands, nous vîmes venir
à nous un officier de Pygmalion, qui dit à Narbal: Le roi
vient d'apprendre d'un des capitaines des vaisseaux qui
sont revenus d'Égypte avec vous, que vous avez amené
d'Égypte un étranger qui passe pour chyprien : le roi veut
qu'on l'arrête, et qu'on sache certainement de quel pays
il est; vous en répondrez sur votre tête. Dans ce moment,
je m'étais un peu éloigné pour regarder de plus près les
proportions que les Tyriens avaient gardées dans la construction d'un vaisseau presque neuf, qui était, disait-on,
par cette proportion si exacte de toutes ses parties, le
meilleur voilier qu'on eût jamais vu dans le port; et
j'interrogeais l'ouvrier qui avait réglé ces proportions.

« Narbal, surpris et effrayé, répondit : Je vais chercher
cet étranger, qui est de l'île de Chypre. Quand il eut perdu
de vue cet officier, il courut vers moi pour m'avertir du
danger où j'étais. Je ne l'avais que trop prévu, me dit-il,
mon cher Télémaque ! nous sommes perdus! le roi, que
sa défiance tourmente jour et nuit, soupçonne que vous
n'êtes pas de l'île de Chypre; il ordonne qu'on vous arrête,
il veut me faire périr si je ne vous mets entre ses mains.
Que ferons-nous? O dieux, donnez-nous la sagesse pour
nous tirer de ce péril. Il faudra, Télémaque, que je vous
mène au palais du roi. Vous soutiendrez que vous êtes chyprien, de la ville d'Amathonte, fils d'un statuaire de Vénus.
Je déclarerai que j'ai connu autrefois votre père; et peut-
être que le roi, sans approfondir davantage, vous laissera

parur. Je ne vois plus d autre moyen de sauver votre vie
et la mienne.

« Je répondis à Narbal : Laissez périr un malheureux
que le destin veut perdre. Je sais mourir, Narbal ; et je
vous dois trop pour vouloir vous entraîner dans mon
malheur. Je ne puis me résoudre à mentir ; je ne suis
pas chyprien et je ne saurais dire que je le suis. Les
dieux voient ma sincérité : c'est à eux à conserver ma vie
par leur puissance, s'ils le veulent ; mais je ne veux point
la sauver par un mensonge.

« Narbal me répondait : Ce mensonge, Télémaque, n'a
rien qui ne soit innocent, les dieux mêmes ne peuvent le
condamner : il ne fait aucun mal à personne ; il sauve la
vie à deux innocents ; il ne trompe le roi que pour l'empêcher de faire un grand crime. Vous poussez trop loin
l'amour de la vertu et la crainte de blesser la religion.

« Il suffit, lui disais-je, que le mensonge soit mensonge,
pour n'être pas digne d'un homme qui parle en présence
des dieux et qui doit tout à la vérité. Celui qui blesse la
vérité offense les dieux et se blesse soi-même : car il parle
contre sa conscience. Cessez, Narbal, de me proposer ce
qui est indigne de vous et de moi. Si les dieux ont pitié de
nous, ils sauront bien nous délivrer : s'ils veulent nous
laisser périr, nous serons en mourant les victimes de la
vérité, et nous laisserons aux hommes l'exemple de préférer la vertu sans tache à une longue vie. La mienne n'est
déjà que trop longue, étant si malheureuse. C'est vous
seul, ô mon cher Narbal, pour qui mon cœur s'attendrit.
Fallait-il que votre amitié pour un malheureux étranger
vous fût si funeste !

« Nous demeurâmes longtemps dans cette espèce de
combat ; mais enfin nous vîmes arriver un homme qui
courait hors d'haleine : c'était un autre officier du roi, qui
venait de la part d'Astarbé.

« Cette femme était belle comme une déesse [1] ; elle

[1] Dans Homère, souvent les belles femmes sont comparées aux
déesses ; Hélène, par exemple (*Iliad.*, III, 158), Castianira (VIII.
305), Hécamède (XI, 638), Briséis (XIX, 286), etc.

joignait aux charmes du corps tous ceux de l'esprit; elle
était enjouée, flatteuse, insinuante. Avec tant de charmes
trompeurs elle avait, comme les Sirènes, un cœur cruel
et plein de malignité; mais elle savait cacher ses senti-

ments corrompus, par un profond artifice. Elle avait su
gagner le cœur de Pygmalion par sa beauté, par son esprit,
par sa douce voix et par l'harmonie de sa lyre. Pygmalion,
aveuglé par un violent amour pour elle, avait abandonné

ıa reine Topha, son épouse. Il ne songeait qu'à contenter
toutes les passions de l'ambitieuse Astarbé : l'amour de
cette femme ne lui était guère moins funeste que son
ınfâme avarıce. Mais quoiqu'il eût tant de passion pour
elle, elle n'avait pour lui que du mépris et du dégoût ; elle
ıachait ses vrais sentıments, et elle faisaıt semblant de ne
vouloir vivre que pour lui, dans le même temps où elle ne
pouvait le souffrir.

« Il y avait à Tyr un jeune Lyctien[1] nommé Malachon,
d'une merveilleuse beauté, mais mou, efféminé, noyé dans
les plaisirs. Il ne songeait qu'à conserver la délıcatesse de
son teint, qu'à peigner ses cheveux blonds flottants sur
ses épaules, qu'à se parfumer, qu'à donner un tour gracieux
aux plıs de sa robe, enfin qu'à chanter ses amours sur
sa lyre. Astarbé le vit, elle l'aıma, et en devint furieuse[2].
Il la méprısa, parce qu'il était passionné pour une autre
femme : d'ailleurs, ıl craignaıt de s'exposer à la cruelle
jalousie du roı. Astarbé, se sentant méprisée, s'abandonna
à son ressentıment. Dans son désespoir, elle s'imagina
qu'elle pouvaıt faire passer Malachon pour l'étranger que
le roi faisait chercher, et qu'on disait qui était venu avec
Nurbal.

« En effet, elle le persuada à Pygmalion et corrompit
tous ceux qui auraient pu le détromper. Comme il n'aı-
mait point les hommes vertueux, et qu'il ne savait point
les discerner, il n'était envıronné que de gens intéressés,
aı tıfıcieux, prêts à exécuter ses ordres ınjustes et sangui-
naires. De telles gens craıgnaient l'autorité d'Astarbé et
ıls lui aıdaient à tromper le roi, de peur de déplaire à
cette femme hautaine qui avaıt toute sa confiance. Ainsi
Malachon, quoique connu pour lyctien dans toute la vılle,
passa pour le jeune étranger que Narbal avait emmené
d'Égypte : il fut mis en prıson.

[1] Presque toutes les éditions portent *Lydıen*, et non *Lyctien* Cette
dernıere leçon a été introduıte avec toute raıson par l'edıteur de
Gottıngue (1741). Lyctus etaıt une vılle de Crète : on se rappelle
Lyctıus Idomeneus de Vırgıle.
[2] "Ω; ῖδον, ὥς ἐμάνην. (THÉOCRITE, II, 82)

« Astarbé, qui craignait que Narbal n'allât parler au
roi et ne découvrît son imposture, envoyait en diligence
à Narbal cet officier qui lui dit ces paroles : Astarbé vous
défend de découvrir au roi quel est votre étranger; elle
ne vous demande que le silence, et elle saura bien faire
en sorte que le roi soit content de vous; cependant hâtez-
vous de faire embarquer avec les Chypriens le jeune
étranger que vous avez emmené d'Égypte, afin qu'on ne le
voie plus dans la ville. Narbal, ravi de pouvoir ainsi sauver
sa vie et la mienne, promit de se taire; et l'officier, satisfait d'avoir obtenu ce qu'il demandait, s'en retourna rendre
compte à Astarbé de sa commission.

« Narbal et moi, nous admirâmes la bonté des dieux,
qui récompensaient notre sincérité, et qui ont un soin si
touchant pour ceux qui hasardent tout pour la vertu.

« Nous regardions avec horreur un roi livré à l'avarice
et à la volupté. Celui qui craint avec tant d'excès d'être
trompé, disions-nous, mérite de l'être, et l'est presque
toujours grossièrement. Il se défie des gens de bien, et
il s'abandonne à des scélérats: il est le seul qui ignore ce
qui se passe. Voyez Pygmalion; il est le jouet d'une femme
sans pudeur. Cependant, les dieux se servent du mensonge
des méchants pour sauver les bons, qui aiment mieux
perdre la vie que de mentir.

« En même temps, nous aperçûmes que les vents changeaient et qu'ils devenaient favorables aux vaisseaux de
Chypre. Les dieux se déclarent, s'écria Narbal; ils veulent,
mon cher Télémaque, vous mettre en sûreté; fuyez cette
terre cruelle et maudite ! heureux qui pourrait vous suivre
jusque dans les rivages les plus inconnus ! heureux qui
pourrait vivre et mourir avec vous ! Mais un destin sévère
m'attache à cette malheureuse patrie; il faut souffrir avec
elle : peut-être faudra-t-il être enseveli dans ses ruines;
n'importe, pourvu que je dise toujours la vérité, et que
mon cœur n'aime que la justice. Pour vous, ô mon cher
Télémaque, je prie les dieux, qui vous conduisent comme
par la main, de vous accorder le plus précieux de tous
leurs dons, qui est la vertu pure et sans tache, jusqu'à la

mort. Vivez, retournez en Ithaque, consolez Pénélope, déli-
vrez-la de ses téméraires amants. Que vos yeux puissent
voir, que vos mains puissent embrasser le sage Ulysse ;
et qu'il trouve en vous un fils qui égale sa sagesse! Mais,
dans votre bonheur, souvenez-vous du malheureux Narbal,
et ne cessez jamais de m'aimer.

« Quand il eut achevé ces paroles, je l'arrosai de mes
larmes sans lui répondre ; de profonds soupirs m'empê-
chaient de parler : nous nous embrassions en silence. Il
me mena jusqu'au vaisseau ; il demeura sur le rivage ; et,
quand le vaisseau fut parti, nous ne cessions de nous regarder tandis que nous pûmes nous voir. »

LIVRE IV

Calypso, qui avait été jusqu'à ce moment immobile et
transportée de plaisir en écoutant les aventures de Télémaque, l'interrompit pour lui faire prendre quelque repos.
« Il est temps, lui dit-elle, que vous alliez goûter la douceur du sommeil après tant de travaux. Vous n'avez rien à
craindre ici : tout vous est favorable. Abandonnez-vous
donc à la joie; goûtez la paix et tous les autres dons des
dieux, dont vous allez être comblé. Demain, quand l'Aurore avec ses doigts de roses [1] entr'ouvrira les portes dorées

---

[1] Homère donne souvent cette épithète a l'Aurore : ροδοδάκτυλος
Ἡώς.

de l'Orient, et que les chevaux du Soleil, sortant de l'onde amère, répandront les flammes du jour[1] pour chasser devant eux toutes les étoiles du ciel[2], nous reprendrons, mon cher Télémaque, l'histoire de vos malheurs. Jamais votre père n'a égalé votre sagesse et votre courage : ni Achille, vainqueur d'Hector, ni Thésée, revenu des Enfers, ni même le grand Alcide, qui a purgé la terre de tant de monstres, n'ont fait voir autant de force et de vertu que vous. Je souhaite qu'un profond sommeil vous rende cette nuit courte. Mais, hélas ! qu'elle sera longue pour moi ! qu'il me tardera de vous revoir, de vous entendre, de vous faire redire ce que je sais déjà, et de vous demander ce que je ne sais pas encore ! Allez, mon cher Télémaque, avec le sage Mentor, que les dieux vous ont rendu ; allez dans cette grotte écartée, où tout est préparé pour votre repos. Je prie Morphée de répandre ses plus doux charmes sur vos paupières appesanties, de faire couler une vapeur divine dans tous vos membres fatigués, et de vous envoyer des songes légers, qui, voltigeant autour de vous, flattent vos sens par les images les plus riantes, et repoussent loin de vous tout ce qui pourrait vous réveiller trop promptement. »

La déesse conduisit elle-même Télémaque dans cette grotte séparée de la sienne. Elle n'était ni moins rustique, ni moins agréable. Une fontaine, qui coulait dans un coin, y faisait un doux murmure qui appelait le sommeil[3]. Les nymphes y avaient préparé deux lits d'une molle verdure sur lesquels elles avaient étendu deux grandes peaux, l'une de lion pour Télémaque, et l'autre d'ours pour Mentor.

... Alto se gurgite tollunt
Solis equi, lucemqne elatis naribus efflant
VIRG., Æn., XII, 114.

[2] ... Depulerat stellas Aurora micantes
OVID., Met , VII, 100.

[3] . . Cum murmure labens
Invitat somnos crepitantibus unda lapillis
OVID , Met , XI, 604

Avant que de laisser fermer ses yeux au sommeil, Mentor parla ainsi à Télémaque : « Le plaisir de raconter vos histoires vous a entraîné ; vous avez charmé la déesse en lui expliquant les dangers dont votre courage et votre industrie vous ont tiré : par là vous n'avez fait qu'enflammer davantage son cœur et que vous préparer une plus dangereuse captivité : comment espérez-vous qu'elle vous laisse maintenant sortir de son île, vous qui l'avez enchantée par **le récit de vos aventures** ? L'amour d'une vaine gloire vous

a fait parler sans prudence. Elle s'était engagée à vous raconter des histoires et à vous apprendre quelle a été la destinée d'Ulysse ; elle a trouvé moyen de parler longtemps sans rien dire ; et elle vous a engagé à lui expliquer tout ce qu'elle désire savoir : tel est l'art des femmes flatteuses et passionnées. Quand est-ce, ô Télémaque, que vous serez assez sage pour ne parler jamais par vanité, et que vous saurez taire tout ce qui vous est avantageux, quand il n'est pas utile à dire ? Les autres admirent votre sagesse dans un âge où il est pardonnable d'en manquer : pour moi, je ne puis vous pardonner rien; je suis le seul qui vous connaît, et qui vous aime assez pour vous avertir de toutes vos fautes. Combien êtes-vous encore éloigné de la sagesse de votre père! »

« Quoi donc! répondit Télémaque, pouvais-je refuser à Calypso de lui raconter mes malheurs? » « Non, reprit Mentor, il fallait les lui raconter : mais vous deviez le faire en ne lui disant que ce qui pouvait lui donner de la compassion. Vous pouviez dire que vous aviez été tantôt errant tantôt captif en Sicile, et puis en Égypte. C'était lui dire assez : et tout le reste n'a servi qu'à augmenter le poison qui brûle déjà son cœur. Plaise aux dieux que le vôtre puisse s'en préserver! »

« Mais que ferai-je donc? » continua Télémaque d'un ton modéré et docile. « Il n'est plus temps, repartit Mentor, de lui cacher ce qui reste de vos aventures : elle en sait assez pour ne pouvoir être trompée sur ce qu'elle ne sait pas encore; votre réserve ne servirait qu'à l'irriter. Achevez donc demain de lui raconter tout ce que les dieux ont fait en votre faveur, et apprenez une autre fois à parler plus sobrement de tout ce qui peut vous attirer quelque louange. »

Télémaque reçut avec amitié un si bon conseil et ils se couchèrent.

Aussitôt que Phébus eut répandu ses premiers rayons sur la terre, Mentor, entendant la voix de la déesse qui appelait ses nymphes dans le bois, éveilla Télémaque. « Il est temps, lui dit-il, de vaincre le sommeil. Allons retrouver Calypso : mais défiez-vous de ses douces paroles; ne lui ouvrez jamais votre cœur; craignez le poison flatteur de ses louanges. Hier elle vous élevait au-dessus de votre sage père, de l'invincible Achille, du fameux Thésée, d'Hercule devenu immortel. Sentîtes-vous combien cette louange est excessive? crûtes-vous ce qu'elle disait? Sachez qu'elle ne le croit pas elle-même; elle ne vous loue qu'à cause qu'elle vous croit faible, et assez vain pour vous laisser tromper par des louanges disproportionnées à vos actions. »

Après cès paroles, ils allèrent au lieu où la déesse les attendait. Elle sourit en les voyant, et cacha, sous une apparence de joie, la crainte et l'inquiétude qui troublaient son cœur; car elle prévoyait que Télémaque, conduit par Mentor, lui échapperait de même qu'Ulysse. « Hâtez-vous, dit-elle, mon cher Télémaque, de satisfaire ma curiosité : j'ai cru, pendant toute la nuit, vous voir partir de Phénicie et chercher une nouvelle destinée dans l'île de Chypre. Dites-nous donc quel fut ce voyage, et ne perdons pas un moment. » Alors on s'assit sur l'herbe, semée de violettes, à l'ombre d'un bocage épais.

Calypso ne pouvait s'empêcher de jeter sans cesse des regards tendres et passionnés sur Télémaque, et de voir avec indignation que Mentor observait jusqu'au moindre mouvement de ses yeux. Cependant toutes les nymphes en silence se penchaient pour prêter l'oreille, et faisaient une espèce de demi-cercle pour mieux voir et pour mieux écouter. Les yeux de toute l'assemblée étaient immobiles et attachés sur le jeune homme [1].

Télémaque, baissant les yeux et rougissant avec beaucoup de grâce, reprit ainsi la suite de son histoire :

« A peine le doux souffle d'un vent favorable avait rempli nos voiles [2], que la terre de Phénicie disparut à mes yeux. Comme j'étais avec les Chypriens, dont j'ignorais les mœurs, je me résolus de me taire, de remarquer tout, et d'observer toutes les règles de la discrétion, pour gagner leur estime. Mais, pendant mon silence, un sommeil doux et puissant vint me saisir; mes sens étaient liés et suspendus; je goûtais une paix et une joie profonde qui enivrait mon cœur.

« Tout à coup je crus voir Vénus, qui fendait les nues dans son char volant conduit par deux colombes. Elle avait cette éclatante beauté, cette vive jeunesse, ces grâces

---

1.   Conticuere omnes, intentique ora tenebant.
                        VIRG., Æn., II, 1.

2.   Neptunus ventis implevit vela secundis.
                        VIRG., Æn., VII, 23.

tendres, qui parurent en elle quand elle sortit de l'écume
de l'océan, et qu'elle éblouit les yeux de Jupiter même.
Elle descendit tout à coup d'un vol rapide jusqu'auprès de
moi, me mit en souriant la main sur l'épaule, et, me nommant par mon nom, prononça ces paroles : Jeune Grec, tu
vas entrer dans mon empire; tu arriveras bientôt dans
cette île fortunée où les plaisirs, les ris et les jeux folâtres
naissent sous mes pas. Là, tu brûleras des parfums sur mes
autels; là, je te plongerai dans un fleuve de délices. Ouvre
ton cœur aux plus douces espérances, et garde-toi bien de
résister à la plus puissante de toutes les déesses, qui veut
te rendre heureux.

« En même temps j'aperçus l'enfant Cupidon [1], dont les
petites ailes s'agitant le faisaient voler autour de sa mère.
Quoiqu'il eût sur son visage la tendresse, les grâces et
l'enjouement de l'enfance, il avait je ne sais quoi dans ses
yeux perçants qui me faisait peur. Il riait en me regardant : son ris était malin, moqueur et cruel. Il tira de son
carquois d'or la plus aigue de ses flèches, il banda son arc,
et allait me percer, quand Minerve se montra soudainement pour me couvrir de son égide. Le visage de cette
déesse n'avait point cette beauté molle et cette langueur
passionnée que j'avais remarquées dans le visage et dans
la posture de Vénus. C'était au contraire une beauté
simple, négligée, modeste : tout était grave, vigoureux,
noble, plein de force et de majesté. La flèche de Cupidon,
ne pouvant percer l'égide, tomba par terre. Cupidon, indigné, en soupira amèrement; il eut honte de se voir vaincu.
Loin d'ici! s'écria Minerve; loin d'ici, téméraire enfant!
tu ne vaincras jamais que des âmes lâches qui aiment
mieux tes honteux plaisirs que la sagesse, la vertu et la
gloire.

[1] Il eût mieux valu peut-être dans cet ouvrage, où tout devrait
avoir la couleur grecque, ne pas donner à l'Amour le nom latin de
Cupidon Il ne faut pourtant pas trop presser cette difficulté; car
l'on en viendrait a blamer l'emploi des mots *Amour, Venus, Diane,
Neptune,* etc , que l'on ne pourrait remplacer par des noms grecs
sans tomber dans une affectation pédantesque.

« A ces mots, l'Amour irrité s'envola ; et Vénus remontant vers l'Olympe, je vis longtemps son char avec ses deux
colombes dans une nuée d'or et d'azur : puis elle disparut.
En baissant mes yeux vers la terre, je ne retrouvai plus
Minerve.

« Il me sembla que j'étais transporté dans un jardin
délicieux, tel qu'on dépeint les Champs-Élysées. En ce lieu
je reconnus Mentor, qui me dit : Fuyez cette cruelle terre,

cette île empestée où l'on ne respire que la volupté. La
vertu la plus courageuse y doit trembler et ne se peut
sauver qu'en fuyant. Dès que je le vis, je voulus me jeter
à son cou pour l'embrasser ; mais je sentais que mes pieds
ne pouvaient se mouvoir, que mes genoux se dérobaient
sous moi, et que mes mains, s'efforçant de saisir Mentor,
cherchaient une ombre vaine qui m'échappait toujours. Dans
cet effort je m'éveillai, et je sentis que ce songe mystérieux

était un avertissement divin. Je me sentis plein de courage
contre les plaisirs et de défiance contre moi-même, pour
détester la vie molle des Chypriens. Mais ce qui me perça
le cœur fut que je crus que Mentor avait perdu la vie, et
qu'ayant passé les ondes du Styx il habitait l'heureux séjour
des âmes justes.

« Cette pensée me fit répandre un torrent de larmes. On
me demanda pourquoi je pleurais. Les larmes, répondis-je,
ne conviennent que trop à un malheureux étranger qui
erre sans espérance de revoir sa patrie. Cependant tous les
Chypriens qui étaient dans le vaisseau s'abandonnaient à
une folle joie. Les rameurs, ennemis du travail, s'endor-
maient sur leurs rames ; le pilote, couronné de fleurs, laissait le gouvernail et tenait en sa main une grande cruche
de vin qu'il avait presque vidée : lui et tous les autres,
troublés par la fureur de Bacchus, chantaient, en l'honneur de Bacchus et de Cupidon, des vers qui devaient faire
horreur à tous ceux qui aiment la vertu.

« Pendant qu'ils oubliaient ainsi les dangers de la mer,
une soudaine tempête troubla le ciel et la mer. Les vents
déchaînés mugissaient avec fureur dans les voiles : les
ondes noires battaient les flancs du navire qui gémissait
sous leurs coups. Tantôt nous montions sur le dos des
vagues enflées, tantôt la mer semblait se dérober sous le
navire et nous précipiter dans l'abîme. Nous apercevions
auprès de nous des rochers contre lesquels les flots irrités se
brisaient avec un bruit horrible. Alors je compris par expérience ce que j'avais souvent ouï dire à Mentor, que les
hommes mous et abandonnés aux plaisirs manquent de
courage dans les dangers. Tous nos Chypriens abattus pleuraient comme des femmes ; je n'entendais que des cris
pitoyables, que des regrets sur les délices de la vie, que
de vaines promesses aux dieux pour leur faire des sacrifices si on pouvait arriver au port. Personne ne conservait
assez de présence d'esprit ni pour ordonner les manœuvres,
ni pour les faire. Il me parut que je devais, en sauvant ma
vie, sauver celle des autres. Je pris le gouvernail en main,
parce que le pilote, troublé par le vin comme une bacchante,

était hors d'état de connaître le danger du vaisseau; j'encourageai les matelots effrayés; je leur fis abaisser les voiles; ils ramèrent vigoureusement; nous passâmes au travers des écueils, et nous vîmes de près toutes les horreurs de la mort.

« Cette aventure parut comme un songe à tous ceux qui me devaient la conservation de leur vie; ils me regardaient avec étonnement. Nous arrivâmes dans l'île de Chypre au mois du printemps qui est consacré à Vénus. Cette saison, disent les Chypriens, convient à cette déesse, car elle semble ranimer toute la nature et faire naître les plaisirs comme les fleurs [1].

« En arrivant dans l'île, je sentis un air doux qui rendait les corps lâches et paresseux, mais qui inspirait une humeur enjouée et folâtre. Je remarquai que la campagne, naturellement fertile et agréable, était presque inculte, tant les habitants étaient ennemis du travail. Je vis de tous côtés des femmes et des jeunes filles, vainement parées, qui allaient, en chantant les louanges de Vénus, se dévouer à son temple. La beauté, les grâces, la joie, les plaisirs, éclataient également sur leurs visages; mais les grâces y étaient affectées. On n'y voyait point une noble simplicité et une pudeur aimable qui fait le plus grand charme de la beauté. L'air de mollesse, l'art de composer leur visage, leur parure vaine, leur démarche languissante, leurs regards qui semblaient chercher ceux des hommes, leur jalousie entre elles pour allumer de grandes passions; en un mot, tout ce que je voyais dans ces femmes me semblait vil et méprisable : à force de vouloir plaire, elles me dégoûtaient.

« On me conduisit au temple de la déesse : elle en a plusieurs dans cette île, car elle est particulièrement

---

[1] Nec Veneri tempus, quam ver, erat aptius ullum.
Vere nitent terræ; vere remissus ager;
Nunc herbæ rupta tellure cacumina tollunt :
Nunc tumido gemmas cortice palmes agit.
Et formosa Venus formoso tempore digna est.
OVID., *Fast*, IV, 125.

adorée à Cythère, à Idalie, et à Paphos [1]. C'est à Cythère
que je fus conduit. Le temple est tout de marbre ; c'est
un parfait péristyle : les colonnes sont d'une grosseur et
d'une hauteur qui rendent cet édifice très majestueux :
au-dessus de l'architrave et de la frise sont à chaque face
de grands frontons, où l'on voit en bas-reliefs toutes les
plus agréables aventures de la déesse. A la porte du temple
est sans cesse une foule de peuples qui viennent faire
leurs offrandes.

« On n'égorge jamais dans l'enceinte du lieu sacré aucune
victime ; on n'y brûle point, comme ailleurs, la graisse
des génisses et des taureaux ; on ne répand jamais leur
sang : on présente seulement devant l'autel les bêtes qu'on
offre, et on n'en peut offrir aucune qui ne soit jeune,
blanche, sans défaut et sans tache ; on les couvre de ban-
delettes de pourpre brodées d'or ; leurs cornes sont
dorées [2] et ornées de bouquets des fleurs les plus odoriférantes. Après qu'elles ont été présentées devant l'autel, on
les renvoie dans un lieu écarté où elles sont égorgées pour
les festins des prêtres de la déesse.

« On offre aussi toute sorte de liqueurs parfumées, et
du vin plus doux que le nectar. Les prêtres sont revêtus
de longues robes blanches, avec des ceintures d'or, et des
franges de même au bas de leurs robes. On brûle nuit et
jour, sur les autels, les parfums les plus exquis de l'Orient,
et ils forment une espèce de nuage qui monte vers le ciel.
Toutes les colonnes du temple sont ornées de festons pendants ; tous les vases qui servent aux sacrifices sont d'or ;
un bois sacré de myrtes environne le bâtiment. Il n'y a que
de jeunes garçons et de jeunes filles d'une rare beauté qui
puissent présenter les victimes aux prêtres et qui osent

[1] C'étaient trois villes de l'île de Chypre ; elles sont encore nom-
mées ensemble au commencement du livre VIII. Il ne faut pas confondre Cythere en Chypre et Cythere, nom d'une autre île, voisine
des côtes de Laconie, et consacrée également au culte de Vénus.

[2]   ... Inductaque cornibus aurum
        Victima vota cadit.
                              Ovid , *Met.*, VII, 161.

allumer le feu des autels. Mais l'impudence et la dissolu-
tion déshonorent un temple si magnifique.

« D'abord, j'eus horreur de tout ce que je voyais; mais

insensiblement je commençais à m'y accoutumer. Le vice
ne m'effrayait plus; toutes les compagnies m'inspiraient
je ne sais quelle inclination pour le désordre : on se
moquait de mon innocence; ma retenue et ma pudeur

servaient de jouet à ces peuples effrontés. On n'oubliait
rien pour exciter toutes mes passions, pour me tendre des
pièges et pour réveiller en moi le goût des plaisirs. Je me
sentais affaiblir tous les jours; la bonne éducation que
j'avais reçue ne me soutenait presque plus; toutes mes
bonnes résolutions s'évanouissaient. Je ne me sentais plus
la force de résister au mal qui me pressait de tous côtés ;
j'avais même une mauvaise honte de la vertu. J'étais
comme un homme qui nage dans une rivière profonde et
rapide : d'abord il fend les eaux et remonte contre le
torrent; mais si les bords sont escarpés, et s'il ne peut se
reposer sur le rivage, il se lasse enfin peu à peu, sa force
l'abandonne, ses membres épuisés s'engourdissent et le
cours du fleuve l'entraîne.

   « Ainsi mes yeux commençaient à s'obscurcir, mon
cœur tombait en défaillance; je ne pouvais plus rappeler
ni ma raison ni le souvenir des vertus de mon père. Le
songe où je croyais avoir vu le sage Mentor descendre
aux Champs-Élysées achevait de me décourager : une
secrète et douce langueur s'emparait de moi. J'aimais déjà
le poison flatteur qui se glissait de veine en veine, et qui
pénétrait jusqu'à la moelle de mes os. Je poussais néanmoins encore de profonds soupirs; je versais des larmes
amères; je rugissais comme un lion, dans ma fureur.
O malheureuse jeunesse! disais-je; ô dieux, qui vous jouez
cruellement des hommes, pourquoi les faites-vous passer
par cet âge qui est un temps de folie et de fièvre ardente?
Oh! que ne suis-je couvert de cheveux blancs, courbé, et
proche du tombeau, comme Laërte, mon aïeul! La mort
me serait plus douce que la faiblesse honteuse où je me
vois.

   « A peine avais-je ainsi parlé que ma douleur s'adoucissait et que mon cœur, enivré d'une folle passion, secouait
presque toute pudeur; puis je me voyais replongé dans
un abîme de remords. Pendant ce trouble, je courais
errant çà et là dans le sacré bocage, semblable à une biche
qu'un chasseur a blessée : elle court au travers des vastes
forêts pour soulager sa douleur; mais la flèche qui l'a

percée dans le flanc la suit partout; elle porte partout
avec elle le trait meurtrier [1]. Ainsi je courais en vain
pour m'oublier moi-même, et rien n'adoucissait la plaie de
mon cœur.

« En ce moment j'aperçus assez loin de moi, dans l'ombre
épaisse de ce bois, la figure du sage Mentor : mais son
visage me parut si pâle, si triste et si austère, que je ne
pus en ressentir aucune joie. Est-ce donc vous, m'écriai-je,
ô mon cher ami, mon unique espérance? est-ce vous?
quoi donc! est-ce vous-même? une image trompeuse ne
vient-elle point abuser mes yeux? Est-ce vous, Mentor?
n'est-ce point votre ombre encore sensible à mes maux?
n'êtes-vous point au rang des âmes heureuses qui jouissent
de leur vertu, et à qui les dieux donnent des plaisirs purs
dans une éternelle paix aux Champs-Elysées? Parlez,
Mentor, vivez-vous encore? suis-je assez heureux pour
vous posséder? ou bien n'est-ce qu'une ombre de mon
ami? En disant ces paroles je courais vers lui, tout transporté, jusqu'à perdre la respiration : il m'attendait tranquillement sans faire un pas vers moi. O dieux, vous le
savez, quelle fut ma joie quand je sentis que mes mains
le touchaient! Non, ce n'est pas une vaine ombre! je le
tiens! je l'embrasse, mon cher Mentor! C'est ainsi que je
m'écriai. J'arrosai son visage d'un torrent de larmes; je
demeurais attaché à son cou sans pouvoir parler. Il me
regardait tristement avec des yeux pleins d'une tendre
compassion.

« Enfin je lui dis : Hélas! d'où venez-vous? En quels
dangers ne m'avez-vous point laissé pendant votre absence?
et que ferais-je maintenant sans vous? Mais sans répondre
à mes questions : Fuyez! me dit-il d'un ton terrible; fuyez!
hâtez-vous de fuir! ici la terre ne porte pour fruit que du

---

[1]   ... Qualis conjecta cerva sagitta
Quam procul incautam nemora inter cressia fixit
Pastor agens telis, liquitque volatile ferrum
Nescius; illa fuga silvas saltusque peragrat
Dictæos : hæret lateri letalis arundo.
                              VIRG., Æn., IV, 69.

poison; l'air qu'on respire est empesté; les hommes con-
tagieux ne se parlent que pour se communiquer un venin
mortel. La volupté lâche et infâme, qui est le plus horrible
des maux sortis de la boîte de Pandore, amollit tous les
cœurs et ne souffre ici aucune vertu. Fuyez! que tardez-
vous? ne regardez pas même derrière vous en fuyant;

effacez jusqu'au moindre souvenir de cette île exécrable.
« Il dit, et aussitôt je sentis comme un nuage épais qui
se dissipait sur mes yeux et qui me laissait voir la pure
lumière : une joie douce et pleine d'un ferme courage
renaissait dans mon cœur. Cette joie était bien différente
de cette autre joie molle et folâtre dont mes sens avaient
été d'abord empoisonnés : l'une est une joie d'ivresse et de

trouble, qui est entrecoupée de passions furieuses et de cuisants remords; l'autre est une joie de raison, qui a quelque chose de bienheureux et de céleste; elle est toujours pure et égale, rien ne peut l'épuiser; plus on s'y plonge, plus elle est douce; elle ravit l'âme sans la troubler. Alors je versai des larmes de joie, et je trouvais que rien n'était si doux que de pleurer ainsi. O heureux, disais-je, les hommes à qui la vertu se montre dans toute sa beauté! peut-on la voir sans l'aimer! peut-on l'aimer sans être heureux!

« Mentor me dit : Il faut que je vous quitte; je pars dans ce moment : il ne m'est pas permis de m'arrêter. Où allez-vous donc? lui répondis-je : en quelle terre inhabitable ne vous suivrais-je point? ne croyez pas pouvoir m'échapper : je mourrai plutôt sur vos pas. En disant ces paroles, je le tenais serré de toute ma force. C'est en vain, me dit-il, que vous espérez de me retenir. Le cruel Méthophis me vendit à des Éthiopiens ou Arabes[1]. Ceux-ci, étant allés à Damas[2] en Syrie pour leur commerce, voulurent se défaire de moi, croyant en tirer une grande somme d'un nommé Hazaël, qui cherchait un esclave grec pour connaître les mœurs de la Grèce et pour s'instruire de nos sciences.

« En effet, Hazaël m'acheta chèrement. Ce que je lui ai appris de nos mœurs lui a donné la curiosité de passer dans l'île de Crète[3] pour étudier les sages lois de Minos. Pendant notre navigation, les vents nous ont contraints de relâcher dans l'île de Chypre. En attendant un vent favorable, il est venu faire ses offrandes au temple. Le voilà qui en sort; les vents nous appellent; déjà nos voiles s'enflent. Adieu, cher Télémaque. Un esclave qui craint les dieux doit suivre fidèlement son maître. Les dieux ne me

[1] L'auteur fait *Arabes* synonyme d'*Éthiopiens*. Les anciens avaient placé une peuplade d'Ethiopiens en Asie, mais beaucoup plus à l'est que l'Arabie, de sorte qu'il ne semble pas exact de confondre les Ethiopiens et les **Arabes**.

[2] On sait que cette ville porte aujourd'hui le même nom.

[3] Cette île s'appelle encore de ce nom. On la nomme aussi l'île de Candie.

permettent plus d'être à moi : si j'étais à moi, ils le savent, je ne serais qu'à vous seul. Adieu, souvenez-vous des travaux d'Ulysse et des larmes de Pénélope ; souvenez-vous des justes dieux. O dieux ! protecteurs de l'innocence, en quelle terre suis-je contraint de laisser Télémaque !

« Non, non, lui dis-je, mon cher Mentor, il ne dépendra

pas de vous de me laisser ici : plutôt mourir que de vous voir partir sans moi ! Ce maître syrien est-il impitoyable ? Est-ce une tigresse dont il a sucé les mamelles dans son enfance ? voudra-t-il vous arracher d'entre mes bras ? Il faut qu'il me donne la mort ou qu'il souffre que je vous suive. Vous m'exhortez vous-même à fuir, et vous ne voulez pas que je fuie en suivant vos pas ! Je vais parler à Hazaël ; il aura peut-être pitié de ma jeunesse et de mes larmes : puisqu'il aime la sagesse et qu'il va si loin la chercher, il

ne peut point avoir un cœur féroce et insensible. Je me
jetterai à ses pieds, j'embrasserai ses genoux : je ne le lais-
serai point aller qu'il ne m'ait accordé de vous suivre.
Mon cher Mentor, je me ferai esclave avec vous ; je lui
offrirai de me donner à lui. S'il me refuse, c'est fait de
moi ; je me délivrerai de la vie.

« Dans ce moment Hazaël appela Mentor : je me pros-
ternai devant lui. Il fut surpris de voir un inconnu en cette
posture. Que voulez-vous? me dit-il. La vie, répondis-je ;
car je ne puis vivre, si vous ne souffrez que je suive Mentor,
qui est à vous. Je suis le fils du grand Ulysse, le plus sage
des rois de la Grèce qui ont renversé la superbe ville de
Troie, fameuse dans toute l'Asie. Je ne vous dis point ma
naissance pour me vanter, mais seulement pour vous inspirer quelque pitié de mes malheurs. J'ai cherché mon
père par toutes les mers ayant avec moi cet homme, qui
était pour moi un autre père. La fortune, pour comble de
maux, me l'a enlevé ; elle l'a fait votre esclave : souffrez
que je le sois aussi. S'il est vrai que vous aimiez la justice,
et que vous alliez en Crète pour apprendre les lois du bon
roi Minos, n'endurcissez point votre cœur contre mes
soupirs et contre mes larmes. Vous voyez le fils d'un roi
qui est réduit à demander la servitude comme son unique
ressource. Autrefois j'ai voulu mourir en Sicile pour éviter
l'esclavage ; mais mes premiers malheurs n'étaient que de
faibles essais des outrages de la fortune : maintenant je
crains de ne pouvoir être reçu parmi vos esclaves. O dieux!
voyez mes maux ; ô Hazael! souvenez-vous de Minos, dont
vous admirez la sagesse, et qui nous jugera tous deux dans
le royaume de Pluton.

« Hazael, me regardant avec un visage doux et humain,
me tendit la main et me releva. Je n'ignore pas, me dit-il,
la sagesse et la vertu d'Ulysse : Mentor m'a raconté souvent quelle gloire il a acquise parmi les Grecs ; et d'ailleurs,
la prompte Renommée a fait entendre son nom à tous les
peuples de l'Orient. Suivez-moi, fils d'Ulysse ; je serai votre
père jusqu'à ce que vous ayez retrouvé celui qui vous a
donné la vie. Quand même je ne serais pas touché de la

gloire de votre père, de ses malheurs et des vôtres, l'amitié
que j'ai pour Mentor m'engagerait à prendre soin de vous.
Il est vrai que je l'ai acheté comme esclave; mais je le
garde comme un ami fidèle : l'argent qu'il m'a coûté m'a
acquis le plus cher et le plus précieux ami que j'aie sur la
terre. J'ai trouvé en lui la sagesse; je lui dois tout ce que
j'ai d'amour pour la vertu. Dès ce moment il est libre;
vous le serez aussi : je ne vous demande à l'un et à l'autre
que votre cœur.

« En un instant, je passai de la plus amère douleur à la
plus vive joie que les mortels puissent sentir. Je me voyais
sauvé d'un horrible danger; je m'approchais de mon pays;
je trouvais un secours pour y retourner; je goûtais la consolation d'être auprès d'un homme qui m'aimait déjà par
le pur amour de la vertu; enfin je retrouvais tout en
retrouvant Mentor pour ne le plus quitter.

« Hazaël s'avance sur le sable du rivage : nous le sui-
vons ; on entre dans le vaisseau; les rameurs fendent les
ondes paisibles : un zéphir léger se joue dans nos voiles,
il anime tout le vaisseau et lui donne un doux mouvement.
L'île de Chypre disparaît bientôt. Hazaël, qui avait impatience de connaître mes sentiments, me demanda ce que
je pensais des mœurs de cette île. Je lui dis ingénument
en quels dangers ma jeunesse avait été exposée, et le combat
que j'avais souffert au-dedans de moi. Il fut touché de mon
horreur pour le vice, et dit ces paroles : O Vénus, je reconnais votre puissance et celle de votre fils; j'ai brûlé de
l'encens sur vos autels : mais souffrez que je déteste l'infâme mollesse des habitants de votre île, et l'impudence
brutale avec laquelle ils célèbrent vos fêtes.

« Ensuite il s'entretenait avec Mentor de cette première
puissance qui a formé le ciel et la terre; de cette lumière
simple, infinie, immuable, qui se donne à tous sans se
partager; de cette vérité souveraine et universelle qui
éclaire tous les esprits, comme le soleil éclaire tous les
corps. Celui, ajoutait-il, qui n'a jamais vu cette lumière
pure est aveugle comme un aveugle-né; il passe sa vie dans
une profonde nuit, comme les peuples que le soleil n'éclaire

point pendant plusieurs mois de l'année ; il croit être sage,
et il est insensé ; il croit tout voir, et il ne voit rien ; il
meurt, n'ayant jamais rien vu ; tout au plus il aperçoit de
sombres et fausses lueurs, de vaines ombres, des fantômes
qui n'ont rien de réel. Ainsi sont tous les hommes entraînés par le plaisir des sens et par le charme de l'imagination. Il n'y a point sur la terre de véritables hommes,
excepté ceux qui consultent, qui aiment, qui suivent cette
raison éternelle : c'est elle qui nous inspire quand nous

pensons bien ; c'est elle qui nous reprend quand nous pensons mal. Nous ne tenons pas moins d'elle la raison que
la vie. Elle est comme un grand océan de lumière : nos
esprits sont comme de petits ruisseaux qui en sortent, et
qui y retournent pour s'y perdre.

« Quoique je ne comprisse point encore parfaitement la
profonde sagesse de ces discours, je ne laissais pas d'y
goûter je ne sais quoi de pur et de sublime : mon cœur en
était échauffé ; et la vérité me semblait reluire dans toutes
ces paroles. Ils continuèrent à parler de l'origine des dieux,
des héros, des poëtes, de l'âge d'or, du déluge, des pre-

mières histoires du genre humain, du fleuve d'oubli où se plongent les âmes des morts, des peines éternelles préparées aux impies dans le gouffre noir du Tartare, et de cette heureuse paix dont jouissent les justes dans les Champs-Élysées, sans crainte de pouvoir la perdre.

« Pendant qu'Hazael et Mentor parlaient, nous aperçûmes des dauphins couverts d'une écaille qui paraissait d'or et d'azur. En se jouant, ils soulevaient les flots avec beaucoup d'écume. Après eux venaient des tritons qui sonnaient de la trompette avec leurs conques recourbées. Ils environnaient le char d'Amphitrite, traîné par des chevaux marins plus blancs que la neige, et qui, fendant l'onde salée, laissaient loin derrière eux un vaste sillon dans la mer. Leurs yeux étaient enflammés, et leurs bouches étaient fumantes! Le char de la déesse était une conque de merveilleuse figure; elle était d'une blancheur plus éclatante que l'ivoire, et les roues étaient d'or. Ce char semblait voler sur la face des eaux paisibles[1]. Une troupe de nymphes couronnées de fleurs nageaient en foule derrière le char; leurs beaux cheveux pendaient sur leurs épaules et flottaient au gré du vent. La déesse tenait d'une main un sceptre d'or pour commander aux vagues, de l'autre elle portait sur ses genoux le petit dieu Palémon, son fils, pendant à sa mamelle. Elle avait un visage serein, et une douce majesté qui faisait fuir les Vents séditieux et toutes les noires Tempêtes[2]. Les tritons conduisaient les chevaux et tenaient les rênes dorées. Une grande voile de pourpre flottait dans l'air au-dessus du char; elle était à demi enflée par le souffle d'une multitude de petits zéphyrs qui s'efforçaient de la pousser par leurs haleines. On voyait au milieu des airs Éole empressé, inquiet et ardent. Son visage ridé et chagrin, sa voix menaçante, ses sourcils épais et pendants, ses yeux pleins d'un feu sombre et

---

1 Cæruleo per summa levis volat æquora curru
VIRG., Æn., V, 819.

2 Luctantes ventos tempestatesque sonoras.
VIRG., Æn., I, 53.

austère, tenaient en silence les fiers aquilons, et repoussaient tous les nuages. Les immenses baleines[1] et tous les
monstres marins, faisant avec leurs narines un flux et
reflux de l'onde amère, sortaient à la hâte de leurs grottes
profondes pour voir la déesse.

Virgile (V. 822) place aussi *immania cete* dans le cortège de
Neptune. Les deux descriptions méritent d'être comparées. Le
poète latin donne à Palémon l'épithète d'*Inous*, fils d'Ino. Fénelon,
je ne puis dire sur quelle autorité, fait Palémon fils d'Amphitrite.
Pausanias (*Corinth.*, ch I, 6, 7) dit que l'on voyait dans le temple
de Neptune à Corinthe un char sur lequel Neptune et Amphitrite
étaient placés debout, et, près d'eux, debout sur un dauphin, était
le petit Palémon, παῖς ὁ Παλαίμων. Est-ce ce passage, mal compris,
qui a fait croire à Fénelon que Palémon était fils d'Amphitrite ?

LIVRE V

SOMMAIRE

Suite du récit de Télémaque. Richesses et fertilité de l'île de Crète; mœurs de ses habitants; et leur prospérité sous les sages lois de Minos. Télémaque, à son arrivée dans l'île, apprend qu'Idoménée, qui en était roi, vient de sacrifier son fils unique, pour accomplir un vœu indiscret; que les Crétois, pour venger le sang du fils, ont réduit le père à quitter leur pays; qu'après de longues incertitudes, ils sont actuellement assemblés afin d'élire un autre roi. Télémaque, admis dans cette assemblée, y remporte les prix à divers jeux et résout avec une rare sagesse plusieurs questions morales et politiques proposées aux concurrents par les vieillards, juges de l'île. Le premier de ces vieillards, frappé de la sagesse de ce jeune étranger, propose à l'assemblée de le couronner roi; et la proposition est accueillie de tout le peuple avec de vives acclamations. Cependant Télémaque refuse de régner sur les Crétois, préférant la pauvre Ithaque à la gloire et à l'opulence du royaume de Crète. Il propose d'élire Mentor, qui refuse aussi le diadème. Enfin, l'assemblée pressant Mentor de choisir pour toute la nation, il rapporte ce qu'il vient d'apprendre des vertus d'Aristodème et décide aussitôt l'assemblée à le proclamer roi. Bientôt après, Mentor et Télémaque s'embarquent sur un vaisseau crétois, pour retourner à Ithaque. Alors Neptune, pour consoler Vénus irritée, suscite une horrible tempête qui brise leur vaisseau Ils échappent à ce danger en s'attachant aux debris du mât, qui, poussé par les flots, les fait aborder à l'île de Calypso.

Après que nous eûmes admiré ce spectacle, nous commençâmes à découvrir les montagnes de Crète, que nous avions encore assez de peine à distinguer des nuées du ciel et des flots de la mer. Bientôt nous vîmes le sommet du mont Ida, qui s'élève au-dessus des autres montagnes de l'île, comme un vieux cerf dans une forêt porte son bois rameux[1] au-dessus des têtes des jeunes faons dont il est

[1]   Et ramosa... vivacis cornua cervi.
                    Virg., *Ecl.*, VII, 30.

suivi. Peu à peu nous vîmes plus distinctement les côtes
de cette île, qui se présentaient à nos yeux comme un amphithéâtre. Autant que la terre de Chypre nous avait paru
négligée et inculte, autant celle de Crète se montrait fertile
et ornée de tous les fruits par le travail de ses habitants.

« De tous côtés nous remarquions des villages bien bâtis,
des bourgs qui égalaient des villes, et des villes superbes.
Nous ne trouvions aucun champ où la main du diligent
laboureur ne fût imprimée; partout la charrue avait laissé
de creux sillons : les ronces, les épines et toutes les plantes
qui occupent inutilement la terre sont inconnues en ce
pays. Nous considérions avec plaisir les creux vallons où
les troupeaux de bœufs mugissaient dans les gras herbages
le long des ruisseaux; les moutons paissant sur le penchant d'une colline; les vastes campagnes couvertes de
jaunes épis, riches dons de la féconde Cérès; enfin, les montagnes ornées de pampre et de grappes d'un raisin déjà
coloré qui promettait aux vendangeurs les doux présents
de Bacchus pour charmer les soucis des hommes.

« Mentor nous dit qu'il avait été autrefois en Crète; et il
nous expliqua ce qu'il en connaissait. Cette île, disait-il,
admirée de tous les étrangers et fameuse par ses cent villes[1],
nourrit sans peine tous ses habitants, quoiqu'ils soient innombrables : c'est que la terre ne se lasse jamais de répandre ses biens sur ceux qui la cultivent. Son sein fécond
ne peut s'épuiser; plus il y a d'hommes dans un pays,
pourvu qu'ils soient laborieux, plus ils jouissent de l'abondance : ils n'ont jamais besoin d'être jaloux les uns des
autres. La terre, cette bonne mère, multiplie ses dons
selon le nombre de ses enfants qui méritent ses fruits par
leur travail. L'ambition et l'avarice des hommes sont les

---

[1] Homère, dans l'*Iliade* (liv. II, 649) l'appelle ἑκατόμπολις, la
Crète aux cent villes ; mais dans l'*Odyssée* (liv. XIX, 174), il ne lui
donne que quatre-vingt-dix villes. Horace a suivi le premier calcul :

Centum nobilem Cretam urbibus.

Eustathe explique cette différence, en disant que dix de ces cent
villes avaient été détruites par Leucus, révolté contre Idoménée.

seules sources de leurs malheurs : les hommes veulent tout
avoir, et ils se rendent malheureux par le désir du superflu;
s'ils voulaient vivre simplement et se contenter de satisfaire aux vrais besoins, on verrait partout l'abondance, la
joie, la paix et l'union.

« C'est ce que Minos, le plus sage et le meilleur de tou·
les rois, avait compris. Tout ce que vous verrez de plu
merveilleux dans cette île est le fruit de ses lois. L'éduca
tion qu'il faisait donner aux enfants rend les corps sain
et robustes : on les accoutume d'abord à une vie simple,
frugale et laborieuse ; on suppose que toute volupté amollit le corps et l'esprit; on ne leur propose jamais d'autre
plaisir que celui d'être invincibles par la vertu et d'acquérir beaucoup de gloire. On ne met pas seulement ici le
courage à mépriser la mort dans les dangers de la guerre,
mais encore à fouler aux pieds les trop grandes richesses
et les plaisirs honteux. Ici, on punit trois vices qui sont
impunis chez les autres peuples: l'ingratitude, la dissimulation et l'avarice.

« Pour le faste et la mollesse, on n'a jamais besoin
de les réprimer, car ils sont inconnus en Crète. Tout le
monde y travaille, et personne ne songe à s'y enrichir ;
chacun se croit assez payé de son travail par une vie
douce et réglée, où l'on jouit en paix et avec abondance
de tout ce qui est véritablement nécessaire à la vie. On
n'y souffre ni meubles précieux, ni habits magnifiques, ni
festins délicieux, ni palais dorés. Les habits sont de laine
fine et de belles couleurs, mais tout unis et sans broderie.
Les repas y sont sobres; on y boit peu de vin : le bon pain
en fait la principale partie, avec les fruits que les arbres
offrent comme d'eux-mêmes, et le lait des troupeaux.
Tout au plus on y mange un peu de grosse viande sans
ragoût ; encore même a-t-on soin de réserver ce qu'il y a
de meilleur dans les grands troupeaux de bœufs pour faire
fleurir l'agriculture. Les maisons y sont propres, com-
modes, riantes, mais sans ornements. La superbe architecture n'y est pas ignorée ; mais elle est réservée pour
les temples des dieux, et les hommes n'oseraient avoir des

maisons semblables à celles des immortels. Les grands
biens des Crétois sont la santé, la force, le courage, la paix
et l'union des familles, la liberté de tous les citoyens
l'abondance des choses nécessaires, le mépris des super
flues, l'habitude du travail et l'horreur de l'oisiveté, l'ému
lation pour la vertu, la soumission aux lois et la craint
des justes dieux.

« Je lui demandai en quoi consistait l'autorité du roi,
et il me répondit: Il peut tout sur les peuples, mais les
lois peuvent tout sur lui. Il a une puissance absolue pour
faire le bien, et les mains liées dès qu'il veut faire le mal.
Les lois lui confient les peuples comme le plus précieux de
tous les dépôts, à condition qu'il sera le père de tous ses
sujets. Elles veulent qu'un seul homme serve, par sa sagesse
et par sa modération, à la félicité de tant d'hommes ; et
non pas que tant d'hommes servent, par leur misère et
par leur servitude lâche, à flatter l'orgueil et la mollesse
d'un seul homme. Le roi ne doit rien avoir au-dessus des
autres, excepté ce qui est nécessaire ou pour le soulager
dans ses pénibles fonctions, ou pour imprimer aux peuples
le respect de celui qui doit soutenir les lois. D'ailleurs, le
roi doit être plus sobre, plus ennemi de la mollesse, plus
exempt de faste et de hauteur qu'aucun autre. Il ne doit
point avoir plus de richesses et de plaisirs, mais plus de
sagesse, de vertu et de gloire que le reste des hommes. Il
doit être au dehors le défenseur de la patrie, en commandant les armées ; et au dedans, le juge des peuples, pour
les rendre bons, sages et heureux. Ce n'est point pour lui-
même que les dieux l'ont fait roi; il ne l'est que pour être
l'homme des peuples : c'est aux peuples qu'il doit tout
son temps, tous ses soins, toute son affection; et il n'est
digne de la royauté qu'autant qu'il s'oublie lui-même pour
se sacrifier au bien public.

« Minos n'a voulu que ses enfants régnassent après lui
qu'à condition qu'ils régneraient suivant ses maximes. Il
aimait encore plus son peuple que sa famille. C'est par
une telle sagesse qu'il a rendu la Crète si puissante et si
heureuse; c'est par cette modération qu'il a effacé la gloire

de tous les conquérants qui veulent faire servir les peuple-
à leur propre grandeur, c'est-à-dire à leur vanité ; enfin
c'est par sa justice qu'il a mérité d'être aux Enfers le souverain juge des morts.

« Pendant que Mentor faisait ce discours, nous abor-
dâmes dans l'île. Nous vîmes le fameux Labyrinthe, ouvrage des mains de l'ingénieux·Dédale, et qui était une
imitation du grand labyrinthe que nous avions vu en
Égypte. Pendant que nous considérions ce curieux édifice,
nous vîmes le peuple qui couvrait le rivage, et qui accourait en foule dans un lieu assez voisin du bord de la mer.
Nous demandâmes la cause de leur empressement ; et
voici ce qu'un Crétois, nommé Nausicrate, nous raconta :

« Idoménée, fils de Deucalion et petit-fils de Minos,
dit-il, était allé, comme les autres rois de la Grèce, au
siège de Troie. Après la ruine de cette ville, il fit voile
pour revenir en Crète ; mais la tempête fut si violente que
le pilote de son vaisseau et tous les autres qui étaient
expérimentés dans la navigation, crurent que leur naufrage était inévitable. Chacun avait la mort devant les
yeux ; chacun voyait les abîmes ouverts pour l'engloutir ;
chacun déplorait son malheur, n'espérant pas même le
triste repos des ombres qui traversent le Styx après avoir
reçu la sépulture. Idoménée, levant les yeux et les mains
vers le ciel, invoquait Neptune : O puissant dieu ! s'écriait-il,
toi qui tiens l'empire des ondes, daigne écouter un malheureux ! Si tu me fais revoir l'île de Crète, malgré la
fureur des vents, je t'immolerai la première tête qui se
présentera à mes yeux.

« Cependant son fils, impatient de revoir son père, se
hâtait d'aller au-devant de lui pour l'embrasser : malheureux, qui ne savait pas que c'était courir à sa perte ! Le
père, échappé à la tempête, arrivait dans le port désiré :
il remerciait Neptune d'avoir écouté ses vœux, mais bientôt il sentit combien ses vœux lui étaient funestes. Un
pressentiment de son malheur lui donnait un cuisant
repentir de son vœu indiscret ; il craignait d'arriver parmi

les siens, et il appréhendait de revoir ce qu'il avait de plus cher au monde. Mais la cruélle Némésis, déesse impitoyable qui veille pour punir les hommes et surtout les rois orgueilleux, poussait d'une main fatale et invisible Idoménée. Il arrive : à peine ose-t-il lever les yeux. Il voit son fils : il recule, saisi d'horreur. Ses yeux cherchent, mais en vain, quelque autre tête moins chère, qui puisse lui servir de victime.

« Cependant le fils se jette à son cou, et est tout étonné que son père réponde si mal à sa tendresse ; il le voit fondant en larmes. O mon père ! dit-il, d'où vient cette tristesse ? Après une si longue absence êtes-vous fâché de vous revoir dans votre royaume et de faire la joie de votre fils ? Qu'ai-je fait ? vous détournez vos yeux de peur de me voir ! Le père, accablé de douleur, ne répondait rien. Enfin, après de profonds soupirs, il dit : O Neptune ! que t'ai-je promis ! à quel prix m'as-tu garanti du nau-

frage ! rends-moi aux vagues et aux rochers qui devaient,
en me brisant, finir ma triste vie ; laisse vivre mon fils.
O dieu cruel ! tiens, voilà mon sang, épargne le sien. En
parlant ainsi, il tira son épée pour se percer ; mais ceux
qui étaient autour de lui arrêtèrent sa main.

« Le vieillard Sophronyme, interprète des volontés des
dieux, lui assura qu'il pouvait contenter Neptune sans
donner la mort à son fils. Votre promesse, disait-il, a été
imprudente : les dieux ne veulent point être honorés par
la cruauté. Gardez-vous bien d'ajouter à la faute de votre
promesse celle de l'accomplir contre les lois de la nature.
Offrez cent taureaux plus blancs que la neige à Neptune,
faites couler leur sang autour de son autel couronné de
fleurs ; faites fumer un doux encens en l'honneur de ce
dieu.

« Idoménée écoutait ce discours la tête baissée et sans
répondre : la fureur était allumée dans ses yeux ; son
visage, pâle et défiguré, changeait à tout moment de couleur, on voyait ses membres tremblants. Cependant son
fils lui disait : Me voici, mon père. Votre fils est prêt à
mourir pour apaiser le dieu ; n'attirez pas sur vous sa colère
Je meurs content, puisque ma mort vous aura garanti la
vôtre. Frappez, mon père ; ne craignez point de trouver en
moi un fils indigne de vous, qui craigne de mourir.

« En ce moment, Idoménée, tout hors de lui et comme
déchiré par les Furies infernales, surprend tous ceux qui
l'observent de près ; il enfonce son épée dans le cœur de
cet enfant : il la retire toute fumante et pleine de sang
pour la plonger dans ses propres entrailles ; il est encore
une fois retenu par ceux qui l'environnent.

« L'enfant tombe dans son sang ; ses yeux se couvrent
des ombres de la mort ; il les entr'ouvre à la lumière ;
mais à peine l'a-t-il trouvée, qu'il ne peut plus la supporter [1].
Tel qu'un beau lis au milieu des champs, coupé dans sa
racine par le tranchant de la charrue, languit et ne se

---

[1]   . Oculis errantibus alto
       Quæsivit cœlo lucem, ingemuitque reperta
              Virg., Æn., IV, 691

soutient plus; il n'a point encore perdu cette vive blancheur et cet éclat qui charme les yeux, mais la terre ne le nourrit plus, et sa vie est éteinte [1] : ainsi le fils d'Idoménée, comme une jeune et tendre fleur, est cruellement moissonné dès son premier âge.

«'Le père, dans l'excès de sa douleur, devient insensible; il ne sait où il est, ni ce qu'il a fait, ni ce qu'il doit faire; il marche chancelant vers la ville et demande son fils.

« Cependant, le peuple, touché de compassion pour l'enfant et d'horreur pour l'action barbare du père, s'écrie que les dieux justes l'ont livré aux Furies. La fureur leur fournit des armes; ils prennent des bâtons et des pierres; la Discorde souffle dans tous les cœurs un venin mortel. Les Crétois, les sages Crétois, oublient la sagesse qu'ils ont tant aimée; ils ne reconnaissaient plus le petit-fils du sage Minos. Les amis d'Idoménée ne trouvent plus de salut pour lui qu'en le ramenant vers ses vaisseaux : ils s'embarquent avec lui; ils fuient à la merci des ondes. Idoménée, revenant à soi, les remercie de l'avoir arraché d'une terre qu'il a arrosée du sang de son fils, et qu'il ne saurait plus habiter. Les vents les conduisent vers l'Hespérie, et ils vont fonder un nouveau royaume dans le pays des Salentins.

« Cependant les Crétois, n'ayant plus de roi pour les gouverner, ont résolu d'en choisir un qui conserve dans leur pureté les lois établies. Voici les mesures qu'ils ont

---

[1]   Purpureus veluti quum flos, succisus aratro,
Languescit moriens.

> VIRG., Æn., IX, 435.

Ut si quis violas, riguove papaver in horto,
Liliaque infringat, fulvis hærentia virgis,
Marcida demittant subito caput illa gravatum,
Nec se sustineant.

> OVID., Met., X, 190

Qualem virgineo demessum pollice florem;
Seu mollis violæ, seu languentis hyacinthi,
Cui neque fulgor adhuc necdum sua forma recessit,
Non jam mater alit tellus viresque ministrat.

> VIRG., Æn., XI, 73.

prises pour faire ce choix. Tous les principaux citoyens
des cent villes sont assemblés ici. On a déjà commencé
par des sacrifices; on a assemblé tous les sages les plus
fameux des pays voisins, pour examiner la sagesse de
ceux qui paraîtront dignes de commander. On a préparé
des jeux publics où tous les prétendants combattront;
car on veut donner pour prix la royauté à celui qu'on
jugera vainqueur de tous les autres et pour l'esprit et pour
le corps. On veut un roi dont le corps soit fort et adroit,
et dont l'âme soit ornée de la sagesse et de la vertu. On
appelle ici tous les étrangers.

« Après nous avoir raconté toute cette histoire éton-
nante, Nausicrate nous dit : Hâtez-vous donc, ô étrangers,
de venir dans notre assemblée : vous combattrez avec les
autres; et si les dieux destinent la victoire à l'un de vous,
il régnera en ce pays. Nous suivîmes, sans aucun désir de
vaincre, mais par la seule curiosité de voir une chose si
extraordinaire.

« Nous arrivâmes à une espèce de cirque très vaste,
environné d'une épaisse forêt : le milieu du cirque était
une arêne préparée pour les combattants; elle était bordée
par un grand amphithéâtre d'un gazon frais, sur lequel
était assis et rangé un peuple innombrable. Quand nous
arrivâmes, on nous reçut avec honneur; car les Crétois
sont les peuples du monde qui exercent le plus noblement
et avec le plus de religion l'hospitalité. On nous fit asseoir;
et on nous invita à combattre. Mentor s'en excusa sur son
âge, et Hazael sur sa faible santé.

« Ma jeunesse et ma vigueur m'ôtaient toute excuse;
je jetai néanmoins un coup d'œil sur Mentor pour découvrir sa pensée, et j'aperçus qu'il souhaitait que je combat-
tisse. J'acceptai donc l'offre qu'on me faisait : je me
dépouillai de mes habits; on fit couler des flots d'huile
douce et luisante sur tous les membres de mon corps [1];
et je me mêlai parmi les combattants. On dit de tous côtés

---

1   Nudatosque humeros oleo perfusa nitescit.

que c'était le fils d'Ulysse, qui était venu pour tâcher de remporter les prix; et plusieurs Crétois, qui avaient été à Ithaque pendant mon enfance, me reconnurent.

« Le premier combat fut celui de la lutte. Un Rhodien [1] d'environ trente-cinq ans surmonta tous les autres qui osèrent se présenter à lui. Il était encore dans toute la vigueur de la jeunesse : ses bras étaient nerveux et bien nourris; au moindre mouvement qu'il faisait, on voyait tous ses muscles; il était également souple et fort. Je ne lui parus pas digne d'être vaincu; et, regardant avec pitié ma tendre jeunesse, il voulut se retirer, mais je me présentai à lui. Alors nous nous saisîmes l'un l'autre; nous nous serrâmes à perdre la respiration. Nous étions épaule contre épaule, pied contre pied, tous les nerfs tendus et les bras entrelacés comme des serpents, chacun s'efforçant d'enlever de terre son ennemi [2]. Tantôt il essayait de me surprendre en me poussant du côté droit, tantôt il s'efforçait de me pencher du côté gauche. Pendant qu'il me tâtait ainsi, je le poussai avec tant de violence, que ses reins plièrent : il tomba sur l'arène, et m'entraîna sur lui. En vain il tâcha de me mettre dessous; je le tins immobile sous moi. Tout le peuple cria : Victoire au fils d'Ulysse ! et j'aidai au Rhodien confus à se relever.

« Le combat du ceste fut plus difficile. Le fils d'un riche citoyen de Samos [3] avait acquis une haute réputation dans ce genre de combats. Tous les autres lui cédèrent; il n'y eut que moi qui espérai la victoire. D'abord il me donna dans la tête, et puis dans l'estomac, des coups qui me firent vomir le sang, et qui répandirent sur mes yeux un épais nuage. Je chancelai; il me pressait, et je ne pouvais

---

[1] Rhodes est une grande île de la Méditerranée.

[2]   Inque gradu stetimus, certi non cedere; eratque
         Cum pede pes junctus, totoque ego pectore pronus
         Et digitos digitis et frontem fronte premebam
                              Ovid., *Mét.*, IX, 42.

Il y a une peinture semblable au livre XIII, dans la lutte de Télémaque et d'Hippias.

[3] Île de la mer Égée. Elle porte encore le même nom.

plus respirer : mais je fus ranimé par la voix de Mentor, qui me criait : O fils d'Ulysse, seriez-vous vaincu? La colère me donna de nouvelles forces; j'évitai plusieurs coups dont j'aurais été accablé. Aussitôt que le Samien m'avait porté un faux coup, et que son bras s'allongeait en vain, je le surprenais dans cette posture penchée : déjà il reculait, quand je haussai mon ceste pour tomber sur lui avec plus de force : il voulut esquiver, et, perdant l'équilibre, il me donna le moyen de le renverser. A peine fut-il étendu par terre que je lui tendis la main pour le relever. Il se redressa lui-même, couvert de poussière et de sang; sa honte fut extrême, mais il n'osa renouveler le combat.

« Aussitôt on commença les courses des chariots, que l'on distribua au sort. Le mien se trouva le moindre pour la légèreté des roues et pour la vigueur des chevaux. Nous partons : un nuage de poussière vole, et couvre le ciel. Au commencement, je laissai passer les autres devant moi. Un jeune Lacédémonien, nommé Crantor, laissait d'abord tous les autres derrière lui. Un Crétois, nommé Polycrète, le suivait de près. Hippomaque, parent d'Idoménée, qui aspirait à lui succéder, lâchant les rênes à ses chevaux fumants de sueur, était tout penché sur leurs crins flottants [1]; et le mouvement des roues de son chariot était si rapide qu'elles paraissaient immobiles comme les ailes d'un aigle qui fend les airs. Mes chevaux s'animèrent, et se mirent peu à peu en haleine; je laissai loin derrière moi presque tous ceux qui étaient partis avec tant d'ardeur. Hippomaque, parent d'Idomonée, poussant trop ses chevaux, le plus vigoureux s'abattit, et ôta, par sa chute, à son maître l'espérance de régner.

« Polyclète, se penchant trop sur ses chevaux, ne put se tenir ferme dans une secousse; il tomba; les rênes lui échappèrent, et il fut trop heureux de pouvoir en tombant éviter la mort. Crantor, voyant avec des yeux pleins d'in-

---

[1] Et proni dant lora
VIRG . Georg , III, 107.

dignation que j'étais tout auprès de lui, redoubla son
ardeur; tantôt il invoquait les dieux et leur promettait
de riches offrandes; tantôt il parlait à ses chevaux pour
les animer. Il craignait que je ne passasse entre la borne
et lui; car mes chevaux, mieux ménagés que les siens,
étaient en état de le devancer. Il ne lui restait plus d'autre
ressource que celle de me fermer le passage. Pour y

réussir, il hasarda de se briser contre la borne : il y brisa
effectivement sa roue. Je ne songeai qu'à faire promptement le tour pour n'être pas engagé dans son désordre; et
il me vit un moment après au bout de la carrière. Le
peuple s'écria encore une fois : Victoire au fils d'Ulysse !
c'est lui que les dieux destinent à régner sur nous.

« Cependant, les plus illustres et les plus sages d'entre
les Crétois nous conduisirent dans un bois antique et sacré,
reculé de la vue des hommes profanes, où les vieillards,
que Minos avait établis juges du peuple et gardes des lois,
nous assemblèrent. Nous étions les mêmes qui avions

combattu dans les jeux : nul autre ne fut admis. Les sages
ouvrirent le livre où toutes les lois de Minos sont recueillies.
Je me sentis saisi de respect et de honte quand j'approchai
de ces vieillards que l'âge rendait vénérables sans leur
ôter la vigueur de l'esprit. Ils étaient assis avec ordre, et
immobiles dans leurs places : leurs cheveux étaient blancs;
plusieurs n'en avaient presque plus. On voyait reluire sur
leurs visages graves une sagesse douce et tranquille; ils
ne se pressaient point de parler; ils ne disaient que ce
qu'ils avaient résolu de dire. Quand ils étaient d'avis
différents, ils étaient si modérés à soutenir ce qu'ils pen-
saient de part et d'autre, qu'on aurait cru qu'ils étaient
tous d'une même opinion. La longue expérience des choses
passées et l'habitude du travail leur donnaient de grandes
vues sur toutes choses : mais ce qui perfectionnait le plus
leur raison, c'était le calme de leur esprit délivré des
folles passions et des caprices de la jeunesse. La sagesse
toute seule agissait en eux, et le fruit de leur longue vertu
était d'avoir si bien dompté leurs humeurs, qu'ils goûtaient sans peine le doux et noble plaisir d'écouter la
raison. En les admirant, je souhaitai que ma vie pût
s'accourcir pour arriver tout à coup à une si estimable
vieillesse. Je trouvais la jeunesse malheureuse d'être si
impétueuse et si éloignée de cette vertu si éclairée et si
tranquille.

« Le premier d'entre ces vieillards ouvrit le livre des
lois de Minos. C'était un grand livre qu'on tenait d'ordinaire renfermé dans une cassette d'or avec des parfums.
Tous ces vieillards le baisèrent avec respect, car ils disent
qu'après les dieux, de qui les bonnes lois viennent, rien
ne doit être si sacré aux hommes que les lois destinées à les
rendre bons, sages et heureux. Ceux qui ont dans leurs
mains les lois pour gouverner les peuples doivent toujours
se laisser gouverner eux-mêmes par les lois. C'est la loi,
et non pas l'homme qui doit régner. Tel est le discours
de ces sages. Ensuite, celui qui présidait proposa trois
questions, qui devaient être décidées par les maximes de
Minos.

« La première question est de savoir quel est le plus libre de tous les hommes. Les uns répon lirent que c'était un roi qui avait sur son peuple un empi.. absolu, et qui était victorieux de tous ses ennemis. D'au res soutinrent que c'était un homme si riche, qu'il pou.ait contenter tous ses désirs. D'autres dirent que c'était un homme qui ne se mariait point, et qui voyageait pendant toute sa vie en divers pays, sans être jamais assujetti aux lois d'aucune nation. D'autres s'imaginèrent que c'était un barbare qui, vivant de sa chasse au milieu des bois, était indépendant de toute police et de tout besoin. D'autres crurent que c'était un homme nouvellement affranchi, parce qu'en sortant des rigueurs de la servitude il jouissait plus qu'aucun autre des douceurs de la liberté. D'autres enfin s'avisèrent de dire que c'était un homme mourant, parce que la mort le délivrait de tout, et que tous les hommes ensemble n'avaient plus aucun pouvoir sur lui.

« Quand mon rang fut venu, je n'eus pas de peine à répondre, parce que je n'avais pas oublié ce que Mentor m'avait dit souvent. Le plus libre de tous les hommes, répondis-je, est celui qui peut être libre dans l'esclavage même. En quelque pays et en quelque condition qu'on soit, on est très libre, pourvu qu'on craigne les dieux, et qu'on ne craigne qu'eux. En un mot, l'homme véritablement libre est celui qui, dégagé de toute crainte et de tout désir, n'est soumis qu'aux dieux et à sa raison. Les vieillards s'entre-regardèrent en souriant et furent surpris de voir que ma réponse fut précisément celle de Minos.

« Ensuite on proposa la seconde question en ces termes : Quel est le plus malheureux de tous les hommes? Chacun disait ce qui lui venait dans l'esprit. L'un disait : C'est un homme qui n'a ni biens, ni santé, ni honneur. Un autre disait : C'est un homme qui n'a aucun ami. D'autres soutenaient que c'est un homme qui a des enfants ingrats et indignes de lui. Il vint un sage de l'île de Lesbos [1], qui dit :

---

[1] Grande île de la mer Égée, appelée encore aujourd'hui Lesbos ou Mételin.

Le plus malheureux de tous les hommes est celui qui croit
l'être; car le malheur dépend moins des choses qu'on
souffre que de l'impatience avec laquelle on augmente son
malheur.

« A ces mots, toute l'assemblée se récria : on applaudit,
et chacun crut que ce sage Lesbien remporterait le prix
sur cette question. Mais on me demanda ma pensée, et je
répondis, suivant les maximes de Mentor : Le plus malheureux de tous les hommes est un roi qui croit être heureux en rendant les autres hommes misérables ; il est doublement malheureux par son aveuglement : ne connaissant
pas son malheur, il ne peut s'en guérir; il craint même de
le connaître. La vérité ne peut percer la foule des flatteurs
pour aller jusqu'à lui. Il est tyrannisé par ses passions; il
ne connaît point ses devoirs; il n'a jamais goûté le plaisir
de faire le bien, ni senti les charmes de la pure vertu. Il
est malheureux et digne de l'être : son malheur augmente
tous les jours; il court à sa perte, et les dieux se préparent à le confondre par une punition éternelle. Toute
l'assemblée avoua que j'avais vaincu le sage Lesbien, et
les vieillards déclarèrent que j'avais rencontré le vrai sens
de Minos.

« Pour la troisième question, on demanda lequel des deux
est préférable : d'un côté, un roi conquérant et invincible
dans la guerre; de l'autre, un roi sans expérience de la
guerre, mais propre à policer sagement les peuples dans
la paix. La plupart répondirent que le roi invincible
dans la guerre était préférable. A quoi sert, disaient-ils,
d'avoir un roi qui sache bien gouverner en paix, s'il ne
sait pas défendre son pays quand la guerre vient? Les
ennemis le vaincront et réduiront son peuple en servitude.
D'autres soutenaient, au contraire, que le roi pacifique
serait meilleur, parce qu'il craindrait la guerre, et l'évite-
rait par ses soins. D'autres disaient qu'un roi conquérant
travaillerait à la gloire de son peuple aussi bien qu'à la
sienne et qu'il rendrait ses sujets maîtres des autres nations, au lieu qu'un roi pacifique les tiendrait dans une
honteuse lâcheté. On voulut savoir mon sentiment. Je

répondis ainsi : Un roi qui ne sait gouverner que dans la paix ou dans la guerre, et qui n'est pas capable de conduire son peuple dans ces deux états, n'est qu'à demi roi. Mais si vous comparez un roi qui ne sait que la guerre, à un roi sage qui, sans savoir la guerre, est capable de la soutenir dans le besoin par ses généraux, je le trouve préférable à l'autre. Un roi entièrement tourné à la guerre voudrait toujours la faire : pour étendre sa domination et sa gloire propre, il ruinerait ses peuples. A quoi sert-il à un peuple que son roi subjugue d'autres nations, si on est malheureux sous son règne? D'ailleurs, les longues guerres entraînent toujours après elles beaucoup de désordres; les victorieux mêmes se dérèglent pendant ces temps de confusion. Voyez ce qu'il en coûta à la Grèce pour avoir triomphé de Troie : elle a été privée de ses rois pendant plus de dix ans. Lorsque tout est en feu par la guerre, les lois, l'agriculture, les arts languissent : les meilleurs princes mêmes, pendant qu'ils ont une guerre à soutenir, sont contraints de faire le plus grand des maux, qui est de tolérer la licence et de se servir des méchants. Combien y a-t-il de scélérats qu'on punirait pendant la paix, et dont on a besoin de récompenser l'audace dans les désordres de la guerre! Jamais aucun peuple n'a eu un roi conquérant sans avoir beaucoup à souffrir de son ambition. Un conquérant, enivré de sa gloire, ruine presque autant sa nation victorieuse que les nations vaincues. Un prince qui n'a point les qualités nécessaires pour la paix ne peut faire goûter à ses sujets les fruits d'une guerre heureusement finie : il est comme un homme qui défendrait son champ contre son voisin, et qui usurperait celui du voisin même, mais qui ne saurait ni labourer, ni semer pour recueillir aucune moisson. Un tel homme semble né pour détruire, pour ravager, pour renverser le monde, et non pour rendre un peuple heureux par un sage gouvernement

« Venons maintenant au roi pacifique. Il est vrai qu'il n'est pas propre à de grandes conquêtes; c'est-à-dire qu'il n'est pas né pour troubler le bonheur de son peuple, en voulant vaincre les autres peuples que la justice ne lui a

pas soumis; mais, s'il est véritablement propre à gouverner en paix, il a toutes les qualités nécessaires pour
mettre son peuple en sûreté contre ses ennemis. Voici
comment : il est juste, modéré et commode à l'égard de
ses voisins; il n'entreprend jamais contre eux rien qui
puisse troubler sa paix : il est fidèle dans ses alliances.
Ses alliés l'aiment, ne le craignent point, et ont une entière confiance en lui. S'il a quelque voisin inquiet, hautain et ambitieux, tous les autres rois voisins, qui
craignent ce voisin inquiet, et qui n'ont aucune jalousie
du roi pacifique, se joignent à ce bon roi pour l'empêcher
d'être opprimé. Sa probité, sa bonne foi, sa modération, le
rendent l'arbitre de tous les États qui environnent le sien.
Pendant que le roi entreprenant est odieux à tous les
autres et sans cesse exposé à leurs ligues, celui-ci a la
gloire d'être comme le père et le tuteur de tous les autres
rois. Voilà les avantages qu'il a au dehors.

« Ceux dont il jouit au dedans sont encore plus solides.
Puisqu'il est propre à gouverner en paix, je dois supposer
qu'il gouverne par les plus sages lois. Il retranche le faste,
la mollesse et tous les arts qui ne servent qu'à flatter les
vices; il fait fleurir les autres arts qui sont utiles aux
véritables besoins de la vie, surtout il applique ses sujets
à l'agriculture. Par là il les met dans l'abondance des
choses nécessaires. Ce peuple laborieux, simple dans ses
mœurs, accoutumé à vivre de peu, gagnant facilement sa
vie par la culture de ses terres, se multiplie à l'infini.
Voilà dans ce royaume un peuple innombrable, mais un
peuple sain, vigoureux, robuste, qui n'est point amolli par
les voluptés, qui est exercé à la vertu, qui n'est point
attaché aux douceurs d'une vie lâche et délicieuse, qui sait
mépriser la mort, qui aimerait mieux mourir que perdre
cette liberté qu'il goûte sous un sage roi appliqué à ne
régner que pour faire régner la raison. Qu'un conquérant
voisin attaque ce peuple, il ne le trouvera peut-être pas
assez accoutumé à camper, à se ranger en bataille, ou à
dresser des machines pour assiéger une ville; mais il le
trouvera invincible par sa multitude, par son courage, par

sa patience dans les fatigues, par son habitude de souffrir
la pauvreté, par sa vigueur dans les combats, et par une
vertu que les mauvais succès mêmes ne peuvent abattre.
D'ailleurs, si le roi n'est point assez expérimenté pour
commander lui-même ses armées, il les fera commander
par des gens qui en seront capables, et il saura s'en servir
sans perdre son autorité. Cependant il tirera du secours de
ses alliés : ses sujets aimeront mieux mourir que de passer
sous la domination d'un autre roi violent et injuste : les
dieux mêmes combattront pour lui. Voyez quelles ressources il aura au milieu des plus grands périls.

« Je conclus donc que le roi pacifique qui ignore la
guerre est un roi très imparfait, puisqu'il ne sait point
remplir une de ses plus grandes fonctions, qui est de
vaincre ses ennemis : mais j'ajoute qu'il est néanmoins
infiniment supérieur au roi conquérant qui manque des
qualités nécessaires dans la paix, et qui n'est propre qu'à
la guerre.

« J'aperçus dans l'assemblée beaucoup de gens qui ne
pouvaient goûter cet avis; car la plupart des hommes,
éblouis par les choses éclatantes, comme les victoires et
les conquêtes, les préfèrent à ce qui est simple, tranquille
et solide, comme la paix et la bonne police des peuples.
Mais tous les vieillards déclarèrent que j'avais parlé comme
Minos.

« Le premier de ces vieillards s'écria : Je vois l'accom-
plissement d'un oracle d'Apollon, connu dans toute notre
île. Minos avait consulté le dieu, pour savoir combien de
temps sa race régnerait, suivant les lois qu'il venait d'établir. Le dieu lui répondit : Les tiens cesseront de régner
quand un étranger entrera dans ton île pour y faire régner
tes lois. Nous avions craint que quelque étranger viendrait [1]
faire la conquête de l'île de Crète; mais le malheur d'Idoménée et la sagesse du fils d'Ulysse, qui entend mieux que
nul autre mortel les lois de Minos, nous montrent le sens

[1] Il serait plus correct de dire : « Nous avions craint que quelque
étranger *ne vînt* faire la conquête de l'île ».

de l'oracle. Que tardons-nous à couronner celui que les
destins nous donnent pour roi?

« [1] Aussitôt les vieillards sortent de l'enceinte du bois
sacré ; et le premier, me prenant par la main, annonce au
peuple, déjà impatient dans l'attente d'une décision, que
j'avais remporté le prix. A peine acheva-t-il de parler,
qu'on entendit un bruit confus de toute l'assemblée. Chacun
pousse des cris de joie. Tout le rivage et toutes les montagnes voisines retentissent de ce cri : Que le fils d'Ulysse,
semblable à Minos, règne sur les Crétois!

« J'attendis un moment, et je faisais signe de la main
pour demander qu'on m'écoutât. Cependant Mentor me
disait à l'oreille : Renoncez-vous à votre patrie? l'ambition
de régner vous fera-t-elle oublier Pénélope, qui vous attend
comme sa dernière espérance, et le grand Ulysse que les
dieux avaient résolu de vous rendre? Ces paroles percèrent
mon cœur et me soutinrent contre le vain désir de régner.

« Cependant un profond silence de toute cette tumul-
tueuse assemblée me donna le moyen de parler ainsi :
O illustres Crétois! je ne mérite point de vous commander.
L'oracle qu'on vient de rapporter marque bien que la race
de Minos cessera de régner quand un étranger entrera
dans cette île et y fera régner les lois de ce sage roi; mais
il n'est pas dit que cet étranger régnera. Je veux croire que
je suis cet étranger marqué par l'oracle. J'ai accompli la
prédiction; je suis venu dans cette île; j'ai découvert le
vrai sens des lois et je souhaite que mon explication serve
à les faire régner avec l'homme que vous choisirez. Pour
moi, je préfère ma patrie, la pauvre, la petite île d'Ithaque,
aux cent villes de Crète, à la gloire et à l'opulence de ce
beau royaume. Souffrez que je suive ce que les destins ont
marqué. Si j'ai combattu dans vos jeux, ce n'était pas dans
l'espérance de régner ici ; c'était pour mériter votre estime
et votre compassion ; c'était afin que vous me donnassiez
les moyens de retourner promptement au lieu de ma nais-

_____

[1] _Commencement du_ LIVRE VI, _dans la division de l'ouvrage
en_ XXIV LIVRES.

sance : j'aime mieux obéir à mon père Ulysse et consoler ma mère Pénélope que régner sur tous les peuples de l'univers. O Crétois! vous voyez le fond de mon cœur : il

faut que je vous quitte; mais la mort seule pourra finir ma reconnaissance. Oui, jusques au dernier soupir, Télémaque aimera les Crétois et s'intéressera à leur gloire comme à la **sienne propre.**

« A peine eus-je parlé qu'il s'éleva dans toute l'assemblée un bruit sourd, semblable à celui des vagues de la mer qui s'entrechoquent dans une tempête. Les uns disaient : Est-ce quelque divinité sous une figure humaine? D'autres soutenaient qu'ils m'avaient vu en d'autres pays et qu'ils me reconnaissaient. D'autres s'écriaient . Il faut le contraindre de régner ici. Enfin, je repris la parole, et chacun se hâta de se taire, ne sachant si je n'allais point accepter ce que j'avais refusé d'abord. Voici les paroles que je leurs dis :

« Souffrez, ô Crétois, que je vous dise ce que je pense. Vous êtes le plus sage de tous les peuples; mais la sagesse demande, ce me semble, une précaution qui vous échappe. Vous devez choisir non pas l'homme qui raisonne le mieux sur les lois, mais celui qui les pratique avec la plus constante vertu. Pour moi, je suis jeune, par conséquent sans expérience, exposé à la violence des passions, et plus en état de m'instruire en obéissant, pour commander un jour, que de commander maintenant. Ne cherchez donc pas un homme qui ait vaincu les autres dans ces jeux d'esprit et de corps, mais qui se soit vaincu lui-même : cherchez un homme qui ait vos lois écrites dans le fond de son cœur et dont toute la vie soit la pratique de ces lois; que ses actions, plutôt que ses paroles, vous le fassent choisir.

« Tous les vieillards, charmés de ce discours et voyant toujours croître les applaudissements de l'assemblée, me dirent : Puisque les dieux nous ôtent l'espérance de vous voir régner au milieu de nous, du moins aidez-nous à trouver un roi qui fasse régner nos lois. Connaissez-vous quelqu'un qui puisse commander avec cette modération? Je connais, leur dis-je d'abord, un homme de qui je tiens tout ce que vous avez estimé en moi; c'est sa sagesse, et non pas la mienne, qui vient de parler; il m'a inspiré toutes les réponses que vous venez d'entendre.

« En même temps toute l'assemblée jeta les yeux sur Mentor, que je montrais, le tenant par la main. Je racontais les soins qu'il avait eus de mon enfance, les périls dont

il m'avait délivré, les malheurs qui étaient venus fondre
sur moi dès que j'avais cessé de suivre ses conseils.

« D'abord on ne l'avait point regardé, à cause de ses
habits simples et négligés, de sa contenance modeste, de
son silence presque continuel, de son air froid et réservé.
Mais quand on s'appliqua à le regarder, on découvrit dans
son visage je ne sais quoi de ferme et d'élevé : on remarqua
la vivacité de ses yeux et la vigueur avec laquelle il faisait jusqu'aux moindres actions. On le questionna, il fut
admiré : on résolut de le faire roi. Il s'en défendit sans
s'émouvoir : il dit qu'il préférait les douceurs d'une vie
privée à l'éclat de la royauté ; que les meilleurs rois étaient
malheureux en ce qu'ils ne faisaient presque jamais les
biens qu'ils voulaient faire, et qu'ils faisaient souvent, par
la surprise des flatteurs, les maux qu'ils ne voulaient pas.
Il ajouta que si la servitude est misérable, la royauté ne
l'est pas moins, puisqu'elle est une servitude déguisée.
Quand on est roi, disait-il, on dépend de tous ceux dont on
a besoin pour se faire obéir. Heureux celui qui n'est point
obligé de commander! Nous ne devons qu'à notre seule
patrie, quand elle nous confie l'autorité, le sacrifice de
notre liberté pour travailler au bien public.

Alors les Crétois, ne pouvant revenir de leur surprise,
lui demandèrent quel homme ils devaient choisir. Un
homme, répondit-il, qui vous connaisse bien, puisqu'il
faudra qu'il vous gouverne, et qui craigne de vous gouverner. Celui qui désire la royauté ne la connaît pas ; et
comment en remplira-t-il les devoirs, ne les connaissant
point! Il la cherche pour lui ; et vous devez désirer un
homme qui ne l'accepte que pour l'amour de vous.

« Tous les Crétois furent dans un étrange étonnement
de voir deux étrangers qui refusaient la royauté, recherchée par tant d'autres; ils voulurent savoir avec qui ils
étaient venus. Nausicrate, qui les avait conduits depuis le
port jusques au cirque où l'on célébrait les jeux, leur
montra Hazaël, avec lequel Mentor et moi nous étions
venus de l'île de Chypre. Mais leur étonnement fut encore
bien plus grand quand ils surent que Mentor avait été

esclave d'Hazael; qu'Hazael, touché de la sagesse et de la
vertu de son esclave, en avait fait son conseil et son meilleur ami ; que cet esclave, mis en liberté, était le même
qui venait de refuser d'être roi, et qu'Hazael était venu de
Damas en Syrie pour s'instruire des lois de Minos, tant
l'amour de la sagesse remplissait son cœur.

« Les vieillards dirent à Hazael : Nous n'osons vous prier
de nous gouverner ; car nous jugeons que vous avez les
mêmes pensées que Mentor. Vous méprisez trop les hommes
pour vouloir vous charger de les conduire : d'ailleurs, vous
êtes trop détaché des richesses et de l'éclat de la royauté,
pour vous acheter cet éclat par les peines attachées au
gouvernement des peuples. Hazael répondit : Ne croyez
pas, ô Crétois, que je méprise les hommes. Non, non : je
sais combien il est grand de travailler à les rendre bons
et heureux ; mais ce travail est rempli de peines et de
dangers. L'éclat qui y est attaché est faux, et ne peut
éblouir que des âmes vaines. La vie est courte ; les grandeurs irritent plus les passions qu'elles ne peuvent les
contenter : c'est pour apprendre à me passer de ces faux
biens, et non pas pour y parvenir, que je suis venu de si
loin. Adieu. Je ne songe qu'à retourner dans une vie paisible et retirée, où la sagesse nourrisse mon cœur et où
les espérances qu'on tire de la vertu pour une autre meilleure vie après la mort me consolent dans les chagrins de
la vieillesse. Si j'avais quelque chose à souhaiter, ce ne
serait pas d'être roi, ce serait de ne me séparer jamais de
ces deux hommes que vous voyez.

« Enfin, les Crétois s'écrièrent, parlant à Mentor : Dites-
nous, ô le plus sage et le plus grand de tous les mortels,
dites-nous donc qui est-ce que nous pouvons choisir pour
notre roi : nous ne vous laisserons point aller que vous ne
nous ayez appris le choix que nous devons faire. Il leur
répondit : Pendant que j'étais dans la foule des spectateurs,
j'ai remarqué un homme qui ne témoignait aucun empressement : c'est un vieillard assez vigoureux. J'ai demandé
quel homme c'était ; on m'a répondu qu'il s'appelait Aristodème. Ensuite, j'ai entendu qu'on lui disait que ses deux

enfants étaient au nombre de ceux qui combattaient : il a
paru n'en avoir aucune joie ; il a dit que pour l'un il ne lui
souhaitait point les périls de la royauté, et qu'il aimai
trop la patrie pour consentir que l'autre régnât jamais
Par là j'ai compris que ce père aimait d'un amour raisonnable l'un de ses enfants qui a de la vertu, et qu'il ne
flattait point l'autre dans ses dérèglements. Ma curiosité
augmentant, j'ai demandé quelle a été la vie de ce vieillard. Un de vos citoyens m'a répondu : Il a longtemps
porté les armes, et il est couvert de blessures : mais sa
vertu sincère et ennemie de la flatterie l'avait rendu incom-
mode à Idoménée. C'est ce qui empêcha ce roi de s'en
servir dans le siège de Troie : il craignit un homme qui lui
donnerait de sages conseils qu'il ne pourrait se résoudre
à suivre ; il fut même jaloux de la gloire que cet homme
ne manquerait pas d'acquérir bientôt ; il oublia tous ses
services ; il le laissa ici pauvre, méprisé des hommes grossiers et lâches qui n'estiment que les richesses. Mais
content dans sa pauvreté, il vit gaiement dans un endroit
écarté de l'île, où il cultive son champ de ses propres
mains. Un de ses fils travaille avec lui ; ils s'aiment tendrement ; ils sont heureux. Par leur frugalité et par leur
travail, ils se sont mis dans l'abondance des choses nécessaires à une vie simple. Le sage vieillard donne aux pauvres malades de son voisinage tout ce qui lui reste au delà
de ses besoins et de ceux de son fils. Il fait travailler tous
les jeunes gens, il les exhorte, il les instruit ; il juge tous
les différends de son voisinage ; il est le père de toutes
les familles. Le malheur de la sienne est d'avoir un second
fils qui n'a voulu suivre aucun de ses conseils. Le père,
après l'avoir longtemps souffert pour tâcher de le corriger
de ses vices, l'a enfin chassé : il s'est abandonné à une
folle ambition et à tous les plaisirs.

« Voilà, ô Crétois, ce qu'on m'a raconté. Vous devez
savoir si ce récit est véritable. Mais si cet homme est tel
qu'on le dépeint, pourquoi faire des jeux ? pourquoi assembler tant d'inconnus ? Vous avez au milieu de vous un
homme qui vous connaît et que vous connaissez ; qui sait

la guerre; qui a montré son courage non seulement contre
les flèches et contre les dards, mais contre l'affreuse pauvreté; qui a méprisé les richesses acquises par la flatterie;
qui aime le travail; qui sait combien l'agriculture est utile
à un peuple; qui déteste le faste; qui ne se laisse point
amollir par un amour aveugle de ses enfants; qui aime la
vertu de l'un, et qui condamne le vice de l'autre; en un
mot, un homme qui est déjà le père du peuple. Voilà votre
roi, s'il est vrai que vous désiriez de faire régner chez
vous les lois du sage Minos.

« Tout le peuple s'écria : Il est vrai, Aristodème est tel
que vous le dites; c'est lui qui est digne de régner. Les
vieillards le firent appeler; on le chercha dans la foule, où
il était confondu avec les derniers du peuple. Il parut
tranquille. On lui déclara qu'on le faisait roi. Il répondit :
Je n'y puis consentir qu'à trois conditions : la première,
que je quitterai la royauté dans deux ans, si je ne vous
rends meilleurs que vous n'êtes, et si vous résistez aux
lois; la seconde, que je serai libre de continuer une vie
simple et frugale; la troisième, que mes enfants n'auront
aucun rang, et qu'après ma mort on les traitera sans distinction, selon leur mérite, comme le reste des citoyens.

« A ces paroles, il s'éleva dans l'air mille cris de joie.
Le diadème fut mis par le chef des vieillards gardes des
lois sur la tête d'Aristodème. On fit des sacrifices à Jupiter
et aux autres grands dieux. Aristodème nous fit des présents, non pas avec la magnificence ordinaire aux rois,
mais avec une noble simplicité. Il donna à Hazael les lois
de Minos, écrites de la main de Minos même; il lui donna
aussi un recueil de toute l'histoire de Crète, depuis Saturne
et l'âge d'or; il fit mettre dans son vaisseau des fruits de
toutes les espèces qui sont bonnes en Crète et inconnues
dans la Syrie, et lui offrit tous les secours dont il pourrait
avoir besoin.

« Comme nous pressions notre départ, il nous fit préparer
un vaisseau avec un grand nombre de bons rameurs et
d'hommes armés; il y fit mettre des habits pour nous et
des provisions. A l'instant même il s'éleva un vent favora-

rable pour aller à Ithaque : ce vent, qui était contraire à
Hazaël, le contraignit d'attendre. Il nous vit partir ; il nous
embrassa comme des amis qu'il ne devait jamais revoir. Les dieux sont justes, disait-il ; ils voient une amitié
qui n'est fondée que sur la vertu : un jour ils nous réuni-
ront ; et ces champs fortunés, où l'on dit que les justes
jouissent après la mort d'une paix éternelle, verront nos

âmes se rejoindre pour ne se séparer jamais. Oh! si
mes cendres pouvaient aussi être recueillies avec les
vôtres!... En prononçant ces mots, il versait des torrents
de larmes, et les soupirs étouffaient sa voix. Nous ne pleu-
rions pas moins que lui, et il nous conduisit au vaisseau.

« Pour Aristodème, il nous dit : C'est vous qui venez de
me faire roi : souvenez-vous des dangers où vous m'avez
mis. Demandez la sagesse et que je surpasse autant en
modération les autres hommes que je les surpasse en autorité. Pour moi, je les prie de vous conduire heureusement

dans votre patrie, d'y confondre l'insolence de vos ennemis
et de vous y faire voir en paix Ulysse régnant avec sa chère
Pénélope. Télémaque, je vous donne un bon vaisseau plein
de rameurs et d'hommes armés : ils pourront vous servir
contre ces hommes injustes qui persécutent votre mère.
O Mentor! votre sagesse, qui n'a besoin de rien, ne me laisse
rien à désirer pour vous. Allez tous deux, vivez heureux
ensemble ; souvenez-vous d'Aristodème, et, si jamais les
Ithaciens ont besoin des Crétois, comptez sur moi jusqu'au
dernier soupir de ma vie. Il nous embrassa ; et nous ne
pûmes, en le remerciant, retenir nos larmes.

« Cependant le vent qui enflait nos voiles nous promettait une douce navigation. Déjà le mont Ida n'était plus à
nos yeux que comme une colline ; tous les rivages dispa-
raissaient ; les côtes du Péloponèse semblaient s'avancer
dans la mer pour venir au-devant de nous. Tout à coup
une noire tempête enveloppa le ciel et irrita toutes les
ondes de la mer. Le jour se changea en nuit,[1] et la mort
se présenta à nous. O Neptune, c'est vous qui excitâtes,
par votre superbe trident, toutes les eaux de votre empire!
Vénus, pour se venger de ce que nous l'avions méprisée
jusque dans son temple de Cythère, alla trouver ce dieu ;
elle lui parla avec douleur ; ses beaux yeux étaient baignés
de larmes : du moins, c'est ainsi que Mentor, instruit des
choses divines, me l'a assuré. Souffrirez-vous, Neptune,
disait-elle, que ces impies se jouent impunément de ma
puissance ? Les dieux mêmes la sentent, et ces téméraires
mortels ont osé condamner tout ce qui se fait dans mon
île ; ils se piquent d'une sagesse à toute épreuve et ils
traitent l'amour de folie. Avez-vous oublié que je suis née
dans votre empire? Que tardez-vous à ensevelir dans vos
profonds abîmes ces deux hommes que je ne puis souffrir ?

« A peine avait-elle parlé que Neptune souleva les flots

---

1   Involvere diem nimbi ..
                              Virg , Æn , III, 198
                    Ponto nox incubat atra...
          Præsentemque viris intentant omnia mortem.
                              Ibid., I, 89.

jusqu'au ciel : et Vénus rit, croyant notre naufrage inévitable. Notre pilote, troublé, s'écria qu'il ne pouvait plus
résister aux vents qui nous poussaient avec violence vers
des rochers [1] ; un coup de vent rompit notre mât; et, un
moment après, nous entendîmes les pointes des rochers
qui entr'ouvraient le fond du navire L'eau entre de tous

côtés; le navire s'enfonce; tous nos rameurs poussent de
lamentables cris vers le ciel. J'embrasse Mentor et je lui
dis : Voici la mort, il faut la recevoir avec courage. Les
dieux ne nous ont délivrés de tant de périls que pour nous
faire périr aujourd'hui. Mourons, Mentor; mourons. C'est

[1]   Ipse pavet, nec se qui sit status ipse fatetur
         Scire ratis rector, nec quid jubeatve vetetve.
                          OVID., *Met.*, XI, 49?

une consolation pour moi de mourir avec vous; il serait
inutile de disputer notre vie contre la tempête.

« Mentor me répondit : Le vrai courage trouve toujours
quelque ressource Ce n'est pas assez d'être prêt à recevoir
tranquillement la mort, il faut faire tous ses efforts pour
la repousser. Prenons, vous et moi, un de ces grands
bancs de rameurs. Tandis que cette multitude d'hommes
timides et troublés regrette la vie sans chercher les
moyens de la conserver, ne perdons pas un moment pour
sauver la nôtre. Aussitôt, il prend une hache, il achève de
couper le mât qui était déjà rompu, et qui, penchant dans
la mer, avait mis le vaisseau sur le côté : il jette le mât
hors du vaisseau et s'élance dessus[1] au milieu des ondes
furieuses; il m'appelle par mon nom et m'encourage pour
le suivre. Tel qu'un grand arbre que tous les vents conjurés attaquent, et qui demeure immobile sur ses profondes
racines, en sorte que la tempête ne fait qu'agiter ses
feuilles[2], de même Mentor, non seulement ferme et courageux, mais doux et tranquille, semblait commander aux
vents et à la mer. Je le suis. Et qui aurait pu ne pas le
suivre, étant encouragé par lui ?

« Nous nous conduisions nous-mêmes sur ce mât flottant. C'était un grand secours pour nous, car nous pouvions
nous asseoir dessus; et, s'il eût fallu nager sans relâche,
nos forces eussent été bientôt épuisées. Mais souvent la
tempête faisait tourner cette grande pièce de bois, et nous
nous trouvions enfoncés dans la mer : alors nous buvions
l'onde amère, qui coulait de notre bouche, de nos narines
et de nos oreilles : nous étions contraints de disputer
contre les flots, pour rattraper le dessus de ce mât. Quel-

---

[1] C'est ainsi que, dans l'*Odyssée* (V, 371), Ulysse se met à *cheval*,
κέληθ' ὡς ἵππον ἐλαύνων, sur une pièce de bois de son radeau brisé,
et par ce moyen échappe a la mort.

[2]   Ac veluti annosam valido quum robore quercum
        Alpini Boreæ nunc hinc, nunc flatibus illinc
        Eruere inter se certant; it stridor, et alte
        Consternunt terram, concusso stipite, frondes;
        Ipsa hæret scopulis.
                                        Virg., *Æn.*, IV, 441.

quefois aussi une vague haute comme une montagne venait
passer sur nous, et nous nous tenions fermes, de peur que,
dans cette violente secousse, le mât, qui était notre unique
espérance, ne nous échappât.

« Pendant que nous étions dans cet état affreux, Mentor,
aussi paisible qu'il l'est maintenant sur ce siège de gazon,
me disait : Croyez-vous, Télémaque, que votre vie soit
abandonnée aux vents et aux flots? Croyez-vous qu'ils
puissent vous faire périr sans l'ordre des dieux? Non, non :
les dieux décident de tout. C'est donc les dieux, et non
pas la mer, qu'il faut craindre. Fussiez-vous au fond des
abîmes, la main de Jupiter pourrait vous en tirer. Fussiez-
vous dans l'Olympe, voyant les astres sous vos pieds [1], Jupiter pourrait vous plonger au fond de l'abîme, ou vous
précipiter dans les flammes du noir Tartare. J'écoutais et
j'admirais ce discours, qui me consolait un peu : mais je
n'avais pas l'esprit assez libre pour lui répondre. Il ne me
voyait point : je ne pouvais le voir. Nous passâmes toute la
nuit, tremblants de froid et demi-morts, sans savoir où la
tempête nous jetait. Enfin les vents commencèrent à s'apaiser; et la mer mugissante ressemblait à une personne qui,
ayant été longtemps irritée, n'a plus qu'un reste de trouble
et d'émotion, étant lasse de se mettre en fureur; elle gron-
dait sourdement, et ses flots n'étaient presque plus que
comme les sillons qu'on trouve dans un champ labouré.

« Cependant l'Aurore vint ouvrir au Soleil les portes du
ciel, et nous annonça un beau jour. L'Orient était tout en
feu; et les étoiles, qui avaient été si longtemps cachées,
reparurent et s'enfuirent à l'arrivée de Phébus. Nous
aperçûmes de loin la terre, et le vent nous en approchait :
alors je sentis l'espérance renaître dans mon cœur. Mais
nous n'aperçûmes aucun de nos compagnons : selon les
apparences, ils perdirent courage et la tempête les sub-
mergea tous avec le vaisseau. Quand nous fûmes auprès
de la terre, la mer nous poussait contre des pointes de ro-

Candidus insuetum miratur limen Olympi,
Sub pedibusque videt nubes et sidera Daphnis.
VIRG., Ecl., V, 56

chers qui nous eussent brisés; mais nous tâchions de leu
présenter le bout de notre mât : et Mentor faisait de ce
mât ce qu'un sage pilote fait du meilleur gouvernail. Ainsi
nous évitâmes ces rochers affreux, et nous trouvâmes enfin
une côte douce et unie, où, nageant sans peine, nous abor-
dâmes sur le sal le. C'est là que vous nous vîtes, ô grande
déesse qui habitez cette île; c'est là que vous daignâtes nous
recevoir. »

LIVRE VI[1]

SOMMAIRE

Calypso. ravie d'admiration par le recit de Télémaque, conçoit pour lui une violente passion et met tout en œuvre pour exciter en lui le même sentiment. Elle est puissamment secondée par Vénus, qui amène Cupidon dans l'île, avec ordre de percer de ses flèches le cœur de Télémaque. Celui-ci, déjà blessé sans le savoir, souhaite, sous divers prétextes, de demeurer dans l'île, malgré les sages remontrances de Mentor. Bientôt il sent pour la nymphe Eucharis une folle passion qui excite la jalousie et la colère de Calypso Elle jure par le Styx que Télémaque sortira de son île, et presse Mentor de construire un vaisseau pour le reconduire à Ithaque. Tandis que Mentor entraîne Télémaque vers le rivage pour s'embarquer, Cupidon va consoler Calypso et oblige les nymphes à brûler le vaisseau A la vue des flammes, Télémaque ressent une joie secrète ; mais le sage Mentor, qui s'en aperçoit, le précipite dans la mer, et s'y jette avec lui, pour gagner à la nage un autre vaisseau, alors arrêté auprès de l'île de Calypso.

Quand Télémaque eut achevé ce discours, toutes les nymphes, qui avaient été immobiles, les yeux attachés sur lui, se regardèrent les unes les autres. Elles se disaient avec étonnement : « Quels sont donc ces deux hommes s chéris des dieux ? A-t-on jamais ouï parler d'aventures si merveilleuses ? Le fils d'Ulysse le surpasse déjà en éloquence, en sagesse et en valeur. Quelle mine ! quelle beauté ! quelle douceur ! quelle modestie ! mais quelle noblesse et quelle grandeur ! Si nous ne savions pas qu'il est fils d'un mortel, on le prendrait aisément pour Bacchus, pour Mercure, ou même pour le grand Apollon. Mais quel est ce Mentor, qui paraît un homme simple, obscur et d'une médiocre condition? Quand on le regarde de près, on trouve en lui je ne sais quoi au-dessus de l'homme ».

[1] Var. Livre VII.

Calypso écoutait ces discours avec un trouble qu'elle ne
pouvait cacher : ses yeux errants allaient sans cesse de
Mentor à Télémaque, et de Télémaque à Mentor. Quelquefois elle voulait que Télémaque recommençât cette longue
histoire de ses aventures [1] ; puis tout à coup elle s'interrompait elle-même. Enfin, se levant brusquement, elle
mena Télémaque seul dans un bois de myrtes, où elle n'oublia rien pour savoir de lui si Mentor n'était point une
divinité cachée sous la figure d'un homme. Télémaque ne
pouvait le lui dire; car Minerve, en l'accompagnant sous la
figure de Mentor, ne s'était point découverte à lui, à cause
de sa grande jeunesse. Elle ne se fiait pas encore assez à
son secret pour lui confier ses desseins. D'ailleurs elle voulait l'éprouver par les plus grands dangers; et, s'il eût su
que Minerve était avec lui, un tel secours l'eût trop soutenu; il n'aurait eu aucune peine à mépriser les accidents
les plus affreux. Il prenait donc Minerve pour Mentor; et
tous les artifices de Calypso furent inutiles pour découvrir
ce qu'elle désirait savoir.

Cependant toutes les nymphes, assemblées autour de
Mentor, prenaient plaisir à le questionner. L'une lui
demandait les circonstances de son voyage d'Éthiopie;
l'autre voulait savoir ce qu'il avait vu à Damas; une autre
lui demandait s'il avait connu autrefois Ulysse avant le
siège de Troie. Il répondait à toutes avec douceur, et ses
paroles, quoique simples, étaient pleines de grâce.

Calypso ne les laissa pas longtemps dans cette conversation; elle revint, et, pendant que ses nymphes se mirent
à cueillir des fleurs en chantant pour amuser Télémaque,
elle prit à l'écart Mentor pour le faire parler. La douce
vapeur du sommeil ne coule pas plus doucement dans les
yeux appesantis et dans tous les membres fatigués d'un
homme abattu, que les paroles flatteuses de la déesse s'in-
sinuaient pour enchanter le cœur de Mentor; mais elle
sentait toujours je ne sais quoi qui repoussait tous ses

[1]   Iliacosque iterum demens audire labores
         Exposcit.
                                   VIRG., Æn., IV, 78.

efforts, et qui se jouait de ses charmes. Semblable à un
rocher escarpé qui cache son front dans les nues, et qui
se joue de la rage des vents, Mentor, immobile dans ses
sages desseins [1], se laissait presser par Calypso ; quelquefois même il lui laissait espérer qu'elle l'embarrasserait
par ses questions et qu'elle tirerait la vérité du fond de
son cœur ; mais, au moment où elle croyait satisfaire sa
curiosité, ses espérances s'évanouissaient : tout ce qu'elle
s'imaginait tenir lui échappait tout à coup, et une réponse courte de Mentor la replongeait dans ses incertitudes.

Elle passait ainsi les journées, tantôt flattant Télémaque,
tantôt cherchant les moyens de le détacher de Mentor,
qu'elle n'espérait plus de faire parler. Elle employait ses
plus belles nymphes à faire naître les feux de l'amour dans
le cœur du jeune Télémaque, et une divinité plus puissante qu'elle vint à son secours pour y réussir.

Vénus, toujours pleine de ressentiment du mépris que
Mentor et Télémaque avaient témoigné pour le culte qu'on
lui rendait dans l'île de Chypre, ne pouvait se consoler de
voir que ces deux téméraires mortels eussent échappé aux
vents et à la mer dans la tempête excitée par Neptune. Elle
en fit des plaintes amères à Jupiter · mais le père des dieux,
souriant, sans vouloir lui découvrir que Minerve, sous la
figure de Mentor, avait sauvé le fils d'Ulysse, permit à
Vénus de chercher les moyens de se venger de ces deux
hommes.

Elle quitte l'Olympe, elle oublie les doux parfums qu'on
brûle sur ses autels à Paphos, à Cythère et à Idalie : elle
vole dans son char attelé de colombes ; elle appelle son
fils ; et, la douleur répandant sur son visage de nouvelles
grâces, elle parla ainsi :

« Vois-tu, mon fils, ces deux hommes qui méprisent ta

Ille, velut rupes vastum quæ prodit in æquor,
Obvia ventorum furiis, expostaque ponto,
Vim cunctam atque minas perfert cœlique marisque,
Ipsa immota manens.

                VIRG., Æn., X, 693.

puissance et la mienne ? Qui voudra désormais nous adorer [1] ?
Va, perce de tes flèches ces deux cœurs insensibles : descends avec moi dans cette île ; je parlerai à Calypso. » Elle
dit, et, fendant les airs dans un nuage tout doré, elle se
présenta à Calypso, qui, dans ce moment, était seule au
bord d'une fontaine assez loin de sa grotte.

« Malheureuse déesse, lui dit-elle, l'ingrat Ulysse vous
a méprisée ; son fils, encore plus dur que lui, vous prépare
un semblable mépris ; mais l'Amour vient lui-même pour
vous venger. Je vous le laisse : il demeurera parmi vos
nymphes, comme autrefois l'enfant Bacchus fut nourri par
les nymphes de l'île de Naxos [2]. Télémaque le verra comme
un enfant ordinaire, il ne pourra s'en défier et il sentira
bientôt son pouvoir. » Elle dit, et, remontant dans ce nuage
doré d'où elle était sortie, elle laissa après elle une odeur
d'ambroisie [3] dont tous les bois de Calypso furent par-
fumés.

L'Amour demeura entre les bras de Calypso. Quoique
déesse, elle sentit la flamme qui coulait déjà dans son sein.
Pour se soulager, elle le donna aussitôt à la nymphe qui
était auprès d'elle, nommée Eucharis. Mais, hélas ! dans
la suite, combien de fois se repentit-elle de l'avoir fait !
D'abord rien ne paraissait plus innocent, plus doux, plus
aimable, plus ingénu et plus gracieux que cet enfant. A le
voir enjoué, flatteur, toujours riant, on aurait cru qu'il ne
pouvait donner que du plaisir : mais à peine s'était-on fié
à ses caresses, qu'on y sentait je ne sais quoi d'empoisonné. L'enfant malin et trompeur ne caressait que pour

[1] ..... Et quisquam numen Junonis adoret
Præterea?
VIRG., Æn., I, 48.

[2] Naxos, aujourd'hui Naxos ou Naxia, dans la mer Égée, et l'une
des îles appelées Cyclades.

[3] Hæc ait, et liquidum ambrosiæ diffundit odorem.
VIRG., G., IX, 415.

Ce stratagème de Vénus ressemble à celui qu'elle emploie à la fin
du premier livre de l'Énéide, afin d'inspirer à Didon de l'amour
pour Enée.

trahir; et il ne riait jamais que des maux cruels qu'il avait
faits ou qu'il voulait faire.

Il n'osait approcher de Mentor dont la sévérité l'épou-
vantait, et il sentait que cet inconnu était invulnérable, en
sorte qu'aucune de ses flèches n'aurait pu le percer. Pour
les nymphes, elles sentirent bientôt les feux que cet enfant
trompeur allume, mais elles cachaient avec soin la plaie
profonde qui s'envenimait dans leurs cœurs.

Cependant Télémaque, voyant cet enfant qui se jouait
avec les nymphes, fut surpris de sa douceur et de sa beauté
Il l'embrasse, il le prend tantôt sur ses genoux, tantôt
entre ses bras; il sent en lui-même une inquiétude dont il
ne peut trouver la cause [1]. Plus il cherche à se jouer inno-
cemment, plus il se trouble et s'amollit. « Voyez-vous ces
nymphes? disait-il à Mentor : combien sont-elles différentes de ces femmes de l'île de Chypre, dont la beauté
était choquante à cause de leur immodestie! Ces beautés
immortelles montrent une innocence, une modestie, une
simplicité qui charment.» Parlant ainsi, il rougissait sans
savoir pourquoi. Il ne pouvait s'empêcher de parler : mais
à peine avait-il commencé, qu'il ne pouvait continuer [2]; ses
paroles étaient entrecoupées, obscures et quelquefois elles
n'avaient aucun sens.

Mentor lui dit : « O Télémaque, les dangers de l'île de
Chypre n'étaient rien, si on les compare à ceux dont vous
ne vous défiez pas maintenant. Le vice grossier fait horreur, l'impudence brutale donne de l'indignation, mais la
beauté modeste est bien plus dangereuse; en l'aimant, on
croit n'aimer que la vertu, et insensiblement on se laisse
aller aux appas trompeurs d'une passion qu'on n'aperçoit
que quand il n'est presque plus temps de l'éteindre. Fuyez,
ô mon cher Télémaque, fuyez ces nymphes qui ne sont si

[1]   . .. Hæc oculis, hæc pectore toto
       Hæret, et interdum gremio fovet, inscia Dido
       Insidat quantus miseræ deus.
                                      VIRG , Æn , I, 717.

[2]   Incipit effari, mediaque in voce resistit.
                                      VIRG , Æn , IV, 76.

discrètes que pour vous mieux tromper ; fuyez les dangers
de votre jeunesse, mais surtout fuyez cet enfant que vous
ne connaissez pas. C'est l'Amour, que Vénus, sa mère, est
venue apporter dans cette île pour se venger du mépris
que vous avez témoigné pour le culte qu'on lui rend à
Cythère : il a blessé le cœur de la déesse Calypso ; elle est
passionnée pour vous ; il a brûlé toutes les nymphes qui
l'environnent : vous brûlez vous-même [1], ô malheureux
jeune homme, presque sans le savoir. »

Télémaque interrompit souvent Mentor en lui disant :
« Pourquoi ne demeurerions-nous pas dans cette île ? Ulysse
ne vit plus, il doit être depuis longtemps enseveli dans les
ondes ; Pénélope, ne voyant revenir ni lui ni moi, n'aura
pu résister à tant de prétendants : son père Icare l'aura
contrainte d'accepter un nouvel époux. Retournerai-je à
Ithaque pour la voir engagée dans de nouveaux liens, et
manquant à la foi qu'elle avait donnée à mon père ? Les
Ithaciens ont oublié Ulysse. Nous ne pourrions y retourner
que pour y chercher une mort assurée, puisque les amants
de Pénélope ont occupé toutes les avenues du port pour
mieux assurer notre perte à notre retour ».

Mentor répondit : « Voilà l'effet d'une aveugle passion.
On cherche avec subtilité toutes les raisons qui la favo-
risent, et on se détourne de peur de voir toutes celles qui
la condamnent. On n'est plus ingénieux que pour se tromper et pour étouffer ses remords. Avez-vous oublié tout ce
que les dieux ont fait pour vous ramener dans votre patrie ?
Comment êtes-vous sorti de la Sicile ? Les malheurs que
vous avez éprouvés en Égypte ne se sont-ils pas tournés
tout à coup en prospérités ? Quelle main inconnue vous a
enlevé à tous les dangers qui menaçaient votre tête dans
la ville de Tyr ? Après tant de merveilles, ignorez-vous
encore ce que les destinées vous ont préparé ? Mais, que
dis-je ? vous en êtes indigne. Pour moi, je pars et je saurai
bien sortir de cette île. Lâche fils d'un père si sage et si

[1] Ureris ipse, miser.....
Hor., Epod., XIV.

généreux! menez ici une vie molle et sans honneur au milieu des femmes; faites, malgré les dieux, ce que votre père crut indigne de lui. »

Ces paroles de mépris percèrent Télémaque jusqu'au fond du cœur. Il se sentait attendri pour Mentor; sa douleur était mêlée de honte; il craignait l'indignation et le départ de cet homme si sage à qui il devait tant; mais une passion naissante, et qu'il ne connaissait pas lui-même, faisait qu'il n'était plus le même homme. « Quoi donc, disait-il à Mentor les larmes aux yeux, vous ne comptez pour rien l'immortalité qui m'est offerte par la déesse? » « Je compte pour rien, répondait Mentor, tout ce qui est contre la vertu et contre les ordres des dieux. La vertu vous rappelle dans votre patrie pour revoir Ulysse et Pénélope; la vertu vous défend de vous abandonner à une folle passion. Les dieux qui vous ont délivré de tant de périls pour vous préparer une gloire égale à celle de votre père, vous ordonnent de quitter cette île. L'Amour seul, ce honteux tyran, peut vous y retenir. Hé! que feriez-vous d'une vie immortelle, sans liberté, sans vertu, sans gloire? Cette vie serait encore plus malheureuse, en ce qu'elle ne pourrait finir. »

Télémaque ne répondait à ce discours que par des soupirs Quelquefois il aurait souhaité que Mentor l'eût arraché malgré lui de cette île; quelquefois il lui tardait que Mentor fût parti, pour n'avoir plus devant ses yeux cet ami sévère qui lui reprochait sa faiblesse. Toutes ces pensées contraires agitaient tour à tour son cœur, et aucune n'y était constante : son cœur était comme la mer, qui est le jouet de tous les vents contraires. Il demeurait souvent étendu et immobile sur le rivage de la mer, souvent dans le fond de quelque bois sombre, versant des larmes amères, et poussant des cris semblables aux rugissements d'un lion. Il était devenu maigre; ses yeux creux étaient pleins d'un feu dévorant : à le voir pâle, abattu et défiguré, on aurai cru que ce n'était point Télémaque. Sa beauté, son enjoue ment, sa noble fierté, s'enfuyaient loin de lui, il périssait tel qu'une fleur qui, étant épanouie le matin, répandait ses

doux parfums dans la campagne, et se flétrit peu à peu vers
le soir; ses vives couleurs s'effacent; elle languit, elle se
dessèche, et sa belle tête se penche, ne pouvant se soutenir :
ainsi le fils d'Ulysse était aux portes de la mort.

Mentor, voyant que Télémaque ne pouvait résister à la
violence de sa passion, conçut un dessein plein d'adresse

pour le délivrer d'un si grand danger. Il avait remarqué
que Calypso aimait éperdument Télémaque, et que Télémaque n'aimait pas moins la jeune nymphe Eucharis; car
le cruel Amour, pour tourmenter les mortels, fait qu'on
n'aime guère la personne dont on est aimé. Mentor résolut
d'exciter la jalousie de Calypso. Eucharis devait emmener
Télémaque dans une chasse. Mentor dit à Calypso : « J'ai
remarqué dans Télémaque une passion pour la chasse, que

je n'avais jamais vue en lui ; ce plaisir commence à le dégoûter de tout autre ; il n'aime plus que les forêts et les
montagnes les plus sauvages. Est-ce vous, ô déesse, qui lui
inspirez cette grande ardeur ? »

Calypso sentit un dépit cruel en écoutant ces paroles, et
elle ne put se retenir. « Ce Télémaque, répondit-elle, qui
a méprisé tous les plaisirs de l'île de Chypre, ne peut
résister à la médiocre beauté d'une de mes nymphes. Comment ose-t-il se vanter d'avoir fait tant d'actions merveilleuses, lui dont le cœur s'amollit lâchement par la volupté,
et qui ne semble né que pour passer une vie obscure au
milieu des femmes? » Mentor, remarquant avec plaisir
combien la jalousie troublait le cœur de Calypso, n'en dit
pas davantage, de peur de la mettre en défiance de lui ; il
lui montrait seulement un visage triste et abattu. La déesse
lui découvrait ses peines sur toutes les choses qu'elle
voyait, et elle faisait sans cesse des plaintes nouvelles.
Cette chasse dont Mentor l'avait avertie acheva de la mettre
en fureur. Elle sut que Télémaque n'avait cherché qu'à se
dérober aux autres nymphes pour parler à Eucharis. On
proposait même déjà une seconde chasse, où elle prévoyait
qu'il ferait comme dans la première. Pour rompre les
mesures de Télémaque, elle déclara qu'elle en voulait être.
Puis tout à coup, ne pouvant plus modérer son ressentiment, elle lui parla ainsi :

« Est-ce donc ainsi, ô jeune téméraire, que tu es venu
dans mon île pour échapper au juste naufrage que Neptune te préparait et à la vengeance des dieux? N'es-tu
entré dans cette île, qui n'est ouverte à aucun mortel, que
pour mépriser ma puissance et l'amour que je t'ai témoigné? O divinités de l'Olympe et du Styx, écoutez une
malheureuse déesse! Hâtez-vous de confondre ce perfide,
cet ingrat, cet impie. Puisque tu es encore plus dur et plus
injuste que ton père, puisses-tu souffrir des maux encore
plus longs et plus cruels que les siens! Non, non, que
jamais tu ne revoies ta patrie, cette pauvre et misérable
Ithaque, que tu n'as point eu honte de préférer à l'immortalité! ou plutôt que tu périsses, en la voyant de loin, au

milieu de la mer, et que ton corps, devenu le jouet des
flots, soit rejeté, sans espérance de sépulture, sur le sable
de ce rivage! Que mes yeux le voient mangé par les
vautours! Celle que tu aimes le verra aussi : elle le verra;
elle en aura le cœur déchiré, et son désespoir fera mon
bonheur ! »

En parlant ainsi, Calypso avait les yeux rouges et enflammés : ses regards ne s'arrêtaient jamais en aucun endroit; ils avaient je ne sais quoi de sombre et de farouche.
Ses joues tremblantes étaient couvertes de taches noires et
livides [1]; elle changeait à chaque moment de couleur.
Souvent une pâleur mortelle se répandait sur tout son
visage : ses larmes ne coulaient plus comme autrefois avec
abondance; la rage et le désespoir semblaient en avoir tari
la source, et à peine en coulait-il quelqu'une sur ses joues.
Sa voix était rauque, tremblante et entrecoupée.

Mentor observait tous ses mouvements, et ne parlait
plus à Télémaque. Il le traitait comme un malade déses-
péré qu'on abandonne; il jetait souvent sur lui des regards
de compassion.

Télémaque sentait combien il était coupable et indigne
de l'amitié de Mentor. Il n'osait lever les yeux, de peur de
rencontrer ceux de son ami, dont le silence même le condamnait. Quelquefois il avait envie d'aller se jeter à son
cou et de lui témoigner combien il était touché de sa
faute, mais il était retenu, tantôt par une mauvaise honte,
et tantôt par la crainte d'aller plus loin qu'il ne voulait
pour se tirer du péril; car le péril lui semblait doux, et il
ne pouvait encore se résoudre à vaincre sa folle passion.

Les dieux et les déesses de l'Olympe, assemblés dans
un profond silence, avaient les yeux attachés sur l'île de
Calypso, pour voir qui serait victorieux, ou de Minerve ou
de l'Amour.

L'Amour, en se jouant avec les nymphes, avait mis tout
en feu dans l'île. Minerve, sous la figure de Mentor, se

---

[1]   Sanguineam volvens aciem, maculisque trementes
Interfusa genas.

VIRG., Æn., IV, 643.

servait de sa jalousie, inséparable de l'amour, contre l'Amour même. Jupiter avait résolu d'être le spectateur de ce combat et de demeurer neutre.

Cependant Eucharis, qui craignait que Télémaque ne lui échappât, usait de mille artifices pour le retenir dans ses liens. Déjà elle allait partir avec lui pour la seconde chasse et elle était vêtue comme Diane. Vénus et Cupidon avaient répandu sur elle de nouveaux charmes; en sorte que ce jour-là sa beauté effaçait celle de la déesse Calypso même. Calypso, la regardant de loin, se regarda en même temps dans la plus claire de ses fontaines; et elle eut honte de se voir. Alors elle se cacha au fond de sa grotte, et parla ainsi toute seule :

« Il ne me sert donc de rien d'avoir voulu troubler ces deux amants, en déclarant que je veux être de cette chasse! En serai-je? irai-je la faire triompher et faire servir ma beauté à relever la sienne? Faudra-t-il que Télémaque, en me voyant, soit encore plus passionné pour son Eucharis? O malheureuse! qu'ai-je fait? Non, je n'y irai pas, ils n'y iront pas eux-mêmes, je saurai bien les en empêcher. Je vais trouver Mentor; je le prierai d'enlever Télémaque : il le remmènera à Ithaque. Mais que dis-je? et que deviendrai-je, quand Télémaque sera partie? Où suis-je? Que reste-t-il à faire? O cruelle Vénus! Vénus vous m'avez trompée! ô perfide présent que vous m'avez fait! Pernicieux enfant! Amour empesté! Je ne t'avais ouvert mon cœur que dans l'espérance de vivre heureuse avec Télémaque, et tu n'as porté dans ce cœur que trouble et que désespoir! Mes nymphes sont révoltées contre moi. Ma divinité ne me sert plus qu'à rendre mon malheur éternel. Oh! si j'étais libre de me donner la mort pour finir mes douleurs ! Télémaque, il faut que tu meures, puisque je ne puis mourir! Je me vengerai de tes ingratitudes : ta nymphe le verra; je te percerai à ses yeux. Mais je m'égare. O malheureuse Calypso! que veux-tu? faire périr un innocent que tu as jeté toi-même dans cet abîme de malheurs? C'est moi qui ai mis le flambeau fatal dans le sein du chaste Télémaque. Quelle innocence! quelle vertu! quelle

horreur du vice! quel courage contre les honteux plaisirs!
Fallait-il empoisonner son cœur? Il m'eût quittée!... Hé
bien! ne faudra-t-il pas qu'il me quitte, ou que je le voie,
plein de mépris pour moi, ne vivant plus que pour ma
rivale? Non, non, je ne souffre que ce que j'ai bien mérité.
Pars, Télémaque, va-t'en au delà des mers : laisse Calypso
sans consolation, ne pouvant supporter la vie, ni trouver

la mort : laisse-la inconsolable, couverte de honte, déses-
pérée, avec ton orgueilleuse Eucharis. »
     Elle parlait ainsi seule dans sa grotte ; mais tout à coup
elle sort impétueusement. « Où êtes-vous, ô Mentor? dit-
elle. Est-ce ainsi que vous soutenez Télémaque contre le
vice auquel il succombe? Vous dormez, pendant que
l'Amour veille contre vous. Je ne puis souffrir plus longtemps cette lâche indifférence que vous témoignez. Verrez-
vous toujours tranquillement le fils d'Ulysse déshonorer
son père et négliger sa haute destinée? Est-ce à vous ou

à moi que ses parents ont confié sa conduite ? C'est moi qui
cherche les moyens de guérir son cœur ; et vous, ne ferez-
vous rien ? Il y a dans le lieu le plus reculé de cette forêt
de grands peupliers propres à construire un vaisseau ; c'est
là qu'Ulysse fit celui dans lequel il sortit de cette île. Vous
trouverez au même endroit une profonde caverne, où sont
tous les instruments nécessaires pour tailler et pour joindre
toutes les pièces d'un vaisseau. »

A peine eut-elle dit ces paroles qu'elle s'en repentit.
Mentor ne perdit pas un moment : il alla dans cette
caverne, trouva les instruments, abattit les peupliers et
mit en un seul jour un vaisseau en état de voguer. C'est
que la puissance et l'industrie de Minerve n'ont pas besoin
d'un grand temps pour achever les plus grands ouvrages.

Calypso se trouva dans une horrible peine d'esprit : d'un
côté, elle voulait voir si le travail de Mentor s'avançait ; de
l'autre, elle ne pouvait se résoudre à quitter la chasse où
Eucharis aurait été en pleine liberté avec Télémaque. La
jalousie ne lui permit jamais de perdre de vue les deux
amants : mais elle tâchait de tourner la chasse du côté où
elle savait que Mentor faisait le vaisseau. Elle entendait
les coups de hache et de marteau : elle prêtait l'oreille ;
chaque coup la faisait frémir. Mais, dans le moment même,
elle craignait que cette rêverie ne lui eût dérobé quelque
signe ou quelque coup d'œil de Télémaque à la jeune
nymphe.

Cependant Eucharis disait à Télémaque d'un ton moqueur : « Ne craignez-vous point que Mentor ne vous
blâme d'être venu à la chasse sans lui ? Oh ! que vous êtes
à plaindre de vivre sous un si rude maître ? Rien ne peut
adoucir son austérité : il affecte d'être ennemi de tous les
plaisirs ; il ne peut souffrir que vous en goûtiez aucun : il
vous fait un crime des choses les plus innocentes. Vous
pouviez dépendre de lui pendant que vous étiez hors d'état
de vous conduire vous-même ; mais après avoir montré
tant de sagesse, vous ne devez plus vous laisser traiter en
enfant ».

Ces paroles artificieuses perçaient le cœur de Télémaque

et le remplissaient de dépit contre Mentor, dont il voulait

secouer le joug. Il craignait de le revoir, et ne répondait
rien à Eucharis, tant il était troublé. Enfin, vers le soir,

la chasse s'étant passée de part et d'autre dans une contrainte perpétuelle, on revint par un coin de la forêt assez voisin du lieu où Mentor avait travaillé tout le jour. Calypso aperçut de loin le vaisseau achevé : ses yeux se couvrirent à l'instant d'un épais nuage semblable à celui de la mort. Ses genoux tremblants se dérobaient sous elle [1] : une froide sueur courut par tous les membres de son corps [2] : elle fut contrainte de s'appuyer sur les nymphes qui l'environnaient ; et Eucharis lui tendant la main pour la soutenir, elle la repoussa en jetant sur elle un regard terrible.

Télémaque, qui vit ce vaisseau, mais qui ne vit point Mentor, parce qu'il s'était déjà retiré, ayant fini son travail, demanda à la déesse à qui était ce vaisseau, et à quoi on le destinait. D'abord elle ne put répondre ; mais enfin elle dit : « C'est pour renvoyer Mentor que je l'ai fait faire ; vous ne serez plus embarrassé par cet ami sévère qui s'oppose à votre bonheur et qui serait jaloux si vous deveniez immortel ».

« Mentor m'abandonne ! c'est fait de moi ! s'écria Télémaque. O Eucharis, si Mentor me quitte, je n'ai plus que vous. » Ces paroles lui échappèrent dans le transport de sa passion. Il vit le tort qu'il avait eu en les disant ; mais il n'avait pas été libre de penser au sens de ses paroles. Toute la troupe étonnée demeura dans le silence. Eucharis, rougissant et baissant les yeux, demeurait derrière, tout interdite, sans oser se montrer. Mais pendant que la honte était sur son visage, la joie était au fond de son cœur. Télémaque ne se comprenait plus lui-même et ne pouvait croire qu'il eût parlé si indiscrètement. Ce qu'il avait fait lui paraissait comme un songe, mais un songe dont il demeurait confus et troublé.

Calypso, plus furieuse qu'une lionne à qui on a enlevé

Et mes genoux tremblants se dérobent sous moi.
RACINE, *Ph.*, I, III.

Tum gelidus toto manabat corpore sudor.
VIRG., *Æn.*, III, 175.

ses petits, courait au travers de la forêt sans suivre aucun
chemin, et ne sachant où elle allait. Enfin, elle se trouva
à l'entrée de sa grotte, où Mentor l'attendait. « Sortez de mon
île, dit-elle, ô étrangers, qui êtes venus troubler mon
repos. Loin de moi ce jeune insensé! Et vous, imprudent
vieillard, vous sentirez ce que peut le courroux d'une
déesse, si vous ne l'arrachez d'ici tout à l'heure. Je ne
veux plus le voir; je ne veux plus souffrir qu'aucune de
mes nymphes lui parle, ni le regarde. J'en jure par les
ondes du Styx, serment qui fait trembler les dieux
mêmes [1]. Mais apprends, Télémaque, que tes maux ne sont
pas finis : ingrat, tu ne sortiras de mon île que pour être
en proie à de nouveaux malheurs. Je serai vengée [2] tu
regretteras Calypso, mais en vain. Neptune, encore irrité
contre ton père, qui l'a offensé en Sicile [3], et sollicité par
Vénus, que tu as méprisée dans l'île de Chypre, te prépare
d'autres tempêtes. Tu verras ton père, qui n'est pas mort;
mais tu le verras sans le connaître. Tu ne te réuniras avec
lui en Ithaque qu'après avoir été le jouet de la plus cruelle
fortune. Va : je conjure les puissances célestes de me
venger... Puisses-tu, au milieu des mers, suspendu aux
pointes d'un rocher, et frappé de la foudre, invoquer en
vain Calypso. que ton supplice comblera de joie [4] ! »

Ayant dit ces paroles, son esprit agité était déjà prêt à
prendre des résolutions contraires. L'Amour rappela dans
son cœur le désir de retenir Télémaque. « Qu'il vive, disait-

Cocyti stagna alta vides, Stygiamque paludem,
Di cujus jurare timent et fallere numen.
VIRG., Æn., VI, 323.

.... Dabis, improbe, pœnas.
VIRG., Æn., VI, 386.

[3] On sait qu'en Sicile Ulysse avait ôté la vue à Polypheme, et
que Polyphème etait fils de Neptune. Le dieu des mers persecutait
Ulysse pour venger le Cyclope. Voyez l'*Odyssec*, I, 68.

. . . .
Spero equidem medius, si quid pia numina possunt,
Supplicia hausurum scopulis, et nomine Dido
Sæpe vocaturum.
VIRG., Æn., IV, 381.

elle en elle-même ; qu'il demeure ici : peut-être qu'il
sentira enfin tout ce que j'ai fait pour lui. Eucharis ne saurait, comme moi, lui donner l'immortalité. O trop aveugle
Calypso ! tu t'es trahie toi-même par ton serment : te
voilà engagée ; et les ondes du Styx, par lesquelles tu as
juré, ne te permettent plus aucune espérance. » Personne
n'entendait ces paroles : mais on voyait sur son visage les
Furies peintes ; et tout le venin empesté du noir Cocyte
semblait s'exhaler de son cœur.

Télémaque en fut saisi d'horreur. Elle le comprit ; car
qu'est-ce que l'amour jaloux ne devine pas[1] ? et l'horreur
de Télémaque redoubla les transports de la déesse. Semblable à une bacchante qui remplit l'air de ses hurlements,
et qui en fait retentir les hautes montagnes de Thrace[2],
elle court au travers les bois avec un dard en main, appe-
lant toutes ses nymphes, et menaçant de percer toutes
celles qui ne la suivront pas. Elles courent en foule,
effrayées de cette menace. Eucharis même s'avance les
larmes aux yeux, et regardant de loin Télémaque, à
qui elle n'ose plus parler. La déesse frémit en la voyant
auprès d'elle ; et, loin de s'apaiser par la soumission de
cette nymphe, elle ressent une nouvelle fureur, voyant
que l'affliction augmente la beauté d'Eucharis[3].

Cependant Télémaque était demeuré seul avec Mentor.
Il embrasse ses genoux, car il n'osait l'embrasser autre-

---

[1]   .... Quis fallere possit amantem ?
                    VIRG., Æn., IV, 296.

[2]   .... Qualis commotis excita sacris
          Thyias.
                    Ibid., IV, 30

[3] « Fénelon, dit l'abbé Delille à la fin de ses remarques sur le
« IVᵉ livre de l'Énéide, a, comme Virgile, fait la description d'une
« chasse ; mais il se l'est appropriée par une foule de circonstances
« différentes, et toutes heureusement imaginées. Il a ajouté à l'in-
« térêt de l'amour par la peinture de la jalousie, moyen que le
« caractère du héros de Virgile lui interdisait ; et il est le seul qui
« ait mis dans sa prose poétique assez d'images et d'harmonies pour
« faire oublier le charme des vers que tous les autres poètes ont
« jugé nécessaire à l'action épique. »

ment ni le regarder ; il verse un torrent de larmes ; il veut
parler, la voix lui manque ; les paroles lui manquent
encore davantage ; il ne sait ni ce qu'il doit faire, ni ce
qu'il fait, ni ce qu'il veut. Enfin il s'écrie : « O mon vrai
père ! ô Mentor ! délivrez-moi de tant de maux ! Je ne puis
ni vous abandonner ni vous suivre. Délivrez-moi de tant
de maux, délivrez-moi de moi-même ; donnez-moi la
mort. »

Mentor l'embrasse, le console, l'encourage, lui apprend
à se supporter lui-même, sans flatter sa passion, et lui
dit : « Fils du sage Ulysse, que les dieux ont tant aimé et
qu'ils aiment encore, c'est par un effet de leur amour que
vous souffrez des maux si horribles. Celui qui n'a point
senti sa faiblesse et la violence de ses passions n'est point
sage ; car il ne se connaît point encore et ne sait point se
défier de soi. Les dieux vous ont conduit comme par la
main jusqu'au bord de l'abîme, pour vous en montrer
toute la profondeur, sans vous y laisser tomber. Comprenez
maintenant ce que vous n'auriez jamais compris si vous ne
l'aviez éprouvé. On vous aurait parlé[1] des trahisons de
l'Amour, qui flatte pour perdre, et qui, sous une apparence de douceur, cache les plus affreuses amertumes. Il
est venu cet enfant plein de charmes, parmi les ris, les
jeux et les grâces. Vous l'avez vu : il a enlevé votre cœur,
et vous avez pris plaisir à le lui laisser enlever. Vous
cherchiez des prétextes pour ignorer la plaie de votre
cœur ; vous cherchiez à me tromper et à vous flatter vous-
même ; vous ne craigniez rien. Voyez le fruit de votre témérité : vous demandez maintenant la mort, et c'est l'unique
espérance qui vous reste. La déesse troublée ressemble à
une Furie infernale ; Eucharis brûle d'un feu plus cruel
que toutes les douleurs de la mort ; toutes ces nymphes
jalouses sont prêtes à s'entre-déchirer : et voilà ce que fait
le traître Amour qui paraît si doux ! Rappelez tout votre

---

[1] VAR. Dans beaucoup d'éditions, on lit *parlé en vain des trahisons*, etc. ; mais les mots *en vain* ne se trouvent point dans les
manuscrits.

courage. A quel point les dieux vous aiment-ils, puisqu'ils
vous ouvrent un si beau chemin pour fuir l'Amour et
pour revoir votre chère patrie ! Calypso elle-même est
contrainte de vous chasser. Le vaisseau est tout prêt :
que tardons-nous à quitter cette île, où la vertu ne
peut habiter ? »

En disant ces paroles, Mentor le prit par la main, et
l'entraînait vers le rivage. Télémaque suivait à peine,
regardant toujours derrière lui. Il considérait Eucharis,
qui s'éloignait de lui. Ne pouvant voir son visage, il
regardait ses beaux cheveux noués, ses habits flottants,
et sa noble démarche. Il aurait voulu pouvoir baiser les
traces de ses pas. Lors même qu'il la perdit de vue, il
prêtait encore l'oreille, s'imaginant entendre sa voix.
Quoique absente, il la voyait [1] ; elle était peinte et comme
vivante devant ses yeux [2] : il croyait même parler à
elle, ne sachant plus où il était et ne pouvant écouter
Mentor.

Enfin, revenant à lui comme d'un profond sommeil, il
dit à Mentor : « Je suis résolu de vous suivre ; mais je n'ai
pas encore dit adieu à Eucharis. J'aimerais mieux mourir
que de l'abandonner ainsi avec ingratitude. Attendez que
je la revoie encore une dernière fois, pour lui faire
un éternel adieu. Au moins souffrez que je lui dise :
O nymphe, les dieux cruels, les dieux jaloux de mon bonheur me contraignent de partir ; mais ils m'empêcheront
plutôt de vivre que de me souvenir à jamais de vous [3]. O mon
père, ou laissez-moi cette dernière consolation qui est si
juste, ou arrachez-moi la vie dans ce moment. Non, je ne
veux ni demeurer dans cette île, ni m'abandonner à l'amour.
L'amour n'est point dans mon cœur ; je ne sens que de

---

[1]   ..... Illum absens absentem auditque videtque.
                    Virg., Æn., IV, 83.

[2]   Conjugis ante oculos sicut præsentis imago est.
                    Ovid., Tr., III, iv, 59.

[3]   ..... Nec me meminisse pigebit Elyssæ,
        Dum memor ipse mei. dum spiritus hos regit artus.
                    Virg., Æn., IV, 335.

l'amitié et de la reconnaissance pour Eucharis. Il me suffit de le lui dire encore une fois, et je pars avec vous sans retardement ».

« Que j'ai pitié de vous ! répondit Mentor. Votre passion est si furieuse que vous ne la sentez pas. Vous croyez être tranquille, et vous demandez la mort! vous osez dire que vous n'êtes point vaincu par l'amour, et vous ne pouvez

vous arracher à la nymphe que vous aimez! vous ne voyez, vous n'entendez qu'elle; vous êtes aveugle et sourd à tout le reste. Un homme que la fièvre rend frénétique dit : Je ne suis point malade. O aveugle Télémaque! vous étiez prêt à renoncer à Pénélope, qui vous attend; à Ulysse, que vous verrez; à Ithaque, où vous devez régner; à la gloire et à la haute destinée que les dieux vous ont promises par tant de merveilles qu'ils ont faites en votre faveur: vous

renonciez à tous ces biens pour vivre déshonoré auprès
d'Eucharis. Direz-vous encore que l'amour ne vous attache
point à elle? Qu'est-ce donc qui vous trouble? pourquoi
voulez-vous mourir? pourquoi avez-vous parlé devant la
déesse avec tant de transport? Je ne vous accuse point de
mauvaise foi : mais je déplore votre aveuglement. Fuyez,
Télémaque, fuyez! on ne peut vaincre l'Amour qu'en
fuyant. Contre un tel ennemi, le vrai courage consiste à
craindre et à fuir, mais à fuir sans délibérer, et sans se
donner à soi-même le temps de regarder jamais derrière
soi. Vous n'avez pas oublié les soins que vous m'avez
coûtés depuis votre enfance et les périls dont vous êtes
sorti par mes conseils : ou croyez-moi, ou souffrez que je
vous abandonne. Si vous saviez combien il m'est douloureux de vous voir courir à votre perte! Si vous saviez tout
ce que j'ai souffert pendant que je n'ai osé vous parler! la
mère qui vous mit au monde souffrit moins dans les douleurs de l'enfantement. Je me suis tu; j'ai dévoré ma peine;
j'ai étouffé mes soupirs pour voir si vous reviendriez à moi.
O mon fils! mon cher fils ! soulagez mon cœur, rendez-moi
ce qui m'est plus cher que mes entrailles: rendez-moi
Télémaque, que j'ai perdu; rendez-vous à vous-même. Si
la sagesse en vous surmonte l'amour, je vis, et je vis heureux; mais si l'amour vous entraîne malgré la sagesse,
Mentor ne peut plus vivre. »

Pendant que Mentor parlait ainsi, il continuait son
chemin vers la mer; et Télémaque, qui n'était pas encore
assez fort pour le suivre de lui-même, l'était déjà assez
pour se laisser mener sans résistance. Minerve, toujours
cachée sous la figure de Mentor, couvrant invisiblement
Télémaque de son égide et répandant autour de lui un
rayon divin, lui fit sentir un courage qu'il n'avait point
encore éprouvé depuis qu'il était dans cette île. Enfin ils
arrivèrent dans un endroit de l'île où le rivage de la mer
était escarpé : c'était un rocher toujours battu par l'onde
écumante. Ils regardèrent de cette hauteur si le vaisseau
que Mentor avait préparé était encore dans la même place,
mais ils aperçurent un triste spectacle

L'Amour était vivement piqué de voir que ce vieillard inconnu non seulement était insensible à ses traits, mais encore lui enlevait Télémaque : il pleurait de dépit, et il alla trouver Calypso errante dans les sombres forêts. Elle ne put le voir sans gémir et elle sentit qu'il rouvrait toutes les plaies de son cœur. L'Amour lui dit : « Vous êtes déesse, et vous vous laissez vaincre par un faible mortel qui est captif dans votre île! pourquoi le laissez-vous sortir? » « O malheureux Amour, répondit-elle, je ne veux plus écouter tes pernicieux conseils : c'est toi qui m'as tirée d'une douce et profonde paix pour me précipiter dans un abîme de malheurs. C'en est fait, j'ai juré par les ondes du Styx que je laisserais partir Télémaque. Jupiter même, le père des dieux, avec toute sa puissance, n'oserait contrevenir à ce redoutable serment. Télémaque sort de mon île : sors aussi, pernicieux enfant; tu m'as fait plus de mal que lui ! »

L'Amour, essuyant ses larmes, fit un sourire moqueur et malin. « En vérité, dit-il, voilà un grand embarras! laissez-moi faire; suivez votre serment, ne vous opposez point au départ de Télémaque. Ni vos nymphes ni moi n'avons juré par les ondes de Styx de le laisser partir. Je leur inspirerai le dessein de brûler ce vaisseau que Mentor a fait avec tant de précipitation. Sa diligence, qui nous a surpris, sera inutile. Il sera surpris lui-même à son tour; et il ne lui restera plus aucun moyen de vous arracher Télémaque.

Ces paroles flatteuses firent glisser l'espérance et la joie jusqu'au fond des entrailles de Calypso. Ce qu'un zéphyre fait par sa fraîcheur sur le bord d'un ruisseau pour délasser les troupeaux languissants que l'ardeur de l'été consume, ce discours le fit pour apaiser le désespoir de la déesse. Son visage devint serein; ses yeux s'adoucirent; les noirs soucis qui rongeaient son cœur s'enfuirent pour un moment loin d'elle : elle s'arrêta, elle sourit, elle flatta le folâtre Amour, et, en le flattant, elle se prépara de nouvelles douleurs.

L'Amour, content de l'avoir persuadée, alla pour per-

suader aussi les nymphes, qui étaient errantes et dispersées
sur toutes les montagnes, comme un troupeau de moutons
que la rage des loups affamés a mis en fuite loin du berger.
L'Amour les rassemble, et leur dit : « Télémaque est
encore en vos mains; hâtez-vous de brûler ce vaisseau que
le téméraire Mentor a fait pour s'enfuir ». Aussitôt elles
allument des flambeaux; elles accoururent sur le rivage;
elles frémissent; elles poussent des hurlements; elles
secouent leurs cheveux épars, comme des bacchantes.
Déjà la flamme vole, elle dévore le vaisseau qui est d'un
bois sec et enduit de résine [1] : des tourbillons de fumée
et de flamme s'élèvent dans les nues.

Télémaque et Mentor aperçoivent ce feu de dessus le
rocher et entendent les cris des nymphes. Télémaque fut
tenté de s'en réjouir, car son cœur n'était pas encore
guéri, et Mentor remarquait que sa passion était comme
un feu mal éteint qui sort de temps en temps de dessous
la cendre et qui repousse de vives étincelles. « Me voilà
donc, dit Télémaque, rengagé dans mes liens! Il ne nous
reste plus aucune espérance de quitter cette île. »

Mentor vit bien que Télémaque allait retomber dans
toutes ses faiblesses, et qu'il n'y avait pas un seul moment
à perdre. Il aperçut de loin au milieu des flots un vaisseau
arrêté qui n'osait approcher de l'île, parce que tous les
pilotes connaissaient que l'île de Calypso était inaccessible
à tous les mortels. Aussitôt le sage Mentor, poussant Télémaque, qui était assis sur le bord du rocher, le précipite
dans la mer, et s'y jette avec lui. Télémaque, surpris de
cette violente chute, but l'onde amère et devint le jouet
des flots. Mais revenant à lui et voyant Mentor qui lui
tendait la main pour lui aider à nager, il ne songea plus
qu'à s'éloigner de l'île fatale.

Les nymphes, qui avaient cru les tenir captifs, poussèrent
des cris pleins de fureur, ne pouvant plus empêcher leur

                    .... Facesque
    Conjiciunt: furit immissis vulcanis habenis
    Transtra per et remos, et pictas abjete puppes.
              VIRG , Æn , V, 661.

fuite. Calypso, inconsolable, rentra dans sa grotte, qu'elle remplit de ses hurlements ; l'Amour, qui vit changer son triomphe en une honteuse défaite, s'éleva au milieu de l'air en secouant ses ailes, et s'envola dans le bocage d'Idalie où sa cruelle mère l'attendait. L'enfant, encore plus cruel, ne se consola qu'en riant avec elle de tous les maux qu'il avait faits.

A mesure que Télémaque s'éloignait de l'île, il sentait avec plaisir renaître son courage et son amour pour la vertu. « J'éprouve, s'écriait-il parlant à Mentor, ce que vous me disiez et que je ne pouvais croire, faute d'expérience : on ne surmonte le vice qu'en fuyant. O mon père, que les dieux m'ont aimé en me donnant votre secours ! Je méritais d'en être privé et d'être abandonné à moi-même. Je ne crains plus ni mer, ni vents, ni tempêtes ; je ne crains plus que mes passions. L'amour est lui seul plus à craindre que tous les naufrages.

LIVRE VII

SOMMAIRE

Mentor et Télémaque s'avancent vers le vaisseau phénicien
arrêté auprès de l'île de Calypso; ils sont accueillis favorablement par Adoam, frère de Narbal, commandant de ce vaisseau. Adoam, reconnaissant Télémaque, lui promet aussitôt
de le conduire à Ithaque. Il lui raconte la mort tragique de
Pygmalion et d'Astarbé, puis l'élévation de Baléazar, que le
tyran son père avait disgracié à la persuasion de cette femme.
Télémaque, à son tour, fait le récit de ses aventures depuis
son départ de Tyr. Pendant un repas qu'Adoam donne à
Télémaque et à Mentor, Achitoas, par les doux accords de
sa voix et de sa lyre, assemble autour du vaisseau les Tritons, les Néréides, toutes les autres divinités de la mer et
les monstres marins eux-mêmes. Mentor, prenant une lyre,
en joue avec tant d'art, qu'Achitoas jaloux laisse tomber la
sienne de dépit. Adoam raconte ensuite les merveilles de la
Bétique. Il décrit la douce température de l'air et toutes les
richesses de ce pays, dont les peuples mènent la vie la plus
heureuse dans une parfaite simplicité de mœurs.

Le vaisseau qui était arrêté, et vers lequel ils s'avançaient, était un vaisseau phénicien qui allait dans l'Épire [2]
Ces Phéniciens avaient vu Télémaque au voyage d'Égypte,
mais ils n'avaient garde de le reconnaître au milieu des flots.
Quand Mentor fut assez près du vaisseau pour faire entendre
sa voix, il s'écria d'une voix forte, en élevant sa tête au-
dessus de l'eau : « Phéniciens, si secourables à toutes les
nations, ne refusez pas la vie à deux hommes qui l'attendent de votre humanité. Si le respect des dieux vous
touche, recevez-nous dans votre vaisseau : nous irons

---

[1] VAR. Livro VIII.

[2] Contrée de la Grèce occidentale, laquelle s'étendait du golfe
d'Ambracie aux monts Acrocérauniens, le long de la mer Ionienne.
Les limites n'ont ont pas toujours été les mêmes, mais ce n'est pas
ici le lieu d'entrer dans cette discussion

partout où vous irez ». Celui qui commandait répondit :
« Nous vous recevrons avec joie; nous n'ignorons pas ce
qu'on doit faire pour des inconnus qui paraissent si malheureux ». Aussitôt on les reçoit dans le vaisseau.

A peine y furent-ils entrés que, ne pouvant plus respirer, ils demeurèrent immobiles; car ils avaient nagé

longtemps et avec effort pour résister aux vagues. Peu à
peu ils reprirent leurs forces : on leur donna d'autres
habits, parce que les leurs étaient appesantis par l'eau qui
les avait pénétrés, et qui coulait de tous côtés. Lorsqu'ils
furent en état de parler, tous ces Phéniciens, empressés
autour d'eux, voulaient savoir leurs aventures. Celui qui
commandait leur dit : « Comment avez-vous pu entrer
dans cette île d'où vous sortez ? elle est, dit-on, possédée
par une déesse cruelle, qui ne souffre jamais qu'on y

aborde. Elle est même bordée de rochers affreux, contre lesquels la mer va follement combattre, et on ne pourrait en approcher sans faire naufrage ». « Aussi est-ce par un naufrage, répondit Mentor, que nous y avons été jetés. Nous sommes grecs; notre patrie est l'île d'Ithaque, voisine de l'Epire, où vous allez. Quand même vous ne voudriez pas relâcher en Ithaque, qui est sur votre route, il nous suffirait que vous nous menassiez dans l'Épire : nous y trouverons des amis qui auront soin de nous faire faire le court trajet qui nous restera, et nous vous devrons à jamais la joie de revoir ce que nous avons de plus cher au monde. »

Ainsi c'était Mentor qui portait la parole; et Télémaque, gardant le silence, laissait parler, car les fautes qu'il avait faites dans l'île de Calypso augmentèrent beaucoup sa sagesse. Il se défiait de lui-même; il sentait le besoin de suivre toujours les sages conseils de Mentor; et quand il ne pouvait lui parler pour lui demander ses avis, du moins il consultait ses yeux et tâchait de deviner toutes ses pensées.

Le commandant phénicien, arrêtant ses yeux sur Télémaque, croyait se souvenir de l'avoir vu; mais c'était un souvenir confus qu'il ne pouvait démêler. « Souffrez, lui dit-il, que je vous demande si vous vous souvenez de m'avoir vu autrefois, comme il me semble que je me souviens de vous avoir vu; votre visage ne m'est point inconnu, il m'a d'abord frappé, mais je ne sais où je vous ai vu : votre mémoire aidera peut-être la mienne. »

Alors Télémaque lui répondit avec un étonnement mêlé de joie : « Je suis, en vous voyant, comme vous êtes à mon égard. Je vous ai vu, je vous reconnais; mais je ne puis me rappeler si c'est en Égypte ou à Tyr ». Alors ce Phénicien, tel qu'un homme qui s'éveille le matin et qui rappelle peu à peu de loin le songe fugitif qui a disparu à son réveil, s'écria tout à coup : « Vous êtes Télémaque que Narbal prit en amitié lorsque nous revînmes d'Égypte. Je suis son frère dont il vous aura parlé souvent. Je vous laissai entre ses mains après l'expédition d'Égypte : il me

fallut aller au delà de toutes les mers, dans la fameuse
Bétique[1], auprès des Colonnes d'Hercule. Ainsi je ne fis
que vous voir, et il ne faut pas s'étonner si j'ai eu tant de
peine à vous reconnaître d'abord ».

« Je vois bien, répondit Télémaque, que vous êtes
Adoam. Je ne fis presque alors que vous entrevoir, mais je
vous ai connu par les entretiens de Narbal. Oh! quelle joie
de pouvoir apprendre par vous des nouvelles d'un homme
qui me sera toujours si cher! Est-il toujours à Tyr? Ne
souffre-t-il point quelque cruel traitement du soupçonneux
et barbare Pygmalion[2]? » Adoam répondit en l'interrompant : « Sachez, Télémaque, que la fortune favorable vous
confie à un homme qui prendra toutes sortes de soins de
vous. Je vous ramènerai dans l'île d'Ithaque avant que
d'aller en Epire, et le frère de Narbal n'aura pas moins
d'amitié pour vous que Narbal même ».

Ayant parlé ainsi, il remarqua que le vent qu'il attendait commençait à souffler; il fit lever les ancres, mettre
les voiles et fendre la mer à force de rames. Aussitôt il
prit à part Télémaque et Mentor pour les entretenir.

« Je vais, dit-il, regardant Télémaque, satisfaire votre
curiosité. Pygmalion n'est plus : les justes dieux en
ont délivré la terre. Comme il ne se fiait à personne, personne ne pouvait se fier à lui. Les bons se contentaient de
gémir et de fuir ses cruautés, sans pouvoir se résoudre à
lui faire aucun mal; les méchants ne croyaient pouvoir
assurer leur vie qu'en finissant la sienne. Il n'y avait point
de Tyrien qui ne fût chaque jour en danger d'être l'objet
de ses défiances. Ses gardes mêmes étaient plus exposés
que les autres : comme sa vie était entre leurs mains, il
les craignait plus que tout le reste des hommes, et, sur le
moindre soupçon, il les sacrifiait à sa sûreté. Ainsi, à force
de chercher sa sûreté, il ne pouvait plus la trouver. Ceux qui
étaient les dépositaires de sa vie étaient dans un péril continuel par sa défiance, et ils ne pouvaient se tirer d'un état

---

[1] La Bétique prenait son nom du fleuve Betis, aujourd'hui le
Guadalquivir : elle répond à l'Andalousie des modernes.
[2] Voyez le livre III.

ꜱɪ horrible, qu'en prévenant par la mort du tyran ses
cruels soupçons.

L'impie Astarbé, dont vous avez ouï parler souvent[1],
fut la première à résoudre la perte du roi. Elle aima passionnément un jeune Tyrien fort riche, nommé Joazar; elle
espéra de le mettre sur le trône. Pour réussir dans ce
dessein, elle persuada au roi que l'aîné de ses deux fils,
nommé Phadael, impatient de succéder à son père, avait
conspiré contre lui : elle trouva de faux témoins pour
prouver la conspiration. Le malheureux roi fit mourir son
fils innocent. Le second, nommé Baléazar, fut envoyé à
Samos, sous prétexte d'apprendre les mœurs et les sciences
de la Grèce, mais en effet parce qu'Astarbé fit entendre
au roi qu'il fallait l'éloigner, de peur qu'il ne prît des liai-
sons avec les mécontents. A peine fut-il parti que ceux qui
conduisaient le vaisseau, ayant été corrompus par cette
femme cruelle, prirent leurs mesures pour faire naufrage
pendant la nuit; ils se sauvèrent en nageant jusqu'à des
barques étrangères qui les attendaient, et ils jetèrent le
jeune prince au fond de la mer.

« Cependant les amours d'Astarbé n'étaient ignorées
que de Pygmalion, et il s'imaginait qu'elle n'aimerait
jamais que lui seul. Ce prince si défiant était ainsi plein
d'une aveugle confiance pour cette méchante femme ·
c'était l'amour qui l'aveuglait jusqu'à cet excès. En
même temps l'avarice lui fit chercher des prétextes pour
faire mourir Joazar, dont Astarbé était si passionnée : il
ne songeait qu'à ravir les richesses de ce jeune homme.

« Mais pendant que Pygmalion était en proie à la défiance, à l'amour et à l'avarice, Astarbé se hâta de lui ôter la
vie. Elle crut qu'il avait peut-être découvert quelque chose
de ses infâmes amours avec ce jeune homme. D'ailleurs, elle
savait que l'avarice seule suffirait pour porter le roi à une
action cruelle contre Joazar; elle conclut qu'il n'y avait
pas un moment à perdre pour le prévenir. Elle voyait les
principaux officiers du palais prêts à tremper leurs mains

_____

[1] Voyez le livre III.

dans le sang du roi; elle entendait parler tous les jours de quelque nouvelle conjuration, mais elle craignait de se confier à quelqu'un par qui elle serait trahie. Enfin, il lui parut plus assuré d'empoisonner Pygmalion.

« Il mangeait le plus souvent tout seul avec elle, et apprêtait lui-même tout ce qu'il devait manger, ne pouvant se fier qu'à ses propres mains. Il se renfermait dans le lieu le plus reculé de son palais, pour mieux cacher sa défiance, et pour n'être jamais observé quand il préparerait ses repas. Il n'osait plus chercher aucun des plaisirs de la table; il ne pouvait se résoudre à manger d'aucune des choses qu'il ne savait pas apprêter lui-même. Ainsi, non seulement toutes les viandes cuites avec des ragoûts par des cuisiniers, mais encore le vin, le pain, le sel, l'huile, le lait et tous les autres aliments ordinaires ne pouvaient être de son usage : il ne mangeait que des fruits qu'il avait cueillis lui-même dans son jardin, ou des légumes qu'il avait semés et qu'il faisait cuire. Au reste, il ne buvait jamais d'autre eau que celle qu'il puisait lui-même dans une fontaine qui était renfermée dans un endroit de son palais dont il gardait toujours la clef. Quoiqu'il parût si rempli de confiance pour Astarbé, il ne laissait pas de se précautionner contre elle; il la faisait toujours manger et boire avant lui de tout ce qui devait servir à son repas, afin qu'il ne pût point être empoisonné sans elle, et qu'elle n'eût aucune espérance de vivre plus longtemps que lui. Mais elle prit du contre-poison, qu'une vieille femme, encore plus méchante qu'elle et qui était la confidente de ses amours, lui avait fourni; après quoi elle ne craignit plus d'empoisonner le roi.

« Voici comment elle y parvint. Dans le moment où ils allaient commencer leur repas, cette vieille dont j'ai parlé fit tout à coup du bruit à une porte. Le roi, qui croyait toujours qu'on allait le tuer, se trouble et court à cette porte pour voir si elle est assez bien fermée. La vieille se retire. Le roi demeure interdit et, ne sachant ce qu'il doit croire de ce qu'il a entendu, il n'ose pourtant ouvrir la porte pour s'éclaircir Astarbé le rassure, le flatte et le presse de manger; elle avait déjà jeté du poison dans sa coupe d'or pendant qu'il était allé à la porte. Pygmalion, selon la coutume, la fit boire la première; elle but sans crainte, se fiant au contre-poison. Pygmalion but aussi, et peu de temps après il tomba dans une défaillance.

« Astarbé, qui le connaissait capable de la tuer sur le moindre soupçon, commença à déchirer ses habits, à arracher ses cheveux et à pousser des cris lamentables; elle embrassait le roi mourant; elle le tenait serré entre ses bras; elle l'arrosait d'un torrent de larmes, car les larmes ne coûtaient rien à cette femme artificieuse. Enfin, quand elle vit que les forces du roi étaient épuisées, et qu'il était comme agonisant, dans la crainte qu'il ne revînt, et qu'il ne voulût la faire mourir avec lui, elle passa des caresses et des plus tendres marques d'amitié à la plus horrible fureur : elle se jeta sur lui et l'étouffa. Ensuite elle arracha de son doigt l'anneau royal, lui ôta le diadème et fit entrer Joazar à qui elle donna l'un et l'autre. Elle crut que tous ceux qui avaient été attachés à elle ne manqueraient pas de suivre sa passion, et que son amant serait proclamé roi. Mais ceux qui avaient été les plus empressés à lui plaire étaient des esprits bas et mercenaires qui étaient incapables d'une sincère affection : d'ailleurs, ils manquaient de courage et craignaient encore plus la hauteur, la dissimulation, la cruauté de cette femme impie : chacun, pour sa propre sûreté, désirait qu'elle pérît.

« Cependant tout le palais est plein d'un tumulte affreux; on entend partout les cris de ceux qui disent : Le roi est mort ! Les uns sont effrayés, les autres courent aux armes : tous paraissent en peine des suites, mais ravis de cette nouvelle. La Renommée la fait voler de bouche en bouche dans toute la grande ville de Tyr, et il ne se trouve pas un seul homme qui regrette le roi; sa mort est la délivrance et la consolation de tout le peuple.

« Narbal, frappé d'un coup si terrible, déplora en homme de bien le malheur de Pygmalion, qui s'était trahi lui-même en se livrant à l'impie Astarbé, et qui avait mieux

aimé être un tyran monstrueux que d'être, selon le devoir
d'un roi, le père de son peuple. Il songea au bien de l'État
et se hâta de rallier tous les gens de bien pour s'opposer à
Astarbé, sous laquelle on aurait vu un règne encore plus
dur que celui qu'on voyait finir.

« Narbal savait que Baléazar ne fut point noyé quand
on le jeta dans la mer. Ceux qui assurèrent à Astarbé qu'il
était mort parlèrent ainsi croyant qu'il l'était : mais, à la
faveur de la nuit, il s'était sauvé en nageant ; et des marchands de Crète, touchés de compassion, l'avaient reçu
dans leur barque. Il n'avait pas osé retourner dans le
royaume de son père, soupçonnant qu'on avait voulu le
faire périr, et craignant autant la cruelle jalousie de
Pygmalion que les artifices d'Astarbé. Il demeura longtemps errant et travesti sur les bords de la mer, en Syrie,
où les marchands crétois l'avaient laissé ; il fut même
obligé de garder un troupeau pour gagner sa vie. Enfin, il
trouva moyen de faire savoir à Narbal l'état où il était ; il
crut pouvoir confier son secret et sa vie à un homme d'une
vertu si éprouvée. Narbal, maltraité par le père, ne laissa
pas d'aimer le fils et de veiller pour ses intérêts : mais il
n'en prit soin que pour l'empêcher de manquer jamais à
ce qu'il devait à son père, et il l'engagea à souffrir patiemment sa mauvaise fortune.

« Baléazar avait mandé à Narbal : Si vous jugez que je
puisse vous aller trouver, envoyez-moi un anneau d'or, et
je comprendrai aussitôt qu'il sera temps de vous aller
joindre. Narbal ne jugea point à propos, pendant la vie de
Pygmalion, de faire venir Baléazar ; il aurait tout hasardé
pour la vie du prince et pour la sienne propre, tant il
était difficile de se garantir des recherches rigoureuses de
Pygmalion. Mais aussitôt que ce malheureux roi eut fait
une fin digne de ses crimes, Narbal se hâta d'envoyer l'anneau d'or à Baléazar qui partit aussitôt et arriva aux portes
de Tyr dans le temps que toute la ville était en trouble
pour savoir qui succéderait à Pygmalion. Baléazar fut aise-
ment reconnu par les principaux Tyriens et par tout le
peuple. On l'aimait, non pour l'amour du feu roi son père

qui était haï universellement, mais à cause de sa douceur
et de sa modération. Ses longs malheurs mêmes lui donnaient je ne sais quel éclat qui relevait toutes ses bonnes
qualités [1] et qui attendrissait tous les Tyriens en sa
faveur.

« Narbal assembla les chefs du peuple, les vieillards qui
formaient le conseil et les prêtres de la grande déesse de
Phénicie[2]. Ils saluèrent Baléazar comme leur roi et le
firent proclamer par des hérauts. Le peuple répondit par
mille acclamations de joie. Astarbé les entendit du fond du
palais où elle était enfermée avec son lâche et infâme
Joazar. Tous les méchants, dont elle s'était servie pendant
la vie de Pygmalion, l'avaient abandonnée, car les méchants craignent les méchants, s'en défient et ne souhaitent
point de les voir en crédit. Les hommes corrompus connaissent combien leurs semblables abuseraient de l'autorité,
et quelle serait leur violence. Mais pour les bons, les méchants s'en accommodent mieux, parce qu'au moins ils
espèrent trouver en eux de la modération et de l'indul-
gence. Il ne restait plus autour d'Astarbé que certains
complices de ses crimes les plus affreux, et qui ne pouvaient attendre que le supplice.

On força le palais. Les scélérats n'osèrent pas résister
longtemps et ne songèrent qu'à s'enfuir. Astarbé, déguisée
en esclave, voulut se sauver dans la foule; mais un soldat la
reconnut : elle fut prise, et on eut bien de la peine à empêcher qu'elle ne fût déchirée par le peuple en fureur. Déjà
on avait commencé à la traîner dans la boue; mais Narbal
la tira des mains de la populace. Alors elle demanda à
parler à Baléazar, espérant de l'éblouir par ses charmes,
et de lui faire espérer qu'elle lui découvrirait des secrets
importants. Baléazar ne put refuser de l'écouter. D'abord
elle montra, avec sa beauté, une douceur et une modestie
capables de toucher les cœurs les plus irrités. Elle flatta
Baléazar par des louanges les plus délicates et les plus insi-

---

[1]   Tes malheurs te prêtaient encor de nouveaux charmes.
                              RACINE, *Ph.*, II, v
[2] Astarté.

nuantes; elle lui représenta combien Pygmalion l'avait
aimée; elle le conjura par ses cendres d'avoir pitié d'elle;
elle invoqua les dieux, comme si elle les eût sincèrement
adorés; elle versa des torrents de larmes; elle se jeta aux
genoux du nouveau roi, mais ensuite elle n'oublia rien
pour lui rendre suspects et odieux tous ses serviteurs les

ANDREW, BEST, LELOIR.

plus affectionnés. Elle accusa Narbal d'être entré dans une
conjuration contre Pygmalion et d'avoir essayé de suborner les peuples pour se faire roi au préjudice de Baléazar;
elle ajouta qu'il voulait empoisonner ce jeune prince. Elle
inventa de semblables calomnies contre tous les autres
Tyriens qui aiment la vertu. Elle espérait de trouver dans
le cœur de Baléazar la même défiance et les mêmes soup-

cons qu'elle avait vus dans celui du roi son père. Mais
Baléazar, ne pouvant plus souffrir la noire malignité de
cette femme, l'interrompit et appela des gardes. On la
mit en prison ; les plus sages vieillards furent commis pour
examiner toutes ses actions.

« On découvrit avec horreur qu'elle avait empoisonné e
étouffé Pygmalion : toute la suite de sa vie parut un en-
chaînement continuel de crimes monstrueux. On allait la
condamner au supplice qui est destiné à punir les grands
crimes dans la Phénicie : c'est d'être brûlé à petit feu ;
mais quand elle comprit qu'il ne lui restait plus aucune
espérance, elle devint semblable à une Furie sortie de
l'Enfer. Elle avala du poison qu'elle portait toujours sur
elle pour se faire mourir, en cas qu'on voulût lui faire souffrir de longs tourments. Ceux qui la gardèrent aperçurent
qu'elle souffrait une violente douleur, ils voulurent la
secourir, mais elle ne voulut jamais leur répondre, et elle
fit signe qu'elle ne voulait aucun soulagement. On lui parla
des justes dieux qu'elle avait irrités : au lieu de témoigner
la confusion et le repentir que ses fautes méritaient, elle
regarda le ciel avec mépris et arrogance, comme pour insulter aux dieux.

« La rage et l'impiété étaient peintes sur son visage mourant. On ne voyait plus aucun reste de cette beauté qui
avait fait le malheur de tant d'hommes ; toutes ses grâces
étaient effacées : ses yeux éteints roulaient dans sa tête
et jetaient des regards farouches ; un mouvement convulsif
agitait ses lèvres et tenait sa bouche ouverte d'une horrible
grandeur ; tout son visage, tiré et rétréci, faisait des gri-
maces hideuses ; une pâleur livide et une froideur mortelle
avait saisi tout son corps[1]. Quelquefois elle semblait se
ranimer, mais ce n'était que pour pousser des hurlements.
Enfin elle expira, laissant remplis d'horreur et d'effroi
tous ceux qui la virent. Ses mânes impies descendirent
sans doute dans ces tristes lieux où les cruelles Danaïdes

---

[1]   . Frigus per ungues
Labitur, et pallor arida suffundit venas.
ov   . Met. II, 893

puisent éternellement de l'eau dans des vases percés; où Ixion tourne à jamais sa roue; où Tentale, brûlant de soif, ne peut avaler l'eau qui s'enfuit de ses lèvres; où Sisyphe roule inutilement un rocher qui retombe sans cesse, et où Titye sentira éternellement dans ses entrailles, toujours renaissantes, un vautour qui les ronge.

« Baléazar, délivré de ce monstre, rendit grâces aux dieux par d'innombrables sacrifices. Il a commencé son règne par une conduite tout opposée à celle de Pygmalion. Il s'est appliqué à faire refleurir le commerce, qui languissait tous les jours de plus en plus. Il a pris les conseils de Narbal pour les principales affaires, et n'est pourtant point gouverné par lui : car il veut tout voir par lui-même. Il écoute tous les différents avis qu'on veut lui donner, et décide ensuite sur ce qui lui paraît le meilleur. Il est aimé des peuples. En possédant les cœurs, il possède plus de trésors que son père n'en avait amassé par son avarice cruelle : car il n'y a aucune famille qui ne lui donnât tout ce qu'elle a de biens, s'il se trouvait dans une pressante nécessité : ainsi, ce qu'il leur laisse est plus à lui que s'il le leur ôtait. Il n'a pas besoin de se précautionner pour la sûreté de sa vie; car il a toujours autour de lui la plus sûre garde, qui est l'amour des peuples. Il n'y a aucun de ses sujets qui ne craigne de le perdre, et qui ne hasardât sa propre vie pour conserver celle d'un si bon roi. Il vit heureux, et tout son peuple est heureux avec lui. Il craint de charger trop ses peuples; ses peuples craignent de ne lui offrir pas une assez grande partie de leurs biens. Il les laisse dans l'abondance, et cette abondance ne les rend ni indociles ni insolents, car ils sont laborieux, adonnés au commerce, fermes à conserver la pureté des anciennes lois. La Phénicie est remontée au plus haut point de sa grandeur et de sa gloire. C'est à son jeune roi qu'elle doit tant de prospérités.

« Narbal gouverne sous lui. O Télémaque, s'il vous voyait maintenant, avec quelle joie vous comblerait-il de présents! Quel plaisir serait-ce pour lui de vous renvoyer magnifiquement dans votre patrie ! Ne suis-je pas heureux de faire ce qu'il voudrait pouvoir faire lui-même et d'aller dans l'île d'Ithaque mettre sur le trône le fils d'Ulysse, afin qu'il y règne aussi sagement que Baléazar règne à Tyr? »

Après qu'Adoam eut parlé ainsi, Télémaque, charmé de l'histoire que ce Phénicien venait de raconter, et plus encore des marques d'amitié qu'il en recevait dans son malheur, l'embrassa tendrement. Ensuite Adoam lui demanda par quelle aventure il était entré dans l'île de Calypso. Télémaque lui fit, à son tour, l'histoire de son départ de Tyr; de son passage dans l'île de Chypre; de la manière dont il avait retrouvé Mentor; de leur voyage en Crète; des jeux publics pour l'élection d'un roi après la fuite d'Idoménée; de la colère de Vénus; de leur naufrage; du plaisir avec lequel Calypso les avait reçus; de la jalousie de cette déesse contre une de ses nymphes, et de l'action de Mentor qui avait jeté son ami dans la mer, dès qu'il vit le vaisseau phénicien.

Après ces entretiens, Adoam fit servir un magnifique repas; et, pour témoigner une plus grande joie, ils rassembla tous les plaisirs dont on pouvait jouir. Pendant le repas, qui fut servi par de jeunes Phéniciens vêtus de blanc et couronnés de fleurs, on brûla les plus exquis parfums de l'Orient. Tous les bancs de rameurs étaient pleins de joueurs de flûtes. Achitoas les interrompait de temps en temps par les doux accords de sa voix et de sa lyre, dignes d'être entendus à la table des dieux et de ravir les oreilles d'Apollon même. Les tritons, les néréides, toutes les divinités qui obéissent à Neptune, les monstres marins mêmes sortaient de leurs grottes humides et profondes pour venir en foule autour du vaisseau, charmés par cette mélodie. Une troupe de jeunes Phéniciens d'une rare beauté, et vêtus de fin lin plus blanc que la neige, dansèrent longtemps les danses de leur pays, puis celles d'Égypte et enfin celles de la Grèce. De temps en temps des trompettes faisait retentir l'onde jusqu'aux rivages éloignés. Le silence de la nuit, le calme de la mer, la lumière tremblante de la lune répandue sur la face des ondes[1], le sombre azur du ciel, semé de brillantes étoiles, servaient à rendre ce spectacle encore plus beau.

Télémaque, d'un naturel vif et sensible, goûtait tous ces plaisirs, mais il n'osait y livrer son cœur. Depuis qu'il avait éprouvé avec tant de honte, dans l'île de Calypso, combien la jeunesse est prompte à s'enflammer, tous les plaisirs, même les plus innocents, lui faisaient peur; tout lui était suspect. Il regardait Mentor; il cherchait sur son visage et dans ses yeux ce qu'il devait penser de tous ces plaisirs.

Mentor était bien aise de le voir dans cet embarras et ne faisait pas semblant de le remarquer. Enfin, touché de la modération de Télémaque, il lui dit en souriant : « Je comprends ce que vous craignez : vous êtes louable de cette crainte, mais il ne faut pas la pousser trop loin. Personne ne souhaitera jamais plus que moi que vous goûtiez des plaisirs, mais des plaisirs qui ne vous passionnent ni ne vous amollissent point. Il vous faut des plaisirs qui vous délassent et que vous goûtiez en vous possédant, mais non pas des plaisirs qui vous entraînent. Je vous souhaite des plaisirs doux et modérés, qui ne vous ôtent point la raison, et qui ne vous rendent jamais semblable à une bête en fureur. Maintenant il est à propos de vous délasser de toutes vos peines. Goûtez avec complaisance pour Adoam les plaisirs qu'il vous offre; réjouissez-vous, Télémaque, réjouissez-vous. La sagesse n'a rien d'austère ni d'affecté : c'est elle qui donne les vrais plaisirs; elle seule les sait assaisonner pour les rendre purs et durables; elle sait mêler les jeux et les ris avec les occupations graves et sérieuses; elle prépare le plaisir par le travail, et elle délasse du travail par le plaisir. La sagesse n'a point de honte de paraître enjouée, quand il le faut [2] ».

Postquam alta quierunt
Æquora........... Nec candida cursus
Luna negat, splendet tremulo sub lumine pontus.
VIRG., Æn., VII, 9.

2   Dulce est desipere in loco.
HOR., Od. IV, 12.

En disant ces paroles, Mentor prit une lyre et en joua avec tant d'art, qu'Achitoas, jaloux, laissa tomber la sienne de dépit; ses yeux s'allumèrent; son visage troublé changea de couleur : tout le monde eût aperçu sa peine et sa honte, si la lyre de Mentor n'eût enlevé l'âme de tous les assistants. A peine osait-on respirer, de peur de troubler le silence et de perdre quelque chose de ce chant divin : on craignait toujours qu'il finirait trop tôt. La voix de Mentor n'avait aucune douceur efféminée, mais elle était flexible, forte, et elle passionnait jusqu'aux moindres choses.

Il chanta d'abord les louanges de Jupiter, père et roi des dieux et des hommes [1], qui, d'un signe de sa tête, ébranle l'univers [2]. Puis il représenta Minerve qui sort de sa tête, c'est-à-dire la sagesse, que ce dieu forme au-dedans de lui-même, et qui sort de lui pour instruire les hommes dociles. Mentor chanta ces vérités d'une voix si touchante et avec tant de religion, que toute l'assemblée crut être transportée au plus haut de l'Olympe, à la face de Jupiter, dont les regards sont plus perçants que son tonnerre. Ensuite il chanta le malheur du jeune Narcisse, qui, devenant follement amoureux de sa propre beauté, qu'il regardait sans cesse au bord d'une fontaine, se consuma lui-même de douleur et fut changé en une fleur qui porte son nom. Enfin, il chanta aussi la funeste mort du bel Adonis, qu'un sanglier déchira, et que Vénus, passionnée pour lui, ne put ranimer en faisant au ciel des plaintes amères.

Tous ceux qui l'écoutèrent ne purent retenir leurs larmes, et chacun sentait je ne sais quel plaisir en pleurant. Quand il eut cessé de chanter, les Phéniciens étonnés se regardaient les uns les autres. L'un disait : « C'est Orphée : c'est ainsi qu'avec une lyre il apprivoisait les bêtes farou-

[1] Divum pater atque hominum rex.
Virg., Æn., V, 658.

[2] Ille pater rectorque deum . .
..... qui nutu concutit orbem.
Ovid, Met, II, 848.

Voyez plus bas, page 193.

ches, et enlevait les bois et les rochers; c'est ainsi qu'il
enchanta Cerbère, qu'il suspendit les tourments d'Ixion
et des Danaïdes, et qu'il toucha l'inexorable Pluton pour
tirer des Enfers la belle Eurydice ». Un autre s'écriait :
« Non : c'est Linus, fils d'Apollon ». Un autre répondait :
« Vous vous trompez : c'est Apollon lui-même ». Télémaque n'était guère moins surpris que les autres; car il
n'avait jamais cru que Mentor sût, avec tant de perfection,
chanter et jouer de la lyre.

Achitoas, qui avait eu le loisir de cacher sa jalousie,
commença à donner des louanges à Mentor; mais il rougit
en le louant, et il ne put achever son discours. Mentor,
qui voyait son trouble, prit la parole, comme s'il eût
voulu l'interrompre, et tâcha de le consoler en lui donnant
toutes les louanges qu'il méritait. Achitoas ne fut point
consolé, car il sentit que Mentor le surpassait encore plus
par sa modestie que par les charmes de sa voix.

Cependant Télémaque dit à Adoam : « Je me souviens
que vous m'avez parlé d'un voyage que vous fîtes dans la
Bétique depuis que nous fûmes partis d'Égypte. La Bétique
est un pays dont on raconte tant de merveilles qu'à peine
peut-on les croire. Daignez m'apprendre si tout ce qu'on en
dit est vrai ». « Je serai bien aise, répondit Adoam, de vous
dépeindre ce fameux pays, digne de votre curiosité, et qui
surpasse tout ce que la Renommée en publie. » Aussitôt il
commença ainsi :

« Le fleuve Bétis coule dans un pays fertile, et sous un
ciel doux, qui est toujours serein. Le pays a pris le nom
du fleuve qui se jette dans le grand océan, assez près des
Colonnes d'Hercule, et de cet endroit où la mer furieuse,
rompant ses digues, sépara autrefois la terre de Tarsis [1]
d'avec la grande Afrique. Ce pays semble avoir conservé
les délices de l'âge d'or. Les hivers y sont tièdes et les
rigoureux aquilons n'y soufflent jamais. L'ardeur de l'été

---

[1] Une ville nommée Tartessus était située entre les deux bras par
lesquels le Bétis se rendait à la mer. Fénelon, en écrivant la terre
de Tarsis, pour la terre de Tartessus, semble s'être écarté des
meilleures autorités.

y est toujours tempérée par des zéphirs rafraîchissants, qui
viennent adoucir l'air vers le milieu du jour. Ainsi toute
l'année n'est qu'un heureux hymen du Printemps et de
l'Automne, qui semblent se donner la main. La terre, dans
les vallons et dans les campagnes unies, y porte chaque
année une double moisson. Les chemins y sont bordés de
lauriers, de grenadiers, de jasmins et d'autres arbres verts
et toujours fleuris. Les montagnes sont couvertes de troupeaux, qui fournissent des laines fines recherchées de
toutes les nations connues. Il y a plusieurs mines d'or et

d'argent dans ce beau pays ; mais les habitants, simples et
heureux dans leur simplicité, ne daignent pas seulement
compter l'or et l'argent parmi leurs richesses ; ils n'estiment que ce qui sert véritablement aux besoins de l'homme.
   « Quand nous avons commencé à faire notre commerce
chez ces peuples, nous avons trouvé l'or et l'argent parmi
eux employés aux mêmes usages que le fer, par exemple
pour des socs de charrue. Comme ils ne faisaient aucun
commerce au dehors, ils n'avaient besoin d'aucune
monnaie. Ils sont presque tous bergers ou laboureurs. On
voit en ce pays peu d'artisans ; car ils ne veulent souffrir
que les arts qui servent aux véritables nécessités des
hommes : encore même la plupart des hommes, en ce pays,

étant adonnés à l'agriculture ou à conduire des troupeaux, ne laissent pas d'exercer les arts nécessaires pour leur vie simple et frugale.

« Les femmes filent cette belle laine et en font des étoffes fines d'une merveilleuse blancheur : elles font le pain, apprêtent à manger ; et ce travail leur est facile, car on vit en ce pays de fruits ou de lait, et rarement de viande. Elles emploient le cuir de leurs moutons à faire une légère chaussure pour elles, pour leurs maris et pour leurs enfants ; elles font des tentes, dont les unes sont de peaux cirées et les autres d'écorces d'arbres ; elles font et lavent tous les habits de la famille et tiennent les maisons dans un ordre et une propreté admirables. Leurs habits sont aisés à faire ; car, en ce doux climat, on ne porte qu'une pièce d'étoffe fine et légère, qui n'est point taillée, et que chacun met à longs plis autour de son corps pour la modestie, lui donnant la forme qu'il veut.

« Les hommes n'ont d'autres arts à exercer, outre la culture des terres et la conduite des troupeaux, que l'art de mettre le bois et le fer en œuvre ; encore même ne se servent-ils guère du fer, excepté pour les instruments nécessaires au labourage. Tous les arts qui regardent l'architecture leur sont inutiles ; car ils ne bâtissent jamais de maisons. C'est, disent-ils, s'attacher trop à la terre, que de s'y faire une demeure qui dure beaucoup plus que nous ; il suffit de se défendre des injures de l'air. Pour tous les autres arts estimés chez les Grecs, chez les Égyptiens et chez tous les autres peuples bien policés, ils les détestent, comme des inventions de la vanité et de le mollesse.

« Quand on leur parle des peuples qui ont l'art de faire des bâtiments superbes, des meubles d'or et d'argent, des étoffes ornées de broderies et de pierres précieuses, des parfums exquis, des mets délicieux, des instruments dont l'harmonie charme, ils répondent en ces termes : Ces peuples sont bien malheureux d'avoir employé tant de travail et d'industrie à se corrompre eux-mêmes ! Ce superflu amollit, enivre et tourmente ceux qui le possè-

dent; il tente ceux qui en sont privés de vouloir l'acquérir
par l'injustice et par la violence. Peut-on nommer bien
un superflu qui ne sert qu'à rendre les hommes mauvais?
Les hommes de ces pays sont-ils plus sains et plus robustes
que nous? vivent-ils plus longtemps? sont-ils plus unis
entre eux? mènent-ils une vie plus libre, plus tranquille,
plus gaie? Au contraire, ils doivent être jaloux les uns des
autres, rongés par une lâche et noire envie, toujours
agités par l'ambition, par la crainte, par l'avarice, incapables des plaisirs purs et simples, puisqu'ils sont esclaves
de tant de fausses nécessités dont ils font dépendre tout
leur bonheur.

« C'est ainsi, continuait Adoam, que parlent ces hommes
sages, qui n'ont appris la sagesse qu'en étudiant la simple
nature. Ils ont horreur de notre politesse, et il faut avouer
que la leur est grande dans leur aimable simplicité. Ils
vivent tous ensemble sans partager les terres; chaque
famille est gouvernée par son chef, qui en est le véritable
roi. Le père de famille est en droit de punir chacun de ses
enfants ou petits-enfants qui fait une mauvaise action;
mais, avant que de le punir, il prend les avis du reste de
la famille. Ces punitions n'arrivent presque jamais, car
l'innocence des mœurs, la bonne foi, l'obéissance et
l'horreur du vice habitent dans cette heureuse terre. Il
semble qu'Astrée, qu'on dit retirée dans le ciel, est encore
ici-bas cachée parmi ces hommes. Il ne faut point de juge
parmi eux; car leur propre conscience les juge. Tous les
biens sont communs : les fruits des arbres, les légumes de
la terre, le lait des troupeaux, sont des richesses si abondantes, que des peuples si sobres et si modérés n'ont pas
besoin de les partager. Chaque famille, errante dans ce
beau pays, transporte ses tentes d'un lieu en un autre,
quand elle a consumé les fruits et épuisé les pâturages de
l'endroit où elle s'était mise. Ainsi, ils n'ont point d'intérêts
à soutenir les uns contre les autres, et ils s'aiment tous
d'une amour fraternelle [1] que rien ne trouble. C'est le

---

[1] Depuis longtemps l'usage veut, en prose, *amour* au masculin,

retranchement des vaines richesses et des plaisirs trompeurs qui leur conserve cette paix, cette union et cette
liberté. Ils sont tous libres et tous égaux.

« On ne voit parmi eux aucune distinction, que celle qui
vient de l'expérience des sages vieillards, ou de la sagesse

mais ce mot a été souvent employé au féminin par les principaux
écrivains du dix-septième siècle.

extraordinaire de quelques jeunes hommes qui égalent
les vieillards consommés en vertu. La fraude, la violence,
le parjure, les procès, les guerres ne font jamais entendre
leur voix cruelle et empestée dans ce pays chéri des dieux.
Jamais le sang humain n'a rougi cette terre; à peine y
voit-on couler celui des agneaux. Quand on parle à ces
pe ples des batailles sanglantes, des rapides conquêtes,
des renversements d'États qu'on voit dans les autres
nations, ils ne peuvent assez s'étonner. Quoi! disent-ils,
les hommes ne sont-ils pas assez mortels sans se donner
encore les uns aux autres une mort précipitée? La vie est
si courte! et il semble qu'elle leur paraisse trop longue!
Sont-ils sur la terre pour se déchirer les uns les autres et
pour se rendre mutuellement malheureux?

« Au reste, ces peuples de la Bétique ne peuvent comprendre qu'on admire tant les conquérants qui subjuguent
les grands empires. Quelle folie, disent-ils, de mettre son
bonheur à gouverner les autres hommes, dont le gouvernement donne tant de peine, si on veut les gouverner avec
raison et suivant la justice! Mais pourquoi prendre plaisir
à les gouverner malgré eux? C'est tout ce qu'un homme
sage peut faire, que de vouloir s'assujettir à gouverner un
peuple docile dont les dieux l'ont chargé, ou un peuple
qui le prie d'être comme son père et son pasteur. Mais
gouverner les peuples contre leur volonté, c'est se rendre
très misérable, pour avoir le faux honneur de les tenir
dans l'esclavage. Un conquérant est un homme que les
dieux, irrités contre le genre humain, ont donné à la terre
dans leur colère, pour ravager les royaumes, pour répandre partout l'effroi, la misère, le désespoir, et pour
faire autant d'esclaves qu'il y a d'hommes libres. Un homme
qui cherche la gloire ne la trouve-t-il pas assez en conduisant avec sagesse ce que les dieux ont mis dans ses mains?
Croit-il ne pouvoir mériter des louanges qu'en devenant
violent, injuste, hautain, usurpateur et tyrannique sur
tous ses voisins? Il ne faut jamais songer à la guerre que
pour défendre sa liberté. Heureux celui qui, n'étant point
esclave d'autrui, n'a point la folle ambition de faire d'au-

trui son esclave! Ces grands conquérants qu'on nous dépeint avec tant de gloire ressemblent à ces fleuves dé-
bordés qui paraissent majestueux, mais qui ravagent
toutes les fertiles campagnes qu'ils devraient seulement
arroser. »

Après qu'Adoam eut fait cette peinture de la Bétique,
Télémaque, charmé, lui fit diverses questions curieuses.
« Ces peuples, lui dit-il, boivent-ils du vin? »

« Ils n'ont garde d'en boire, reprit Adoam ; car ils n'ont
jamais voulu en faire. Ce n'est pas qu'ils manquent de raisins : aucune terre n'en porte de plus délicieux ; mais ils
se contentent de manger le raisin comme les autres fruits,
et ils craignent le vin comme le corrupteur des hommes.
C'est une espèce de poison, disent-ils, qui met en fureur :
il ne fait pas mourir l'homme, mais il le rend bête. Les
hommes peuvent conserver leur santé et leurs forces sans
vin : avec le vin, ils courent risque de ruiner leur santé et
de perdre les bonnes mœurs. »

Télémaque disait ensuite : « Je voudrais bien savoir
quelles lois règlent les mariages dans cette nation ».
« Chaque homme, répondit Adoam, ne peut avoir qu'une
femme, et il faut qu'il la garde tant qu'elle vit. L'honneur
des hommes, en ce pays, dépend autant de leur fidélité à
l'égard de leurs femmes, que l'honneur des femmes dépend,
chez les autres peuples, de leur fidélité pour leurs maris.
Jamais peuple ne fut si honnête, ni si jaloux de la pureté.
Les femmes y sont belles et agréables ; mais simples, modestes et laborieuses. Les mariages y sont paisibles,
féconds, sans tache. Le mari et la femme semblent n'être
plus qu'une seule personne en deux corps différents. Le
mari et la femme partagent ensemble tous les soins domestiques : le mari règle toutes les affaires du dehors, la
femme se renferme dans son ménage : elle soulage son
mari ; elle paraît n'être faite que pour lui plaire ; elle gagne
sa confiance et le charme moins par sa beauté que par sa
vertu. Ce vrai charme de leur société dure autant que leur
vie. La sobriété, la modération et les mœurs pures de ce
peuple lui donnent une vie longue et exempte de maladies.

13

On y voit des vieillards de cent et de cent vingt ans, qui
ont encore de la gaîté et de la vigueur. »

« Il me reste, ajoutait Télémaque, à savoir comment ils
font pour éviter la guerre avec les autres peuples voisins »

« La nature, dit Adoam, les a séparés des autres peuples,
d'un côté par la mer, et de l'autre par de hautes montagnes
du côté du nord. D'ailleurs, les peuples voisins les respectent à cause de leur vertu. Souvent les autres peuples,
ne pouvant s'accorder entre eux, les ont pris pour juges de
leurs différends et leur ont confié les terres et les villes
qu'ils disputaient entre eux. Comme cette sage nation n'a
jamais fait aucune violence, personne ne se défie d'elle.
Ils rient quand on leur parle des rois qui ne peuvent régler
entre eux les frontières de leurs États. Peut-on craindre,
disent-ils, que la terre manque aux hommes? il y en aura
toujours plus qu'ils n'en pourront cultiver. Tandis qu'il
restera des terres libres et incultes, nous ne voudrions pas
même défendre les nôtres contre des voisins qui viendraient s'en saisir. On ne trouve, dans tous les habitants
de la Bétique, ni orgueil, ni hauteur, ni mauvaise foi, ni
envie d'étendre leur domination. Ainsi leurs voisins n'ont
jamais rien à craindre d'un tel peuple, et ils ne peuvent
espérer de s'en faire craindre : c'est pourquoi ils les laissent
en repos. Ce peuple abandonnerait son pays ou se livre-
rait à la mort, plutôt que d'accepter la servitude : ainsi il
est autant difficile à subjuguer qu'il est incapable de vouloir subjuguer les autres. C'est ce qui fait une paix profonde entre eux et leurs voisins. »

Adoam finit ce discours en racontant de quelle manière
les Phéniciens faisaient leur commerce dans la Bétique.
« Ces peuples, disait-il, furent étonnés quand ils virent
venir, au travers des ondes de la mer, des hommes étrangers qui venaient de si loin : ils nous laissèrent fonder une
ville dans l'île de Gadès; ils nous reçurent même chez eux
avec bonté et nous firent part de tout ce qu'ils avaient,
sans vouloir de nous aucun paiement. De plus, ils nous
offrirent de nous donner libéralement tout ce qu'il leur
resterait de leurs laines, après qu'ils en auraient fait leur

provision pour leur usage : en effet, ils nous en envoyèrent
un riche présent. C'est un plaisir pour eux que de donner
aux étrangers leur superflu.

« Pour leurs mines, ils n'eurent aucune peine à nous les
abandonner; elles leur étaient inutiles. Il leur paraissait
que les hommes n'étaient guère sages d'aller chercher par
tant de travaux, dans les entrailles de la terre, ce qui ne
peut les rendre heureux, ni satisfaire à aucun vrai besoin.
Ne creusez point, nous disaient-ils, si avant dans la terre

contentez-vous de la labourer ; elle vous donnera de véritables biens qui vous nourriront; vous en tirerez des fruits
qui valent mieux que l'or et que l'argent, puisque les
hommes ne veulent de l'or et de l'argent que pour en
acheter les aliments qui soutiennent leur vie.

« Nous avons souvent voulu leur apprendre la navigation,
et mener les jeunes hommes de leur pays dans la Phénicie; mais ils n'ont jamais voulu que leurs enfants
apprissent à vivre comme nous. Ils apprendraient, nous
disaient-ils, à avoir besoin de toutes les choses qui vous
sont devenues nécessaires : ils voudraient les avoir; ils

abandonneraient la vertu pour les obtenir par de mauvaises industries. Ils deviendraient comme un homme qui a de bonnes jambes, et qui, perdant l'habitude de marcher, s'accoutume enfin au besoin d'être toujours porté comme un malade. Pour la navigation, ils l'admirent à cause de l'industrie de cet art; mais ils croient que c'est un art pernicieux. Si ces gens-là, disent-ils, ont suffisamment en leur pays ce qui est nécessaire à la vie, que vont-ils chercher en un autre? ce qui suffit aux besoins de la nature ne leur suffit-il pas? ils mériteraient de faire naufrage, puisqu'ils cherchent la mort au milieu des tempêtes, pour assouvir l'avarice des marchands et pour flatter les passions des autres hommes. »

Télémaque était ravi d'entendre ces discours d'Adoam, et il se réjouissait qu'il y eût encore au monde un peuple qui, suivant la droite nature, fût si sage et si heureux tout ensemble. « Oh ! combien ces mœurs, disait-il, sont-elles éloignées des mœurs vaines et ambitieuses des peuples qu'on croit les plus sages ! Nous sommes tellement gâtés qu'à peine pouvons-nous croire que cette simplicité si naturelle puisse être véritable. Nous regardons les mœurs de ce peuple comme une belle fable, et il doit regarder les nôtres comme un songe monstrueux. »

LIVRE VIII[1]

SOMMAIRE

Vénus, toujours irritée contre Télémaque, demande sa perte a
Jupiter ; mais les destins ne permettant pas qu'il périsse, la
déesse va solliciter de Neptune les moyens de l'éloigner
d'Ithaque où le conduisait Adoam. Aussitôt Neptune envoie
au pilote Acamas une divinité trompeuse qui lui enchante les
sens et le fait entrer à pleines voiles dans le port de Salente,
au moment où il croyait arriver à Ithaque. Idoménée, roi de
Salente, fait à Télémaque et à Mentor l'accueil le plus affec-
tueux : il se rend avec eux au temple de Jupiter, où il avait
ordonné un sacrifice pour le succès d'une guerre contre les
Manduriens. Le sacrificateur, consultant les entrailles des
victimes, fait tout espérer à Idoménée, et l'assure qu'il devra
son bonheur à ses deux nouveaux hôtes.

Pendant que Télémaque et Adoam s'entretenaient de la
sorte, oubliant le sommeil et n'apercevant pas que la nuit
était déjà au milieu de sa course, une divinité ennemie et
trompeuse les éloignait d'Ithaque, que leur pilote Acamas[2]
cherchait en vain. Neptune, quoique favorable aux Phéniciens, ne pouvait supporter plus longtemps que Télémaque
eût échappé à la tempête qui l'avait jeté contre les rochers
de l'île de Calypso. Vénus était encore plus irritée de voir
ce jeune homme qui triomphait, ayant vaincu l'Amour et
tous ses charmes. Dans le transport de sa douleur, elle
quitta Cythère, Paphos, Idalie et tous les honneurs qu'on
lui rend dans l'île de Chypre : elle ne pouvait plus demeurer
dans ces lieux où Télémaque avait méprisé son empire.
Elle monte vers l'éclatant Olympe où les dieux étaient
assemblés autour du trône de Jupiter. De ce lieu, ils aper-

---

[1] VAR. Livre IX.

[2] D'autres éditions l'appellent *Athamas*. *Acamas*, qui signifie
infatigable, est un nom fort convenable à un pilote, mais il n'y faut
pas de *ch*.

çoivent les astres qui roulent sous leurs pieds ; ils voient le
globe de la Terre comme un petit amas de boue ; les mers
immenses ne leur paraissent que comme des gouttes d'eau
dont ce morceau[1] de boue est un peu détrempé. Les plus
grands royaumes ne sont à leurs yeux qu'un peu de sable
qui couvre la surface de cette boue ; les peuples innombrables et les plus puissantes armées ne sont que comme
des fourmis qui se disputent les unes aux autres un brin
d'herbe sur ce morceau de boue. Les immortels rient des
affaires les plus sérieuses qui agitent les faibles mortels, et
elles leur paraissent des jeux d'enfants. Ce que les hommes
appellent grandeur, gloire, puissance, profonde politique,
ne paraît à ces suprêmes divinités que misère et faiblesse.

C'est dans cette demeure, si élevée au-dessus de la Terre,
que Jupiter a posé son trône immobile : ses yeux percent
jusque dans l'abîme et éclairent jusque dans les derniers
replis des cœurs ; ses regards doux et sereins répandent
le calme et la joie dans tout l'univers. Au contraire, quand
il secoue sa chevelure, il ébranle le ciel et la terre [2] : les
dieux mêmes, éblouis des rayons de gloire qui l'environnent, ne s'en approchent qu'avec tremblement.

Toutes les divinités célestes étaient dans ce moment
auprès de lui. Vénus se présenta avec tous les charmes qui
naissent dans son sein ; sa robe flottante avait plus d'éclat

---

[1] Il y a variété de lecture ici et plus bas. Presque toutes les éditions portent *monceau* ; quelques-unes, *morceau*. Il y en a une qui, très
incorrectement, a les deux leçons *morceau* et *monceau*, et cette
erreur est manifeste ; car il est bien sûr qu'il faut répéter ou l'une
ou l'autre, et que l'auteur a dû nécessairement employer dans la
seconde phrase le mot dont il s'était servi dans la première. Le
choix entre *monceau* et *morceau* pourrait embarrasser, s'il n'était
pas à peu près certain que Fénelon a écrit *morceau*. Ce passage
a été discuté par le chevalier Croft, p. 92 de son Commentaire sur
le *Petit Carême* de Massillon.

[2]   Terrificam capitis concussit terque quaterque
     Cæsariem, cum qua terram, mare, sidera , movit.
                         Ovid., *Mét.*, I, 129.

Voyez p. 168. M. Aignan, dans les notes de sa traduction d'Homère,
a rassemblé quelques passages semblables. Il serait plus facile
qu'utile d'en augmenter le nombre.

que toutes les couleurs dont Iris se pare au milieu des
sombres nuages, quand elle vient promettre aux mortels
effrayés la fin des tempêtes et leur annoncer le retour du
beau temps. Sa robe était nouée par cette fameuse ceinture sur laquelle paraissent les grâces [1]; les cheveux de la
déesse étaient attachés par derrière négligemment avec une
tresse d'or. Tous les dieux furent surpris de sa beauté,
comme s'ils ne l'eussent jamais vue; et leurs yeux en
furent éblouis, comme ceux des mortels le sont quand
Phébus, après une longue nuit, vient les éclairer par ses
rayons. Ils se regardaient les uns les autres avec étonnement, et leurs yeux revenaient toujours sur Vénus; mais
ils aperçurent que les yeux de cette déesse étaient baignés
de larmes et qu'une douleur amère était peinte sur son
visage.

Cependant elle s'avançait vers le trône de Jupiter, d'une
démarche douce et légère, comme le vol rapide d'un oiseau
qui fend l'espace immense des airs [2]. Il la regarda avec
complaisance; il lui fit un doux sourire, et, se levant, il
l'embrassa [3]. « Ma chère fille, lui dit-il, quelle est votre peine?
Je ne puis voir vos larmes sans en être touché : ne craignez point de m'ouvrir votre cœur; vous connaissez ma
tendresse et ma complaisance. »

[1] Cette ceinture a été décrite par Homère, *Il.*, XIV, 214 :

… ἐλύσατο κεστὸν ἱμάντα,
Ποικίλον· ἔνθα δέ οἱ θελκτήρια πάντα τέτυκτο·
Ἔνθ᾽ ἔνι μὲν φιλότης, ἐν δ᾽ ἵμερος, ἐν δ᾽ ὀαριστύς,
Πάρφασις, ἥτ᾽ ἔκλεψε νόον πύκα περ φρονεόντων.

La description de Fénelon, comparée à celle d'Homère, est si infé-
rieure qu'on a peine à croire qu'il n'y ait pas quelque omission. En
effet, ces mots : « sur laquelle paraissent les grâces », ne disent pas
assez.

[2] Cette *démarche douce et légère* peut-elle être comparée *au vol
rapide* d'un oiseau? Homère dit de Junon et de Minerve : « Elles
« s'avancent, dans leur démarche, semblables aux colombes » :

Αἱ δὲ βάτην, τρήρωσι πελειάσιν ἴθμαθ᾽ ὅμοιαι.

[3] Olli subridens hominum sator acque deorum
Oscula libavit natæ.
VIRG., *Æn*, I, 254.

Vénus lui répondit d'une voix douce, mais entrecoupée de profonds soupirs : « O père des dieux et des hommes, vous qui voyez tout, pouvez-vous ignorer ce qui fait ma peine ? Minerve ne s'est pas contentée d'avoir renversé jusqu'aux fondements la superbe ville de Troie que je défendais, et de s'être vengé de Pâris, qui avait préféré ma beauté à la sienne ; elle conduit par toutes les terres et par toutes les mers le fils d'Ulysse, ce cruel destructeur de Troie. Télémaque est accompagné par Minerve ; c'est ce qui empêche qu'elle ne paraisse ici en son rang avec les autres divinités. Elle a conduit ce jeune téméraire dans l'île de Chypre pour m'outrager. Il a méprisé ma puissance ; il n'a pas daigné seulement brûler de l'encens sur mes autels : il a témoigné avoir horreur des fêtes que l'on célèbre en mon honneur ; il a fermé son cœur à tous mes plaisirs. En vain Neptune, pour le punir, à ma prière, a irrité les vents et les flots contre lui : Télémaque, jeté par un naufrage horrible dans l'île de Calypso, a triomphé de l'Amour même, que j'avais envoyé dans cette île pour attendrir le cœur de ce jeune Grec. Ni sa jeunesse, ni les charmes de Calypso et de ses nymphes, ni les traits enflammés de l'Amour, n'ont pu surmonter les artifices de Minerve. Elle l'a arraché de cette île : me voilà confondue ; un enfant triomphe de moi ! »

Jupiter, pour consoler Vénus, lui dit : « Il est vrai, ma fille, que Minerve défend le cœur de ce jeune Grec contre toutes les flèches de votre fils, et qu'elle lui prépare une gloire que jamais jeune homme n'a méritée. Je suis fâché qu'il ait méprisé vos autels, mais je ne puis le soumettre à votre puissance. Je consens, pour l'amour de vous, qu'il soit encore errant par mer et par terre, qu'il vive loin de sa patrie, exposé à toutes sortes de maux et de dangers, mais les destins ne permettent ni qu'il périsse, ni que sa vertu succombe dans les plaisirs dont vous flattez les hommes. Consolez-vous donc, ma fille ; soyez contente de tenir dans votre empire tant d'autres héros et tant d'immortels ».

En disant ces paroles, il fit à Vénus un souris plein de

grâce et de majesté. Un éclat de lumière, semblable aux
plus perçants éclairs, sortit de ses yeux. En baisant Vénus
avec tendresse, il répandit une odeur d'ambroisie dont tout
l'Olympe fut parfumé. La déesse ne put s'empêcher d'être
sensible à cette caresse du plus grand des dieux : malgré
ses larmes et sa douleur, on vit la joie se répandre sur son
visage ; elle baissa son voile pour cacher la rougeur de ses
joues et l'embarras où elle se trouvait. Toute l'assemblée
des dieux applaudit aux paroles de Jupiter, et Vénus, sans
perdre un moment, alla trouver Neptune pour concerter
avec lui les moyens de se venger de Télémaque.

Elle raconta à Neptune ce que Jupiter lui avait dit. « Je
savais déjà, répondit Neptune, l'ordre immuable des destins, mais si nous ne pouvons abîmer Télémaque dans les
flots de la mer, du moins n'oublions rien pour le rendre
malheureux et pour retarder son retour à Ithaque. Je ne
puis consentir à faire périr le vaisseau phénicien dans
lequel il est embarqué. J'aime les Phéniciens, c'est mon
peuple ; nulle autre nation de l'univers ne cultive comme
eux mon empire. C'est par eux que la mer est devenue le
lien de la société de tous les peuples de la terre. Ils m'ho-
norent par de continuels sacrifices sur mes autels ; ils sont
justes, sages et laborieux dans le commerce ; ils répandent
partout la commodité et l'abondance. Non, déesse, je ne
puis souffrir qu'un de leurs vaisseaux fasse naufrage, mais
je ferai que le pilote perdra sa route, et qu'il s'éloignera
d'Ithaque où il veut aller. »

Vénus, contente de cette promesse, rit avec malignité et
retourna dans son char volant sur les prés fleuris d'Idalie,
où les Grâces, les Jeux et les Ris témoignèrent leur joie de
la revoir, dansant autour d'elle sur les fleurs qui par-
fument ce charmant séjour.

Neptune envoya aussitôt une divinité trompeuse, semblable aux Songes, excepté que les Songes ne trompent
que pendant le sommeil, au lieu que cette divinité enchante les sens des hommes qui veillent. Ce dieu malfai-
sant, environné d'une foule innombrable de Mensonges
ailés qui voltigent autour de lui, vint répandre une liqueur

subtile et enchantée sur les yeux du pilote Acamas, qui
considérait attentivement à la clarté de la lune le cours des
étoiles et le rivage d'Ithaque, dont il découvrait déjà assez
près de lui les rochers escarpés.

Dans ce même moment, les yeux du pilote ne lui mon-
trèrent plus rien de véritable. Un faux ciel et une terre
feinte se présentèrent à lui. Les étoiles parurent comme
si elles avaient changé leur course et qu'elles fussent
revenues sur leurs pas. Tout l'Olympe semblait se mouvoir
par des lois nouvelles; la terre même était changée. Une
fausse Ithaque se présentait toujours au pilote pour l'amuser, tandis qu'il s'éloignait de la véritable. Plus il s'avançait
vers cette image trompeuse du rivage de l'île, plus cette
image reculait; elle fuyait toujours devant lui, et il ne
savait que croire de cette fuite. Quelquefois il s'imaginait
entendre déjà le bruit qu'on fait dans un port. Déjà il se
préparait, selon l'ordre qu'il en avait reçu, à aller aborder
secrètement dans une petite île [1] qui est auprès de la
grande, pour dérober aux amants de Pénélope, conjurés
contre Télémaque, le retour de celui-ci. Quelquefois il
craignait les écueils dont cette côte de la mer est bordée;
et il lui semblait entendre l'horrible mugissement des
vagues qui vont se briser contre ces écueils : puis tout à
coup il remarquait que la terre paraissait encore éloignée.
Les montagnes n'étaient à ses yeux, dans cet éloignement,
que comme de petits nuages qui obscurcissent quelquefois
l'horizon pendant que le soleil se couche. Ainsi Acamas
était étonné; et l'impression de la divinité trompeuse qui
charmait ses yeux lui faisait éprouver un certain saisissement qui lui avait été jusqu'alors inconnu. Il était même
tenté de croire qu'il ne veillait pas, et qu'il était dans
l'illusion d'un songe.

Cependant Neptune commanda au Vent d'orient de souffler pour jeter le navire sur les côtes de l'Hespérie [2]. Le

[1] Peut-être l'île de Neritos.
[2] Le vent d'orient devait effectivement éloigner le vaisseau des
parages d'Ithaque, et le pousser vers la Grande-Grèce, désignée ici
par l'Hespérie.

Vent obéit avec tant de violence, que le navire arriva bientôt sur le rivage que Neptune avait marqué.

Déjà l'Aurore annonçait le jour ; déjà les Étoiles, qui craignent les rayons du Soleil, et qui en sont jalouses, allaient cacher dans l'Océan leurs sombres feux, quand le pilote s'écria : « Enfin, je n'en puis plus douter : nous touchons presque à l'île d'Ithaque ! Télémaque, réjouissez-

vous ; dans une heure vous pourrez revoir Pénélope, et peut-être trouver Ulysse remonté sur son trône ! »

A ce cri, Télémaque, qui était immobile dans les bras du Sommeil, s'éveille, se lève, monte au gouvernail, embrasse le pilote, et de ses yeux encore à peine ouverts regarde la côte voisine. Il gémit, ne reconnaissant point les rivages de sa patrie. « Hélas ! où sommes-nous ? dit-il : ce n'est point là ma chère Ithaque ! Vous vous êtes trompé, Acamas ; vous connaissez mal cette côte, si éloignée de

votre pays. » « Non, non, répondit Acamas, je ne puis me
tromper en considérant les bords de cette île. Combien de
fois suis-je entré dans votre port! j'en connais jusques aux
moindres rochers; le rivage de Tyr n'est guère mieux dans
ma mémoire. Reconnaissez cette montagne qui avance;
voyez ce rocher qui s'élève comme une tour; n'entendez-
vous pas la vague qui se rompt entre ces autres rochers
qui semblent menacer la mer par leur chute? Mais ne
remarquez-vous pas le temple de Minerve qui fend la nue?
Voilà la forteresse et la maison d'Ulysse, votre père. »

« Vous vous trompez, ô Acamas, répondit Télémaque;
je vois au contraire une côte assez relevée, mais unie :
j'aperçois une ville qui n'est point Ithaque. O dieux! est-ce
ainsi que vous vous jouez des hommes? »

Pendant qu'il disait ces paroles, tout à coup les yeux
d'Acamas furent changés. Le charme se rompit; il vit le
rivage tel qu'il était véritablement et reconnut son erreur.
« Je l'avoue, ô Télémaque, s'écria-t-il : quelque divinité
ennemie avait enchanté mes yeux; je croyais voir Ithaque,
et son image tout entière se présentait à moi; mais dans
ce moment elle disparaît comme un songe. Je vois une
autre ville; c'est sans doute Salente[1], qu'Idoménée, fugitif
de Crète, vient de fonder dans l'Hespérie : j'aperçois des
murs qui s'élèvent et qui ne sont pas encore achevés; je
vois un port, qui n'est pas encore entièrement fortifié. »

Pendant qu'Acamas remarquait les divers ouvrages nouvellement faits dans cette ville naissante et que Télémaque
déplorait son malheur, le Vent que Neptune faisait souffler
les fit entrer à pleines voiles dans une rade où ils se trouvèrent à l'abri, et tout auprès du port.

Mentor, qui n'ignorait ni la vengeance de Neptune, ni le
cruel artifice de Vénus, n'avait fait que sourire de l'erreur
d'Acamas. Quand ils furent dans cette rade, Mentor dit à
Télémaque : « Jupiter vous éprouve, mais il ne veut pas

---

[1] La ville de Salente était située dans la partie de la Grande-
Grece appelée aujourd'hui Terre d'Otrante. On croit qu'elle répond
au Soleto des modernes.

votre perte : au contraire, il ne vous éprouve que pour ous ouvrir le chemin de la gloire. Souvenez-vous des travaux d'Hercule ; ayez toujours devant vos yeux ceux de votre père. Quiconque ne sait pas souffrir n'a point un grand cœur. Il faut, par votre patience et par votre courage, lasser la cruelle Fortune qui se plaît à vous persécuter[1]. Je crains moins pour vous les plus affreuses disgrâces de Neptune que je ne craignais les caresses flatteuses de la déesse qui vous retenait dans son île. Que tardons-nous ? entrons dans ce port : voici un peuple ami ; c'est chez les Grecs que nous arrivons : Idoménée, si maltraité par la Fortune, aura pitié des malheureux[2] ». Aussitôt ils entrèrent dans le port de Salente, où le vaisseau phénicien fut reçu sans peine, parce que les Phéniciens sont en paix et en commerce avec tous les peuples de l'univers.

Télémaque regardait avec admiration cette ville naissante, semblable à une jeune plante qui, ayant été nourrie par la douce rosée de la nuit, sent, dès le matin, les rayons du soleil qui viennent l'embellir[3] ; elle croît, elle ouvre ses tendres boutons, elle étend ses feuilles vertes, elle épanouit ses fleurs odoriférantes avec mille couleurs nouvelles ; à chaque moment qu'on la voit, on y trouve un nouvel

---

[1]   Superanda omnis fortuna ferendo est.
                          Virg , Æn , V, 710.

[2]   Haud ignara mali, miseris succurrere disco.
                          Ibid., I, 630.

Fenelon a la même pensée dans le livre XVII : « Vous commencez, « par l'experience de vos maux, à compatir à ceux des autres ». Et encore dans le livre XVIII . « Je plains les malheureux depuis que je le suis ». Et bien d'autres auteurs ont exprimé le même sentiment. Fléchier (Oraison funèbre de Le Tellier) : « Il apprit par ses « propres peines à compatir à celles des autres ». La Bruyere (ch. 11) : « Les gens déjà charges de leur propre misère sont ceux « qui entrent davantage par la compassion dans celle d'autrui ». Bernardin, dans la Chaumiere indienne : « Instruit par le malheur, « jamais je ne refuse mon secours à un plus malheureux que moi. »

[3]   Ut flos in septis secretus nascitur hortis...
       Quem mulcent auræ, firmat sol, educat imber.
                          Catule, LXII, 39.

éclat. Ainsi fleurissait la nouvelle ville d'Idoménée sur le
rivage de la mer; chaque jour, chaque heure elle croissait
avec magnificence, et elle montrait de loin aux étrangers
qui étaient sur mer de nouveaux ornements d'architecture
qui s'élevaient jusqu'au ciel. Toute la côte retentissait des
cris des ouvriers et des coups de marteau : les pierres
étaient suspendues en l'air par des grues avec des cordes.
Tous les chefs animaient le peuple au travail dès que
l'aurore paraissait; et le roi Idoménée, donnant partout
les ordres lui-même, faisait avancer les ouvrages [1] avec
une incroyable diligence.

A peine le vaisseau phénicien fut arrivé, que les Crétois
donnèrent à Télémaque et à Mentor toutes les marques
d'amitié sincère. On se hâta d'avertir Idoménée de
l'arrivée du fils d'Ulysse. « Le fils d'Ulysse ! s'écria-t-il;
d'Ulysse, ce cher ami ! de ce sage héros, par qui nous avons
enfin renversé la ville de Troie ! Qu'on l'amène ici, que je
lui montre combien j'ai aimé son père ! » Aussitôt on lui
présente Télémaque, qui lui demande l'hospitalité en lui
disant son nom.

Idoménée lui répondit avec un visage doux et riant :
« Quand même on ne m'aurait pas dit qui vous êtes, je
crois que je vous aurais reconnu. Voilà Ulysse lui-même,
voilà ses yeux pleins de feu, et dont le regard était si
ferme ; voilà son air, d'abord froid et réservé, qui cachait
tant de vivacité et de grâces; je reconnais même ce sourire
fin, cette action négligée, cette parole douce, simple et
insinuante, qui persuadait sans qu'on eût le temps de s'en
défier. Oui, vous êtes le fils d'Ulysse; mais vous serez
aussi le mien. O mon fils, mon cher fils! quelle aventure
vous amène sur ce rivage? Est-ce pour chercher votre
père? Hélas ! je n'en ai aucune nouvelle. La fortune nous
a persécutés, lui et moi : il a eu le malheur de ne pouvoir
retrouver sa patrie, et j'ai eu celui de retrouver la mienne
pleine de la colère des dieux contre moi ».

---

[1]   ..... Instans operi regnisque futuris.

                     VIRG., Æn., I, 504.

Fendant qu'Idoménée disait ces paroles, il regardait fixement Mentor, comme un homme aont le visage ne lui était pas inconnu, mais dont il ne pouvait retrouver le nom.

Cependant Télémaque lui répondait les larmes aux yeux : « O roi, pardonnez-moi la douleur que je ne saurais vous cacher dans un temps où je ne devrais vous témoigner que de la joie et de la reconnaissance pour vos bontés. Par le regret que vous témoignez de la perte d'Ulysse, vous m'apprenez vous-même à sentir le malheur de ne pouvoir trouver mon père. Il y a déjà longtemps que je le cherche dans toutes les mers. Les dieux irrités ne me permettent ni de le revoir, ni de savoir s'il a fait naufrage, ni de pouvoir retourner à Ithaque, où Pénélope languit dans le désir d'être délivrée de ses amants. J'avais cru vous trouver dans l'île de Crète, j'y ai su votre cruelle destinée, et je ne croyais pas devoir jamais approcher de l'Hespérie, où vous avez fondé un nouveau royaume. Mais la fortune, qui se joue des hommes, et qui me tient errant dans tous les pays loin d'Ithaque, m'a enfin jeté sur vos côtes. Parmi tous les maux qu'elle m'a faits, c'est celui que je supporte le plus volontiers. Si elle m'éloigne de ma patrie, du moins elle me fait connaître le plus généreux de tous les rois ».

A ces mots, Idoménée embrassa tendrement Télémaque, et, le menant dans son palais, lui dit : « Quel est donc ce prudent vieillard qui vous accompagne ? il me semble que je l'ai souvent vu autrefois ». « C'est Mentor, répliqua Télémaque, Mentor, ami d'Ulysse, à qui il avait confié mon enfance. Qui pourrait vous dire tout ce que je lui dois ! »

Aussitôt Idoménée s'avance et tend la main à Mentor : « Nous nous sommes vus, dit-il, autrefois. Vous souvenez-vous du voyage que vous fîtes en Crète et des bons conseils que vous me donnâtes? Mais alors l'ardeur de la jeunesse et le goût des vains plaisirs m'entraînaient. Il a fallu que mes malheurs m'aient instruit pour m'apprendre ce que je ne voulais pas croire. Plût aux dieux que je vous eusse cru, ô sage vieillard ! Mais je remarque avec étonnement

que vous n'êtes presque point changé depuis tant d'années ;
c'est la même fraîcheur de visage, la même taille droite,
la même vigueur : vos cheveux seulement ont un peu
blanchi ».

« Grand roi, répondit Mentor, si j'étais flatteur, je vous
dirais de même que vous avez conservé cette fleur de
jeunesse qui éclatait sur votre visage avant le siège de
Troie ; mais j'aimerais mieux vous déplaire que de blesser la
vérité. D'ailleurs, je vois, par votre sage discours, que vous
n'aimez pas la flatterie, et qu'on ne hasarde rien en vous
parlant avec sincérité. Vous êtes bien changé, et j'aurais
eu de la peine à vous reconnaître. J'en conçois clairement
la cause : c'est que vous avez beaucoup souffert dans vos
malheurs. Mais vous avez bien gagné en souffrant, puisque
vous avez acquis la sagesse. On doit se consoler aisément
des rides qui viennent sur le visage, pendant que le cœur
s'exerce et se fortifie dans la vertu. Au reste, sachez que
les rois s'usent toujours plus que les autres hommes.
Dans l'adversité, les peines de l'esprit et les travaux
du corps les font vieillir avant le temps. Dans la prospérité, les délices d'une vie molle les usent bien plus
encore que tous les travaux de la guerre. Rien n'est si
malsain que les plaisirs où l'on ne peut se modérer. De
là vient que les rois, et en paix et en guerre, ont toujours des peines et des plaisirs qui font venir la vieillesse
avant l'âge où elle doit venir naturellement. Une vie sobre,
modérée, simple, exempte d'inquiétudes et de passions,
réglée et laborieuse, retient dans les membres d'un homme
sage la vive jeunesse, qui, sans ces précautions, est toujours prête à s'envoler sur les ailes du Temps. »

Idoménée, charmé du discours de Mentor, l'eût écouté
longtemps, si on ne fût venu l'avertir pour un sacrifice
qu'il devait faire à Jupiter. Télémaque et Mentor le suivirent, environnés d'une grande foule de peuple qui considérait avec empressement et curiosité ces deux étrangers.
Les Salentins se disaient les uns aux autres : « Ces deux
hommes sont bien différents ! Le jeune a je ne sais quoi
de vif et d'aimable ; toutes les grâces de la beauté et de la

jeunesse sont répandues sur son visage et sur tout son
corps : mais cette beauté n'a rien de mou ni d'efféminé :
avec cette fleur si tendre de la jeunesse, il paraît vigoureux, robuste, endurci au travail. Mais cet autre, quoique
bien plus âgé, n'a encore rien perdu de sa force : sa mine
paraît d'abord moins haute, et son visage moins gracieux :
mais, quand on le regarde de près, on trouve dans sa
simplicité des marques de sagesse et de vertu, avec une
noblesse qui étonne. Quand les dieux sont descendus sur
la terre pour se communiquer aux mortels, sans doute
qu'ils ont pris de telles figures d'étrangers et de voya-
geurs[1] ».

Cependant on arrive dans le temple de Jupiter, qu'Idoménée, du sang de ce dieu, avait orné avec beaucoup de
magnificence. Il était environné d'un double rang de
colonnes de marbre jaspé. Les chapiteaux étaient d'argent :
le temple était tout incrusté de marbre, avec des bas-reliefs
qui représentaient Jupiter changé en taureau, le ravissement d'Europe et son passage en Crète au travers des
flots : ils semblaient respecter Jupiter, quoiqu'il fût sous
une forme étrangère. On voyait ensuite la naissance et la
jeunesse de Minos; enfin, ce sage roi donnant, dans un
âge plus avancé, des lois à toute son île pour la rendre à
jamais florissante. Télémaque y remarqua aussi les principales aventures du siège de Troie, où Idoménée avait
acquis la gloire d'un grand capitaine. Parmi ces représentations de combats, il chercha son père; il le reconnut,
prenant les chevaux de Rhésus, que Diomède venait de
tuer[2]; ensuite disputant avec Ajax les armes d'Achille
devant tous les chefs de l'armée grecque assemblés[3]; enfin,
sortant du cheval fatal pour verser le sang de tant de
Troyens.

1   Καί τε θεοὶ ξείνοισιν ἐοικότες ἀλλοδαποῖσι
       Παντοῖοι τελέθοντες, ἐπιστρωφῶσι πόληας.
                                Ηομ., *Od.* XVII, 485.

2 Cette aventure d'Ulysse est racontée dans l'*Iliade*, livre X.

3 Sur cette dispute d'Ulysse et d'Ajax, voyez le livre XIV, et
surtout les *Métamorphoses* d'Ovide, livre XIII.

Télémaque le reconnut d'abord à ces fameuses actions,
dont il avait souvent ouï parler, et que Nestor même lui
avait racontées. Les larmes coulèrent de ses yeux. Il
changea de couleur ; son visage parut troublé. Idoménée
l'aperçut, quoique Télémaque se détournât pour cacher
son trouble. « N'ayez point de honte, lui dit Idoménée, de
nous laisser voir combien vous êtes touché de la gloire et
des malheurs de votre père. »

Cependant le peuple s'assemblait en foule sous les vastes
portiques formés par le double rang de colonnes qui environnaient le temple. Il y avait deux troupes de jeunes garçons et de jeunes filles qui chantaient des vers à la louange
du dieu qui tient dans ses mains la foudre. Ces enfants,
choisis de la figure la plus agréable, avaient de longs cheveux flottants sur leurs épaules. Leurs têtes étaient couronnées de roses et parfumées ; ils étaient tous vêtus de
blanc. Idoménée faisait à Jupiter un sacrifice de cent taureaux pour se le rendre favorable dans une guerre qu'il
avait entreprise contre ses voisins. Le sang des victimes
fumait de tous côtés : on le voyait ruisseler dans les profondes coupes d'or et d'argent.

Le vieillard Théophane, ami des dieux et prêtre du
temple, tenait, pendant le sacrifice, sa tête couverte d'un
bout de sa robe de pourpre : ensuite il consulta les entrailles des victimes qui palpitaient encore, puis s'étant
mis sur le trépied sacré : « O dieux, s'écria-t-il, quels
sont donc ces deux étrangers que le ciel envoie en
ces lieux? Sans eux, la guerre entreprise nous serait
funeste, et Salente tomberait en ruine avant que d'a-
chever d'être élevée sur ses fondements. Je vois un
jeune héros que la Sagesse mène par la main... Il n'est
pas permis à une bouche mortelle d'en dire davantage ».

En disant ces paroles, son regard était farouche et ses
yeux étincelants; il semblait voir d'autres objets que ceux
qui paraissaient devant lui-même ; ses cheveux étaient
hérissés, sa bouche écumante, ses bras levés et immobiles.
Sa voix émue était plus forte qu'aucune voix humaine; il

était hors d'haleine [1], et ne pouvait tenir renfermé au-
dedans de lui l'esprit divin qui l'agitait.

« O heureux Idoménée ! s'écria-t-il encore : que vois-je?
quels malheurs évités, quelle douce paix au dedans ! Mais
au dehors quels combats, quelles victoires ! O Télémaque!
tes travaux surpasseront ceux de ton père; le fier ennemi

gemit dans la poussière sous ton glaive ; les portes d'airain,
les inaccessibles remparts tombent à tes pieds. O grande
déesse, que son père... O jeune homme, tu verras enfin... »
A ces mots, la parole meurt dans sa bouche; et il demeure,

..... Cui talia fanti
Ante fores subîto non vultus, non colore unus,
Non comtæ mansere comæ; sed pectus anhelum,
Et rabie fera corda tument; majorque videri,
Nec mortale sonans.
VIRG., Æn., VI, 46.

comme malgré lui, dans un silence plein d'étonnement.

Tout le peuple est glacé de crainte[1]. Idoménée, tremblant,
n'ose lui demander qu'il achève. Télémaque même, surpris,
comprend à peine ce qu'il vient d'entendre ; à peine peut-
il croire qu'il ait entendu ces hautes prédictions. Mentor
est le seul que l'esprit divin n'a point étonné. « Vous entendez, dit-il à Idoménée, le dessein des dieux. Contre
quelque nation que vous ayez à combattre, la victoire sera
dans vos mains, et vous devrez au jeune fils de votre ami
le bonheur de vos armes. N'en soyez point jaloux ; profitez
seulement de ce que les dieux vous donnent par lui. »

Idoménée, n'étant pas encore revenu de son étonnement,
cherchait en vain des paroles ; sa langue demeurait immobile. Télémaque, plus prompt, dit à Mentor : « Tant de
gloire promise ne me touche point ; mais que peuvent donc
signifier ces dernières paroles Tu verras ?... Est-ce mon
père ou seulement Ithaque ? Hélas ! que n'a-t-il achevé !
il m'a laissé plus en doute que je n'étais. O Ulysse ! ô mon
père, serait-ce vous, vous-même que je dois voir ? serait-il
vrai ? Mais je me flatte. Cruel oracle ! tu prends plaisir à te
jouer d'un malheureux ; encore une parole, et j'étais au
comble du bonheur ».

Mentor lui dit : « Respectez ce que les dieux découvrent,
et n'entreprenez pas de découvrir ce qu'ils veulent cacher.
Une curiosité téméraire mérite d'être confondue. C'est par
une sagesse pleine de bonté que les dieux cachent aux
faibles hommes leur destinée dans une nuit impénétrable.
Il est utile de prévoir ce qui dépend de nous pour le
bien faire, mais il n'est pas moins utile d'ignorer ce qui
ne dépend pas de nos soins, et ce que les dieux veulent
faire de nous ».

Télémaque, touché de ces paroles, se retint avec beaucoup de peine.

Idoménée, qui était revenu de son étonnement, com-

[1]   Gelidus Teucris per dura cucurrit
    Ossa tremor.
                            VIRG, *Æn*, VI, 54.

mença de son côté à louer le grand Jupiter, qui lui
avait envoyé le jeune Télémaque et le sage Mentor,
pour le rendre victorieux de ses ennemis. Après qu'on
eut fait un magnifique repas, qui suivit le sacrifice, il
parla ainsi en particulier aux deux étrangers :

« J'avoue que je ne connaissais point encore assez l'art
de régner quand je revins en Crète, après le siège de
Troie. Vous savez, chers amis, les malheurs qui m'ont
privé de régner dans cette grande île, puisque vous m'as-
surez que vous y avez été depuis que j'en suis parti.
Encore trop heureux, si les coups les plus cruels de la
fortune ont servi à m'instruire et à me rendre plus modéré! Je traversai les mers comme un fugitif que la vengeance des dieux et des hommes poursuit : toute ma
grandeur passée ne servait qu'à me rendre ma chute plus
honteuse et plus insupportable. Je vins réfugier mes dieux
pénates sur cette côte déserte, où je ne trouvai que des
terres incultes, couvertes de ronces et d'épines, des forêts
aussi anciennes que la terre, des rochers presque inaccessibles où se retiraient les bêtes farouches. Je fus réduit
à me réjouir de posséder, avec un petit nombre de soldats
et de compagnons qui avaient bien voulu me suivre dans
mes malheurs, cette terre sauvage, et d'en faire ma patrie,
ne pouvant plus espérer de revoir jamais cette île fortunée
où les dieux m'avaient fait naître pour y régner. Hélas
disais-je en moi-même, quel changement! Quel exemple
terrible ne suis-je point pour les rois! il faudrait me
montrer à tous ceux qui règnent dans le monde, pour les
instruire par mon exemple. Ils s'imaginent n'avoir rien à
craindre, à cause de leur élévation au-dessus du reste
des hommes : hé! c'est leur élévation même qui fait qu'ils
ont tout à craindre! J'étais craint de mes ennemis et aimé
de mes sujets; je commandais à une nation puissante et
belliqueuse : la renommée avait porté mon nom dans les
pays les plus éloignés ; je régnais dans une île fertile et
délicieuse. cent villes me donnaient chaque année un
tribut de leurs richesses ; ces peuples me reconnaissaient
pour être du sang de Jupiter, né dans leur pays; ils m'ai-

maient comme le petit-fils du sage Minos, dont les lois les
rendent si puissants et si heureux. Que manquait-il à mon
bonheur, sinon d'en savoir jouir avec modération? Mais
mon orgueil et la flatterie que j'ai écoutée ont renversé
mon trône. Ainsi tomberont tous les rois qui se livreront
à leurs désirs et aux conseils des esprits flatteurs.

« Pendant le jour je tâchais de montrer un visage gai et
plein d'espérance, pour soutenir le courage de ceux qui
m'avaient suivi. Faisons, leur disais-je, une nouvelle ville
qui nous console de tout ce que nous avons perdu. Nous
sommes environnés de peuples qui nous ont donné un bel
exemple pour cette entreprise. Nous voyons Tarente qui
s'élève assez près de nous. C'est Phalante, avec ses Lacédémoniens, qui a fondé ce nouveau royaume[1]. Philoctète
donne le nom de Pétilie[2] à une grande ville qu'il bâtit sur
la même côte. Métaponte est encore une semblable
colonie[3]. Ferons-nous moins que tous ces étrangers errants
comme nous? La fortune ne nous est pas plus rigoureuse.

« Pendant que je tâchais d'adoucir par ces paroles les
peines de mes compagnons, je cachais au fond de mon
cœur une douleur mortelle. C'était une consolation pour
moi que la lumière du jour me quittât et que la nuit vînt
m'envelopper de ses ombres, pour déplorer en liberté ma
misérable destinée. Deux torrents de larmes amères coulaient de mes yeux; et le doux sommeil leur était inconnu.
Le lendemain, je recommençais mes travaux avec une
nouvelle ardeur. Voilà, Mentor, ce qui fait que vous
m'avez trouvé si vieilli. »

Après qu'Idoménée eut achevé de raconter ses peines,

---

[1] Idoménée, dans le livre suivant, entrera dans des détails étendus sur Phalante et la fondation de Tarente. Tarente subsiste
encore, sous le même nom, à l'extrémité de la Calabre.

[2] Pétilie était située, dans la Grande-Grèce, au voisinage de
Crotone. On n'est pas d'accord sur l'emplacement qu'elle occupait,
les uns la plaçant à Policastro, les autres à Strongoli. Cette dernière opinion paraît avoir le plus d'autorités.

[3] Métaponte était située sur le golfe de Tarente, à l'endroit ou est
aujourd'hui Torre di Mare.

il demanda à Télémaque et à Mentor leur secours dans la guerre où il se trouvait engagé. « Je vous renverrai, leur disait-il, à Ithaque, dès que la guerre sera finie. Cependant, je ferai partir des vaisseaux vers toutes les côtes les plus éloignées, pour apprendre des nouvelles d'Ulysse. En quelque endroit des terres connues que la tempête ou la colère de quelque divinité l'ait jeté, je saurai bien l'en retirer. Plaise aux dieux qu'il soit encore vivant! Pour vous, je vous renverrai avec les meilleurs vaisseaux qui aient jamais été construits dans l'île de Crète; ils sont faits de bois coupé sur le véritable mont Ida[1], où Jupiter naquit. Ce bois sacré ne saurait périr dans les flots : les vents et les rochers le craignent et le respectent. Neptune même, dans son plus grand courroux, n'oserait soulever les vagues contre lui. Assurez-vous donc que vous retournerez heureusement à Ithaque sans peine, et qu'aucune divinité ennemie ne pourra plus vous faire errer sur tant de mers; le trajet est court et facile. Renvoyez le vaisseau phénicien qui vous a portés jusqu'ici, et ne songez qu'à acquérir la gloire d'établir le nouveau royaume d'Idoménée pour réparer tous ses malheurs. C'est à ce prix, ô fils d'Ulysse, que vous serez jugé digne de votre père. Quand même les destinées rigoureuses l'auraient déjà fait descendre dans le sombre royaume de Pluton, toute la Grèce, charmée, croira le revoir en vous. »

A ces mots, Télémaque interrompit Idoménée : « Renvoyons, dit-il le vaisseau phénicien. Que tardons-nous à prendre les armes pour attaquer vos ennemis ? ils sont devenus les nôtres. Si nous avons été victorieux en combattant dans la Sicile pour Aceste[2], troyen et ennemi de la Grèce, ne serons-nous pas encore plus ardents et plus favorisés des dieux quand nous combattrons pour des héros grecs qui ont renversé la ville de Priam ? L'oracle que nous venons d'entendre ne nous permet pas d'en douter »

---

[1] Il l appelle *véritable*, pour le distinguer de l'Ida de la Troade.
[2] Voyez le livre I**.

LIVRE IX[1]

Mentor, regardant d'un œil doux et tranquille Télémaque, qui était déjà plein d'une noble ardeur pour les combats, prit ainsi la parole : « Je suis bien aise, fils d'Ulysse, de voir en vous une si belle passion pour la gloire ; mais souvenez-vous que votre père n'en a acquis une si grande parmi les Grecs, au siège de Troie, qu'en se montrant le plus sage et le plus modéré d'entre eux. Achille, quoique invincible et invulnérable, quoique sûr de porter la terreur et la mort partout où il combattait, n'a pu prendre la ville de Troie : il est tombé lui-même au pied des murs de cette ville, et elle a triomphé du vainqueur d'Hector. Mais

---

[1] Var. Livre X.

Ulysse, en qui la prudence conduisait la valeur, a porté la flamme et le fer au milieu des Troyens ; et c'est à ses mains qu'on doit la chute de ces hautes et superbes tours qui menacèrent pendant dix ans toute la Grèce conjurée[1]. Autant que Minerve est au-dessus de Mars[2], autant une valeur discrète et prévoyante surpasse-t-elle un courage bouillant et farouche. Commençons donc par nous instruire des circonstances de cette guerre qu'il faut soutenir. Je ne refuse aucun péril : mais je crois, ô Idoménée, que vous devez nous expliquer premièrement si votre guerre est juste ; ensuite, contre qui vous la faites, et, enfin, quelles sont vos forces pour en espérer un heureux succès ».

Idoménée lui répondit : « Quand nous arrivâmes sur cette côte, nous y trouvâmes un peuple sauvage qui errait dans les forêts, vivant de sa chasse et des fruits que les arbres portent eux-mêmes. Ces peuples, qu'on nomme les Manduriens[3], furent épouvantés, voyant nos vaisseaux et nos armes : ils se retirèrent dans les montagnes. Mais comme nos soldats furent curieux de voir le pays, et voulurent poursuivre des cerfs, ils rencontrèrent ces sauvages fugitifs. Alors les chefs de ces sauvages leur dirent : « Nous avons abandonné les doux rivages de la mer pour vous les céder ; il ne nous reste que des montagnes presque inaccessibles : du moins est-il juste que vous nous y laissiez en paix et en liberté. Nous vous trouvons errants, dispersés, et plus faibles que nous ; il ne tiendrait qu'à nous de vous égorger et d'ôter même à vos compagnons la connaissance de votre malheur ; mais nous ne voulons point tremper nos mains dans le sang de ceux qui sont hommes aussi bien que nous. Allez ; souvenez-vous que vous devez la vie à nos sentiments d'humanité. N'oubliez jamais que c'est d'un

---

Græcia.....
Conjurata tuas rumpere nuptias.
                    Hor., Od. I, xv.

[2] La déesse de la Sagesse, qui parle ici par la bouche de Mentor, semble n'être pas assez modeste.

[3] La ville de Mandurium était voisir le Tarente.

peu.ple que vous nommez grossier et sauvage que vous
recevez cette leçon de modération et de générosité ».

« Ceux d'entre les nôtres qui furent ainsi renvoyés par
ces barbares revinrent dans le camp et racontèrent ce qui
leur était arrivé. Nos soldats en furent émus; ils eurent
honte de voir que des Crétois dussent la vie à cette troupe
d'hommes fugitifs, qui leur paraissaient ressembler plutôt
à des ours qu'à des hommes : ils s'en allèrent à la chasse
en plus grand nombre que les premiers, et avec toutes
sortes d'armes. Bientôt ils rencontrèrent les sauvages, et
les attaquèrent... Le combat fut cruel. Les traits volaient
de part et d'autre comme la grêle tombe dans une campagne pendant un orage. Les sauvages furent contraints
de se retirer dans leurs montagnes escarpées, où les nôtres
n'osèrent s'engager.

« Peu de temps après, ces peuples envoyèrent vers moi
deux de leurs plus sages vieillards, qui venaient me demander la paix. Ils m'apportèrent des présents : c'étaient des
peaux des bêtes farouches qu'ils avaient tuées, et des fruits
du pays. Après m'avoir donné leurs présents, ils parlèrent
ainsi :

« O roi, nous tenons, comme tu vois, dans une main
l'épée, et dans l'autre une branche d'olivier. » — En effet,
ils tenaient l'une et l'autre dans leurs mains. — « Voilà la
paix et la guerre : choisissez. Nous aimerions mieux la
paix ; c'est pour l'amour d'elle que nous n'avons point eu
de honte de te céder le doux rivage de la mer, où le soleil
rend la terre fertile, et produit tant de fruits délicieux. La
paix est plus douce que tous ces fruits ; c'est pour elle que
nous nous sommes retirés dans ces hautes montagnes toujours couvertes de glace et de neige, où l'on ne voit jamais
ni les fleurs du printemps, ni les riches fruits de l'automne.
Nous avons horreur de cette brutalité·qui, sous de beaux
noms d'ambition et de gloire, va follement ravager les
provinces et répand le sang des hommes, qui sont tous
frères. Si cette fausse gloire te touche, nous n'avons garde
de te l'envier; nous te plaignons et nous prions les dieux
de nous préserver d'une fureur semblable. Si les sciences

que les Grecs apprennent avec tant de soin, et si la politesse dont ils se piquent ne leur inspirent que cette détestable injustice, nous nous croyons trop heureux de n'avoir
point ces avantages. Nous ferons gloire d'être toujours
ignorants et barbares, mais justes, humains, fidèles, désintéressés, accoutumés à nous contenter de peu et à mépriser la veine délicatesse qui fait qu'on a besoin d'avoir

beaucoup. Ce que nous estimons, c'est la santé, la frugalité, la liberté, la vigueur de corps et d'esprit; c'est
l'amour de la vertu, la crainte des dieux, le bon naturel
pour nos proches, l'attachement à nos amis, la fidélité pour
tout le monde, la modération dans la prospérité, la fermeté
dans les malheurs, le courage pour dire toujours hardiment la vérité, l'horreur de la flatterie. Voilà quels sont
les peuples que nous t'offrons pour voisins et pour alliés

Si les dieux irrités t'aveuglent jusqu'à te faire refuser la paix, tu apprendras, mais trop tard, que les gens qui aiment, par modération, la paix, sont les plus redoutables dans la guerre. »

« Pendant que ces vieillards me parlaient ainsi, je ne pouvais me lasser de les regarder. Ils avaient la barbe longue et négligée, les cheveux plus courts, mais blancs ; les sourcils épais, les yeux vifs, un regard et une contenance fermes, une parole grave et pleine d'autorité, des manières simples et ingénues. Les fourrures qui leur servaient d'habits, étant nouées sur l'épaule, laissaient voir des bras nerveux et des muscles mieux nourris que ceux de nos athlètes. Je répondis à ces deux envoyés que je désirais la paix. Nous réglâmes ensemble de bonne foi plusieurs conditions ; nous en prîmes tous les dieux à témoin, et je renvoyai ces hommes chez eux avec des présents.

« Mais les dieux, qui m'avaient chassé du royaume de mes ancêtres, n'étaient pas encore lassés de me persécuter. Nos chasseurs, qui ne pouvaient pas être sitôt avertis de la paix que nous venions de faire, rencontrèrent le même jour une grande troupe de ces barbares qui accompagnaient leurs envoyés lorsqu'ils revenaient de notre camp : ils les attaquèrent avec fureur, en tuèrent une partie, et poursuivirent le reste dans le bois. Voilà la guerre rallumée. Ces barbares croient qu'ils ne peuvent plus se fier ni à nos promesses ni à nos serments.

« Pour être plus puissants contre nous, ils appellent à leur secours les Locriens, les Apuliens, les Lucaniens, les Brutiens, les peuples de Crotone, de Nérite, de Messapie et de Brindes [1]. Les Lucaniens viennent avec des chariots armés de faux tranchantes. Parmi les Apuliens, chacun est couvert de quelque peau de bête farouche qu'il a tuée ; ils portent des massues pleines de gros nœuds, et garnies de pointes de fer : ils sont presque de la taille des géants, et leurs corps se rendent si robustes par les exercices

---

[1] Tous ces peuples habitaient la Grande-Grèce.

pénibles auxquels ils s'adonnent, que leur seule vue
épouvante. Les Locriens [1], venus de la Grèce, sentent
encore leur origine et sont plus humains que les autres ;
mais ils ont joint à l'exacte discipline des troupes grecques

la vigueur des Barbares et l'habitude de mener une vie
dure, ce qui les rend invincibles. Ils portent des boucliers
légers qui sont faits d'un tissu d'osier, et couverts de peaux ;

[1] Les Locriens de la Grande-Grèce étaient une colonie des Locriens Opuntiens. Mais, à l'époque d'Idoménée, cette colonie n'existait pas.

leurs épées sont longues. Les Brutiens sont légers a la
course comme les cerfs et comme les daims. On croirait
que l'herbe même la plus tendre n'est point foulée sous
leurs pieds; à peine laissent-ils dans le sable quelque
trace de leurs pas. On les voit tout à coup fondre sur
leurs ennemis et puis disparaître avec une égale rapidité.
Les peuples de Crotone [1] sont adroits à tirer des flèches.
Un homme ordinaire parmi les Grecs ne pourrait ban-
der un arc tel qu'on en voit communément chez les Croto-
niates; et si jamais ils s'appliquent à nos jeux, ils y rem-
porteront les prix [2]. Leurs flèches sont trempées dans le
suc de certaines herbes vénéneuses, qui viennent, dit-on,
des bords de l'Averne [3], et dont le poison est mortel. Pour
ceux de Nérite [4], de Brindes [5] et de Messapie [6], ils n'ont
en partage que la force du corps et une valeur sans art.
Les cris qu'ils poussent jusqu'au ciel, à la vue de leurs
ennemis, sont affreux. Ils se servent assez bien de la fronde,
et ils obscurcissent l'air par une grêle de pierres lancées ;
mais ils combattent sans ordre.

« Voilà, Mentor, ce que vous désiriez de savoir : vous
connaissez maintenant l'origine de cette guerre, et quels
sont nos ennemis. »

Après cet éclaircissement, Télémaque, impatient de
combattre, croyait n'avoir plus qu'à prendre les armes.
Mentor le retint encore et parla ainsi à Idoménée :

« D'où vient donc que les Locriens mêmes, peuples
sortis de la Grèce, s'unissent aux barbares contre les

---

[1] Crotone subsiste encore a l'extrémité occidentale du golfe de
Tarente. Mais au temps dont il s'agit elle n'était pas encore fondée.

[2] Milon l'athlete a rendu célèbre le nom de Crotone. Phayllus,
qui commandait un vaisseau crotoniate a la bataille de Salamine,
avait été trois fois vainqueur aux Jeux Pythiques.

[3] L'Averne, que les Italiens appellent Averno et Tripergole, est
pres de Naples

[4] *Neretum* etait dans la Calabre, non loin de Salente, ou Salen-
tum : c'est aujourd'hui Nardo.

[5] En latin *Brundusium* ; aujourd'hui Brindisi.

[6] La ville de Messapie était au pays des Messapiens, dans le voisinage de Tarente.

Grecs? D'où vient que tant de colonies grecques fleurissent sur cette côte de la mer, sans avoir les mêmes guerres
à soutenir que vous? O Idoménée, vous dites que les dieux
ne sont pas encore las de vous persécuter; et moi, je dis
qu'ils n'ont pas encore achevé de vous instruire. Tant de
malheurs que vous avez soufferts ne vous ont pas encore
appris ce qu'il faut faire pour prévenir la guerre. Ce que
vous racontez vous-même de la bonne foi de ces barbares
suffit pour montrer que vous auriez pu vivre en paix avec
eux; mais la hauteur et la fierté attirent les guerres les
plus dangereuses. Vous auriez pu leur donner des otages
et en prendre d'eux. Il eût été facile d'envoyer avec leurs
ambassadeurs quelques-uns de vos chefs pour les reconduire avec sûreté. Depuis cette guerre renouvelée, vous
auriez dû encore les apaiser, en leur représentant qu'on
les avait attaqués faute de savoir l'alliance qui venait d'être
jurée. Il fallait leur offrir toutes les sûretés qu'ils auraient
demandées, et établir des peines rigoureuses contre tous
ceux de vos sujets qui auraient manqué à l'alliance. Mais
qu'est-il arrivé depuis ce commencement de guerre? »

« Je crus, répondit Idoménée, que nous n'aurions pu,
sans bassesse, rechercher ces barbares, qui assemblèrent
à la hâte tous leurs hommes en âge de combattre, et qui
implorèrent le secours de tous les peuples voisins, auxquels ils nous rendirent suspects et odieux. Il me parut
que le parti le plus assuré était de s'emparer promptement de certains passages dans les montagnes, qui étaient
mal gardés. Nous les prîmes sans peine, et par là nous
nous sommes mis en état de désoler ces barbares. J'y ai
fait élever des tours, d'où nos troupes peuvent accabler de
traits tous les ennemis qui viendront des montagnes dans
notre pays. Nous pouvons entrer dans le leur et ravager,
quand il nous plaira, leurs principales habitations. Par ce
moyen, nous sommes en état de résister, avec des forces
inégales, à cette multitude innombrable d'ennemis qui
nous environnent. Au reste, la paix entre eux et nous est
devenue très difficile. Nous ne saurions leur abandonner
ces tours sans nous exposer à leurs incursions, et ils les

regardent comme des citadelles dont nous voulons nous
servir pour les réduire en servitude. »

Mentor répondit ainsi à Idoménée : « Vous êtes un sage
roi, et vous voulez qu'on vous découvre la vérité sans
aucun adoucissement. Vous n'êtes point comme ces
hommes faibles qui craignent de la voir, et qui, manquant
de courage pour se corriger, n'emploient leur autorité
qu'à soutenir les fautes qu'ils ont faites. Sachez donc que
ce peuple barbare vous a donné une merveilleuse leçon
quand il est venu vous demander la paix. Était-ce par
faiblesse qu'il la demandait? Manquait-il de courage ou de
ressources contre vous? Vous voyez bien que non, puisqu'il
est si aguerri et soutenu par tant de voisins redoutables.
Que n'imitiez-vous sa modération? Mais une mauvaise
honte et une fausse gloire vous ont jeté dans ce malheur.
Vous avez craint de rendre l'ennemi trop fier; et vous
n'avez pas craint de le rendre trop puissant, en réunissant
tant de peuples contre vous par une conduite hautaine et
injuste. A quoi servent ces tours que vous vantez tant,
sinon à mettre tous vos voisins dans la nécessité de périr,
ou de vous faire périr vous-même, pour se préserver d'une
servitude prochaine? Vous n'avez élevé ces tours que pour
votre sûreté; et c'est par ces tours que vous êtes dans un
si grand péril.

« Le rempart le plus sûr d'un État est la justice, la modération, la bonne foi et l'assurance où sont vos voisins que
vous êtes incapable d'usurper leurs terres. Les plus fortes
murailles peuvent tomber par divers accidents imprévus;
la fortune est capricieuse et inconstante dans la guerre;
mais l'amour et la confiance de vos voisins, quand ils ont
senti votre modération, font que votre État ne peut être
vaincu, et n'est presque jamais attaqué. Quand même un
voisin injuste l'attaquerait, tous les autres, intéressés à sa
conservation, prennent aussitôt les armes pour le défendre.
Cet appui de tant de peuples, qui trouvent leurs véritables
intérêts à soutenir les vôtres, vous aurait rendu bien plus
puissant que ces tours, qui vous rendent vos maux irrémédiables. Si vous aviez songé d'abord à éviter la jalousie

de tous vos voisins, votre ville naissante fleurirait dans une heureuse paix, et vous seriez l'arbitre de toutes les nations de l'Hespérie.

« Retranchons-nous maintenant à examiner comment on peut réparer le passé par l'avenir.

« Vous avez commencé à me dire qu'il y a sur cette côte diverses colonies grecques. Ces peuples doivent être disposés à vous secourir. Ils n'ont oublié ni le grand nom de Minos, fils de Jupiter, ni vos travaux au siège de Troie, où vous vous êtes signalé tant de fois entre les princes grecs pour la querelle commune de toute la Grèce. Pourquoi ne songez-vous pas à mettre ces colonies dans votre parti? »

« Elles sont toutes, répondit Idoménée, résolues à demeurer neutres. Ce n'est pas qu'elles n'eussent quelque inclination à me secourir, mais le trop grand éclat que cette ville a eu dès sa naissance les a épouvantés. Ces Grecs, aussi bien que les autres peuples, ont craint que nous n'eussions des desseins sur leur liberté. Ils ont pensé qu'après avoir subjugué les barbares des montagnes, nous pousserions plus loin notre ambition. En un mot, tout est contre nous. Ceux mêmes qui ne nous font pas une guerre ouverte désirent notre abaissement, et la jalousie ne nous laisse aucun allié. »

« Étrange extrémité! reprit Mentor. Pour vouloir paraître trop puissant, vous ruinez votre puissance; et, pendant que vous êtes au dehors l'objet de la crainte et de la haine de vos voisins, vous vous épuisez au-dedans par les efforts nécessaires pour soutenir une telle guerre. O malheureux, et doublement malheureux Idoménée, que le malheur même n'a pu instruire qu'à demi! aurez-vous encore besoin d'une seconde chute pour apprendre à prévoir les maux qui menacent les plus grands rois? Laissez-moi faire, et racontez-moi seulement en détail quelles sont donc ces villes grecques qui refusent votre alliance. »

« La principale, lui répondit Idoménée, est la ville de Tarente; Phalante l'a fondée depuis trois ans. Il ramassa dans la Laconie un grand nombre de jeunes hommes nés

15

des femmes qui avaient oublié leurs maris absents pendan
la guerre de Troie. Quand les maris revinrent, ces femmes
ne songèrent qu'à les apaiser, et qu'à désavouer leurs
fautes Cette nombreuse jeunesse, qui était née hors du
mariage, ne connaissant plus ni père, ni mère, vécut avec
une licence sans bornes. La sévérité des lois réprima leurs
désordres. Ils se réunirent sous Phalante, chef hardi,
intrépide, ambitieux, et qui sait gagner les cœurs par ses
artifices. Il est venu sur ce rivage avec ces jeunes Laco-
niens : ils ont fait de Tarente une seconde Lacédémone.
D'un autre côté, Philoctète, qui a eu une si grande gloire
au siège de Troie en y portant les flèches d'Hercule, a élevé
dans ce voisinage les murs de Pétilie, moins puissante à la
vérité, mais plus sagement gouvernée que Tarente. Enfin
nous avons ici près la ville de Métaponte, que le sage Nestor
a fondée avec ses Pyliens. »

« Quoi! reprit Mentor, vous avez Nestor dans l'Hespérie,
et vous n'avez pas su l'engager dans vos intérêts! Nestor,
qui vous a vu tant de fois combattre contre les Troyens, et
dont vous aviez l'amitié! » « Je l'ai perdue, répliqua Idoménée, par l'artifice de ces peuples, qui n'ont rien de barbare
que le nom : ils ont eu l'adresse de lui persuader que je
voulais me rendre le tyran de l'Hespérie. » « Nous le
détromperons, dit Mentor. Télémaque le vit à Pylos avant
qu'il fût venu fonder sa colonie, et avant que nous eussions
entrepris nos grands voyages pour chercher Ulysse : il
n'aura pas encore oublié ce héros, ni les marques de tendresse qu'il donna à son fils Télémaque. Mais le principal
est de guérir sa défiance : c'est par les ombrages donnés à
tous vos voisins que cette guerre s'est allumée, et c'est
en dissipant ces vains ombrages que cette guerre peut
s'éteindre. Encore un coup, laissez-moi faire. »

A ces mots, Idoménée, embrassant Mentor, s'attendrissait
et ne pouvait parler. Enfin il prononça à peine ces paroles :
« O sage vieillard, envoyé par les dieux pour réparer toutes
mes fautes! j'avoue que je me serais irrité contre tout
autre qui m'aurait parlé aussi librement que vous; j'avoue
qu'il n'y a que vous seul qui puissiez m'obliger à recher-

cher la paix. J'avais résolu de périr ou de vaincre tous
mes ennemis; mais il est juste de croire ces sages conseils
plutôt que ma passion. O heureux Télémaque, qui ne
pourrez jamais vous égarer comme moi, puisque vous avez
un tel guide! Mentor, vous êtes le maître; toute la sagesse
des dieux est en vous. Minerve même ne pourrait donner
de plus salutaires conseils. Allez, promettez, concluez,

donnez tout ce qui est à moi, Idoménée approuvera tout
ce que vous jugerez à propos de faire ».

Pendant qu'ils raisonnaient ainsi, on entendit tout à coup
un bruit confus de chariots, de chevaux hennissants,
d'hommes qui poussaient des hurlements épouvantables
et de trompettes qui remplissaient l'air d'un son belliqueux. On s'écrie : « Voilà les ennemis qui ont fait un
grand détour pour éviter les passages gardés! les voilà qui
viennent assiéger Salente! » Les vieillards et les femmes
paraissaient consternés. « Hélas! disaient-ils, fallait-il
quitter notre chère patrie, la fertile Crète, et suivre un roi

malheureux au travers de tant de mers, pour fonder une ville qui sera mise en cendres comme Troie! » On voyait de dessus les murailles noûvellement bâties, dans la vaste campagne, briller au soleil les casques, les cuirasses, et les bouchers des ennemis; les yeux en étaient éblouis. On voyait aussi les piques hérissées qui couvraient la terre, comme elle est couverte par une abondante moisson[1] que Cérès prépare dans les campagnes d'Enna[2] en Sicile pendant les chaleurs de l'été, pour récompenser le laboureur de toutes ses peines. Déjà on remarquait les chariots armés de faux tranchantes; on distinguait facilement chaque peuple venu à cette guerre.

Mentor monta sur une haute tour pour les mieux découvrir. Idoménée et Télémaque le suivirent de près. A peine y fut-il arrivé, qu'il aperçut d'un côté Philoctète, et de l'autre Nestor avec Pisistrate son fils. Nestor était facile à reconnaître à sa vieillesse vénérable. « Quoi donc! s'écria Mentor, vous avez cru, ô Idoménée, que Philoctète et Nestor se contentaient de ne vous point secourir; les voilà qui ont pris les armes contre vous; et, si je ne me trompe, ces autres troupes qui marchent en si bon ordre avec tant de lenteur sont les troupes lacédomoniennes, commandées par Phalante. Tout est contre vous; il n'y a aucun voisin de cette côte dont vous n'ayez fait un ennemi, sans vouloir le faire. »

En disant ces paroles, Mentor descend à la hâte de cette tour; il s'avance vers une porte de la ville du côté par où les ennemis s'avançaient : il la fait ouvrir; et Idoménée, surpris de la majesté avec laquelle il fait ces choses, n'ose pas même lui demander quel est son dessein. Mentor fait signe de la main, afin que personne ne songe à le suivre. Il va au-devant des ennemis, étonnés de voir un seul homme

---

[1]   ..... Atraque late
Horrescit strictis seges ensibus, æraque fulgent
Sole lacessita, et lucem sub nubila jactant.
                                        VIRG , Æn., VII, 525.

[2] Enna est aujourd'hui Castro Giovani. Cérès était particulièrement adorée dans cette ville.

qui se présente à eux. Il leur montra de loin une branche d'olivier en signe de paix ; et, quand il fut à portée de se faire entendre, il leur demanda d'assembler tous les chefs. Aussitôt tous les chefs s'assemblèrent ; et il parla ainsi :

« O hommes généreux, assemblés de tant de nations qui fleurissent dans la riche Hespérie, je sais que vous n'êtes venus ici que pour l'intérêt commun de la liberté. Je loue votre zèle ; mais souffrez que je vous représente un moyen facile de conserver la liberté et la gloire de tous vos peuples, sans répandre le sang humain. O Nestor, sage Nestor, que j'aperçois dans cette assemblée, vous n'ignorez pas combien la guerre est funeste à ceux-mêmes qui l'entreprennent avec justice et sous la protection des dieux. La guerre est le plus grand des maux dont les dieux affligent les hommes [1]. Vous n'oublierez jamais ce que les Grecs ont souffert pendant dix ans devant la malheureuse Troie. Quelles divisions entre les chefs ! quels caprices de la fortune ! quels carnages des Grecs par la main d'Hector ! quels malheurs dans toutes les villes les plus puissantes, causés par la guerre, pendant la longue absence de leurs rois ! Au retour, les uns ont fait naufrage au promontoire de Capharée [2], les autres ont trouvé une mort funeste dans le sein même de leurs épouses. O dieux, c'est dans votre colère que vous armâtes les Grecs pour cette éclatante expédition ! O peuples hespériens ! je prie les dieux de ne vous donner jamais une victoire si funeste. Troie est en cendres, il est vrai ; mais il vaudrait mieux pour les Grecs qu'elle fût encore dans toute sa gloire, et que le lâche Pâris jouît encore en paix de ses infâmes amours avec Hélène. Philoctète, si longtemps malheureux et abandonné dans l'île de Lemnos [3], ne craignez-vous point de retrouver de sembla-

---

[1] « Sire, regardez toujours la guerre comme le plus grand fleau « dont Dieu puisse affliger un empire. » (Mass , *Petit Carême*).

[2] C'est un promontoire de l'île d'Eubée. Les Grecs le nomment aujourd'hui Xylophagos, *mangeur de vaisseaux* ; les Italiens, Capo d'Auro.

[3] Lemmos, grande île de la mer Égée, porte aujourd'hui le même nom.

bles malheurs dans une semblable guerre ? Je sais que les
peuples de la Laconie ont senti aussi les troubles causés
par la longue absence des princes, des capitaines, et des
soldats qui allèrent contre les Troyens. O Grecs, qui avez
passé dans l'Hespérie, vous n'y avez tous passé que par une
suite des malheurs que causa [1], la guerre de Troie! »

Après avoir parlé ainsi, Mentor s'avança vers les Pyliens ;
et Nestor, qui l'avait reconnu, s'avança aussi pour le
saluer. « O Mentor, lui dit-il, c'est avec plaisir que je vous
revois. Il y a bien des années que je vous vis, pour la première fois, dans la Phocide [2] ; vous n'aviez que quinze ans,
et je prévis dès lors que vous seriez aussi sage que vous
l'avez été dans la suite. Mais par quelle aventure avez-vous
été conduit en ces lieux ? Quels sont donc les moyens que
vous avez de finir cette guerre? Idoménée nous a contraints
de l'attaquer. Nous ne demandions que la paix, chacun de
nous avait un intérêt pressant de la désirer; mais nous ne
pouvions plus trouver aucune sûreté avec lui. Il a violé
toutes ses promesses à l'égard de ses plus proches voisins.
La paix avec lui ne serait point une paix; elle lui servirait
seulement à dissiper notre ligue, qui est notre unique
ressource. Il a montré à tous les peuples son dessein ambitieux de les mettre dans l'esclavage, et il ne nous a laissé
aucun moyen de défendre notre liberté qu'en tâchant de
renverser son nouveau royaume. Par sa mauvaise foi, nous
sommes réduits à le faire périr, ou à recevoir de lui le joug
de la servitude. Si vous trouvez quelque expédient pour
faire en sorte qu'on puisse se confier à lui et s'assurer
d'une bonne paix, tous les peuples que vous voyez ici quit-
teront volontiers les armes, et nous avouerons avec joie
que vous nous surpassez en sagesse. »

Mentor lui répondit : « Sage Nestor, vous savez qu'Ulysse
m'avait confié son fils Télémaque. Ce jeune homme, im-

[1] VAR On lit, dans quelques éditions: *qui ont été les suites de la
guerre de Troie*; mais le manuscrit original porte, *que causa la
guerre de Troie.*
[2] Province de la Grèce, célèbre surtout par l'oracle de Delphes,
et le mont Parnasse.

patient de découvrir la destinée de son père, passa chez
vous à Pylos, et vous le reçûtes avec tous les soins qu'il
pouvait attendre d'un fidèle ami de son père; vous lui donnâtes même votre fils [1] pour le conduire. Il entreprit ensuite
de longs voyages sur la mer; il a vu la Sicile, l'Égypte, l'île
de Chypre, celle de Crète. Les vents, ou plutôt les dieux,
l'ont jeté sur cette côte, comme il voulait retourner à
Ithaque. Nous sommes arrivés ici tout à propos pour vous
épargner les horreurs d'une cruelle guerre. Ce n'est plus
Idoménée, c'est le fils du sage Ulysse, c'est moi qui vous
réponds de toutes les choses qui vous seront promises ».

Pendant que Mentor parlait ainsi avec Nestor, au milieu
des troupes confédérées, Idoménée et Télémaque, avec tous
les Crétois armés, les regardaient du haut des murs de Salente; ils étaient attentifs pour remarquer comment les discours de Mentor seraient reçus; et ils auraient voulu pouvoir entendre les sages entretiens de ces deux vieillards.
Nestor avait toujours passé pour le plus expérimenté et le
plus éloquent de tous les rois de la Grèce. C'était lui qui modérait, pendant le siège de Troie, le bouillant courroux
d'Achille, l'orgueil d'Agamennon, la fierté d'Ajax, et le
courage impétueux de Diomède. La douce persuasion coulait de ses lèvres comme un ruisseau de miel [2]; sa voix
seule se faisait entendre à tous ces héros; tous se taisaient
dès qu'il ouvrait la bouche, et il n'y avait que lui qui pût
apaiser dans le camp la farouche discorde. Il commençait
à sentir les injures de la froide vieillesse, mais ses paroles
étaient encore pleines de force et de douceur : il racontait
avec grâce, quoique avec un peu de lenteur.

Ce vieillard, admiré de toute la Grèce, sembla avoir perdu
toute son éloquence et toute sa majesté, dès que Mentor
parut avec lui. Sa vieillesse paraissait flétrie et abattue auprès de celle de Mentor en qui les ans semblaient avoir
respecté la force et la vigueur du tempérament. Les paroles

---

[1] Pisistrate. Voyez l'*Odyssée*, livre III.

[2] Τοῦ καὶ ἀπὸ γλώσσης μέλιτος γλυκίων ῥέεν αὐδή.
HOM., *Il.*, I, 249.

de Mentor, quoique graves et simples, avaient une vivacité et une autorité qui commençait à manquer à l'autre. Tout ce qu'il disait était court, précis et nerveux. Jamais il ne faisait aucune redite; jamais il ne racontait que le fait nécessaire pour l'affaire qu'il fallait décider. S'il était obligé de parler plusieurs fois d'une même chose pour l'inculquer ou pour parvenir à la persuasion, c'était toujours par des tours nouveaux et par des comparaisons sensibles. Il avait même je ne sais quoi de complaisant et d'enjoué, quand il voulait se proportionner aux besoins des autres, et leur insinuer quelque vérité. Ces deux hommes si vénérables furent un spectacle touchant à tant de peuples assemblés.

Pendant que tous les alliés ennemis de Salente se jetaient en foule les uns sur les autres pour les voir de plus près, et pour tâcher d'entendre leurs sages discours, Idoménée et tous les siens s'efforçaient de découvrir, par leurs regards avides et empressés, ce que signifiaient leurs gestes et l'air de leurs visages.

[1] Cependant Télémaque, impatient, se dérobe à la multitude qui l'environne; il court à la porte par où Mentor était sorti, il se la fait ouvrir avec autorité. Bientôt Idoménée, qui le croit à ses côtés, s'étonne de le voir qui court au milieu de la campagne, et qui est déjà auprès de Nestor, Nestor le reconnaît et se hâte, mais d'un pas pesant et tardif, de l'aller recevoir. Télémaque saute à son cou et le tient serré entre ses bras sans parler. Enfin il s'écrie : « O mon père! je ne crains pas de vous nommer ainsi; le malheur de ne retrouver point mon véritable père et les bontés que vous m'avez fait sentir me donnent le droit de me servir d'un nom si tendre : mon père, mon cher père, je vous revois! ainsi puissé-je voir Ulysse! Si quelque chose pouvait me consoler d'en être privé, ce serait de trouver en vous un autre lui-même. »

Nestor ne put, à ces paroles, retenir ses larmes; et il fut

---

[1] Var. Commencement du livre XI, dans la division en XXIV livres.

touché d'une secrète joie, voyant celles qui coulaient avec une merveilleuse grâce sur les joues de Télémaque. La beauté, la douceur et la noble assurance de ce jeune inconnu, qui traversait sans précaution tant de troupes ennemies, étonna tous les alliés. « N'est-ce pas, disaient-ils, le fils de ce vieillard qui est venu parler à Nestor? Sans doute, c'est la même sagesse dans les deux âges les plus opposés de la vie. Dans l'un, elle ne fait encore que fleurir ; dans l'autre, elle porte avec abondance les fruits les plus mûrs. »

Mentor, qui avait pris plaisir à voir la tendresse avec laquelle Nestor venait de recevoir Télémaque, profita de cette heureuse disposition. « Voilà, lui dit-il, le fils d'Ulysse, si cher à toute la Grèce, et si cher à vous-même, ô sage Nestor! le voilà, je vous le livre comme un otage et comme le gage le plus précieux qu'on puisse vous donner de la fidélité des promesses d'Idoménée. Vous jugez bien que je ne voudrais pas que la perte du fils suivît celle du père, et que la malheureuse Pénélope pût reprocher à Mentor qu'il a sacrifié son fils à l'ambition du nouveau roi de Salente. Avec ce gage, qui est venu de lui-même s'offrir, et que les dieux, amateurs de la paix[1], vous envoient, je commence, ô peuples assemblés de tant de nations, à vous faire des propositions pour établir à jamais une paix solide. »

A ce nom de paix, on entend un bruit confus de rang en rang. Toutes ces différentes nations frémissaient de courroux, et croyaient perdre tout le temps où l'on retardait le combat; ils s'imaginaient qu'on ne faisait tous ces discours que pour ralentir leur fureur et pour faire échapper leur proie. Surtout les Manduriens souffraient impatiemment qu'Idoménée espérât de les tromper encore une fois. Souvent ils entreprirent d'interrompre Mentor, car ils craignaient que ses discours pleins de sagesse ne détachassent leurs alliés. Ils commençaient à se défier de tous les

---

[1] Il dira plus loin : « les dieux amateurs des hommes ». Amis serait peut-être une meilleure expression.

Grecs qui étaient dans l'assemblée. Mentor, qui l'aperçut,
se hâta d'augmenter cette défiance, pour jeter la division
dans les esprits de tous ces peuples.

« J'avoue, disait-il, que les Manduriens ont sujet de se
plaindre, et de demander quelque réparation des torts
qu'ils ont soufferts; mais il n'est pas juste aussi que les
Grecs, qui font sur cette côte des colonies, soient suspects
et odieux aux anciens peuples du pays. Au contraire, les
Grecs doivent être unis entre eux et se faire bien traiter
par les autres; il faut seulement qu'ils soient modérés, et
qu'ils n'entreprennent jamais d'usurper les terres de leurs
voisins. Je sais qu'Idoménée a eu le malheur de vous
donner des ombrages, mais il est aisé de guérir toutes vos
défiances. Télémaque et moi, nous nous offrons à être des
otages qui vous répondent de la bonne foi d'Idoménée.
Nous demeurerons entre vos mains jusqu'à ce que les
choses qu'on vous promettra soient fidèlement accomplies.
Ce qui vous irrite, ô Manduriens, s'écria-t-il, c'est que les
troupes des Crétois ont saisi les passages de vos montagnes
par surprise, et que par là ils sont en état d'entrer malgré
vous, aussi souvent qu'il leur plaira, dans le pays où vous
vous êtes retirés, pour leur laisser le pays uni qui est sur
le rivage de la mer. Ces passages, que les Crétois ont fortifiés par de hautes tours pleines de gens armés, sont donc
le véritable sujet de la guerre. Répondez-moi, y en a-t-il
encore quelque autre? »

Alors le chef des Manduriens s'avança, et parla ainsi :
« Que n'avons-nous pas fait pour éviter cette guerre! Les
dieux nous sont témoins que nous n'avons renoncé à la
paix que quand la paix nous a échappé sans ressource par
l'ambition inquiète des Crétois, et par l'impossibilité où
ils nous ont mis de nous fier à leurs serments. Nation
insensée! qui nous a réduits, malgré nous, à l'affreuse
nécessité de prendre un parti de désespoir contre elle, et
de ne pouvoir plus chercher notre salut que dans sa perte !
Tandis qu'ils conserveront ces passages, nous croirons
toujours qu'ils veulent usurper nos terres et nous mettre
en servitude. S'il était vrai qu'ils ne songeassent plus qu'à

vivre en paix avec leurs voisins, ils se contenteraient de
ce que nous leur avons cédé sans peine et ils ne s'attache-
raient pas à conserver des entrées dans un pays contre la
liberté duquel ils ne formeraient aucun dessein ambitieux.
Mais vous ne les connaissez pas, ô sage vieillard! C'est par
un grand malheur que nous avons appris à les connaître.
Cessez, ô homme aimé des dieux, de retarder une guerre

juste et nécessaire, sans laquelle l'Hespérie ne pourrait
jamais espérer une paix constante. O nation ingrate, trompeuse et cruelle, que les dieux irrités ont envoyée auprès
de nous pour troubler notre paix et pour nous punir de
nos fautes! Mais après nous avoir punis, ô dieux! vous
nous vengerez : vous ne serez pas moins justes contre nos
ennemis que contre nous »

A ces paroles, toute l'assemblée parut émue : il semblait
que Mars et Bellone allaient de rang en rang rallumant

dans les cœurs la fureur des combats que Mentor tâchai
d'éteindre. Il reprit ainsi la parole :

« Si je n'avais que des promesses à vous faire, vous
pourriez refuser de vous y fier; mais je vous offre des
choses certaines et présentes. Si vous n'êtes pas contents
d'avoir pour otages Télémaque et moi, je vous ferai donner
douze des plus nobles et des plus vaillants Crétois; mais il
est juste aussi que vous donniez de votre côté des otages ;
car Idoménée, qui désire sincèrement la paix, la désire
sans crainte et sans bassesse. Il désire la paix, comme
vous dites vous-mêmes que vous l'avez désirée, par sagesse
et par modération, mais non par l'amour d'une vie molle,
ou par faiblesse à la vue des dangers dont la guerre
menace les hommes. Il est prêt à périr ou à vaincre, mais
il aime mieux la paix que la victoire la plus éclatante. Il
aurait honte de craindre d'être vaincu, mais il craint d'être
injuste, et il n'a point de honte de vouloir réparer ses
fautes. Les armes à la main, il vous offre la paix. Il ne
veut point en imposer les conditions avec hauteur, car il
ne fait aucun cas d'une paix forcée. Il veut une paix dont
tous les partis soient contents, qui finisse toutes les
jalousies, qui apaise tous les ressentiments et qui guérisse
toutes les défiances. En un mot, Idoménée est dans les
sentiments où je suis sûr que vous voudriez qu'il fût Il
n'est question que de vous en persuader. La persuasion ne
sera pas difficile, si vous voulez m'écouter avec un esprit
dégagé et tranquille.

« Écoutez donc, ô peuples remplis de valeur, et vous,
ô chefs si sages et si unis, écoutez ce que je vous offre de
la part d'Idoménée. Il n'est pas juste qu'il puisse entrer
dans les terres de ses voisins; il n'est pas juste aussi que
ses voisins puissent entrer dans les siennes. Il consent que
les passages qu'on a fortifiés par de hautes tours soient
gardées par des troupes neutres. Vous, Nestor, et vous,
Philocrète, vous êtes Grecs d'origine; mais, en cette occasion, vous vous êtes déclarés contre Idoménée : ainsi vous
ne pouvez être suspects d'être trop favorables à ses intérêts.
Ce qui vous touche, c'est l'intérêt commun de la paix et

de la liberté de l'Hespérie. Soyez vous-mêmes les dépositaires et les gardiens de ces passages qui causent la guerre.
Vous n'avez pas moins d'intérêt à empêcher que les anciens
peuples d'Hespérie ne détruisent Salente, nouvelle colonie
des Grecs, semblable à celles que vous avez fondées, qu'à
empêcher qu'Idoménée n'usurpe les terres de ses voisins.
Tenez l'équilibre entre les uns et les autres. Au lieu de
porter le fer et le feu chez un peuple que vous devez aimer,
réservez-vous la gloire d'être les juges et les médiateurs.
Vous me direz que ces conditions vous paraîtraient merveilleuses, si vous pouviez vous assurer qu'Idoménée les
accomplirait de bonne foi; mais je vais vous satisfaire.

« Il y aura, pour sûreté réciproque, les otages dont je
vous ai parlé, jusqu'à ce que tous les passages soient mis
en dépôt dans vos mains. Quand le salut de l'Hespérie
entière, quand celui de Salente même et d'Idoménée sera
à votre discrétion, serez-vous contents? De qui pourrez-
vous désormais vous défier? Sera-ce de vous-mêmes? Vous
n'osez vous fier à Idoménée; et Idoménée est si incapable
de vous tromper, qu'il veut se fier à vous. Oui, il veut vous
confier le repos, la liberté, la vie de tout son peuple et de
lui-même. S'il est vrai que vous ne désiriez qu'une bonne
paix, la voilà qui se présente à vous, et qui vous ôte tout
prétexte de reculer. Encore une fois, ne vous imaginez
pas que la crainte réduise Idoménée à vous faire ces offres ;
c'est la sagesse et la justice qui l'engagent à prendre ce
parti, sans se mettre en peine si vous imputerez à faiblesse
ce qu'il fait par vertu. Dans les commencements il a fait
des fautes, et il met sa gloire à les reconnaître par les
offres dont il vous prévient. C'est faiblesse, c'est vanité,
c'est ignorance grossière de son propre intérêt, que
d'espérer de pouvoir cacher ses fautes en affectant de les
soutenir avec fierté et avec hauteur. Celui qui avoue ses
fautes à son ennemi, et qui offre de les réparer, montre
par là qu'il est devenu incapable d'en commettre, et que
l'ennemi a tout à craindre d'une conduite si sage et si
ferme, à moins qu'il ne fasse la paix. Gardez-vous bien de
souffrir qu'il vous mette à son tour dans le tort. Si vous

refusez la paix et la justice qui viennent à vous, la paix et
la justice seront vengées. Idoménée, qui devait craindre
de trouver les dieux irrités contre lui, les tournera pour
lui contre vous. Télémaque et moi, nous combattrons pour
la bonne cause. Je prends tous les dieux du Ciel et des
Enfers à témoin des justes propositions que je viens de vous
faire. »

En achevant ces mots, Mentor leva son bras pour montrer à tant de peuples le rameau d'olivier qui était dans
sa main le signe pacifique Les chefs, qui le regardaient
de près, furent étonnés et éblouis du feu divin qui éclatait
dans ses yeux. Il parut avec une majesté et une autorité
qui est au-dessus de tout ce qu'on voit dans les plus grands
d'entre les mortels. Le charme de ses paroles douces et
fortes enlevait les cœurs ; elles étaient semblables à ces
paroles enchantées qui tout à coup, dans le profond
silence de la nuit, arrêtent au milieu de l'Olympe la lune
et les étoiles, calment la mer irritée, font taire les vents et
les flots, et suspendent le cours des fleuves rapides [1].

Mentor était, au milieu de ces peuples furieux, comme
Bacchus lorsqu'il était environné des tigres, qui, oubliant
leur cruauté, venaient, par la puissance de sa douce voix,
lécher ses pieds et se soumettre par leurs caresses. D'abord
il se fit un profond silence dans toute l'armée. Les chefs
se regardaient les uns les autres, ne pouvant résister à cet
homme, ni comprendre qui il était. Toutes les troupes,
immobiles, avaient les yeux attachés sur lui. On n'osait
parler, de peur qu'il n'eût encore quelque chose à dire et
qu'on ne l'empêchât d'être entendu. Quoiqu'on ne trouvât
rien à ajouter aux choses qu'il avait dites, ses paroles

---

[1] La magicienne Génothée, dans Pétrone, opérait toutes ces merveilles

> Quum volo... mihi pontus inertes
> Submittit fluctus, zephyrique tacentia ponunt
> Ante meos sua flabra pedes, mihi flumina parent...
> Quid leviora loquor ? Lunæ descendit imago
> Carminibus deducta meis.

Il y a dans les anciens une foule de passsages semblables.

avaient paru courtes, et on aurait souhaité qu'il eût parlé
plus longtemps. Tout ce qu'il avait dit demeurait comme
gravé dans tous les cœurs. En parlant il se faisait aimer,
il se faisait croire; chacun était avide et comme suspendu [1]
pour recueillir jusqu'aux moindres paroles qui sortaient
de sa bouche.

Enfin, après un assez long silence, on entendit un bruit
sourd qui se répandait peu à peu. Ce n'était plus ce bruit
confus des peuples qui frémissaient dans leur indignation;
c'était, au contraire, un murmure doux et favorable. On
découvrait déjà sur les visages je ne sais quoi de serein et
de radouci. Les Manduriens, si irrités, sentaient que les
armes leur tombaient des mains. Le farouche Phalante,
avec ses Lacédémoniens, fut surpris de trouver ses entrailles
de fer attendries. Les autres commencèrent à soupirer
après cette heureuse paix qu'on venait de leur montrer.
Philoctète, plus sensible qu'un autre par l'expérience de
ses malheurs, ne put retenir ses larmes. Nestor, ne pouvant parler, dans le transport où ce discours venait de le
mettre, embrassa tendrement Mentor sans pouvoir parler;
et tous ces peuples à la fois, comme si c'eût été un signal,
s'écrièrent aussitôt : « O sage vieillard, vous nous désar-
mez! La paix! la paix! »

Nestor, un moment après, voulut commencer un discours, mais toutes les troupes, impatientes, craignirent
qu'il ne voulût représenter quelque difficulté. « La paix!
la paix! » s'écrièrent-elles encore une fois. On ne put leur
imposer silence qu'en faisant crier avec eux par tous les
chefs de l'armée : « La paix! la paix! »

Nestor, voyant bien qu'il n'était pas libre de faire un
discours suivi, se contenta de dire : « Vous voyez, ô Mentor,
ce que peut la parole d'un homme de bien. Quand la
sagesse et la vertu parlent, elles calment toutes les passions. Nos justes ressentiments se changent en amitié et en

---

[1]   ..... Pendetque iterum narrantis ab ore.
                                        VIRG., Æn., IV, 79

Cette métaphore est aussi employée par les Grecs.

désir d'une paix durable Nous l'acceptons telle que vous
nous l'offrez. » En même temps, tous les chefs tendirent les
mains en signe de consentement.

Mentor courut vers la porte de la ville pour la faire ouvrir, et pour mander à Idoménée de sortir de Salente sans
précaution. Cependant Nestor embrassait Télémaque, disant : « O aimable fils du plus sage de tous les Grecs,
puissiez-vous être aussi sage et plus heureux que lui !
N'avez-vous rien découvert sur sa destinée ? Le souvenir
de votre père, à qui vous ressemblez, a servi à étouffer
notre indignation ».

Phalante, quoique dur et farouche, quoiqu'il n'eût
jamais vu Ulysse, ne laissa pas d'être touché de ses
malheurs et de ceux de son fils. Déjà on pressait Télémaque de raconter ses aventures, lorsque Mentor revint
avec Idoménée et toute la jeunesse crétoise qui le suivait.

A la vue d'Idoménée, les alliés sentirent que leur courroux se rallumait ; mais les paroles de Mentor éteignirent
ce feu prêt à éclater. « Que tardons-nous, dit-il, à conclure
cette sainte alliance dont les dieux seront les témoins et
les défenseurs ? Qu'ils la vengent, si jamais quelque impie
ose la violer, et que tous les maux horribles de la guerre,
loin d'accabler les peuples fidèles et innocents, retombent
sur la tête parjure et exécrable de l'ambitieux qui foulera
aux pieds les droits sacrés de cette alliance ; qu'il soit détesté des dieux et des hommes ; qu'il ne jouisse jamais du
fruit de sa perfidie ; que les Furies infernales, sous les
figures les plus hideuses, viennent exciter sa rage et son
désespoir: qu'il tombe mort sans aucune espérance de
sépulture ; que son corps soit la proie des chiens et des
vautours ; et qu'il soit aux Enfers, dans le profond abîme
du Tartare, tourmenté à jamais plus rigoureusement que
Tantale, Ixion et les Danaïdes ! Mais plutôt, que cette paix
soit inébranlable comme les rochers d'Atlas, qui soutient
le ciel ; que tous les peuples la révèrent et goûtent ses
fruits, de génération en génération ; que les noms de ceux
qui l'auront jurée soient avec amour et vénération dans la
bouche de nos derniers neveux : que cette paix, fondée sur

la justice et sur la bonne foi, soit le modèle de toutes les paix [1] qui se feront à l'avenir chez toutes les nations de la terre ; et que tous les peuples, qui voudront se rendre heureux en se réunissant, songent à imiter les peuples de l'Hespérie ! »

A ces paroles, Idoménée et les autres rois jurent la paix aux conditions marquées. On donne de part et d'autre douze otages. Télémaque veut être du nombre des otages donnés par Idoménée ; mais on ne peut consentir que Mentor en soit, parce que les alliés veulent qu'il demeure auprès d'Idoménée pour répondre de sa conduite et de celle de ses conseillers, jusqu'à l'entière exécution des choses promises. On immola, entre la ville et l'armée ennemie, cent génisses blanches comme la neige, et autant de taureaux de même couleur, dont les cornes étaient dorées et ornées de festons. On entendait retentir, jusque dans les montagnes voisines, le mugissement affreux des victimes qui tombaient sous le couteau sacré. Le sang fumant ruisselait de toutes parts. On faisait couler avec abondance un vin exquis pour les libations. Les aruspices [2] consultaient les entrailles qui palpitaient encore. Les sacrificateurs brûlaient sur les autels un encens qui formait un épais nuage, et dont la bonne odeur parfumait toute la campagne.

Cependant les soldats des deux partis, cessant de se regarder d'un œil ennemi, commençaient à s'entretenir sur leurs aventures. Ils se délassaient déjà de leurs travaux, et goûtaient par avance les douceurs de la paix. Plusieurs de ceux qui avaient suivi Idoménée au siège de Troie reconnurent ceux de Nestor qui avaient combattu dans la même guerre. Ils s'embrassaient avec tendresse et se racontaient mutuellement tout ce qui leur était arrivé depuis qu'ils avaient ruiné la superbe ville qui était l'ornement de toute l'Asie. Déjà ils se couchaient sur l'herbe, se couronnaient de fleurs et buvaient ensemble le vin qu'on apportait de

[1] Il n'est pas d'usage d'employer le mot *paix* au pluriel.
[2] Il eût mieux valu, sans doute, ne pas faire usage, dans la description d'un sacrifice grec, du mot *aruspice*, qui est propre à la langue des Romains et à leurs cérémonies.

la ville dans de grands vases, pour célébrer une si heureuse journée.

Tout à coup Mentor dit aux rois et aux capitaines assemblés : « Désormais, sous divers noms et sous divers chefs, vous ne ferez plus qu'un seul peuple. C'est ainsi que les justes dieux, amateurs des hommes qu'ils ont formés, veulent être le lien éternel de leur parfaite concorde. Tout le genre humain n'est qu'une famille dispersée sur la face de toute la terre. Tous les peuples sont frères et doivent s'aimer comme tels. Malheur à ces impies qui cherchent une gloire cruelle dans le sang de leurs frères, qui est leur propre sang !

« La guerre est quelquefois nécessaire, il est vrai ; mais c'est la honte du genre humain qu'elle soit inévitable en certaines occasions. O rois, ne dites point qu'on doit la désirer pour acquérir de la gloire. La vraie gloire ne se trouve point hors de l'humanité. Quiconque préfère sa propre gloire aux sentiments de l'humanité est un monstre d'orgueil et non pas un homme : il ne parviendra même qu'à une fausse gloire : car la vraie ne se trouve que dans la modération et la bonté. On pourra le flatter pour contenter sa vanité folle, mais on dira toujours de lui en secret, quand on voudra parler sincèrement : Il a d'autant moins mérité la gloire qu'il l'a désirée avec une passion injuste : les hommes ne doivent point l'estimer, puisqu'il a si peu estimé les hommes, et qu'il a prodigué leur sang par une brutale vanité. Heureux le roi qui aime son peuple, qui en est aimé, qui se confie en ses voisins, et qui a leur confiance ; qui, loin de leur faire la guerre, les empêche de l'avoir entre eux, et qui fait envier à toutes les nations étrangères le bonheur qu'ont ses sujets de l'avoir pour roi !

« Songez donc à vous rassembler de temps en temps, ô vous qui gouvernez les puissantes villes de l'Hespérie. Faites de trois ans en trois ans une assemblée générale, où tous les rois qui sont ici présents se trouvent pour renouveler l'alliance par un nouveau serment, pour raffermir l'amitié promise et pour délibérer sur tous les intérêts communs. Tandis que vous serez unis, vous aurez au dedans de ce beau pays la paix, la gloire et l'abondance ; au dehors vous serez toujours invincibles. Il n'y a que la Discorde, sortie de l'Enfer pour tourmenter les hommes insensés, qui puisse troubler la félicité que les dieux vous préparent. »

Nestor lui répondit : « Vous voyez, par la facilité avec laquelle nous faisons la paix, combien nous sommes éloignés de vouloir faire la guerre par une vaine gloire, ou par

l'injuste avidité de nous agrandir au préjudice de nos voisins. Mais que peut-on faire quand on se trouve auprès d'un prince violent, qui ne connaît point d'autre loi que son intérêt, et qui ne perd aucune occasion d'envahir les terres des autres États ? Ne croyez pas que je parle d'Idoménée; non, je n'ai plus de lui cette pensée : c'est Adraste, roi des Dauniens[1], de qui nous avons tout à craindre. Il

[1] La Daunie répond à une portion de la Pouille actuelle.

méprise les dieux, et croit que tous les hommes qui sont
sur la terre ne sont nés que pour servir à sa gloire par leur
servitude. Il ne veut point de sujets dont il soit le roi et
le père; il veut des esclaves et des adorateurs; il se fait
rendre les honneurs divins. Jusqu'ici l'aveugle fortune a
favorisé ses plus injustes entreprises. Nous nous étions hâtés
de venir attaquer Salente pour nous défaire du plus faible
de nos ennemis, qui ne commençait qu'à s'établir dans
cette côte, afin de tourner ensuite nos armes contre cet
autre ennemi plus puissant. Il a déjà pris plusieurs villes
de nos alliés. Ceux de Crotone ont perdu contre lui deux
batailles. Il se sert de toutes sortes de moyens pour contenter son ambition : la force et l'artifice, tout lui est égal,
pourvu qu'il accable ses ennemis. Il a amassé de grands
trésors; ses troupes sont disciplinées et aguerries; ses
capitaines sont expérimentés; il est bien servi; il veille
lui-même sans cesse sur tous ceux qui agissent par ses
ordres. Il punit sévèrement les moindres fautes et récompense avec libéralité les services qu'on lui rend. Sa valeur
soutient et anime celle de toutes ses troupes. Ce serait un
roi accompli, si la justice et la bonne foi réglaient sa conduite; mais il ne craint ni les dieux ni le reproche de sa
conscience. Il compte même pour rien la réputation; il la
regarde comme un vain fantôme qui ne doit arrêter que les
esprits faibles. Il ne compte pour un bien solide et réel que
l'avantage de posséder de grandes richesses, d'être craint
et de fouler à ses pieds tout le genre humain. Bientôt son
armée paraîtra sur nos terres; et, si l'union de tant de
peuples ne nous met en état de lui résister, toute espérance
de liberté nous sera ôtée. C'est l'intérêt d'Idoménée, aussi
bien que le nôtre, de s'opposer à ce voisin, qui ne peut
souffrir rien de libre dans son voisinage. Si nous étions
vaincus, Salente serait menacée du même malheur. Hâtons-
nous donc tous ensemble de le prévenir. »

Pendant que Nestor parlait ainsi, on s'avançait vers la
ville; car Idoménée avait prié tous les rois et tous les
principaux chefs d'y entrer pour y passer la nuit.

LIVRE X[1]

SOMMAIRE

Les alliés proposent a Idoménée d'entrer dans leur ligue contre les Dauniens. Ce prince y consent et leur promet des troupes. Mentor le désapprouve de s'être engagé si légèrement dans une nouvelle guerre, au moment où il avait besoin d'une longue paix pour consolider, par de sages établissements, sa ville et son royaume à peine fondés. Idoménée reconnaît sa faute; et, aide des conseils de Mentor, il amène les alliés à se contenter d'avoir dans leur armée Télémaque avec cent jeunes Cretois. Sur le point de partir, et faisant ses adieux à Mentor, Télémaque ne peut s'empêcher de témoigner quelque surprise de la conduite d'Idoménée. Mentor profite de cette occasion pour faire sentir à Télémaque combien il est dangereux d'être injuste, en se laissant aller à une critique rigoureuse contre ceux qui gouvernent Après le départ des alliés, Mentor examine en détail la ville et le royaume de Salente, l'état de son commerce, et toutes les parties de l'administration. Il fait faire à Idoménée de sages règlements pour le commerce et pour la police; il lui fait partager le peuple en sept classes, dont il distingue les rangs par la diversité des habits. Il retranche le luxe et les arts inutiles, pour appliquer les artisans aux arts nécessaires, au commerce et surtout à l'agriculture qu'il remet en honneur : enfin, il ramène tout à une noble et frugale simplicite. Heureux effets de cette réforme.

Cependant toute l'armée des alliés dressait ses tentes, et la campagne était déjà couverte de riches pavillons de toutes sortes de couleurs, où les Hespériens fatigués attendaient le sommeil. Quand les rois, avec leur suite, furent entrés dans la ville, ils parurent étonnés qu'en si peu de temps on eût pu faire tant de bâtiments magnifiques, et que l'embarras d'une si grande guerre n'eût point empêché cette ville naissante de croître et de s'embellir tout à coup.

---

[1] Var. Livre XII, dans la division en XXIV livres.

On admira la sagesse et la vigilance d'Idoménée, qui avait fondé un si beau royaume ; et chacun concluait que, la paix étant faite avec lui, les alliés seraient bien puissants s'il entrait dans leur ligue contre les Dauniens. On proposa à Idoménée d'y entrer ; il ne put rejeter une si juste proposition, et il promit des troupes.

Mais, comme Mentor n'ignorait rien de tout ce qui est nécessaire pour rendre un État florissant, il comprit que les forces d'Idoménée ne pouvaient pas être aussi grandes qu'elles le paraissaient ; il le prit en particulier, et lui parla ainsi :

« Vous voyez que nos soins ne vous ont pas été inutiles. Salente est garantie des malheurs qui la menaçaient. Il ne tient plus qu'à vous d'en élever jusqu'au ciel la gloire, et d'égaler la sagesse de Minos, votre aïeul, dans le gouvernement de vos peuples. Je continue à vous parler librement, supposant que vous le voulez et que vous détestez toute flatterie. Pendant que ces rois ont loué votre magnificence, je pensais en moi-même à la témérité de votre conduite. »

A ce mot de témérité, Idoménée changea de visage, ses yeux se troublèrent, il rougit, et peu s'en fallut qu'il n'interrompît Mentor pour lui témoigner son ressentiment. Mentor lui dit d'un ton modeste et respectueux, mais libre et hardi : « Ce mot de témérité vous choque, je le vois bien : tout autre que moi aurait eu tort de s'en servir ; car il faut respecter les rois et ménager leur délicatesse, même en les reprenant. La vérité par elle-même les blesse assez sans y ajouter des termes forts ; mais j'ai cru que vous pourriez souffrir que je vous parlasse sans adoucissement pour vous découvrir votre faute. Mon dessein a été de vous accoutumer à entendre nommer les choses par leur nom, et à comprendre que, quand les autres vous donneront des conseils sur votre conduite, ils n'oseront jamais vous dire tout ce qu'ils penseront. Il faudra, si vous voulez n'y être point trompé, que vous compreniez toujours plus qu'ils ne vous diront sur les choses qui vous seront désavantageuses. Pour moi, je veux bien adoucir mes paroles selon votre besoin, mais il vous est utile qu'un homme

sans intérêt et sans conséquence vous parle en secret un
langage dur. Nul autre n'osera vous le parler : vous ne
verrez la vérité qu'à demi et sous de belles enveloppes. »

A ces mots, Idoménée, déjà revenu de sa première
promptitude, parut honteux de sa délicatesse. « Vous

voyez, dit-il à Mentor, ce que fait l'habitude d'être flatté.
Je vous dois le salut de mon nouveau royaume ; il n'y a
aucune vérité que je ne me croie heureux d'entendre de
votre bouche, mais ayez pitié d'un roi que la flatterie avait
empoisonné, et qui n'a pu, même dans ses malheurs,
trouver des hommes assez généreux pour lui dire la vérité.
Non, je n'ai jamais trouvé personne qui m'ait assez aimé

pour vouloir me déplaire en me disant la vérité tout
entière. »

En disant ces paroles, les larmes lui vinrent aux yeux,
et il embrassait tendrement Mentor. Alors ce sage vieillard
lui dit : « C'est avec douleur que je me vois contraint de
vous dire des choses dures ; mais puis-je vous trahir en
vous cachant la vérité? Mettez-vous en ma place. Si vous
avez été trompé jusqu'ici, c'est que vous avez bien voulu
l'être ; c'est que vous avez craint des conseillers trop sincères. Avez-vous cherché les gens les plus désintéressés et
les plus propres à vous contredire? Avez-vous pris soin de
faire parler les hommes les moins empressés à vous plaire,
les plus désintéressés dans leur conduite, les plus capables
de condamner vos passions et vos sentiments injustes?
Quand vous avez trouvé des flatteurs, les avez-vous écartés?
vous en êtes-vous défié? Non, non, vous n'avez point fait ce
que font ceux qui aiment la vérité, et qui méritent de la
connaître. Voyons si vous aurez maintenant le courage de
vous laisser humilier par la vérité, qui vous condamne.

« Je disais donc que ce qui vous attire tant de louanges
ne mérite que d'être blâmé. Pendant que vous aviez au
dehors tant d'ennemis, qui menaçaient votre royaume
encore mal établi, vous ne songiez au dedans de votre
nouvelle ville qu'à y faire des ouvrages magnifiques. C'est
ce qui vous a coûté tant de mauvaises nuits, comme vous
me l'avez avoué vous-même. Vous avez épuisé vos richesses ;
vous n'avez songé ni à augmenter votre peuple, ni
cultiver les terres fertiles de cette côte. Ne fallait-il pas
regarder ces deux choses comme les deux fondements
essentiels de votre puissance ; avoir beaucoup de bons
hommes, et des terres bien cultivées pour les nourrir? Il
fallait une longue paix dans ces commencements, pour
favoriser la multiplication de votre peuple. Vous ne deviez
songer qu'à l'agriculture et à l'établissement des plus sages
lois. Une vaine ambition vous a poussé jusques au bord du
précipice. A force de vouloir paraître grand, vous avez
pensé ruiner votre véritable grandeur. Hâtez-vous de
réparer ces fautes ; suspendez tous vos grands ouvrages ;

renoncez à ce faste qui ruinerait votre nouvelle ville ;
laissez en paix respirer vos peuples ; appliquez-vous à les
mettre dans l'abondance, pour faciliter les mariages. Sachez
que vous n'êtes roi qu'autant que vous avez des peuples à
gouverner, et que votre puissance doit se mesurer, non par
l'étendue des terres que vous occuperez, mais par le
nombre des hommes qui habiteront ces terres, et qui seront
attachés à vous obéir. Possédez une bonne terre, quoique
médiocre en étendue ; couvrez-la de peuples innombrables,
laborieux et disciplinés ; faites que ces peuples vous aiment :
vous êtes plus puissant. plus heureux, plus rempli de
gloire que tous les conquérants qui ravagent tant de
royaumes. »

« Que ferai-je donc à l'égard de ces rois ? répondit Idoménée : leur avouerai-je ma faiblesse ? Il est vrai que j'ai
négligé l'agriculture et même le commerce, qui m'est si
facile sur cette côte : je n'ai songé qu'à faire une ville magnifique. Faudra-t-il donc, mon cher Mentor, me déshonorer dans l'assemblée de tant de rois et découvrir mon
imprudence ? S'il le faut, je le veux, je le ferai sans hésiter,
quoi qu'il m'en coûte ; car vous m'avez appris qu'un vrai
roi, qui est fait pour ses peuples et qui se doit tout entier
à eux, doit préférer le salut de son royaume à sa propre
réputation. »

« Ce sentiment est digne du père des peuples, reprit
Mentor ; c'est à cette bonté, et non à la vaine magnificence
de votre ville, que je reconnais en vous le cœur d'un vrai
roi. Mais il faut ménager votre honneur pour l'intérêt
même de votre royaume. Laissez-moi faire ; je vais faire
entendre à ces rois que vous êtes engagé à rétablir Ulysse,
s'il est encore vivant, ou du moins son fils, dans la puissance royale, à Ithaque, et que vous voulez en chasser par
force tous les amants de Pénélope. Ils n'auront pas de peine
à comprendre que cette guerre demande des troupes nombreuses. Ainsi ils consentiront que vous ne leur donniez
d'abord qu'un faible secours contre les Dauniens. »

A ces mots, Idoménée parut comme un homme qu'on
soulage d'un fardeau accablant. « Vous sauvez, cher ami,

dit-il à Mentor, mon honneur et la réputation de cette
ville naissante, dont vous cacherez l'épuisement à tous mes
voisins. Mais quelle apparence de dire que je veux envoyer
des troupes à Ithaque pour y rétablir Ulysse, ou du moins
Télémaque son fils, pendant que Télémaque lui-même est
engagé à aller à la guerre contre les Dauniens? »

« Ne soyez point en peine, répliqua Mentor; je ne dirai
rien que de vrai. Les vaisseaux que vous enverrez pour
l'établissement de votre commerce iront sur la côte d'Épire;
ils feront à la fois deux choses : l'une de rappeler sur votre
côte les marchands étrangers, que les trop grands impôts
éloignaient de Salente; l'autre de chercher des nouvelles
d'Ulysse. S'il est encore vivant, il faut qu'il ne soit pas loin
de ces mers qui divisent la Grèce d'avec l'Italie; et on
assure qu'on l'a vu chez les Phéaciens. Quand même il n'y
aurait plus aucune espérance de le revoir, vos vaisseaux
rendront un signalé service à son fils : ils répandront,
dans Ithaque et dans tous les pays voisins, la terreur du
nom du jeune Télémaque qu'on croyait mort comme son
père. Les amants de Pénélope seront étonnés d'apprendre
qu'il est prêt à revenir avec le secours d'un puissant allié.
Les Ithaciens n'oseront secouer le joug. Pénélope sera
consolée et refusera toujours de choisir un nouvel époux.
Ainsi vous servirez Télémaque pendant qu'il sera en votre
place avec les alliés de cette côte d'Italie contre les Dauniens. »

. A ces mots, Idoménée s'écria : « Heureux le roi qui est
soutenu par de sages conseils! Un ami sage et fidèle vaut
mieux à un roi que des armées victorieuses. Mais doublement heureux le roi qui sent son bonheur, et qui en sait
profiter par le bon usage des sages conseils! car souvent il
arrive qu'on éloigne de sa confiance les hommes sages et
vertueux dont on craint la vertu, pour prêter l'oreille à
des flatteurs dont on ne craint point la trahison. Je suis
moi-même tombé dans cette faute, et je vous raconterai
tous les malheurs qui me sont venus par un faux ami, qui
flattait mes passions dans l'espérance que je flatterais à
mon tour les siennes. »

Mentor fit aisément entendre aux rois alliés qu'Idoménée
devait se charger des affaires de Télémaque, pendant que
celui-ci irait avec eux. Ils se contentèrent d'avoir dans
leur armée le jeune fils d'Ulysse avec cent jeunes Crétois
qu'Idoménée lui donna pour l'accompagner : c'était la
fleur de la jeune noblesse que ce roi avait emmenée de
Crète. Mentor lui avait conseillé de les envoyer dans cette
guerre. « Il faut, disait-il, avoir soin, pendant la paix, de
multiplier le peuple; mais, de peur que toute la nation ne
s'amollisse et ne tombe dans l'ignorance de la guerre, il
faut envoyer dans les guerres étrangères la jeune noblesse.
Ceux-là suffisent pour entretenir toute la nation dans une
émulation de gloire, dans l'amour des armes, dans le mépris
des fatigues et de la mort même, enfin, dans l'expérience
de l'art militaire. »

Les rois alliés partirent de Salente contents d'Idoménée,
et charmés de la sagesse de Mentor : ils étaient pleins de
joie de ce qu'ils emmenaient avec eux Télémaque. Celui-ci
ne put modérer sa douleur quand il fallut se séparer de son
ami. Pendant que les rois alliés faisaient leurs adieux, et
juraient à Idoménée qu'ils garderaient avec lui une éternelle alliance, Mentor tenait Télémaque serré entre ses
bras, et se sentait arrosé de ses larmes. « Je suis insensible, disait Télémaque, à la joie d'aller acquérir de la
gloire; je ne suis touché que de la douleur de notre séparation. Il me semble que je vois encore ce temps infortuné
où les Égyptiens m'arrachèrent d'entre vos bras, et m'é-
loignèrent de vous sans me laisser aucune espérance de
vous revoir. »

Mentor répondait à ces paroles avec douceur pour le
consoler. « Voici, lui disait-il, une séparation bien différente : elle est volontaire, elle sera courte; vous allez
chercher la victoire. Il faut, mon fils, que vous m'aimiez
d'un amour moins tendre et plus courageux : accoutumez-vous à mon absence; vous ne m'aurez pas toujours :
il faut que ce soit la sagesse et la vertu, plutôt que la présence de Mentor, qui vous inspirent ce que vous devez
faire. »

En disant ces mots, la déesse, cachée sous la figure de Mentor, couvrait Télémaque de son égide ; elle répandait au dedans de lui l'esprit de sagesse et de prévoyance, la valeur intrépide et la douce modération, qui se trouvent si rarement ensemble.

« Allez, disait Mentor, au milieu des plus grands périls, toutes les fois qu'il sera utile que vous y alliez. Un prince

se déshonore encore plus en évitant les dangers dans les combats, qu'en n'allant jamais à la guerre. Il ne faut point que le courage de celui qui commande aux autres puisse être douteux. S'il est nécessaire à un peuple de conserver son chef ou son roi, il est encore plus nécessaire de ne le voir point dans une réputation douteuse sur la valeur. Souvenez-vous que celui qui commande doit être le modèle de tous les autres ; son exemple doit animer toute l'armée. Ne craignez donc aucun danger, ô Télémaque, et périssez dans les combats plutôt que de faire douter de votre courage. Les flatteurs qui auront le plus d'empressement pour vous empêcher de vous exposer au péril dans les occasions nécessaires seront les premiers à dire en secret que vous manquez de cœur, s'ils vous trouvent facile à arrêter dans ces occasions.

« Mais aussi n'allez pas chercher les périls sans utilité. La valeur ne peut être une vertu qu'autant qu'elle est réglée par la prudence. Autrement, c'est un mépris insensé de la vie, et une ardeur brutale; la valeur emportée n'a rien de sûr. Celui qui ne se possède point dans les dangers est plutôt fougueux que brave; il a besoin d'être hors de lui pour se mettre au-dessus de la crainte, parce qu'il ne peut la surmonter par la situation naturelle de son cœur. En cet état, s'il ne fuit pas, du moins il se trouble; il perd la liberté de son esprit, qui lui serait nécessaire pour donner de bons ordres, pour profiter des occasions, pour renverser les ennemis et pour servir sa patrie. S'il a toute l'ardeur d'un soldat, il n'a point le discernement d'un capitaine. Encore même n'a-t-il pas le vrai courage d'un simple soldat; car le soldat doit conserver, dans le combat, la présence d'esprit et la modération nécessaires pour obéir. Celui qui s'expose témérairement trouble l'ordre et la discipline des troupes, donne un exemple de témérité, et expose souvent l'armée entière à de grands malheurs. Ceux qui préfèrent leur vaine ambition à la sûreté de la cause commune méritent des châtiments, et non des récompenses.

« Gardez-vous donc bien, mon cher fils, de chercher la gloire avec impatience. Le vrai moyen de la trouver est d'attendre tranquillement l'occasion favorable. La vertu se fait d'autant plus révérer, qu'elle se montre plus simple, plus modeste, plus ennemie de tout faste. C'est à mesure que la nécessité de s'exposer au péril augmente, qu'il faut aussi de nouvelles ressources de prévoyance et de courage qui aillent toujours croissant. Au reste, souvenez-vous qu'il ne aut s'attirer l'envie de personne. De votre côté, ne soyez point jaloux du succès des autres. Louez-les pour tout ce qui mérite quelque louange; mais louez avec discernement : disant le bien avec plaisir, cachez le mal, et n'y pensez qu'avec douleur.

« Ne décidez point devant ces anciens capitaines qui ont toute l'expérience que vous ne pouvez avoir : écoutez-les avec déférence ; consultez-les ; priez les plus habiles de vous instruire, et n'ayez point de honte d'attribuer à leurs instructions tout ce que vous ferez de meilleur. Enfin, n'écoutez jamais les discours par lesquels on voudra exciter votre défiance ou votre jalousie contre les autres chefs. Parlez-leur avec confiance et ingénuité. Si vous croyez qu'ils aient manqué à votre égard, ouvrez-leur votre cœur, expliquez-leur toutes vos raisons. S'ils sont capables de sentir la noblesse de cette conduite, vous les charmerez, et vous tirerez d'eux tout ce que vous aurez sujet d'en attendre. Si, au contraire, ils ne sont pas assez raisonnables pour entrer dans vos sentiments, vous serez instruit par vous-même de ce qu'il y aura en eux d'injuste à souffrir ; vous prendrez vos mesures pour ne vous plus commettre jusqu'à ce que la guerre finisse, et vous n'aurez rien à vous reprocher. Mais surtout ne dites jamais à certains flatteurs qui sèment la division, les sujets de peine que vous croirez avoir contre les chefs de l'armée où vous serez.

« Je demeurerai ici, continua Mentor, pour secourir Idoménée dans le besoin où il est de travailler au bonheur de ses peuples, et pour achever de lui faire réparer les fautes que ses mauvais conseils et les flatteurs lui ont fait commettre dans l'établissement de son nouveau royaume. »

Alors Télémaque ne put s'empêcher de témoigner à Mentor quelque surprise, et même quelque mépris pour la conduite d'Idoménée. Mais Mentor l'en reprit d'un ton sévère. « Êtes-vous étonné, lui dit-il, de ce que les hommes les plus estimables sont encore hommes, et montrent encore quelques restes des faiblesses de l'humanité, parmi les pièges innombrables et les embarras inséparables de la royauté ? Idoménée, il est vrai, a été nourri dans les idées de faste et de hauteur ; mais quel philosophe pourrait se défendre de la flatterie, s'il avait été en sa place ? Il est

vrai qu'il s'est laissé trop prévenir par ceux qui ont eu
sa confiance; mais les plus sages rois sont souvent
trompés, quelques précautions qu'ils prennent pour ne
l'être pas. Un roi ne peut se passer de ministres qui le
soulagent et en qui il se confie, puisqu'il ne peut tout
faire. D'ailleurs, un roi connaît beaucoup moins que les
particuliers les hommes qui l'environnent : on est toujours
masqué auprès de lui; on épuise toutes sortes d'artifices
pour le tromper. Hélas! cher Télémaque, vous ne l'éprouverez que trop! On ne trouve point dans les hommes ni
les vertus ni les talents qu'on y cherche. On a beau les
étudier et les approfondir, on s'y mécompte tous les jours.
On ne vient même jamais à bout de faire, des meilleurs
hommes, ce qu'on aurait besoin d'en faire pour le bien
public. Ils ont leurs entêtements, leurs incompatibilités,
leurs jalousies. On ne les persuade ni on ne les corrige
guère.

« Plus on a de peuples à gouverner, plus il faut de ministres pour faire par eux ce qu'on ne peut faire soi-même;
et, plus on a besoin d'hommes à qui on confie l'autorité,
plus on est exposé à se tromper dans de tels choix. Tel
critique aujourd'hui impitoyablement les rois, qui gou-
vernerait demain beaucoup moins bien qu'eux, et qui
ferait les mêmes fautes, avec d'autres infiniment plus
grandes, si on lui confiait la même puissance. La condition privée, quand on y joint un peu d'esprit pour bien
parler, couvre tous les défauts naturels, relève des talents
éblouissants, et fait paraître un homme digne de toutes les
places dont il est éloigné. Mais c'est l'autorité qui met
tous les talents à une rude épreuve, et qui découvre de
grands défauts.

« La grandeur est comme certains verres qui grossissent
tous les objets [1]. Tous les défauts paraissent croître dans
ces hautes places, où les moindres choses ont de grandes
conséquences, et où les plus légères fautes ont de violents

---

[1] Cette comparaison prise des verres grossissants, à une époque
où ils étaient inconnus, forme un anachronisme.

contre-coups. Le monde entier est occupé à observer un seul homme à toute heure et à le juger en toute rigueur. Ceux qui le jugent n'ont aucune expérience de l'état où il est. Ils n'en sentent point les difficultés, et ils ne veulent plus qu'il soit homme, tant ils exigent de perfection de lui. Un roi, quelque bon et sage qu'il soit, est encore homme. Son esprit a des bornes, et sa vertu en a aussi. Il a de l'humeur, des passions, des habitudes, dont il n'est pas tout à fait le maître. Il est obsédé par des gens intéressés et artificieux ; il ne trouve point les secours qu'il cherche. Il tombe chaque jour dans quelque mécompte, tantôt par ses passions, et tantôt par celles de ses ministres. A peine a-t-il réparé une faute, qu'il retombe dans une autre. Telle est la condition des rois les plus éclairés et les plus vertueux.

« Les plus longs et les meilleurs règnes sont trop courts et trop imparfaits pour réparer à la fin ce qu'on a gâté, sans le vouloir, dans les commencements. La royauté porte avec elle toutes ces misères : l'impuissance humaine succombe sous un fardeau si accablant. Il faut plaindre les rois, et les excuser. Ne sont-ils pas à plaindre d'avoir à gouverner tant d'hommes dont les besoins sont infinis, et qui donnent tant de peines à ceux qui veulent les bien gouverner? Pour parler franchement, les hommes sont fort à plaindre d'avoir à être gouvernés par un roi qui n'est qu'homme semblable à eux, car il faudrait des dieux pour redresser les hommes. Mais les rois ne sont pas moins à plaindre, n'étant qu'hommes, c'est-à-dire faibles et imparfaits, d'avoir à gouverner cette multitude innombrable d'hommes corrompus et trompeurs. »

Télémaque répondit avec vivacité : « Idoménée a perdu, par sa faute, le royaume de ses ancêtres en Crète ; et, sans vos conseils, il en aurait perdu un second à Salente ».

« J'avoue, reprit Mentor, qu'il a fait de grandes fautes mais cherchez dans la Grèce, et dans tous les autres pays les mieux policés, un roi qui n'en ait point fait d'inexcusables. Les plus grands hommes ont, dans leur tempérament et dans le caractère de leur esprit, des défauts qui les entraînent; et les plus louables sont ceux qui ont le courage de connaître et de réparer leurs égarements. Pensez-vous qu'Ulysse, le grand Ulysse votre père, qui est le modèle des rois de la Grèce, n'ait pas aussi ses faiblesses et ses défauts ? Si Minerve ne l'eût conduit pas à pas, combien de fois aurait-il succombé dans les périls et dans les embarras où la fortune s'est jouée de lui ! Combien de fois Minerve l'a-t-elle retenu ou redressé pour le conduire toujours à la gloire par le chemin de la vertu ? N'attendez pas même, quand vous le verrez régner avec tant de gloire à Ithaque, de le trouver sans imperfections; vous lui en verrez, sans doute. La Grèce, l'Asie et toutes les îles des mers l'ont admiré malgré ses défauts : mille qualités merveilleuses les font oublier. Vous serez trop heureux de pouvoir l'admirer aussi et de l'étudier sans cesse comme votre modèle.

« Accoutumez-vous donc, ô Télémaque, à n'attendre des plus grands hommes que ce que l'humanité est capable de faire. La jeunesse, sans expérience, se livre à une critique présomptueuse qui la dégoûte de tous les modèles qu'elle a besoin de suivre, et qui la jette dans une indocilité incurable. Non seulement vous devez aimer, respecter, imiter votre père, quoiqu'il ne soit point parfait, mais encore vous devez avoir une haute estime pour Idoménée, malgré tout ce que j'ai repris en lui. Il est naturellement sincère, droit, équitable, libéral, bienfaisant; sa valeur est parfaite ; il déteste la fraude, quand il la connaît et qu'il suit librement la véritable pente de son cœur. Tous ses talents extérieurs sont grands et proportionnés à sa place. Sa simplicité à avouer ses torts; sa douceur, sa patience, pour se laisser dire par moi les choses les plus dures ; son courage contre lui-même pour réparer publiquement ses fautes, et pour se mettre par là au-dessus de toute critique des hommes, montrent une âme véritablement grande. Le bonheur ou le conseil d'autrui peuvent préserver de certaines fautes un homme très médiocre, mais il n'y a qu'une vertu extraordinaire qui puisse engager un roi, si longtemps séduit par la flatterie, à réparer

17

son tort. Il est bien plus glorieux de se relever ainsi que
de n'être jamais tombé.

« Idoménée a fait les fautes que presque tous les rois
font ; mais presque aucun roi ne fait, pour se corriger, ce
qu'il vient de faire. Pour moi, je ne pouvais me lasser de
l'admirer dans les moments mêmes où il me permettait de
le contredire. Admirez-le aussi, mon cher Télémaque : c'est
moins pour sa réputation que pour votre utilité que je
vous donne ce conseil. »

Mentor fit sentir à Télémaque, par ce discours, combien
il est dangereux d'être injuste en se laissant aller à une
critique rigoureuse contre les autres hommes, et surtout
contre ceux qui sont chargés des embarras et des difficultés du gouvernement. Ensuite il lui dit . « Il est temps
que vous partiez; adieu. Je vous attendrai, ô mon cher
Télémaque! Souvenez-vous que ceux qui craignent les
dieux n'ont rien à craindre des hommes. Vous vous trouverez dans les plus extrêmes périls ; mais sachez que
Minerve ne vous abandonnera point ».

A ces mots, Télémaque crut sentir la présence de la
déesse, il eût même reconnu que c'était elle qui parlait
pour le remplir de confiance, si la déesse n'eût rappelé
l'idée de Mentor, en lui disant : « N'oubliez pas, mon fils,
tous les soins que j'ai pris, pendant votre enfance, pour
vous rendre sage et courageux comme votre père. Ne
faites rien qui ne soit digne de ses grands exemples, et
des maximes de vertu que j'ai tâché de vous inspirer ».

Le soleil se levait déjà et dorait le sommet des monta
gnes, quand les rois sortirent de Salente pour rejoindre
leurs troupes Ces troupes, campées autour de la ville, se
mirent en marche sous leurs commandants. On voyait de
tous côtés briller le fer des piques hérissées; l'éclat des
boucliers éblouissait les yeux; un nuage de poussière
s'élevait jusqu'aux nues. Idoménée, avec Mentor, conduisait dans la campagne les rois alliés, et s'éloignait des
murs de la ville. Enfin, il se séparèrent, après s'être
donné de part et d'autre les marques d'une vraie amitié;
et les alliés ne doutèrent plus que la paix ne fût durable

lorsqu'ils connurent la bonté du cœur d'Idoménée, qu'on leur avait présenté bien différent de ce qu'il était : c'est qu'on jugeait de lui, non par ses sentiments naturels, mais par les conseils flatteurs et injustes auxquels il s'était livré.

Après que l'armée fut partie, Idoménée mena Mentor dans tous les quartiers de la ville. « Voyons, disait Mentor, combien vous avez d'hommes dans la ville et dans la campagne voisine; faisons-en le dénombrement. Examinons aussi combien vous avez de laboureurs parmi ces hommes. Voyons combien vos terres portent, dans les années médiocres, de blé, de vin, d'huile et des autres choses utiles : nous saurons par cette voie si la terre fournit de quoi nourrir tous ses habitants, et si elle produit encore de quoi faire un commerce utile de son superflu avec les pays étrangers. Examinons aussi combien vous avez de vaisseaux et de matelots : c'est par là qu'il faut juger de votre puissance. » Il alla visiter le port et entra dans chaque vaisseau. Il s'informa des pays où chaque vaisseau allait pour le commerce; quelles marchandises il y apportait, celles qu'il prenait au retour; quelle était la dépense du vaisseau pendant la navigation; les prêts que les marchands se faisaient les uns aux autres; les sociétés qu'ils faisaient entre eux, pour savoir si elles étaient équitables et fidèlement observées; enfin, les hasards des naufrages et les autres malheurs du commerce, pour prévenir la ruine des marchands, qui, par l'avidité du gain, entreprennent souvent des choses qui sont au delà de leurs forces.

Il voulut qu'on punît sévèrement toutes les banqueroutes, parce que celles qui sont exemptes de mauvaises foi ne le sont presque jamais de témérité. En même temps il fit des règles pour faire en sorte qu'il fût aisé de ne faire jamais de banqueroute. Il établit des magistrats à qui les marchands rendaient compte de leurs dépenses et de leurs entreprises. Il ne leur était jamais permis de risquer le bien d'autrui, et ils ne pouvaient même risquer que la moitié du leur. De plus, ils faisaient en société les entreprises qu'ils ne pouvaient faire seuls; et la police de ces

sociétés était inviolable, par la rigueur des peines impo-
sées à ceux qui ne les suivraient pas. D'ailleurs, la liberté
du commerce était entière : bien loin de le gêner par des
impôts, on promettait une récompense à tous les marchands qui pourraient attirer à Salente le commerce de
quelque nation.

Ainsi les peuples y accoururent bientôt en foule de toutes
parts. Le commerce de cette ville était semblable au flux
et au reflux de la mer. Les trésors y entraient comme les
flots viennent l'un sur l'autre. Tout y était apporté et tout
en sortait librement Tout ce qui entrait était utile; tout
ce qui sortait laissait, en sortant, d'autres richesses en sa
place. La justice sévère présidait dans le port au milieu de
tant de nations. La franchise, la bonne foi, la candeur,
semblaient, du haut de ces superbes tours, appeler les
marchands des terres les plus éloignées : chacun de ces
marchands, soit qu'il vînt des rives orientales où le Soleil
sort chaque jour du sein des ondes, soit qu'il fût parti de
cette grande mer où le Soleil, lassé de son cours, va
éteindre ses feux, vivait paisible et en sûreté dans Salente
comme dans sa patrie.

Pour le dedans de la ville, Mentor visita tous les magasins, toutes les boutiques d'artisans et toutes les places
publiques Il défendit toutes les marchandises de pays
etrangers qui pouvaient introduire le luxe et la mollesse.
Il régla les habits, la nourriture, les meubles, la grandeur
et l'ornement des maisons, pour toutes les conditions différentes. Il bannit tous les ornements d'or et d'argent, et il
dit à Idoménée : « Je ne connais qu'un seul moyen pour
rendre votre peuple modeste dans sa dépense, c'est que
vous lui en donniez vous-même l'exemple. Il est nécessaire
que vous ayez une certaine majesté dans votre extérieur;
mais votre autorité sera assez marquée par vos gardes et
par les principaux officiers qui vous environnent. Contentez-vous d'un habit de laine très fine, teinte en pourpre;
que les principaux de l'État, après vous, soient vêtus de la
même laine, et que toute la différence ne consiste que
dans la couleur et dans une légère broderie d'or que vous

aurez sur le bord de votre habit. Les différentes couleur
serviront à distinguer les différentes conditions, sans avo r
besoin ni d'or, ni d'argent, ni de pierreries. Réglez les
conditions par la naissance.

« Mettez au premier rang ceux qui ont une noblesse plus
ancienne et plus éclatante. Ceux qui auront le mérite et
l'autorité des emplois seront assez contents de venir après
ces anciennes et illustres familles, qui sont dans une si
longue possession des premiers honneurs. Les hommes qui
n'ont pas la même noblesse leur céderont sans peine,
pourvu que vous ne les accoutumiez point à se méconnaître
dans une trop prompte et trop haute fortune, et que vous
donniez des louanges à la modération de ceux qui seront
modestes dans la prospérité. La distinction la moins exposée
à l'envie est celle qui vient d'une longue suite d'ancêtres.

« Pour la vertu, elle sera assez excitée, et on aura assez
d'empressement à servir l'État, pourvu que vous donniez
des couronnes et des statues aux belles actions, et que ce
soit un commencement de noblesse pour les enfants de
ceux qui les auront faites.

« Les personnes du premier rang, après vous, seront
vêtues de blanc, avec une frange d'or au bas de leurs
habits. Ils auront au doigt un anneau d'or, et au cou une
médaille d'or avec votre portrait. Ceux du second rang
seront vêtus de bleu; ils porteront une frange d'argent
avec l'anneau, et point de médaille; les troisièmes, de vert,
sans anneau et sans frange, mais avec la médaille d'argent;
les quatrièmes, d'un jaune d'aurore; les cinquièmes, d'un
rouge pâle ou de rose; les sixièmes, de gris de lin; et les
septièmes, qui seront les derniers du peuple, d'une couleur
mêlée de jaune et de blanc.

« Voilà les habits de sept conditions différentes pour les
hommes libres. Tous les esclaves seront vêtus de gris-brun[1].
Ainsi, sans aucune dépense, chacun sera distingué suivant
sa condition, et on bannira de Salente tous les arts qui ne

[1] « Dans la police de Salente, établie par Idoménée, l'auteur descend a des détails qui paraissent trop petits. » (La Harpe.)

servent qu'à entretenir le faste. Tous les artisans qui
seraient employés à ces arts pernicieux serviront ou aux
arts nécessaires, qui sont en petit nombre, ou au commerce, ou à l'agriculture. On ne souffrira jamais aucun
changement, ni pour la nature des étoffes, ni pour la forme
des habits ; car il est indigne que des hommes, destinés à
une vie sérieuse et noble, s'amusent à inventer des parures affectées, ni qu'ils permettent que leurs femmes, à
qui ces amusements seraient moins honteux, tombent
jamais dans cet excès. »

Mentor, semblable à un habile jardinier qui retranche
dans ses arbres fruitiers le bois inutile, tâchait ainsi de
retrancher le faste qui corrompait les mœurs : il ramenait
toutes choses à une noble et frugale simplicité. Il régla de
même la nourriture des citoyens et des esclaves. « Quelle
honte, disait-il, que les hommes les plus élevés fassent
consister leur grandeur dans les ragoûts, par lesquels ils
amollissent leurs âmes et ruinent insensiblement la santé
de leurs corps ! Ils doivent faire consister leur bonheur dans
leur modération, dans leur autorité pour faire du bien aux
autres hommes, et dans la réputation que leurs bonnes
actions doivent leur procurer. La sobriété rend la nourriture la plus simple très agréable. C'est elle qui donne, avec
la santé la plus vigoureuse, les plaisirs les plus purs et les
plus constants. Il faut donc borner vos repas aux viandes
les meilleures, mais apprêtées sans aucun ragoût. C'est un
art pour empoisonner les hommes, que celui d'irriter leur
appétit au delà de leur vrai besoin. »

Idoménée comprit bien qu'il avait eu tort de laisser les
habitants de sa nouvelle ville amollir et corrompre leurs
mœurs, en violant toutes les lois de Minos sur la sobriété ;
mais le sage Mentor lui fit remarquer que les lois mêmes,
quoique renouvelées, seraient inutiles, si l'exemple du roi
ne leur donnait une autorité qui ne pouvait venir d'ailleurs,
Aussitôt Idoménée régla sa table, où il n'admit que du pain
excellent, du vin du pays, qui est fort et agréable, mais en
fort petite quantité, avec des viandes simples, telles qu'il
en mangeait avec les autres Grecs au siège de Troie. Per-

sonne n'osa se plaindre d'une règle que le roi s'imposait
lui-même; et chacun se corrigea de la profusion et de
la délicatesse où l'on commençait à se plonger pour les
repas.

Mentor retrancha ensuite la musique molle et efféminée,
qui corrompait toute la jeunesse. Il ne condamna pas avec
une moindre sévérité la musique bachique, qui n'enivre
guère moins que le vin, et qui produit des mœurs pleines
d'emportement et d'impudence. Il borna toute la musique
aux fêtes dans les temples, pour y chanter les louanges
des dieux et des héros qui ont donné l'exemple des plus
rares vertus[1]. Il ne permit aussi que pour les temples les
grands ornements d'architecture, tels que les colonnes, les
frontons, les portiques; il donna des modèles d'une architecture simple et gracieuse pour faire, dans un médiocre
espace, une maison gaie et commode pour une famille
nombreuse; en sorte qu'elle fût tournée à un aspect sain,
que les logements en fussent dégagés les uns des autres,
que l'ordre et la propreté s'y conservassent facilement, et
que l'entretien fût de peu de dépense.

Il voulut que chaque maison un peu considérable eût un
salon et un petit péristyle, avec de petites chambres pour
toutes les personnes libres. Mais il défendit très sévèrement la multitude superflue et la magnificence des logements. Ces divers modèles de maisons, suivant la grandeur
des familles, servirent à embellir à peu de frais une partie
de la ville, et à la rendre régulière; au lieu que l'autre
partie, déjà achevée suivant le caprice et le faste des particuliers, avait, malgré sa magnificence, une disposition
moins agréable et moins commode. Cette nouvelle ville fut
bâtie en très peu de temps, parce que la côte voisine de la
Grèce fournit de bons architectes, et qu'on fit venir un
très grand nombre de maçons de l'Épire et de plusieurs
autres pays, à condition qu'après avoir achevé leurs travaux, ils s'établiraient autour de Salente, y prendraient

1 Voyez, livre XI, un passage sur l'emploi de la musique dans
l'éducation.

des terres à défricher et serviraient à peupler la campagne.

La peinture et la sculpture parurent à Mentor des arts qu'il n'est pas permis d'abandonner; mais il voulut qu'on souffrît dans Salente peu d'hommes attachés à ces arts. Il établit une école où présidaient des maîtres d'un goût exquis, qui examinaient les jeunes élèves. « Il ne faut, disait-il, rien de bas et de faible dans ces arts qui ne sont pas absolument nécessaires. Par conséquent on n'y doit admettre que des jeunes gens d'un génie qui promette beaucoup, et qui tendent à la perfection. Les autres sont nés pour des arts moins nobles, et ils seront employés plus utilement aux besoins ordinaires de la république. Il ne faut employer les sculpteurs et les peintres que pour conserver la mémoire des grands hommes et des grandes actions. C'est dans les bâtiments publics ou dans les tombeaux, qu'on doit conserver des représentations de tout ce qui a été fait avec une vertu extraordinaire pour le service de la patrie. »

Au reste la modération et la frugalité de Mentor n'empêchèrent pas qu'il n'autorisât tous les grands bâtiments destinés aux courses de chevaux et de chariots, aux combats de lutteurs, à ceux du ceste, et à tous les autres exercices qui cultivent les corps pour les rendre plus adroits et plus vigoureux.

Il retrancha un nombre prodigieux de marchands qui vendaient des étoffes façonnées des pays éloignés, des broderies d'un prix excessif, des vases d'or et d'argent avec des figures de dieux, d'hommes et d'animaux; enfin, des liqueurs et des parfums. Il voulut même que les meubles de chaque maison fussent simples, et faits de manière à durer longtemps. En sorte que les Salentins, qui se plaignaient hautement de leur pauvreté, commencèrent à sentir combien ils avaient de richesses superflues; mais c'étaient des richesses trompeuses qui les appauvrissaient, et ils devenaient effectivement riches à mesure qu'ils avaient le courage de s'en dépouiller. « C'est s'enrichir, disaient-ils eux-mêmes, que de mépriser de telles

richesses, qui épuisent l'État, et que de diminuer ses
besoins, en les réduisant aux vraies nécessités de la
nature. »

Mentor se hâta de visiter les arsenaux et tous les magasins, pour savoir si les armes et toutes les autres choses
nécessaires à la guerre étaient en bon état ; car « il faut,
disait-il, être toujours prêt à faire la guerre, pour n'être
jamais réduit au malheur de la faire ». Il trouva que plusieurs choses manquaient partout. Aussitôt on assembla
des ouvriers pour travailler sur le fer, sur l'acier et sur
l'airain. On voyait s'élever des fournaises ardentes, des
tourbillons de fumée et de flammes semblables à ces feux
souterrains que vomit le mont Etna. Le marteau résonnait
sur l'enclume, qui gémissait sous les coups redoublés. Les
montagnes voisines et les rivages de la mer en retentissaient ; on eût cru être dans cette île où Vulcain, animant
les Cyclopes, forge des foudres pour le père des dieux ; et,
par une sage prévoyance, on voyait dans une profonde
paix tous les préparatifs de la guerre.

Ensuite Mentor sortit de la ville avec Idoménée, et
trouva une grande étendue de terres fertiles qui demeu-
raient incultes ; d'autres n'étaient cultivées qu'à demi, par
la négligence et par la pauvreté des laboureurs, qui, manquant d'hommes et de bœufs, manquaient aussi de courage
et de force de corps pour mettre l'agriculture dans sa
perfection. Mentor, voyant cette campagne désolée, dit au
roi : « La terre ne demande ici qu'à enrichir ses habitants ;
mais les habitants manquent à la terre. Prenons donc
tous ces artisans superflus qui sont dans la ville, et dont
les métiers ne serviront qu'à dérégler les mœurs, pour leur
faire cultiver ces plaines et ces collines. Il est vrai que
c'est un malheur que tous ces hommes, exercés à des arts
qui demandent une vie sédentaire, ne soient point exercés
au travail ; mais voici un moyen d'y remédier. Il faut partager entre eux les terres vacantes, et appeler à leur
secours des peuples voisins, qui feront sous eux le plus
rude travail. Ces peuples le feront, pourvu qu'on leur
promette des récompenses convenables sur les fruits des

terres mêmes qu'ils défricheront; ils pourront, dans la
suite, en posséder une partie, et être ainsi incorporés à
votre peuple, qui n'est pas assez nombreux. Pourvu qu'ils
soient laborieux et dociles aux lois, vous n'aurez point de
meilleurs sujets, et ils accroîtront votre puissance. Vos
artisans de la ville, transplantés dans la campagne, élève-
ront leurs enfants au travail et au goût de la vie champêtre.
De plus, tous les maçons des pays étrangers, qui travaillent à bâtir votre ville, se sont engagés à défricher une
partie de vos terres et à se faire laboureurs : incorporez-
les à votre peuple dès qu'ils auront achevé leurs ouvrages
de la ville. Ces ouvriers sont ravis de s'engager à passer
leur vie sous une domination qui est maintenant si
douce. Comme ils sont robustes et laborieux, leur exemple
servira pour exciter au travail les habitants transplantés
de la ville à la campagne, avec lesquels ils seront mêlés.
Dans la suite, tout le pays sera peuplé de familles vigou-
reuses et adonnées à l'agriculture.

« Au reste, ne soyez pas en peine de la multiplication
de ce peuple ; il deviendra bientôt innombrable, pourvu
que vous facilitiez les mariages. La manière de les faciliter
est bien simple; presque tous les hommes ont l'inclination de se marier; il n'y a que la misère qui les en
empêche. Si vous ne les chargez point d'impôts, ils vivront
sans peine avec leurs femmes et leurs enfants : car la terre
n'est jamais ingrate; elle nourrit toujours de ses fruits
ceux qui la cultivent soigneusement; elle ne refuse ses
biens qu'à ceux qui craignent de lui donner leurs peines.
Plus les laboureurs ont d'enfants, plus ils sont riches, si
le prince ne les appauvrit pas : car leurs enfants, dès leur
plus tendre jeunesse, commencent à les secourir. Les plus
jeunes conduisent les moutons dans les pâturages ; les
autres, qui sont plus grands, mènent déjà les grands troupeaux ; les plus âgés labourent avec leur père. Cependant
la mère de toute la famille prépare un repas simple à son
époux et à ses chers enfants, qui doivent revenir fatigués
du travail de la journée; elle a soin de traire ses vaches
et ses brebis, et on voit couler des ruisseaux de lait; elle

fait un grand feu [1], autour duquel toute la famille innocente et paisible prend plaisir à chanter tout le soir en attendant le doux sommeil; elle prépare des fromages, des châtaignes et des fruits conservés dans la même fraîcheur que si on venait de les cueillir.

« Le berger revient avec sa flûte et chante à la famille assemblée les nouvelles chansons qu'il a apprises dans les

hameaux voisins. Le laboureur rentre avec sa charrue, et ses bœufs fatigués marchent, le cou penché, d'un pas lent et tardif, malgré l'aiguillon qui les presse. Tous les maux du travail finissent avec la journée. Les pavots que le Sommeil, par l'ordre des dieux [2], répand sur la terre,

1 Quod si pudica mulier in partem juvet
    Domum atque suaves liberos ; ...
Sacrum vetustis extruat lignis focum,
    Lassi sub adventum viri ;
Claudensque textis eratibus lætum pecus,
    Distenta siccet ubera...
                                HOR., *Epod.*, II, 50.

Tempus erat, quo prima quies mortalibus ægris
Incipit, et, dono divum, gratissima serpit.
                                VIRG., *Æn.*, II, 268.

apaisent tous les noirs soucis par leurs charmes, et tiennent
toute la nature dans un doux enchantement; chacun
s'endort sans prévoir les peines du lendemain.

« Heureux ces hommes sans ambition, sans défiance,
sans artifice, pourvu que les dieux leur donnent un bon
roi qui ne trouble point leur joie innocente! Mais quelle
horrible inhumanité que de leur arracher, pour des des-

seins pleins de faste et d'ambition, les doux fruits de leur
terre, qu'ils ne tiennent que de la libérale nature et de
la sueur de leur front! La nature seule tirerait de son sein
fécond tout ce qu'il faudrait pour un nombre infini
d'hommes modérés et laborieux; mais c'est l'orgueil et la
mollesse des hommes qui en mettent tant d'autres dans
une affreuse pauvreté ».

« Que ferai-je, disait Idoménée, si ces peuples que je
répandrai dans ces fertiles campagnes négligent de les
cultiver? »

« Faites, lui répondait Mentor, tout le contraire de ce qu'on fait communément. Les princes avides et sans prévoyance ne songent qu'à charger d'impôts ceux d'entre leurs sujets qui sont les plus vigilants et les plus industrieux pour faire valoir leurs biens; c'est qu'ils espèrent en être payés plus facilement : en même temps, ils chargent moins ceux que la paresse rend plus misérables.

Renversez ce mauvais ordre, qui accable les bons, qui récompense le vice, et qui introduit une négligence aussi funeste au roi même qu'à tout l'État. Mettez des taxes, des amendes, et même, s'il le faut, d'autres peines rigoureuses, sur ceux qui négligeront leurs champs, comme vous puniriez des soldats qui abandonneraient leurs postes dans la guerre : au contraire, donnez des grâces et des exemptions aux familles qui, se multipliant, augmentent à proportion la culture de leurs terres. Bientôt les familles se multiplieront, et tout le monde s'anim_ra au travail; il deviendra même honorable. La profession de laboureur ne sera plus méprisée, n'étant plus accablée de tant de maux. On reverra la charrue en honneur, maniée par des mains victorieuses qui auraient défendu la patrie. Il ne sera pas moins beau de cultiver l'héritage reçu de ses ancêtres, pendant une heureuse paix, que de l'avoir défendu généreusement pendant les troubles de la guerre. Cérès se couronnera d'épis dorés; Bacchus, foulant à ses pieds les raisins, fera couler, du penchant des montagnes, des ruisseaux de vin plus doux que le nectar ; les creux vallons retentiront des concerts des bergers, qui, le long des clairs ruisseaux, joindront leurs voix avec leurs flûtes, pendant que leurs troupeaux paîtront sur l'herbe et parmi les fleurs, sans craindre les loups [1].

« Ne serez-vous pas trop heureux, ô Idoménée, d'être la source de tant de biens, et de faire vivre, à l'ombre de votre nom, tant de peuples dans un si aimable repos? Cette gloire n'est-elle pas plus touchante que celle de ravager la terre, de répandre partout, et presque autant chez soi, au milieu même des victoires, que chez les étrangers vaincus, le carnage, le trouble, l'horreur, la langueur, la consternation, la cruelle faim et le désespoir [2]?

« O heureux le roi assez aimé des dieux, et d'un cœur assez grand pour entreprendre d'être ainsi les délices des peuples, et de montrer à tous les siècles, dans son règne, un si charmant spectacle! La terre entière, loin de se défendre de sa puissance par des combats, viendrait à ses pieds le prier de régner sur elle. »

Idoménée lui répondit : « Mais, quand les peuples seront ainsi dans la paix et dans l'abondance, les délices les

---

[1]   Ludit herboso pecus omne campo...
Inter audaces lupus errat agnos.
            Hor , III, Od 18.

[2] « N'oubliez jamais que, dans les guerres les plus justes, les victoires trainent toujours après elles autant de calamites pour un État que les plus sanglantes defaites. » (Mass., *Petit Carême*).

corrompront, et ils tourneront contre moi les forces que je leur aurai données. »

« Ne craignez point, dit Mentor, cet inconvénient : c'est un prétexte qu'on allègue toujours pour flatter les princes prodigues qui veulent accabler leurs peuples d'impôts. Le remède est facile. Les lois que nous venons d'établir pour l'agriculture rendront leur vie laborieuse ; et, dans leur abondance, ils n'auront que le nécessaire, parce que nous retranchons tous les arts qui fournissent le superflu. Cette abondance même sera diminuée par la facilité des mariages et par la grande multiplication des familles. Chaque famille, étant nombreuse et ayant peu de terre, aura besoin de la cultiver par un travail sans relâche. C'est la mollesse et l'oisiveté qui rendent les peuples insolents et rebelles. Ils auront du pain, à la vérité, et assez largement, mais ils n'auront que du pain et des fruits de leur propre terre, gagnés à la sueur de leur visage.

« Pour tenir votre peuple dans cette modération, il faut régler, dès à présent, l'étendue de terre que chaque famille pourra posséder. Vous savez que nous avons divisé tout votre peuple en sept classes, suivant les différentes conditions ; il ne faut permettre à chaque famille, dans chaque classe, de pouvoir posséder que l'étendue de terre absolument nécessaire pour nourrir le nombre de personnes dont elle sera composée. Cette règle étant inviolable, les nobles ne pourront point faire des acquisitions sur les pauvres : tous auront des terres ; mais chacun en aura fort peu, et sera excité par là à la bien cultiver. Si, dans une longue suite de temps, les terres manquaient ici, on ferait des colonies qui augmenteraient la puissance de cet État.

« Je crois même que vous devez prendre garde à ne laisser jamais le vin devenir trop commun dans votre royaume. Si on a planté trop de vignes, il faut qu'on les arrache : le vin est la source des plus grands maux parmi les peuples ; il cause les maladies, les querelles, les séditions, l'oisiveté, le dégoût du travail, le désordre des familles. Que le vin soit donc réservé comme une espèce

de remède, ou comme une liqueur très rare, qui n'est
employée que pour les sacrifices, ou pour les fêtes
extraordinaires. Mais n'espérez point de faire observer
une règle si importante, si vous n'en donnez vous-même
l'exemple [1].

« D'ailleurs, il faut faire garder inviolablement les lois
de Minos pour l'éducation des enfants. Il faut établir des
écoles publiques où l'on enseigne la crainte des dieux,
l'amour de la patrie, le respect des lois, la préférence de
l'honneur aux plaisirs et à la vie même.

« Il faut avoir des magistrats qui veillent sur les familles
et sur les mœurs des particuliers. Veillez vous-même, vous
qui n'êtes roi, c'est-à-dire pasteur du peuple, que pour
veiller nuit et jour sur votre troupeau; par là vous pré-
viendrez un nombre infini de désordres et de crimes :
ceux que vous ne pourrez prévenir, punissez-les d'abord
sévèrement. C'est une clémence que de faire d'abord des
exemples qui arrêtent le cours de l'iniquité. Par un peu
de sang répandu à propos, on en épargne beaucoup pour
la suite, et on se met en état d'être craint, sans user souvent de rigueur.

« Mais quelle détestable maxime que de ne croire trouver
sa sûreté que dans l'oppression de ses peuples ! Ne les
point faire instruire, ne les point conduire à la vertu, ne
s'en faire jamais aimer, les pousser par la terreur jusqu'au
désespoir, les mettre dans l'affreuse nécessité ou de ne
pouvoir jamais respirer librement, ou de secouer le joug
de votre tyrannique domination : est-ce là le vrai moyen
de régner sans trouble ? est-ce là le vrai chemin qui mène
à la gloire?

« Souvenez-vous que les pays où la domination du souverain est plus absolue sont ceux où les souverains sont
moins puissants. Ils prennent, ils ruinent tout; ils possèdent seuls tout l'État : mais aussi tout l'État languit; les
campagnes sont en friche et presque désertes; les villes
diminuent chaque jour; le commerce tarit. Le roi, qui ne

---

[1] « Le roi doit être plus sobre... qu'aucun autre. » Liv. V.

peut être roi tout seul, et qui n'est grand que par ses
peuples, s'anéantit lui-même peu à peu par l'anéantisse-
ment insensible des peuples dont il tire ses richesses et sa
puissance. Son État s'épuise d'argent et d'hommes : cette
dernière perte est la plus grande et la plus irréparable.
Son pouvoir absolu fait autant d'esclaves qu'il a de sujets.
On le flatte, on fait semblant de l'adorer, on tremble au
moindre de ses regards ; mais attendez la moindre révo-
tlution : cette puissance monstrueuse, poussée jusqu'à un
excès trop violent, ne saurait durer ; elle n'a aucune ressource dans le cœur des peuples ; elle a lassé et irrité tous
les corps de l'État : elle contraint tous les membres de ce
corps de soupirer après un changement. Au premier coup
qu'on lui porte, l'idole se renverse, se brise et est foulée
aux pieds. Le mépris, la haine, le ressentiment, la défiance,
en un mot toutes les passions se réunissent contre une
autorité si odieuse. Le roi, qui, dans sa vaine prospérité,
ne trouvait pas un seul homme assez hardi pour lui dire
la vérité, ne trouvera, dans son malheur, aucun homme
qui daigne l'excuser ni[1] le défendre contre ses ennemis. »

Après ces discours, Idoménée, persuadé par Mentor, se
hâta de distribuer les terres vacantes, de les remplir de
tous les artisans inutiles et d'exécuter tout ce qui avait
été résolu. Il réserva seulement pour les maçons les terres
qu'il leur avait destinées, et qu'ils ne pouvaient cultiver
qu'après la fin de leurs travaux dans la ville.

[2] Déjà la réputation du gouvernement doux et modéré
d'Idoménée attire en foule de tous côtés des peuples qui
viennent s'incorporer au sien, et chercher leur bonheur
sous une si aimable domination. Déjà ces campagnes, si
longtemps couvertes de ronces et d'épines, promettent de
riches moissons et des fruits jusqu'alors inconnus ; la terre
ouvre son sein au tranchant de la charrue et prépare ses
richesses pour récompenser le laboureur ; l'espérance

---

[1] « L'emploi de *ni* n'est pas correct en cette phrase. Il fallait ·
« qui daigne l'excuser et le défendre ».

[2] VAR. *Commencement du Livre XIII dans la division à*
XXIV Livres

reluit de tous côtés. On voit dans les vallons et sur les collines les troupeaux de moutons qui bondissent sur l'herbe, et les grands troupeaux de bœufs et de génisses qui font retentir les hautes montagnes de leurs mugissements ; ces troupeaux servent à engraisser les campagnes. C'est Mentor qui a trouvé le moyen d'avoir ces troupeaux. Mentor

conseilla à Idoménée de faire avec les Peucètes [1], peuples voisins, un échange de toutes les choses superflues, qu'on ne voulait plus souffrir dans Salente, avec ces troupeaux, qui manquaient aux Salentins.

En même temps la ville et les villages d'alentour étaient

---

[1] Les Peucètes, peuple de la Grande-Grèce, habitaient au-dessus de la Calabre les côtes de la mer Adriatique.

pleins d'une belle jeunesse qui avait langui longtemps dans
la misère, et qui n'avait osé se marier, de peur d'augmenter leurs maux [1]. Quand ils virent qu'Idoménée prenait
des sentiments d'humanité et qu'il voulait être leur père,
ils ne craignirent plus la faim et·les autres fléaux par lesquels le ciel afflige la terre. On n'entendait plus que des
cris de joie, que les chansons des bergers et des laboureurs
qui célébraient leurs hyménées. On aurait cru voir le dieu
Pan avec une foule de Satyres et de Faunes mêlés parmi
les Nymphes [2], et dansant au son de la flûte à l'ombre des
bois. Tout était tranquille et riant, mais la joie était
modérée; et les plaisirs ne servaient qu'à délasser des
longs travaux, ils en étaient plus vifs et plus purs.

Les vieillards, étonnés de voir ce qu'ils n'avaient osé
espérer dans la suite d'un si long âge, pleuraient par un
excès de joie mêlée de tendresse : ils levaient leurs mains
tremblantes vers le ciel. « Bénissez, disaient-ils, ô grand
Jupiter, le roi qui vous ressemble, et qui est le plus grand
don que vous nous ayez fait. Il est né pour le bien des
hommes : rendez-lui tous les biens que nous recevons de
lui. Nos arrière-neveux, venus de ces mariages qu'il favo-
rise, lui devront tout, jusqu'à leur naissance, et il sera
véritablement le père de tous ses sujets. » Les jeunes
hommes, et les jeunes filles qu'ils épousaient, ne faisaient
éclater leur joie qu'en chantant les louanges de celui de
qui cette joie si douce leur était venue. Les bouches et
encore plus les cœurs étaient sans cesse remplis de son
nom. On se croyait heureux de le voir; on craignait de le
perdre : sa perte eût été la désolation de chaque famille.

Alors Idoménée avoua à Mentor qu'il n'avait jamais senti
de plaisir aussi touchant que celui d'être aimé et de rendre

---

[1] Le mot *jeunesse* etant collectif l'auteur a cru pouvoir écrire
leurs. Mais cette façon de parler, bonne en latin, en grec et dans
quelques langues modernes, n'est pas autorisée en français. Les
singuliers, *qui avait langui*, *qui avait osé*, rendent l'incorrection du
pluriel *leurs* encore plus sensible.

[2]   Nympharumque leves cum Satyris chori.
                                        Hor., I *Od* i.

tant de gens heureux. « Je ne l'aurais jamais cru, disait-il
il me semblait que toute la grandeur des princes ne consistait qu'à se faire craindre ; que le reste des hommes était
fait pour eux ; et tout ce que j'avais ouï dire des rois qui
avaient été l'amour et les délices de leurs peuples me
paraissait une pure fable ; j'en reconnais maintenant la
vérité. Mais il faut que je vous raconte comment on avait
empoisonné mon cœur dès ma plus tendre enfance sur
l'autorité des rois. C'est ce qui a causé tous les malheurs
de ma vie. » Alors Idoménée commença cette narration.

LIVRE XI[*]

SOMMAIRE

Idoménée raconte à Mentor la cause de tous ses malheurs, son aveugle confiance en Protésilas et les artifices de ce favori, pour le dégoûter du sage et vertueux Philoclès : comment, s'étant laissé prévenir contre celui-ci, au point de le croire coupable d'une horrible conspiration, il envoya secrètement Timocrate pour le tuer, dans une expédition dont il était chargé. Timocrate, ayant manqué son coup, fut arrêté par Philoclès, auquel il dévoila toute la trahison de Protésilas. Philoclès se retira aussitôt dans l'île de Samos, après avoir remis le commandement de sa flotte à Polymène, conformément aux ordres d'Idoménée. Ce prince découvrit enfin les artifices de Protésilas, mais il ne put se résoudre à le perdre et continua même de se livrer aveuglément à lui, laissant le fidèle Philoclès pauvre et déshonoré dans sa retraite. Mentor fait ouvrir les yeux à Idoménée sur l'injustice de cette conduite ; il l'oblige à faire conduire Protésilas et Timocrate dans l'île de Samos et à rappeler Philoclès pour le remettre en honneur. Hégésippe, chargé de cet ordre, l'exécute avec joie. Il arrive avec les deux traîtres à Samos, où il revoit son ami Philoclès content d'y mener une vie pauvre et solitaire. Celui-ci ne consent qu'avec beaucoup de peine à retourner parmi les siens : mais, après avoir reconnu que les dieux le veulent, il s'embarque avec Hégésippe et arrive à Salente où Idoménée, entièrement changé par les sages avis de Mentor, lui fait l'accueil le plus honorable et concerte avec lui les moyens d'affermir son gouvernement.

« Protésilas, qui est un peu plus âgé que moi, fut celui de tous les jeunes gens que j'aimai le plus. Son naturel vif et hardi était selon mon goût ; il entra dans mes plaisirs ; il flatta mes passions ; il me rendit suspect un autre jeune homme que j'aimais aussi et qui se nommait Philoclès. Celui-ci avait la crainte des dieux et l'âme grande mais

modérée : il mettait la grandeur, non à s'élever, mais à se
vaincre et à ne rien faire de bas. Il me parlait librement
sur mes défauts, et, lors même qu'il n'osait me parler, son
silence et la tristesse de son visage me faisaient assez entendre ce qu'il voulait me reprocher.

« Dans les commencements, cette sincérité me plaisait
et je lui protestais souvent que je l'écouterais avec confiance toute ma vie, pour me préserver des flatteurs. Il me
disait tout ce que je devais faire pour marcher sur les traces
de mon aïeul Minos et pour rendre mon royaume heureux. Il n'avait pas une aussi profonde sagesse que vous,
ô Mentor, mais ses maximes étaient bonnes, je le reconnais maintenant. Peu à peu les artifices de Protésilas, qui
était jaloux et plein d'ambition, me dégoûtèrent de Philoclès. Celui-ci était sans empressement et laissait l'autre
prévaloir ; il se contentait de me dire toujours la vérité,
lorsque je voulais l'entendre. C'était mon bien, et non sa
fortune, qu'il cherchait.

« Protésilas me persuada insensiblement que c'était un
esprit chagrin et superbe qui critiquait toutes mes actions,
qui ne me demandait rien parce qu'il avait la fierté de ne
vouloir rien tenir de moi, et d'aspirer à la réputation d'un
homme qui est au-dessus de tous les honneurs. Il ajouta
que ce jeune homme, qui me parlait si librement sur mes
défauts, en parlait aux autres avec la même liberté ; qu'il
laissait assez entendre qu'il ne m'estimait guère, et qu'en
rabaissant ainsi ma réputation il voulait, par l'éclat d'une
vertu austère, s'ouvrir le chemin de la royauté.

« D'abord, je ne pus croire que Philoclès voulût me
détrôner, il y a dans la véritable vertu une candeur et une
ingénuité que rien ne peut contrefaire et à laquelle on ne
se méprend point, pourvu qu'on y soit attentif. Mais la
fermeté de Philoclès contre mes faiblesses commençait à
me lasser. Les complaisances de Protésilas et son industrie inépuisable pour m'inventer de nouveaux plaisirs me
faisaient sentir encore plus impatiemment l'austérité de
l'autre.

« Cependant Protésilas, ne pouvant souffrir que je ne

crusse pas tout ce qu'il me disait contre son ennemi, prit le parti de ne m'en parler plus, et de me persuader par quelque chose de plus fort que toutes les paroles. Voici comment il acheva de me tromper : il me conseilla d'envoyer Philoclès commander les vaisseaux qui devaient attaquer ceux de Carpathie[1] ; et, pour m'y déterminer, il me dit : Vous savez que je ne suis pas suspect dans les louanges que je lui donne : j'avoue qu'il a du courage et du génie pour la guerre; il vous servira mieux qu'un autre, et je préfère l'intérêt de votre service à tous mes ressentiments contre lui.

« Je fus ravi de trouver cette droiture et cette équité dans le cœur de Protésilas, à qui j'avais confié l'administration de mes plus grandes affaires. Je l'embrassai dans un transport de joie, et je me crus trop heureux d'avoir donné toute ma confiance à un homme qui me paraissait ainsi au-dessus de toute passion et de tout intérêt. Mais, hélas! que les princes sont dignes de compassion! Cet homme me connaissait mieux que je ne me connaissais moi-même ; il savait que les rois sont d'ordinaire défiants et inappliqués : défiants, par l'expérience continuelle qu'ils ont des artifices des hommes corrompus dont ils sont environnés; inappliqués, parce que les plaisirs les entraînent et qu'ils sont accoutumés à avoir des gens chargés de penser pour eux, sans qu'ils en prennent eux-mêmes la peine. Il comprit donc qu'il n'aurait pas grande peine à me mettre en défiance et en jalousie contre un homme qui ne manquerait pas de faire de grandes actions, surtout l'absence lui donnant une entière facilité de lui tendre des pièges.

« Philoclès, en partant, prévit ce qui lui pouvait arriver. Souvenez-vous, me dit-il, que je ne pourrai plus me défendre, que vous n'écouterez que mon ennemi, et qu'en vous servant au péril de ma vie je courrai risque de n'avoir d'autre récompense que votre indignation. Vous vous

[1] L'île de Carpathos, ou Carpathie, aujourd'hui Scarpanto, est située près de l'île de Crète.

trompez, lui dis-je : Protésilas ne parle point de vous comme vous parlez de lui ; il vous loue, il vous estime, il vous croit digne des plus importants emplois : s'il commençait à me parler contre vous, il perdrait ma confiance. Ne craignez rien ; allez, et ne songez qu'à me bien servir. Il partit et me laissa dans une étrange situation.

« Il faut vous l'avouer, Mentor, je voyais clairement combien il m'était nécessaire d'avoir plusieurs hommes que je consultasse, et que rien n'était plus mauvais, ni pour ma réputation, ni pour le succès des affaires, que de me livrer à un seul. J'avais éprouvé que les sages conseils de Philoclès m'avaient garanti de plusieurs fautes dangereuses où la hauteur de Protésilas m'aurait fait tomber. Je sentais bien qu'il y avait dans Philoclès un fonds de probité et de maximes équitables qui ne se faisait point sentir de même dans Protésilas, mais j'avais laissé prendre à Protésilas un certain ton décisif auquel je ne pouvais presque plus résister. J'étais fatigué de me trouver toujours entre deux hommes que je ne pouvais accorder ; et dans cette lassitude j'aimais mieux, par faiblesse, hasarder quelque chose aux dépens des affaires et respirer en liberté. Je n'eusse osé me dire à moi-même une si honteuse raison du parti que je venais de prendre, mais cette honteuse raison que je n'osais développer ne laissait pas d'agir secrètement au fond de mon cœur et d'être le vrai motif de tout ce que je faisais.

« Philoclès surprit les ennemis, remporta une pleine victoire et se hâtait de revenir pour prévenir les mauvais offices qu'il avait à craindre ; mais Protésilas, qui n'avait pas encore eu le temps de me tromper, lui écrivit que je désirais qu'il fît une descente dans l'île de Carpathie, pour profiter de la victoire. En effet, il m'avait persuadé que je pourrais facilement faire la conquête de cette île : mais il fit en sorte que plusieurs choses nécessaires manquèrent à Philoclès dans cette entreprise, et il l'assujettit à certains ordres qui causèrent divers contretemps dans l'exécution.

« Cependant il se servit d'un domestique très corrompu

que j'avais auprès de moi, et qui observait jusqu'aux moindres choses pour lui en rendre compte, quoiqu'ils parussent ne se voir guère et n'être jamais d'accord en rien.

« Ce domestique, nommé Timocrate, me vint dire un jour en grand secret qu'il avait découvert une affaire très dangereuse. Philoclès, me dit-il, veut se servir de votre

armée navale pour se faire roi de l'île de Carpathie. Les chefs des troupes sont attachés à lui ; tous les soldats sont gagnés par ses largesses, et plus encore par la licence per- nicieuse où il laisse vivre les troupes : il est enflé de sa victoire. Voilà une lettre qu'il écrit à un de ses amis sur son projet de se faire roi : on n'en peut plus douter après une preuve si évidente.

« Je lus cette lettre ; et elle me parut de la main de

Philoclès. Mais on avait parfaitement imité son écriture; et c'était Protésilas qui l'avait faite avec Timocrate. Cette lettre me jeta dans une étrange surprise : je la relisais sans cesse, et ne pouvais me persuader qu'elle fût de Philoclès, repassant dans mon esprit troublé toutes les marques touchantes qu'il m'avait données de son désintéressement et de sa bonne foi. Cependant que pouvais-je faire? quel moyen de résister à une lettre où je croyais être sûr de reconnaître l'écriture de Philoclès ?

« Quand Timocrate vit que je ne pouvais plus résister à son artifice, il le poussa plus loin. Oserai-je, me dit-il en hésitant, vous faire remarquer un mot qui est dans cette lettre ? Philoclès dit à son ami qu'il peut parler en confiance à Protésilas sur une chose qu'il ne désigne que par un chiffre : assurément Protésilas est entré dans le dessein de Philoclès, et ils se sont raccommodés à vos dépens. Vous savez que c'est Protésilas qui vous a pressé d'envoyer Philoclès contre les Carpathiens. Depuis un certain temps il a cessé de vous parler contre lui, comme il le faisait souvent autrefois; au contraire, il le loue, il l'excuse en toute occasion ; ils se voyaient depuis quelque temps avec assez d'honnêteté. Sans doute Protésilas a pris avec Philoclès des mesures pour partager avec lui la conquête de Carpathie. Vous voyez même qu'il a voulu qu'on fît cette entreprise contre toutes les règles, et qu'il s'expose à faire périr votre armée navale, pour contenter son ambition. Croyez-vous qu'il voulût servir ainsi à celle de Philoclès, s'ils étaient encore mal ensemble ? non, non, on ne peut plus douter que ces deux hommes ne soient réunis pour s'élever ensemble à une grande autorité, et peut-être pour renverser le trône où vous régnez. En vous parlant ainsi, je sais que je m'expose à leur ressentiment, si, malgré mes avis sincères, vous leur laissez encore votre autorité dans les mains : mais qu'importe, pourvu que je vous dise la vérité ?

« Ces dernières paroles de Timocrate firent une grande impression sur moi : je ne doutai plus de la trahison de Philoclès, et je me défiai de Protésilas comme de son ami.

Cependant Timocrate me disait sans cesse : Si vous attendez que Philoclès ait conquis l'île de Carpathie, il ne
sera plus temps d'arrêter ses desseins ; hâtez-vous de vous
en assurer pendant que vous le pouvez. J'avais horreur de
la profonde dissimulation des hommes : je ne savais plus
à qui me fier. Après avoir découvert la trahison de Philoclès, je ne voyais plus d'hommes sur la terre dont la
vertu pût me rassurer. J'étais résolu de faire au plus tôt
périr ce perfide, mais je craignais Protésilas, et je ne savais comment faire à son égard. Je craignais de le trouver
coupable, et je craignais aussi de me fier à lui.

« Enfin, dans mon trouble, je ne pus m'empêcher de lui
dire que Philoclès m'était devenu suspect. Il en parut surpris ; il me présenta sa conduite droite et modérée ; il
m'exagéra ses services ; en un mot, il fit tout ce qu'il
fallait pour me persuader qu'il était trop bien avec lui.
D'un autre côté, Timocrate ne perdait pas un moment pour
me faire remarquer cette intelligence, et pour m'obliger à
perdre Philoclès, pendant que je pouvais encore m'assurer
de lui. Voyez, mon cher Mentor, combien les rois sont
malheureux et exposés à être le jouet des autres hommes,
lors même que les autres hommes paraissent tremblants
à leurs pieds.

« Je crus faire un coup d'une profonde politique, et
déconcerter Protésilas, en envoyant secrètement à l'armée
navale Timocrate pour faire mourir Philoclès Protésilas
poussa jusqu'au bout sa dissimulation et me trompa d'autant mieux qu'il parut plus naturellement comme un
homme qui se laissait tromper. Timocrate partit donc et
trouva Philoclès assez embarrassé dans sa descente. Il
manquait de tout, car Protésilas, ne sachant si la lettre
supposée pourrait faire périr son ennemi, voulait avoir en
même temps une autre ressource prête par le mauvais
succès d'une entreprise dont il m'avait fait tant espérer, et
qui ne manquerait pas de m'irriter contre Philoclès.
Celui-ci soutenait cette guerre si difficile, par son courage,
par son génie et par l'amour que les troupes avaient pour
lui. Quoique tout le monde reconnût dans l'armée que

cette descente était téméraire et funeste pour les Crétois,
chacun travaillait à la faire réussir, comme s'il eût vu
sa vie et son bonheur attachés au succès. Chacun était
content de hasarder sa vie à toute heure sous un chef si
sage et si appliqué à se faire aimer.

« Timocrate avait tout à craindre en voulant faire périr
ce chef au milieu d'une armée qui l'aimait avec tant de
passion, mais l'ambition furieuse est aveugle. Timocrate
ne trouvait rien de difficile pour contenter Protésilas, avec
lequel il s'imaginait me gouverner absolument après la
mort de Philoclès. Protésilas ne pouvait souffrir un homme
de bien dont la seule vue était un reproche secret de ses
crimes, et qui pouvait, en m'ouvrant les yeux, renverser
ses projets.

« Timocrate s'assura de deux capitaines qui étaient sans
cesse auprès de Philoclès, il leur promit de ma part de
grandes récompenses, et ensuite il dit à Philoclès qu'il
était venu pour lui dire de ma part des choses secrètes
qu'il ne devait lui confier qu'en présence de ces deux capitaines. Philoclès se renferma avec eux et avec Timocrate.
Alors Timocrate donna un coup de poignard à Philoclès.
Le coup glissa et n'enfonça guère avant. Philoclès, sans
s'étonner, lui arracha le poignard, s'en servit contre lui et
contre les deux autres : en même temps il cria. On
accourut ; on enfonça la porte ; on dégagea Philoclès des
mains de ces trois hommes, qui, étant troublés, l'avaient
attaqué faiblement. Ils furent pris, et on les aurait d'abord
déchirés, tant l'indignation de l'armée était grande, si
Philoclès n'eût arrêté la multitude. Ensuite il prit Timocrate en particulier et lui demanda avec douceur ce qui
l'avait obligé à commettre une action si noire. Timocrate,
qui craignait qu'on ne le fît mourir, se hâta de montrer
l'ordre que je lui avais donné par écrit de tuer Philoclès ;
et, comme les traîtres sont toujours lâches, il ne songea
qu'à sauver sa vie en découvrant à Philoclès toute la trahison de Protésilas.

« Philoclès, effrayé de voir tant de malice dans les
hommes, prit un parti plein de modération ; il déclara à

toute l'armée que Timocrate était innocent : il le mit en sûreté, le renvoya en Crète, déféra le commandement de l'armée à Polymène, que j'avais nommé, dans mon ordre écrit de ma main, pour commander, quand on aurait tué Philoclès. Enfin il exhorta les troupes à la fidélité qu'elles me devaient, et passa, pendant la nuit, dans une légère barque qui le conduisit dans l'île de Samos, où il v꞉

tranquillement dans la pauvreté et dans la solitude, travaillant à faire des statues pour gagner sa vie, ne voulant plus entendre parler des hommes trompeurs et injustes, mais surtout des rois qu'il croit les plus malheureux et les plus aveugles de tous les hommes. »

En cet endroit Mentor arrêta Idoménée : « Hé bien ! dit-il, fûtes-vous longtemps à découvrir la vérité ? » « Non, répondit Idoménée ; je compris peu à peu les artifices de Protésilas et de Timocrate : ils se brouillèrent

même ; car les méchants ont bien de la peine à demeurer
unis. Leur division acheva de me montrer le fond de
l'abîme où ils m'avaient jeté. » « Hé bien ! reprit Mentor,
ne prîtes-vous point le parti de vous défaire de l'un et de
l'autre ? » « Hélas ! répondit Idoménée, est-ce, mon cher
Mentor, que vous ignorez la faiblesse et l'embarras des
princes ? Quand ils sont une fois livrés à des hommes corrompus et hardis qui ont l'art de se rendre nécessaires, ils
ne peuvent plus espérer aucune liberté. Ceux qu'ils méprisent le plus sont ceux qu'ils traitent le mieux et qu'ils
comblent de bienfaits : j'avais horreur de Protésilas, et je
lui laissais toute autorité. Etrange illusion ! je me savais
bon gré de le connaître, et je n'avais pas la force de
reprendre l'autorité que je lui avais abandonnée. D'ailleurs,
je le trouvais commode, complaisant, industrieux pour
flatter mes passions, ardent pour mes intérêts. Enfin
j'avais une raison pour m'excuser en moi-même de ma
faiblesse : c'est que je ne connaissais point de véritable
vertu. Faute d'avoir su choisir des gens de bien qui con-
duisissent mes affaires, je croyais qu'il n'y en avait point
sur la terre, et que la probité était un beau fantôme.
Qu'importe, disais-je, de faire un grand éclat pour sortir
des mains d'un homme corrompu et pour tomber dans
celles de quelque autre qui ne sera ni plus désintéressé ni
plus sincère que lui ?

« Cependant l'armée navale commandée par Polymène
revint. Je ne songeai plus à la conquête de l'île de Carpathie, et Protésilas ne put dissimuler si profondément, que
je ne découvrisse combien il était affligé de savoir que
Philoclès était en sûreté dans Samos.

Mentor interrompit Idoménée pour lui demander s'il
avait continué, après une si noire trahison, à confier
toutes ses affaires à Protésilas.

« J'étais, lui répondit Idoménée, trop ennemi des
affaires et trop inappliqué pour pouvoir me tirer de ses
mains. Il aurait fallu renverser l'ordre que j'avais établi
pour ma commodité et instruire un nouvel homme : c'est
ce que je n'eus jamais la force d'entreprendre. J'aimai

mieux fermer les yeux pour ne pas voir les artifices de
Protésilas. Je me consolais seulement, en faisant entendre
à certaines personnes de confiance que je n'ignorais pas
sa mauvaise foi. Ainsi je m'imaginais n'être trompé qu'à
demi, puisque je savais que j'étais trompé. Je faisais
même de temps en temps sentir à Protésilas que je sup-
portais son joug avec impatience. Je prenais souvent
plaisir à le contredire, à blâmer publiquement quelque
chose qu'il avait fait, à décider contre son sentiment,
mais, comme il connaissait ma hauteur et ma paresse, il
ne s'embarrassait point de tous mes chagrins. Il revenait
opiniâtrément à la charge; il usait tantôt de manières
pressantes, tantôt de souplesse et d'insinuation : surtout,
quand il s'apercevait que j'étais peiné contre lui, il
redoublait ses soins pour me fournir de nouveaux amusements propres à m'amollir, ou pour m'embarquer dans
quelque affaire où il eût occasion de se rendre nécessaire et de faire valoir son zèle pour ma réputation.

« Quoique je fusse en garde contre lui, cette manière de
flatter mes passions m'entraînait toujours ; il savait mes
secrets; il me soulageait dans mes embarras ; il faisait
trembler tout le monde par mon autorité. Enfin je ne pus
me résoudre à le perdre. Mais, en le maintenant dans sa
place, je mis tous les gens de bien hors d'état de me
représenter mes véritables intérêts. Depuis ce moment on
n'entendit plus dans mes conseils aucune parole libre; la
vérité s'éloigna de moi; l'erreur, qui prépare la chute
des rois, me punit d'avoir sacrifié Philoclès à la cruelle
ambition de Protésilas : ceux mêmes qui avaient le plus
de zèle pour l'État et pour ma personne se crurent dis-
pensés de me détromper, après un si terrible exemple.

« Moi-même, mon cher Mentor, je craignais que la vérité
perçât le nuage et qu'elle ne parvînt jusqu'à moi malgré
les flatteurs; car, n'ayant plus la force de la suivre, sa
lumière m'était importune. Je sentais en moi-même qu'elle
m'eût causé de cruels remords, sans pouvoir me tirer
d'un si funeste engagement. Ma mollesse et l'ascendant que
Protésilas avait pris insensiblement sur moi me plongeaient

dans une espèce de désespoir de rentrer jamais en liberté.
Je ne voulais ni voir un si honteux état, ni le laisser voir
aux autres. Vous savez, cher Mentor, la vaine hauteur et la
fausse gloire dans laquelle on élève les rois : ils ne veulent
jamais avoir tort. Pour couvrir une faute, il en faut faire
cent. Plutôt que d'avouer qu'on s'est trompé, et que de se
donner la peine de revenir de son erreur, il faut se laisser
tromper toute sa vie. Voilà l'état des princes faibles et
inappliqués : c'était précisément le mien, lorsqu'il fallut
que je partisse pour le siège de Troie.

« En partant, je laissai Protésilas maître des affaires :
il les conduisit en mon absence avec hauteur et inhumanité. Tout le royaume de Crète gémissait sous sa tyrannie :
mais personne n'osait me mander l'oppression des peuples,
on savait que je craignais de voir la vérité, et que j'aban-
donnais à la cruauté de Protésilas tous ceux qui entrepre-
naient de parler contre lui. Mais moins on osait éclater,
plus le mal était violent. Dans la suite, il me contraignit
de chasser le vaillant Mérione, qui m'avait suivi avec tant
de gloire au siège de Troie. Il en était devenu jaloux,
comme de tous ceux que j'aimais et qui montraient
quelque vertu.

« Il faut que vous sachiez, mon cher Mentor, que tous
mes malheurs sont venus de là. Ce n'est pas tant la mort
de mon fils qui causa la révolte des Crétois que la vengeance des dieux irrités contre mes faiblesses, et la haine
des peuples que Protésilas m'avait attirée Quand je
répandis le sang de mon fils [1], les Crétois, lassés d'un gouvernement rigoureux, avaient épuisé toute leur patience;
et l'horreur de cette dernière action ne fit que montrer
au dehors ce qui était depuis longtemps dans le fond des
cœurs.

« Timocrate me suivit au siège de Troie, et rendait
compte secrètement par ses lettres à Protésilas de tout ce
qu'il pouvait découvrir. Je sentais bien que j'étais en captivité, mais je tâchais de n'y penser pas, désespérant d'y

---

[1] Voyez livre V.

emédier. Quand les Crétois, à mon arrivée, se révoltèrent, Protésilas et Timocrate furent les premiers à s'enfuir. Ils m'auraient sans doute abandonné, si je n'eusse été contraint de m'enfuir presque aussitôt qu'eux. Comptez, mon cher Mentor, que les hommes insolents pendant la pros-

périté sont toujours faibles et tremblants dans la disgrâce. La tête leur tourne aussitôt que l'autorité absolue leur échappe. On les voit aussi rampants qu'ils ont été hautains; et c'est en un moment qu'ils passent d'une extrémité à l'autre. »

Mentor dit à Idoménée : « Mais d'où vient donc que,

19

connaissant à fond ces deux méchants hommes, vous les
gardez encore auprès de vous comme je les vois? Je ne
suis pas surpris qu'ils vous aient suivi, n'ayant rien de
meilleur à faire pour leurs intérêts; je comprends même
que vous avez fait une action généreuse de leur donner un
asile dans votre nouvel établissement, mais pourquoi vous
livrer encore à eux après tant de cruelles expériences? »

« Vous ne savez pas, répondit Idoménée, combien toutes
les expériences sont inutiles aux princes amollis et inappliqués qui vivent sans réflexion. Ils sont mécontents de tout
et ils n'ont le courage de rien redresser. Tant d'années
d'habitude étaient des chaînes de fer qui me liaient à ces
deux hommes, et ils m'obsédaient à toute heure. Depuis
que je suis ici, ils m'ont jeté dans toutes les dépenses
excessives que vous avez vues; ils ont épuisé cet Etat naissant; ils m'ont attiré cette guerre qui allait m'accabler
sans vous. J'aurais bientôt éprouvé à Salente les mêmes
malheurs que j'ai sentis en Crète, mais vous m'avez enfin
ouvert les yeux, et vous m'avez inspiré le courage qui me
manquait pour me mettre hors de servitude. Je ne sais ce
que vous avez fait en moi, mais, depuis que vous êtes ici,
je me sens un autre homme. »

Mentor demanda ensuite à Idoménée quelle était la
conduite de Protésilas dans ce changement des affaires.
« Rien n'est plus artificieux, répondit Idoménée, que ce
qu'il a fait depuis votre arrivée. D'abord il n'oublia rien
pour jeter indirectement quelque défiance dans mon esprit.
Il ne disait rien contre vous, mais je voyais diverses gens
qui venaient m'avertir que ces deux étrangers étaient fort
à craindre. L'un, disaient-ils, est le fils du trompeur
Ulysse; l'autre est un homme caché et d'un esprit profond :
ils sont accoutumés à errer de royaume en royaume; qui
sait s'ils n'ont point formé quelque dessein sur celui-ci?
Ces aventuriers racontent eux-mêmes qu'ils ont causé de
grands troubles dans tous les pays où ils ont passé. Voici
un État naissant et mal affermi, les moindres mouvements
pourraient le renverser.

« Protésilas ne disait rien, mais il tâchait de me faire

entrevoir le danger et l'excès de toutes ces réformes que
vous me faisiez entreprendre. Il me prenait par mon
propre intérêt. Si vous mettez, me disait-il, les peuples
dans l'abondance, ils ne travailleront plus, ils deviendront
fiers, indociles, et seront toujours prêts à se révolter : il
n'y a que la faiblesse et la misère qui les rendent souples
et qui les empêchent de résister à l'autorité. Souvent il
tâchait de reprendre son ancienne autorité pour m'entraîner, et il la couvrait d'un prétexte de zèle pour mon
service. En voulant soulager les peuples, me disait-il,
vous rabaissez la puissance royale, et par là vous faites au
peuple même un tort irréparable, car il a besoin qu'on le
tienne bas pour son propre repos.

« A tout cela je répondais que je saurais bien tenir les
peuples dans leur devoir en me faisant aimer d'eux ; en ne
relâchant rien de mon autorité, quoique je les soulageasse ;
en punissant avec fermeté tous les coupables ; enfin, en
donnant aux enfants une bonne éducation et à tout le
peuple une exacte discipline, pour le tenir dans une vie
simple, sobre et laborieuse. Hé quoi ! disais-je, ne peut-on
pas soumettre un peuple sans le faire mourir de faim ?
Quelle inhumanité ! quelle politique brutale ! Combien
voyons-nous de peuples traités doucement et très fidèles
à leurs princes ! Ce qui cause les révoltes, c'est l'ambition
et l'inquiétude des grands d'un État, quand on leur a
donné trop de licence et qu'on a laissé leurs passions
s'étendre sans bornes ; c'est la multitude des grands et des
petits qui vivent dans la mollesse, dans le luxe et dans
l'oisiveté ; c'est la trop grande abondance d'hommes
adonnés à la guerre, qui ont négligé toutes les occupations utiles qu'il faut prendre dans les temps de paix ;
enfin, c'est le désespoir des peuples maltraités ; c'est la
dureté, la hauteur des rois et leur mollesse qui les rend
incapables de veiller sur tous les membres de l'État pour
prévenir les troubles. Voilà ce qui cause les révoltes, et
non pas le pain qu'on laisse manger en paix au laboureur,
après qu'il l'a gagné à la sueur de son visage.

« Quand Protésilas a vu que j'étais inébranlable dans

tes maximes, il a pris un parti tout opposé à sa conduite
passée : il a commencé à suivre ces maximes qu'il n'avait
pu détruire ; il a fait semblant de les goûter, d'en être
convaincu, de m'avoir obligation de l'avoir éclairé là-dessus.
Il va au-devant de tout ce que je puis souhaiter pour
soulager les pauvres ; il est le premier à me présenter leurs
besoins et à crier contre les dépenses excessives. Vous
savez même qu'il vous loue, qu'il vous témoigne de la confiance et qu'il n'oublie rien pour vous plaire. Pour Timocrate, il commence à n'être plus si bien avec Protésilas,
il a songé à se rendre indépendant ; Protésilas en est
jaloux, et c'est en partie par leurs différends que j'ai
découvert leur perfidie. »

Mentor, souriant, répondit ainsi à Idoménée : « Quoi
donc! vous avez été faible jusqu'à vous laisser tyranniser
pendant tant d'années par deux traîtres dont vous connaissiez la trahison! » « Ah! vous ne savez pas, répondit
Idoménée, ce que peuvent les hommes artificieux sur un
roi faible et inappliqué qui s'est livré à eux pour toutes
ses affaires. D'ailleurs, je vous ai déjà dit que Protésilas
entre maintenant dans toutes vos vues pour le bien
public. »

Mentor reprit ainsi le discours d'un air grave : « Je ne
vois que trop combien les méchants prévalent sur les bons
auprès des rois, vous en êtes un terrible exemple. Mais
vous dites que je vous ai ouvert les yeux sur Protésilas,
et ils sont encore fermés pour laisser le gouvernement de
vos affaires à cet homme indigne de vivre. Sachez que les
méchants ne sont point des hommes incapables de faire le
bien : ils le font indifféremment de même que le mal,
quand il peut servir à leur ambition. Le mal ne leur coûte
rien à faire, parce qu'aucun sentiment de bonté ni aucun
principe de vertu ne les retient, mais aussi ils font le bien
sans peine, parce que leur corruption les porte à le faire
pour paraître bons et pour tromper le reste des hommes.
A proprement parler, ils ne sont pas capables de la vertu,
quoiqu'ils paraissent la pratiquer, mais ils sont capables
d'ajouter à tous leurs autres vices le plus horrible des

vices, qui est l'hypocrisie. Tant que vous voudrez absolument faire le bien, Protésilas sera prêt à le faire avec vous, pour conserver l'autorité ; mais, si peu qu'il sente [1] en vous de facilité à vous relâcher, il n'oubliera rien pour vous faire retomber dans l'égarement et pour reprendre en liberté son naturel trompeur et féroce. Pouvez-vous vivre avec honneur et en repos, pendant qu'un tel homme vous obsède à toute heure et que vous savez le sage et le fidèle Philoclès pauvre et déshonoré dans l'île de Samos?

« Vous reconnaissez bien, ô Idoménée, que les hommes trompeurs et hardis qui sont présents entraînent les princes faibles, mais vous devriez ajouter que les princes ont encore un autre malheur qui n'est pas moindre, c'est celui d'oublier facilement la vertu et les services d'un homme éloigné. La multitude des hommes qui environnent les princes est cause qu'il n'y en a aucun qui fasse une impression profonde sur eux : ils ne sont frappés que de ce qui est présent et qui les flatte ; tout le reste s'efface bientôt. Surtout la vertu les touche peu, parce que la vertu, loin de les flatter, les contredit et les condamne dans leurs faiblesses. Faut-il s'étonner s'ils ne sont point aimés, puisqu'ils ne sont point aimables [2], et qu'ils n'aiment rien que leur grandeur et leur plaisir ? »

[3] Après avoir dit ces paroles, Mentor persuada à Idoménée qu'il fallait au plus tôt chasser Protésilas et Timocrate, pour rappeler Philoclès. L'unique difficulté qui arrêtait le roi, c'est qu'il craignait la sévérité de Philoclès. « J'avoue, disait-il, que je ne puis m'empêcher de craindre un peu son retour, quoique je l'aime et que je l'estime.

---

[1] Cette formule *si peu que* ne s'emploierait guère aujourd'hui ; on dirait plutôt *pour peu que*. Elle reparaît deux fois de suite dans le livre XIII : « si peu qu'on excitât sa vivacité... » — « si peu qu'on parût douter ».

[2]   ..... ut ameris amabilis esto,

a dit Ovide.

[3] VAR *Commencement du* LIVRE XIV. *dans la division en* XXIV livres.

je suis depuis ma tendre jeunesse accoutumé à des
louanges, à des empressements et à des complaisances
que je ne saurais espérer de trouver dans cet homme. Dès
que je faisais quelque chose qu'il n'approuvait pas, son
air triste me marquait assez qu'il me condamnait. Quand
il était en particulier avec moi, ses manières étaient res-
pectueuses et modérées, mais sèches. »

« Ne voyez-vous pas, lui répondit Mentor, que les princes
gâtés par la flatterie trouvent sec et austère tout ce qui est
libre et ingénu? Ils vont jusqu'à s'imaginer qu'on n'est pas
zélé pour leur service et qu'on n'aime pas leur autorité,
dès qu'on n'a pas l'âme servile et qu'on n'est pas prêt à les
flatter dans l'usage le plus injuste de leur puissance. Toute
parole libre et généreuse leur paraît hautaine, critique et
séditieuse. Ils deviennent si délicats que tout ce qui n'est
point flatteur les blesse et les irrite. Mais allons plus
loin. Je suppose que Philoclès est effectivement sec et
austère : son austérité ne vaut-elle pas mieux que la
flatterie pernicieuse de vos conseillers? Où trouvez-vous
un homme sans défauts? et le défaut de vous dire trop
hardiment la vérité n'est-il pas celui que vous devez le
moins craindre? Que dis-je! n'est-ce pas un défaut
nécessaire pour corriger les vôtres et pour vaincre ce
dégoût de la vérité où la flatterie vous a fait tomber? Il
vous faut un homme qui n'aime que la vérité et vous; qui
vous aime mieux que vous ne savez vous aimer vous-
même; qui vous dise la vérité malgré vous; qui force tous
vos retranchements : et cet homme nécessaire, c'est Philoclès. Souvenez-vous qu'un prince est trop heureux,
quand il naît un seul homme sous son règne avec cette
générosité; qu'il est le plus précieux trésor de l'État; et
que la plus grande punition qu'il doit craindre des dieux
est de perdre un tel homme, s'il s'en rend indigne faute
de savoir s'en servir.

« Pour les défauts des gens de bien, il faut les savoir
connaître, et ne laisser pas de se servir d'eux. Redressez-
les; ne vous livrez jamais aveuglément à leur zèle indiscret, mais écoutez-les favorablement; honorez leur vertu;

montrez au public que vous savez la distinguer; surtout
gardez-vous bien d'être plus longtemps comme vous avez
été jusqu'ici. Les princes gâtés comme vous l'étiez, se con-
tentant de mépriser les hommes corrompus, ne laissent
pas de les employer avec confiance et de les combler de
bienfaits; d'un autre côté, ils se piquent de connaître aussi
les hommes vertueux, mais ils ne leur donnent que de
vains éloges, n'osant ni leur confier les emplois, ni les
admettre dans leur commerce familier, ni répandre des
bienfaits sur eux. »

Alors Idoménée dit qu'il était honteux d'avoir tant tardé
à délivrer l'innocence opprimée et à punir ceux qui
l'avaient trompé. Mentor n'eut même aucune peine à déterminer le roi à perdre son favori; car, aussitôt qu'on
est parvenu à rendre les favoris suspects et importuns à
leurs maîtres, les princes, lassés et embarrassés, ne cherchent plus qu'à s'en défaire : leur amitié s'évanouit, les
services sont oubliés, la chute des favoris ne leur coûte
rien, pourvu qu'ils ne les voient plus.

Aussitôt le roi ordonna en secret à Hégésippe, qui était
un des principaux officiers de sa maison, de prendre
Protésilas et Timocrate, de les conduire en sûreté dans
l'île de Samos, de les y laisser et de ramener Philoclès de
ce lieu d'exil. Hégésippe, surpris de cet ordre, ne put
s'empêcher de pleurer de joie. « C'est maintenant, dit-il au
roi, que vous allez charmer vos sujets. Ces deux hommes
ont causé tous vos malheurs et tous ceux de vos peuples :
il y a vingt ans qu'ils font gémir tous les gens de bien, et
qu'à peine ose-t-on même gémir, tant leur tyrannie est
cruelle; ils accablent tous ceux qui entreprennent d'aller
à vous par un autre canal que le leur. »

Ensuite Hégésippe découvrit au roi un grand nombre de
perfidies et d'inhumanités commises par ces deux hommes,
dont le roi n'avait jamais entendu parler, parce que personne n'osait les accuser. Il lui raconta même ce qu'il avait
découvert d'une conjuration secrète pour faire périr Mentor. Le roi eut horreur de tout ce qu'il voyait.

Hégésippe se hâta d'aller prendre Protésilas dans sa

maison; elle était moins grande, mais plus commode et
plus riante que celle du roi : l'architecture était de meilleur goût; Protésilas l'avait ornée avec une dépense tirée
du sang des misérables. Il était alors dans un salon de
marbre auprès de ses bains, couché négligemment sur un
lit de pourpre avec une broderie d'or; il paraissait las et
épuisé de ses travaux, ses yeux et ses sourcils montraient
je ne sais quoi d'agité, de sombre et de farouche. Les plus
grands de l'État étaient autour de lui, rangés sur des tapis,
composant leur visage sur celui de Protésilas, dont ils
observaient jusqu'au moindre clin d'œil. A peine ouvrait-il
la bouche que tout le monde se récriait pour admirer ce
qu'il allait dire. Un des principaux de la troupe lui racontait avec des exagérations ridicules ce que Protésilas lui-
même avait fait pour le roi. Un autre lui assurait que
Jupiter, ayant trompé sa mère, lui avait donné la vie et
qu'il était fils du père des dieux. Un poète venait de lui
chanter des vers où il assurait que Protésilas, instruit par
les Muses, avait égalé Apollon pour tous les ouvrages d'esprit. Un autre poète, encore plus lâche et plus impudent,
l'appelait, dans ses vers, l'inventeur des beaux-arts et le
père des peuples qu'il rendait heureux : il le dépeignait
tenant en main la corne d'abondance.

Protésilas écoutait toutes ces louanges d'un air sec, dis-
trait et dédaigneux, comme un homme qui sait bien qu'il
en mérite encore de plus grandes, et qu'il fait trop de
grâce de se laisser louer. Il y avait un flatteur qui prit la
liberté de lui parler à l'oreille, pour lui dire quelque
chose de plaisant contre la police que Mentor tâchait
d'établir. Protésilas sourit : toute l'assemblée se mit aussitôt à rire, quoique la plupart ne pussent point encore
savoir ce qu'on avait dit. Mais, Protésilas reprenant bientôt
son air sévère et hautain, chacun rentra dans la crainte et
dans le silence. Plusieurs nobles cherchaient le moment
où Protésilas pourrait se tourner vers eux et les écouter :
ils paraissaient émus et embarrassés; c'est qu'ils avaient
à lui demander des grâces : leur posture suppliante parlait pour eux; ils paraissaient aussi soumis qu'une mère

au pied des autels, lorsqu'elle demande aux dieux la guérison de son fils unique. Tous paraissaient contents, attendris, pleins d'admiration pour Protésilas, quoique tous
eussent contre lui, dans le cœur, une rage implacable.

Dans ce moment Hégésippe entre, saisit l'épée de Protésilas et lui déclare, de la part du roi, qu'il va l'emmener
dans l'île de Samos. A ces paroles, toute l'arrogance de ce

favori tomba comme un rocher qui se détache du sommet
d'une montagne escarpée[1]. Le voilà qui se jette tremblant
et troublé aux pieds d'Hégésippe; il pleure, il hésite, il
bégaye, il tremble, il embrasse les genoux de cet homme
qu'il ne daignait pas, une heure auparavant, honorer d'un
de ses regards. Tous ceux qui l'encensaient, le voyant

[1]   Ac veluti montis saxum de vertice præceps
        Quum ruit avulsum vento.
                                VIRG., Æn., XII, 684.

perdu sans ressource, changèrent leurs flatteries en des insultes sans pitié.

Hégésippe ne voulut lui laisser le temps ni de faire ses derniers adieux à sa famille, ni de prendre certains écrits secrets. Tout fut saisi et porté au roi. Timocrate fut arrêté dans le même temps, et sa surprise fut extrême, car il croyait qu'étant brouillé avec Protésilas, il ne pouvait être enveloppé dans sa ruine. Ils partent dans un vaisseau qu'on avait préparé : on arrive à Samos. Hégésippe y laisse ces deux malheureux ; et, pour mettre le comble à leur malheur, il les laisse ensemble. Là, ils se reprochent avec fureur, l'un à l'autre, les crimes qu'ils ont faits, et qui sont cause de leur chute; ils se trouvent sans espérance de revoir jamais Salente, condamnés à vivre loin de leurs femmes et de leurs enfants ; je ne dis pas loin de leurs amis, car ils n'en avaient point. On les menait dans une terre inconnue, où ils ne devaient plus avoir d'autre ressource pour vivre que leur travail, eux qui avaient passé tant d'années dans les délices et dans le faste. Semblables à deux bêtes farouches, ils étaient toujours prêts à se déchirer l'un l'autre.

Cependant Hégésippe demanda en quel lieu de l'île demeurait Philoclès. On lui dit qu'il demeurait assez loin de la ville, sur une montagne où une grotte lui servait de maison. Tout le monde lui parla avec admiration de cet étranger. « Depuis qu'il est dans cette île, lui disait-on, il n'a offensé personne : chacun est touché de sa patience, de son travail, de sa tranquillité; n'ayant rien, il paraît toujours content. Quoiqu'il soit ici loin des affaires, sans biens et sans autorité, il ne laisse pas d'obliger ceux qui le méritent, et il a mille industries pour faire plaisir à tous ses voisins. »

Hégésippe s'avance vers cette grotte, il la trouve vide et ouverte; car la pauvreté et la simplicité des mœurs de Philoclès faisaient qu'il n'avait, en sortant, aucun besoin de fermer sa porte. Une natte de jonc grossier lui servait de lit. Rarement il allumait du feu, parce qu'il ne mangeait rien de cuit : il se nourrissait, pendant l'été, de fruits nou-

vellement cueillis, et, en hiver, de dattes et de figues
sèches. Une claire fontaine, qui faisait une nappe d'eau
en tombant d'un rocher, le désaltérait. Il n'avait dans sa
grotte que les instruments nécessaires à la sculpture, et
quelques livres qu'il lisait à certaines heures, non pour
orner son esprit ni pour contenter sa curiosité, mais pour
s'instruire en se délassant de ses travaux et pour apprendre
à être bon. Pour la sculpture, il ne s'y appliquait que
pour exercer son corps, fuir l'oisiveté et gagner sa vie sans
avoir besoin de personne.

Hégésippe, en entrant dans la grotte, admira les ouvrages qui étaient commencés. Il remarqua un Jupiter
dont le visage serein était si plein de majesté qu'on le
reconnaissait aisément pour le père des dieux et des
hommes. D'un autre côté paraissait Mars avec une fierté
rude et menaçante. Mais ce qui était plus touchant, c'était
une Minerve qui animait les Arts; son visage était noble et
doux, sa taille grande et libre : elle était dans une action
si vive qu'on aurait pu croire qu'elle allait marcher.

Hégésippe, ayant pris plaisir à voir ces statues, sortit
de la grotte et vit de loin, sous un grand arbre, Philoclès
qui lisait sur le gazon. Il va vers lui ; et Philoclès, qui
l'aperçoit, ne sait que croire. « N'est-ce point là, dit-il en
lui-même, Hégésippe, avec qui j'ai si longtemps vécu en
Crète? Mais quelle apparence qu'il vienne dans une île si
éloignée? Ne serait-ce point son ombre qui viendrait après
sa mort des rives du Styx? »

Pendant qu'il était dans ce doute, Hégésippe arriva si
proche de lui qu'il ne put s'empêcher de le reconnaître et
de l'embrasser. « Est-ce donc vous, dit-il, mon cher et
ancien ami? quel hasard, quelle tempête vous a jeté sur
ce rivage? pourquoi avez-vous abandonné l'île de Crète?
est-ce une disgrâce semblable à la mienne qui vous a arraché à notre patrie? »

Hégésippe lui répondit : « Ce n'est point une disgrâce;
au contraire, c'est la faveur des dieux qui me mène ici ».
Aussitôt il lui raconta la longue tyrannie de Protésilas,
ses intrigues avec Timocrate ; les malheurs où ils avaient

précipité Idoménée; la chute de ce prince, sa fuite,sur les côtes d'Italie, la fondation de Salente ; l'arrivée de Mentor et de Télémaque, les sages maximes dont Mentor avait rempli l'esprit du roi, et la disgrâce des deux traîtres. Il ajouta qu'il les avait menés à Samos pour y souffrir l'exil qu'ils avaient fait souffrir à Philoclès, et il finit en lui disant qu'il avait ordre de le conduire à Salente où le roi, qui connaissait son innocence, voulait lui confier ses affaires et le combler de biens.

« Voyez-vous, lui répondit Philoclès, cette grotte plus propre à cacher des bêtes sauvages qu'à être habitée par des hommes? j'y ai goûté depuis tant d'années plus de douceur et de repos que dans les palais dorés de l'île de Crète. Les hommes ne me trompent plus, car je ne vois plus les hommes, je n'entends plus leurs discours flatteurs et empoisonnés. Je n'ai plus besoin d'eux ; mes mains, endurcies au travail, me donnent facilement la nourriture simple qui m'est nécessaire; il ne me faut, comme vous voyez, qu'une légère étoffe pour me couvrir. N'ayant plus de besoins, jouissant d'un calme profond et d'une douce liberté, dont la sagesse de mes livres m'apprend à faire un bon usage, qu'irais-je encore chercher parmi les hommes, jaloux, trompeurs et inconstants? Non, non, mon cher Hégésippe, ne m'enviez point mon bonheur. Protésilas s'est trahi lui-même, voulant trahir le roi et me perdre. Mais il ne m'a fait aucun mal; au contraire, il m'a fait le plus grand des biens, il m'a délivré du tumulte et de la servitude des affaires : je lui dois ma chère solitude et tous les plaisirs innocents que j'y goûte.

« Retournez, ô Hégésippe, retournez vers le roi ; aidez-lui à supporter les misères de la grandeur et faites auprès de lui ce que vous voudriez que je fisse. Puisque ses yeux, si longtemps fermés à la vérité, ont été enfin ouverts par cet homme sage que vous nommez Mentor, qu'il le retienne auprès de lui. Pour moi, après mon naufrage, il ne me convient pas de quitter le port où la tempête m'a heureusement jeté, pour me remettre à la merci des flots. Oh! que les rois sont à plaindre! oh! que ceux qui les servent sont

dignes de compassion ! S'ils sont méchants, combien font-ils
souffrir les hommes ! et quels tourments leur sont préparés
dans le noir Tartare ! S'ils sont bons, quelles difficultés
n'ont-ils pas à vaincre ! quels pièges à éviter ! quels maux à
souffrir ! Encore une fois, Hégésippe, laissez-moi dans mon
heureuse pauvreté. »

Pendant que Philoclès parlait ainsi avec beaucoup de
véhémence, Hégésippe le regardait avec étonnement. Il
l'avait vu autrefois en Crète, lorsqu'il gouvernait les plus
grandes affaires, maigre, languissant et épuisé : c'est que
son naturel ardent et austère le consumait dans le travail,
il ne pouvait voir sans indignation le vice impuni ; il voulait dans les affaires une certaine exactitude qu'on n'y
trouve jamais : ainsi ces emplois détruisaient sa santé
délicate. Mais, à Samos, Hégésippe le voyait gras et vigoureux ; malgré les ans, la jeunesse fleurie s'était renouvelée
sur son visage ; une vie sobre, tranquille et laborieuse,
lui avait fait comme un nouveau tempérament.

« Vous êtes surpris de me voir si changé, dit alors Philoclès en souriant, c'est ma solitude qui m'a donné cette
fraîcheur et cette santé parfaite : mes ennemis m'ont
donné ce que je n'aurais jamais pu trouver dans la plus
grande fortune. Voulez-vous que je perde les vrais biens
pour courir après les faux, et pour me replonger dans mes
anciennes misères ? Ne soyez pas plus cruel que Protésilas ;
du moins ne m'enviez pas le bonheur que je tiens de lui. »

Alors Hégésippe lui représenta, mais inutilement, tout
ce qu'il crut propre à le toucher. « Êtes-vous donc, lui
disait-il, insensible au plaisir de revoir vos proches et vos
amis, qui soupirent après votre retour, et que la seule
espérance de vous embrasser comble de joie ? Mais vous,
qui craignez les dieux et qui aimez votre devoir, comptez-
vous pour rien de servir votre roi, de l'aider dans tous les
biens qu'il veut faire, et de rendre tant de peuples heureux ?
Est-il permis de s'abandonner à une philosophie sauvage,
de se préférer à tout le reste du genre humain et d'aimer
mieux son repos que le bonheur de ses concitoyens ? Au
reste, on croira que c'est par ressentiment que vous ne

voulez plus voir le roi. S'il vous a voulu faire du mal, c'est
qu'il ne vous a point connu : ce n'était pas le véritable, le
bon, le juste Philoclès qu'il a voulu faire périr ; c'était un
om me bien différent de vous qu'il voulait punir. Mais
maintenant qu'il vous connaît, et qu'il ne vous prend plus
pour un autre, il sent toute son ancienne amitié revivre
dans son cœur : il vous attend ; déjà il vous tend les bras
pour vous embrasser; dans son impatience, il compte les
jours et les heures. Aurez-vous le cœur assez dur pour être
inexorable à votre roi et à tous vos plus tendres amis? »

Philoclès, qui avait d'abord été attendri en reconnaissant
Hégésippe, reprit son air austère en écoutant ce discours.
Semblable à un rocher contre lequel les vents combattent
en vain, et où toutes les vagues vont se briser en gémissant,
il demeurait immobile[1] ; et les prières ni les raisons ne
trouvaient aucune ouverture pour entrer dans son cœur.
Mais, au moment où Hégésippe commençait à désespérer
de le vaincre, Philoclès, ayant consulté les dieux, découvrit, par le vol des oiseaux, par les entrailles des victimes,
et par divers autres présages, qu'il devait suivre Hégésippe.

Alors il ne résista plus, il se prépara à partir ; mais ce
ne fut pas sans regretter le désert où il avait passé tant
d'années. « Hélas ! disait-il, faut-il que je vous quitte,
ô aimable grotte, où le sommeil paisible venait toutes les
nuits me délasser des travaux du jour! Ici les Parques me
filaient, au milieu de ma pauvreté, des jours d'or et de
soie[2]. » Il se prosterna en pleurant, pour adorer la Naïade
qui l'avait si longtemps désaltéré par son onde claire, et
les Nymphes qui habitaient dans toutes les montagnes
voisines. Écho entendit ses regrets, et, d'une triste voix,
les répéta à toutes les divinités champêtres.

---

[1] L'auteur a déjà employé, livre VI, cette comparaison du rocher
immobile et insensible. Elle reparaîtra encore dans le livre XII et
le livre XIII. Homère (*Il.*, XV, 618) et Virgile (*Én.*, VII, 586 ; X,
693) lui ont servi de modèles.

[2] Cette expression · « des jours filés d'or et de soie » était alors
fréquemment employée dans le style poétique. Elle est, depuis longtemps hors d'usage. Le mot *soie* fait, d'ailleurs, un anachronisme.

Ensuite Philoclès vint à la ville avec Hégésippe pour
s'embarquer. Il crut que le malheureux Protésilas, plein
de honte et de ressentiment, ne voudrait point le voir;
mais il se trompait : car les hommes corrompus n'ont
aucune pudeur, et ils sont toujours prêts à toutes sortes
de bassesses. Philoclès se cachait modestement, de peur

d'être vu par ce misérable : il craignait d'augmenter sa
misère en lui montrant la prospérité d'un ennemi qu'on
allait élever sur ses ruines. Mais Protésilas cherchait avec
empressement Philoclès; il voulait lui faire pitié, et l'en
gager à demander au roi qu'il pût retourner à Salente.
Philoclès était trop sincère pour lui promettre de travailler à le faire rappeler ; car il savait mieux que
personne combien son retour eût été pernicieux : mais il
lui parla fort doucement, lui témoigna de la compassion,
tâcha de le consoler, l'exhorta à apaiser les dieux par des

mœurs pures et par une grande patience dans ses maux.
Comme il avait appris que le roi avait ôté à Protésilas
tous ses biens injustement acquis, il lui promit deux
choses qu'il exécuta fidèlement dans la suite : l'une fut
de prendre soin de sa femme et de ses enfants, qui étaient
demeurés à Salente dans une affreuse pauvreté, exposés à
l'indignation publique ; l'autre était d'envoyer à Protésilas, dans cette île éloignée, quelque secours d'argent
pour adoucir sa misère.

Cependant les voiles s'enflent d'un vent favorable.
Hégésippe, impatient, se hâte de faire partir Philoclès.
Protésilas les voit embarquer ; ses yeux demeurent attachés et immobiles sur le rivage ; ils suivent le vaisseau qui
fend les ondes et que le vent éloigne toujours. Lors
même qu'il ne peut plus le voir, il en repeint encore
l'image dans son esprit. Enfin, troublé, furieux, livré à
son désespoir, il s'arrache les cheveux, se roule sur le
sable, reproche aux dieux leur rigueur, appelle en vain à
son secours la cruelle Mort, qui, sourde à ses prières, ne
daigne le délivrer de tant de maux et qu'il n'a pas le
courage de se donner lui-même [1].

Cependant le vaisseau, favorisé de Neptune et des
vents, arriva bientôt à Salente. On vint dire au roi qu'il
entrait déjà dans le port : aussitôt il courut au-devant de
Philoclès avec Mentor ; il l'embrassa tendrement, lui
témoigna un sensible regret de l'avoir persécuté avec
tant d'injustice. Cet aveu, bien loin de paraître une
faiblesse dans un roi, fut regardé par tous les Salentins
comme l'effort d'une grande âme, qui s'élève au-dessus
de ses propres fautes, en les avouant avec courage pour
les réparer. Tout le monde pleurait de joie de revoir

---

[1] Le mot *mort* est d'abord employé comme nom propre pour la
déesse, pour la Mort personnifiée ; puis, dans le dernier membre,
« qu'il n'a pas le courage de se donner lui-même », comme nom
appellatif, pour la fin de la vie. Ce changement de signification est
de mauvais effet. Ainsi, dans l'*Alceste* d'Euripide, Apollon dit à la
Mort qu'elle *doit donner la mort* aux vieillards qui vivent trop longtemps C'est la même faute.

l'homme de bien qui avait toujours aimé le peuple, et
d'entendre le roi parler avec tant de sagesse et de bonté.

Philoclès, avec un air respectueux et modeste, recevait
les caresses du roi et avait impatience de se dérober aux
acclamations du peuple : il suivit le roi au palais. Bientôt
Mentor et lui furent dans la même confiance que s'ils
avaient passé leur vie ensemble, quoiqu'ils ne se fussent

jamais vus ; c'est que les dieux, qui ont refusé aux
méchants des yeux pour connaître les bons, ont donné
aux bons de quoi se connaître les uns les autres. Ceux
qui ont le goût de la vertu ne peuvent être ensemble sans
être unis par la vertu qu'ils aiment.

Bientôt Philoclès demanda au roi de se retirer, auprès
de Salente, dans une solitude, où il continua à vivre pau-
vrement comme il avait vécu à Samos. Le roi allait avec
Mentor le voir presque tous les jours dans son désert.

C'est là qu'on examinait les moyens d'affermir les lois et de donner une forme solide au gouvernement pour le bonheur public.

Les deux principales choses qu'on examina furent l'éducation des enfants et la manière de vivre pendant la paix.

Pour les enfants, Mentor disait: « Ils appartiennent moins à leurs parents qu'à la république ; ils sont les enfants du peuple, ils en sont l'espérance et la force. Il n'est pas temps de les corriger, quand ils se sont corrompus. C'est peu que ue les exclure des emplois, lorsqu'on voit qu'ils s'en sont rendus indignes ; il vaut bien mieux prévenir le mal que d'être réduit à le punir. Le roi, ajoutait-il, qui est le père de tout son peuple, est encore plus particulièrement le père de toute la jeunesse, qui est la fleur de toute la nation. C'est dans la fleur qu'il faut préparer les fruits : que le roi ne dédaigne donc pas de veiller et de faire veiller sur l'éducation qu'on donne aux enfants ; qu'il tienne ferme pour faire observer les lois de Minos, qui ordonnent qu'on élève les enfants dans le mépris de la douleur et de la mort ; qu'on mette l'honneur à fuir les délices et les richesses ; que l'injustice, le mensonge, l'ingratitude et la mollesse passent pour des vices infâmes ; qu'on leur apprenne, dès leur tendre enfance, à chanter les louanges des héros qui ont été aimés des dieux, qui ont fait des actions généreuses pour leur patrie et qui ont fait éclater leur courage dans les combats ; que le charme de la musique saisisse leurs âmes pour rendre leurs mœurs douces et pures ; qu'ils apprennent à être tendres pour leurs amis, fidèles à leurs alliés, équitables pour tous les hommes, même pour leurs plus cruels ennemis ; qu'ils craignent moins la mort et les tourments que le moindre reproche de leur conscience. Si, de bonne heure, on remplit les enfants de ces grandes maximes, et qu'on les fasse entrer dans leur cœur par la douceur du chant, il y en aura peu qui ne s'enflamment de l'amour de la gloire et de la vertu ».

Mentor ajoutait qu'il était capital d'établir des écoles

publiques pour accoutumer la jeunesse aux plus rudes exercices du corps, et pour éviter la mollesse et l'oisiveté, qui corrompent les plus beaux naturels ; il voulait une grande variété de jeux et de spectacles qui animassent tout le peuple, mais surtout qui exerçassent les corps pour les rendre adroits, souples et vigoureux; il ajoutait des prix pour exciter une noble émulation. Mais ce qu'il souhaitait le plus pour les bonnes mœurs, c'est que les jeunes gens se mariassent de bonne heure, et que leurs parents, sans aucune vue d'intérêt, leur laissassent choisir des femmes agréables de corps et d'esprit, auxquelles ils pussent s'attacher.

Mais pendant qu'on préparait ainsi les moyens de conserver la jeunesse pure, innocente, laborieuse, docile et passionnée pour la gloire, Philoclès qui aimait la guerre, disait à Mentor : « En vain vous occuperez les jeunes gens à tous ces exercices, si vous les laissez languir dans une paix continuelle, où ils n'auront aucune expérience de la guerre, ni aucun besoin de s'éprouver sur la valeur. Par là, vous affaiblirez insensiblement la nation ; les courages s'amolliront; les délices corrompront les mœurs; d'autres peuples belliqueux n'auront aucune peine à les vaincre : et, pour avoir voulu éviter les maux que la guerre entraîne après elle, ils tomberont dans une affreuse servitude ».

Mentor lui répondit : « Les maux de la guerre sont encore plus horribles que vous ne pensez. La guerre épuise un État et le met toujours en danger de périr, lors même qu'on remporte les plus grandes victoires. Avec quelques avantages qu'on la commence, on n'est jamais sûr de la finir sans être exposé aux plus tragiques renversements de fortune. Avec quelque supériorité de forces qu'on s'engage dans un combat, le moindre mécompte, une terreur panique, un rien, vous arrache la victoire qui était déjà dans vos mains et la transporte chez vos ennemis. Quand même on tiendrait dans son camp la Victoire comme enchaînée, on se détruit soi-même en détruisant ses ennemis; on dépeuple son pays; on laisse les terres

presque incultes; on trouble le commerce; mais, ce qui
est bien pis, on affaiblit les meilleures lois et on laisse
corrompre les mœurs; la jeunesse ne s'adonne plus aux
lettres; le pressant besoin fait qu'on souffre une licence
pernicieuse dans les troupes; la justice, la police, tout
souffre de ce désordre. Un roi qui verse le sang de tant
d'hommes, et qui cause tant de malheurs pour acquérir
un peu de gloire ou pour étendre les bornes de son
royaume, est indigne de la gloire qu'il cherche, et mérite
de perdre ce qu'il possède, pour avoir voulu usurper ce
qui ne lui appartient pas.

« Mais voici le moyen d'exercer le courage d'une
nation en temps de paix. Vous avez déjà vu les exercices
du corps que nous établissons, les prix qui exciteront
l'émulation, les maximes de gloire et de vertu dont on
remplira les âmes des enfants, presque dès le berceau,
par le chant des grandes actions des héros; ajoutez à ces
secours celui d'une vie sobre et laborieuse. Mais ce n'est
pas tout: aussitôt qu'un peuple allié de votre nation
aura une guerre, il faut y envoyer la fleur de votre
jeunesse, surtout ceux en qui on remarquera le génie de
la guerre, et qui seront les plus propres à profiter de
l'expérience. Par là vous conserverez une haute réputa-
tation chez vos alliés: votre alliance sera recherchée, on
craindra de la perdre: sans avoir la guerre chez vous et à
vos dépens, vous aurez toujours une jeunesse aguerrie et
intrépide. Quoique vous ayez la paix chez vous, vous ne
laisserez pas de traiter avec de grands honneurs ceux qui
auront le talent de la guerre; car le vrai moyen d'éloigner
la guerre et de conserver une longue paix, c'est de cultiver
les armes; c'est d'honorer les hommes qui excellent dans
cette profession; c'est d'en avoir toujours qui s'y soient
exercés dans les pays étrangers, et qui connaissent les
forces, la discipline militaire et les manières de faire la
guerre des peuples voisins; c'est d'être également incapable et de faire la guerre par ambition et de la craindre
par mollesse. Alors, étant toujours prêt à la faire pour la
nécessité, on parvient à ne l'avoir presque jamais

« Pour les alliés, quand ils sont prêts à se faire la guerre
les uns aux autres, c'est à vous à vous rendre médiateur.
Par là vous acquérez une gloire plus solide et plus sûre que
celle des conquérants : vous gagnez l'amour et l'estime des
étrangers; ils ont tous besoin de vous; vous régnez sur eux
par la confiance, comme vous régnez sur vos sujets par
l'autorité; vous devenez le dépositaire des secrets, l'arbitre
des traités, le maître des cœurs; votre réputation vole dans
tous les pays les plus éloignés; votre nom est comme un
parfum délicieux qui s'exhale de pays en pays chez les
peuples les plus reculés. En cet état, qu'un peuple voisin
vous attaque contre les règles de la justice, il vous trouve
aimé et secouru; tous vos voisins s'alarment pour vous et
sont persuadés que votre conservation fait la sûreté publique. Voilà un rempart bien plus assuré que toutes les
murailles des villes et que toutes les places les mieux for-
tifiées; voilà la véritable gloire[1]. Mais qu'il y a peu de rois
qui sachent la chercher et qui ne s'en éloignent point! ils
courent après une ombre trompeuse et laissent derrière
eux le vrai honneur, faute de le connaître. »

Après que Mentor eut parlé ainsi, Philoclès, étonné, le
regardait; puis il jetait les yeux sur le roi et était charmé
de voir avec quelle avidité Idoménée recueillait au fond
de son cœur toutes les paroles qui sortaient, comme un
fleuve de sagesse, de la bouche de cet étranger.

Minerve, sous la figure de Mentor, établissait ainsi dans
Salente toutes les meilleures lois et les plus utiles maximes
du gouvernement, moins pour faire fleurir le royaume
d'Idoménée que pour montrer à Télémaque, quand il re-
viendrait, un exemple sensible de ce qu'un sage gouvernement peut faire pour rendre les peuples heureux et pour
donner à un bon roi une gloire durable.

[1] On pourra comparer avec ce beau passage un morceau non
moins brillant du *Petit Carême de Massillon*, dans la première partie du Sermon pour le jour de Pâques : « Non, sire · un prince qui
« craint Dieu, etc. ».

LIVRE XII[1]

SOMMAIRE

Télémaque, pendant son séjour chez les alliés, gagne l'affection de leurs principaux chefs et celle même de Philoctète, d'abord indispose contre lui à cause d'Ulysse son père. Philoctète lui raconte ses aventures et l'origine de sa haine contre Ulysse ; il lui montre les funestes effets de la passion de l'amour, par l'histoire tragique de la mort d'Hercule. Il lui apprend comment il obtint de ce héros les flèches fatales sans lesquelles la ville de Troie ne pouvait être prise ; comment il fut puni d'avoir trahi le secret de la mort d'Hercule, par tous les maux qu'il eut à souffrir dans l'île de Lemnos; enfin, comment Ulysse se servit de Neoptolème pour l'engager à se rendre au siège de Troie, où il fut guéri de sa blessure par les fils d'Esculape.

Cependant Télémaque montrait son courage dans les périls de la guerre. En partant de Salente, il s'appliqua à gagner l'affection des vieux capitaines dont la réputation et l'expérience étaient au comble. Nestor, qui l'avait déjà vu à Pylos, et qui avait toujours aimé Ulysse, le traitait comme s'il eût été son propre fils. Il lui donnait des instructions qu'il appuyait de divers exemples; il lui racontait toutes les aventures de sa jeunesse et tout ce qu'il avait vu faire de plus remarquable aux héros de l'âge passé. La mémoire de ce sage vieillard, qui avait vécu trois âges d'homme, était comme une histoire des anciens temps gravée sur le marbre ou sur l'airain.

Philoctète n'eut pas d'abord la même inclination que Nestor pour Télémaque; la haine qu'il avait nourrie si longtemps dans son cœur contre Ulysse, l'éloignait de son fils, et il ne pouvait voir qu'avec peine tout ce qu'il

semblait que les dieux préparaient en faveur de ce jeune
homme pour le rendre égal aux héros qui avaient renversé
la ville de Troie . Mais enfin la modération de Télémaque,
vainquit tous les ressentiments de Philoctète; il ne put
se défendre d'aimer cette vertu douce et modeste. Il prenait
souvent Télémaque et lui disait : « Mon fils (car je ne
crains plus de vous nommer ainsi [1]), votre père et moi, je
l'avoue, nous avons été longtemps ennemis l'un de l'autre ;
j'avoue même qu'après que nous eûmes fait tomber la
superbe ville de Troie, mon cœur n'était point encore
apaisé, et, quand je vous ai vu, j'ai senti de la peine à
aimer la vertu dans le fils d'Ulysse. Je me le suis souvent
reproché. Mais enfin la vertu, quand elle est douce, simple,
ingénue, et modeste, surmonte tout ».

Ensuite Philoctète s'engagea insensiblement à lui raconter ce qui avait allumé dans son cœur tant de haine contre
Ulysse.

« Il faut, dit-il, reprendre mon histoire de plus haut
Je suivais partout le grand Hercule, qui a délivré la terre
de tant de monstres, et devant qui les autres héros n'é-
taient que comme sont les faibles roseaux auprès d'un
grand chêne, ou comme les moindres oiseaux en présence
de l'aigle. Ses malheurs et les miens vinrent d'une passion qui cause tous les désastres les plus affreux : c'est
l'amour. Hercule, qui avait vaincu tant de monstres, ne
pouvait vaincre cette passion honteuse, et le cruel enfant
Cupidon se jouait de lui. Il ne pouvait se ressouvenir,
sans rougir de honte, qu'il avait autrefois oublié sa gloire
jusqu'à filer auprès d'Omphale, reine de Lydie, comme le
plus lâche et le plus efféminé de tous les hommes, tant il
avait été entraîné par un amour aveugle. Cent fois il m'a
avoué que cet endroit de sa vie avait terni sa vertu c
presque effacé la gloire de tous ses travaux.

[1]   O mon fils, de ce nom j'ose encor vous nommer,
        Souffrez...
                                        Athalie, IV, 3.
C'est le même mouvement de pensée et de style.

« Cependant, ô dieux ! telle est la faiblesse et l'inconstance des hommes, ils se promettent tout d'eux-mêmes
,et ne résistent à rien. Hélas ! le grand Hercule retomba
dans les pièges de l'Amour qu'il avait si souvent détesté :
il aima Déjanire. Trop heureux s'il eût été constant dans
cette passion pour une femme qui fut son épouse ! Mais
bientôt la jeunesse d'Iole, sur le visage de laquelle les
Grâces étaient peintes, ravit son cœur. Déjanire brûla de
jalousie ; elle se ressouvint de cette fatale tunique que le
Centaure Nessus lui avait laissée, en mourant, comme un
moyen assuré de réveiller l'amour d'Hercule, toutes les
fois qu'il paraîtrait la négliger pour en aimer quelque
autre. Cette tunique, pleine du sang venimeux du Centaure, renfermait le poison des flèches dont ce monstre
avait été percé. Vous savez que les flèches d'Hercule, qui
tua ce perfide Centaure, avaient été trempées dans le sang
de l'hydre de Lerne, et que ce sang empoisonnait ces
flèches, en sorte que toutes les blessures qu'elles faisaient
étaient incurables.

« Hercule, s'étant revêtu de cette tunique, sentit bientôt le feu dévorant qui se glissait jusque dans la moelle
de ses os : il poussait des cris horribles dont le mont
Œta [1] résonnait et faisait retentir toutes les profondes vallées [2] ; la mer même en paraissait émue ; les taureaux les
plus furieux, qui auraient rugi dans leurs combats, n'auraient pas fait un bruit aussi affreux. Le malheureux
Lichas, qui lui avait apporté de la part de Déjanire cette
tunique, ayant voulu s'approcher de lui, Hercule, dans le
transport de sa douleur, le prit, le fit pirouetter comme
un frondeur fait avec sa fronde tourner la pierre qu'il
veut jeter loin de lui. Ainsi Lichas, lancé du haut de la
montagne par la puissante main d'Hercule, tombait dans
les flots de la mer où il fut changé tout à coup en un

---

[1] Montagne de Thessalie, non loin du golfe Maliaque.
[2] « Il jetait des cris, d'affreuses clameurs ; au loin retentissaient
« les rochers et les promontoires sourcilleux de la Locride, et les
« sommets de l'Eubée » (SOPH , *Trach.*, 787.)

rocher qui garde encore la figure humaine [1], et qui, étant toujours battu par les vagues irritées, épouvante de loin les sages pilotes.

« Après ce malheur de Lichas, je crus que je ne pouvais plus me fier à Hercule; je songeais à me cacher dans les cavernes les plus profondes. Je le voyais déraciner sans peine d'une main les hauts sapins et les vieux chênes qui, depuis plusieurs siècles, avaient méprisé les vents et les tempêtes. De l'autre main il tâchait en vain d'arracher de dessus son dos la fatale tunique; elle s'était collée sur sa peau, et comme incorporée à ses membres [2]. A mesure qu'il la déchirait, il déchirait aussi sa peau et sa chair [3]; son sang ruisselait et trempait la terre. Enfin, sa vertu surmontant sa douleur, il s'écria : Tu vois, ô mon cher Philoctète, les maux que les dieux me font souffrir : ils sont justes; c'est moi qui les ai offensés; j'ai violé l'amour conjugal. Après avoir vaincu tant d'ennemis, je me suis lâchement laissé vaincre par l'amour d'une beauté étrangère; je péris, et je suis content de périr pour apaiser les dieux. Mais, hélas ! cher ami, où est-ce que tu fuis ? L'excès de la douleur m'a fait commettre, il est vrai, contre ce misérable Lichas, une cruauté que je me reproche : il n'a pas su quel poison il me présentait; il n'a point mérité ce que je lui ai fait souffrir : mais crois-tu que je puisse oublier l'amitié que je te dois et vouloir

Corripit Alcides, et terque quaterque rotatum
Mittit in Euboicas tormento fortius undas. ,
Ille per aerias pendens induruit auras...
Nunc quoque in Euboico scopulus brevis eminet alta
Gurgite, et humanæ servat vestigia formæ;
Quem quasi sensurum nautæ calcare verentur.
                              OVID., *Met.*, IX, 217.

Voyez aussi Sophocle, dans les *Trachiniennes*, 779.

²   προσπτύσσεται
     Πλευραῖσιν ἀρτίκολλος, ὥστε τέκτονος,
     Χιτὼν ἅπαν κατ' ἄρθρον.
                              SOPH., *Trach.*, 668.

³   ... Lethiferam conatur scindere vestem.
     Qua trahitur, trahit illa cutem, etc.
                              OVID., *Met.*, IX, 166.

t'arracher la vie? Non, non, je ne cesserai point d'aimer
Philoctète. Philoctète recevra dans son sein mon âme
prête à s'envoler ; c'est lui qui recueillera mes cendres.

« Où es-tu donc, ô mon cher Philoctète? Philoctète, la
seule espérance qui me reste ici-bas!

« A ces mots, je me hâte d'arriver vers lui ; il me tend
les bras et veut m'embrasser, mais il se retient, dans la
crainte d'allumer dans mon sein le feu cruel dont il est
lui-même brûlé. Hélas ! dit-il, cette consolation même ne
m'est plus permise. En parlant ainsi, il assemble tous les
arbres qu'il vient d'abattre, il en fait un bûcher sur le
sommet de la montagne. Il monte tranquillement sur le
bûcher, il y étend la peau du lion de Némée, qui avait si
longtemps couvert ses épaules lorsqu'il allait d'un bout de
la terre à l'autre abattre les monstres et délivrer les malheureux ; il s'appuie sur sa massue et il m'ordonne
d'allumer le feu du bûcher.

« Mes mains, tremblantes et saisies d'horreur, ne purent
lui refuser ce cruel office, car la vie n'était plus pour lui
un présent des dieux, tant elle lui était funeste ! Je crai-
gnis même que l'excès de ses douleurs ne le transportât
jusqu'à faire quelque chose d'indigne de cette vertu qui
avait étonné l'univers. Comme il vit que la flamme
commençait à prendre au bûcher : C'est maintenant,
s'écria-t-il, mon cher Philoctète, que j'éprouve ta véritable amitié, car tu aimes mon honneur plus que ma vie.
Que les dieux te le rendent! Je te laisse ce que j'ai de
plus précieux sur la terre, ces flèches trempées dans le
sang de l'hydre de Lerne. Tu sais que les blessures qu'elles
font sont incurables; par elles tu seras invincible, comme
je l'ai été, et aucun mortel n'osera combattre contre toi.
Souviens-toi, que je meurs fidèle à notre amitié et n'oublie
jamais combien tu m'as été cher. Mais, s'il est vrai que
tu sois touché de mes maux, tu peux me donner une
dernière consolation : promets-moi de ne découvrir jamais
à aucun mortel ni ma mort, ni le lieu où tu auras caché
mes cendres. Je le lui promis, hélas ! je le jurai même, en
arrosant son bûcher de mes larmes. Un rayon de joie

parut dans ses yeux : mais tout à coup un tourbillon de
flammes qui l'enveloppa étouffa sa voix et le déroba presque à ma vue. Je le voyais encore un peu néanmoins au
travers des flammes, avec un visage aussi serein que s'il
eût été couronné de fleurs et couvert de parfums dans la
joie d'un festin délicieux, au milieu de tous ses amis [1].

« Le feu consuma bientôt tout ce qu'il y avait de terrestre et de mortel en lui. Bientôt il ne lui resta rien de
tout ce qu'il avait reçu, dans sa naissance, de sa mère
Alcmène : mais il conserva, par l'ordre de Jupiter, cette
nature subtile et immortelle, cette flamme céleste qui
est le vrai principe de vie, et qu'il avait reçue du père des
dieux [2]. Ainsi il alla avec eux, sous les voûtes dorées du
brillant Olympe, boire le nectar, où les dieux lui
donnèrent pour épouse l'aimable Hébé, qui est la déesse
de la Jeunesse, et qui versait le nectar dans la coupe du
grand Jupiter, avant que Ganymède eût reçu cet honneur.

« Pour moi, je trouvai une source inépuisable de douleurs dans ces flèches qu'il m'avait données pour m'élever
au-dessus de tous les héros. Bientôt les rois ligués entreprirent de venger Ménélas de l'infâme Pâris, qui avait
enlevé Hélène, et de renverser l'empire de Priam. L'oracle
d'Apollon leur fit entendre qu'ils ne pouvaient point
espérer de finir heureusement cette guerre, à moins qu'ils
n'eussent les flèches d'Hercule.

« Ulysse, votre père, qui était toujours le plus éclairé
et le plus industrieux dans tous les conseils, se chargea
de me persuader d'aller avec eux au siège de Troie et
d'y apporter ces flèches qu'il croyait que j'avais. Il y avait
déjà longtemps qu'Hercule ne paraissait plus sur la terre :
on n'entendait plus parler d'aucun nouvel exploit de ce

---

[1]   Haud alio vultu quam si conviva jaceret
      Inter plena meri redimitus pocula sertis.
                          Ovi..., *Met*, IX, 237.

[2]   Interea quodcumque fuit populabile flamma
      Mulciber abstulerat, nec cognoscenda remansit
      Herculis effigies, nec quidquam ab imagine ductum
      Matris habet, tantumque Jovis vestigia servat.
                          Ovid., *Met.*, IX, 262.

héros ; les monstres et les scélérats recommençaient à
paraître impunément. Les Grecs ne savaient que croire de
lui : les uns disaient qu'il était mort ; d'autres soutenaient
qu'il était allé jusque sous l'Ourse glacée dompter les
Scythes [1]. Mais Ulysse soutint qu'il était mort et entreprit
de me le faire avouer : il me vint trouver dans un temps
où je ne pouvais encore me consoler d'avoir perdu le
grand Alcide. Il eut une extrême peine à m'aborder,
car je ne pouvais voir les hommes : je ne pouvais souffrir
qu'on m'arrachât de ces déserts du mont OEta, où j'avais
vu périr mon ami ; je ne songeais qu'à me repeindre l'image
de ce héros et qu'à pleurer à la vue de ces tristes lieux.
Mais la douce et puissante persuasion était sur les lèvres
de votre père : il parut presque aussi affligé que moi ; il
versa des larmes ; il sut gagner insensiblement mon cœur
et attirer ma confiance ; il m'attendrit pour les rois grecs
qui allaient combattre pour une juste cause, et qui ne pouvaient réussir sans moi. Il ne put jamais néanmoins
m'arracher le secret de la mort d'Hercule, que j'avais juré
de ne dire jamais ; mais il ne doutait point qu'il ne fût
mort, et il me pressait de lui découvrir le lieu où j'avais
caché ses cendres.

« Hélas ! j'eus horreur de faire un parjure en lui disant
un secret que j'avais promis aux dieux de ne dire jamais,
mais j'eus la faiblesse d'éluder mon serment, n'osant le
violer ; les dieux m'en ont puni : je frappai du pied la terre
à l'endroit où j'avais mis les cendres d'Hercule. Ensuite
j'allai joindre les rois ligués, qui me reçurent avec la
même joie qu'ils auraient reçu Hercule même. Comme je
passais dans l'île de Lemnos, je voulus montrer à tous les
Grecs ce que mes flèches pouvaient faire. Me préparant à
percer un daim qui s'élançait dans un bois, je laissai, par
mégarde, tomber la flèche de l'arc sur mon pied, et elle
me fit une blessure que je ressens encore. Aussitôt j'éprou-
vai les mêmes douleurs qu'Hercule avait souffertes ;

[1] Les Scythes habitaient les extrémités septentrionales de l'Europe
et de l'Asie.

remplissais nuit et jour l'île de mes cris ; un sang noir et corrompu, coulant de ma plaie, infectait l'air et répandait dans le camp des Grecs une puanteur capable de suffoquer les hommes les plus vigoureux. Toute l'armée eut horreur de me voir dans cette extrémité ; chacun conclut que c'était un supplice qui m'était envoyé par les justes dieux.

« Ulysse, qui m'avait engagé dans cette guerre, fut e premier à m'abandonner. J'ai reconnu, depuis, qu'il l'avait fait parce qu'il préférait l'intérêt commun de la Grèce et la victoire à toutes les raisons d'amitié ou de bienséance particulière. On ne pouvait plus sacrifier dans le camp, tant l'horreur de ma plaie, son infection et la violence de mes cris troublaient toute l'armée. Mais au moment où je me vis abandonné de tous les Grecs par le conseil d'Ulysse, cette politique me parut pleine de la plus horrible inhumanité et de la plus noire trahison. Hélas ! j'étais aveugle et je ne voyais pas qu'il était juste que les plus sages hommes fussent contre moi, de même que les dieux que j'avais irrités.

« Je demeurai, presque pendant tout le siège de Troie, seul, sans secours, sans espérance, sans soulagement, livrés à d'horribles douleurs, dans cette île déserte et sauvage, où je n'entendais que le bruit des vagues de la mer qui se brisaient contre les rochers. Je trouvai, au milieu de cette solitude, une caverne vide [1], dans un rocher qui élevait vers le ciel deux pointes semblables à deux têtes : de ce rocher sortait une fontaine claire. Cette caverne était la retraite des bêtes farouches, à la fureur desquelles

[1] Cette caverne est décrite au commencement du *Philoctète*, de Sophocle. En général, tout ce qui suit, dans cet admirable récit, est imité et parfois presque traduit de la tragédie grecque. « Le grand « intérêt du rôle de Philoctète », dit La Harpe, dans son chapitre sur Sophocle, « n'a pas échappé à l'un des plus illustres élèves de « l'antiquité, Fénelon, qui, du chef-d'œuvre de Sophocle, a tiré le « plus bel épisode du sien : c'est encore un des morceaux du *Télé-* « *maque* qu'on relit le plus volontiers. Fénelon s'est approprié les « traits les plus heureux du poète grec, et les a rendus dans notre « langue avec le charme de leur simplicité primitive, en homme plein « de l'esprit des anciens et pénétré de leur substance, etc., etc. »

J'étais exposé nuit et jour. J'amassai quelques feuilles pour
me coucher. Il ne me restait, pour tout bien, qu'un pot de
bois grossièrement travaillé et quelques habits déchirés,
dont j'enveloppais ma plaie pour arrêter le sang et dont
je me servais aussi pour la nettoyer. Là, abandonné des
hommes et livré à la colère des dieux, je passais mon
temps à percer de mes flèches les colombes et les autres
oiseaux qui volaient autour de ce rocher. Quand j'avais
tué quelque oiseau pour ma nourriture, il fallait que je
me traînasse contre terre avec douleur pour aller ramasser
ma proie : ainsi mes mains me préparaient de quoi me
nourrir.

« Il est vrai que les Grecs, en partant, me laissèrent
quelques provisions; mais elles durèrent peu. J'allumais
du feu avec des cailloux. Cette vie, tout affreuse qu'elle
est, m'eût paru douce loin des hommes ingrats et trompeurs, si la douleur ne m'eût accablé, et si je n'eusse sans
cesse repassé dans mon esprit ma triste aventure. Quoi !
disais-je, tirer un homme de sa patrie, comme le seul
homme qui puisse venger la Grèce, et puis l'abandonner
dans cette île déserte pendant son sommeil ! car ce fut
pendant mon sommeil que les Grecs partirent. Jugez
quelle fut ma surprise, et combien je versai de larmes à
mon réveil, quand je vis les vaisseaux fendre les ondes.
Hélas ! cherchant de tous côtés dans cette île sauvage et horrible, je ne trouvai que la douleur.

« Dans cette île, il n'y a ni port, ni commerce, ni hospitalité, ni hommes qui y abordent volontairement. On n'y
voit que les malheureux que les tempêtes y ont jetés, et
on n'y peut espérer de société que par des naufrages :
encore même ceux qui venaient en ce lieu n'osaient me
prendre pour me ramener; ils craignaient la colère des
dieux et celle des Grecs. Depuis dix ans je souffrais la
honte, la douleur, la faim; je nourrissais une plaie qui
me dévorait, l'espérance même était éteinte dans mon
cœur.

« Tout à coup, revenant de chercher des plantes médi-
cinales pour ma plaie, j'aperçus dans mon antre un jeune

homme beau, gracieux, mais fier et d'une taille de héros.
Il me sembla que je voyais Achille, tant il en avait les
traits, les regards et la démarche : son âge seul me fit
comprendre que ce ne pouvait être lui. Je remarquai sur
son visage tout ensemble la compassion et l'embarras : il
fut touché de voir avec quelle peine et quelle lenteur je

me traînais; les cris perçants et douloureux dont je faisais
retentir les échos de tout ce rivage attendrirent son
cœur.

« O étranger ! lui dis-je d'assez loin, quel malheur t'a
conduit dans cette île inhabitée? je reconnais l'habit grec,
cet habit qui m'est encore si cher. Oh! qu'il me tarde d'entendre ta voix et de trouver sur tes lèvres cette langue
que j'ai apprise dès l'enfance et que je ne puis plus parler

à personne depuis si longtemps dans cette solitude ! Ne
sois point effrayé de voir un homme si malheureux ; tu
dois en avoir pitié.

« A peine Néoptolème m'eut dit : Je suis grec, que je
m'écriai : O douce parole, après tant d'années de silence
et de douleur sans consolation ! O mon fils ! quel malheur,
quelle tempête, ou plutôt quel vent favorable t'a conduit
ici pour finir mes maux ! Il me répondit : Je suis de l'île
de Scyros ; j'y retourne ; on dit que je suis fils d'Achille .
tu sais tout.

« Des paroles si courtes ne contentaient pas ma curiosité ; je lui dis : O fils d'un père que j'ai tant aimé ! cher
nourrisson de Lycomède, comment viens-tu donc ici ? d'où
viens-tu ? Il me répondit qu'il venait du siège de Troie.
Tu n'étais pas, lui dis-je, de la première expédition. Et toi,
me dit-il, en étais-tu ? Alors je lui répondis : Tu ne connais, je le vois bien, ni le nom de Philoctète, ni ses malheurs. Hélas ! infortuné que je suis ! mes persécuteurs
m'insultent dans ma misère : la Grèce ignore ce que je
souffre ; ma douleur augmente Les Atrides m'ont mis en
cet état : que les dieux le leur rendent !

« Ensuite je lui racontai de quelle manière les Grecs
m'avaient abandonné. Aussitôt qu'il eut écouté mes
plaintes, il me fit les siennes. Après la mort d'Achille, me
dit-il... D'abord je l'interrompis, en lui disant : Quoi !
Achille est mort ! Pardonne-moi, mon fils, si je trouble
ton récit par les larmes que je dois à ton père. Néoptolème me répondit : Vous me consolez en m'interrompant
qu'il m'est doux de voir Philoctète pleurer mon père !

« Néoptolème, reprenant son discours, me dit : Après
la mort d'Achille, Ulysse et Phénix me vinrent chercher
assurant qu'on ne pouvait sans moi renverser la ville de
Troie. Ils n'eurent aucune peine à m'emmener, car la douleur de la mort d'Achille et le désir d'hériter de sa gloire
dans cette célèbre guerre m'engageaient assez à les suivre.
J'arrive à Sigée ; l'armée s'assemble autour de moi, chacun
jure qu'il revoit Achille ; mais hélas ! il n'était plus. Jeune
et sans expérience, je croyais pouvoir tout espérer da

ceux qui me donnaient tant de louanges. D'abord je demande aux Atrides les armes de mon père ; ils me répondent cruellement : Tu auras le reste de ce qui lui appartenait, mais pour ses armes, elles sont destinées à Ulysse.

« Aussitôt je me trouble, je pleure, je m'emporte, mais Ulysse, sans s'émouvoir, me disait : Jeune homme, tu n'étais pas avec nous dans les périls de ce long siège, tu n'as pas mérité de telles armes, et tu parles déjà trop fiè-, rement : jamais tu ne les auras. Dépouillé injustement par Ulysse, je m'en retourne dans l'île de Scyros, moins indigné contre Ulysse que contre les Atrides. Que quiconque est leur ennemi puisse être l'ami des dieux ! O Philoctète ! j'ai tout dit.

« Alors je demandai à Néoptolème comment Ajax Télamonien n'avait pas empêché cette injustice. Il est mort, me répondit-il. Il est mort ! m'écriai-je, et Ulysse ne meurt point ! au contraire, il fleurit dans l'armée ! Ensuite je lui demandai des nouvelles d'Antiloque, fils du sage Nestor, et de Patrocle, si chéri par Achille [1]. Ils sont morts aussi, me dit-il. Aussitôt je m'écriai encore : Quoi ! morts ! Hélas ! que me dis-tu ! La cruelle guerre moissonne les bons, et épargne les méchants. Ulysse est donc en vie ? Thersite l'est aussi sans doute ? Voilà ce que font les dieux, et nous les louerons encore !

« Pendant que j'étais dans cette fureur contre votre père, Néoptolème continuait à me tromper ; il ajouta ces tristes paroles : Loin de l'armée grecque, où le mal prévaut sur le bien, je vais vivre content dans la sauvage île de Scyros. Adieu : je pars. Que les dieux vous guérissent !

« Aussitôt je lui dis : O mon fils, je te conjure par les mânes de ton père, par ta mère, par tout ce que tu as de plus cher sur la terre, de ne me laisser pas seul dans ces maux que tu vois. Je n'ignore pas combien je te serai à charge ; mais il y aurait de la honte à m'abandonner. Jette-moi à la proue, à la poupe, dans la sentine même,

---

[1] Philoctète, dans Sophocle, demande aussi des nouvelles du vieux Nestor.

partout où je t'incommoderai le moins. Il n'y a que les
grands cœurs qui sachent combien il y a de gloire à être
bon. Ne me laisse point en un désert où il n'y a aucun
vestige d'homme ; mène-moi dans ta patrie, ou dans
l'Eubée [1], qui n'est pas loin du mont Œta [2], de Trachine et
des bords agréables du fleuve Sperchius [3] : rends-moi à
mon père. Hélas ! je crains qu'il ne soit mort. Je lui avais
mandé de m'envoyer un vaisseau : ou il est mort, ou bien
ceux qui m'avaient promis de lui dire ma misère ne l'ont
pas fait. J'ai recours à toi, ô mon fils ! souviens-toi de la
fragilité des choses humaines. Celui qui est dans la prospérité doit craindre d'en abuser et secourir les malheureux.

« Voilà ce que l'excès de la douleur me faisait dire à
Néoptolème ; il me promit de m'emmener. Alors je m'é-
criai encore : O heureux jour ! ô aimable Néoptolème,
digne de la gloire de son père ! Chers compagnons de ce
voyage, souffrez que je dise adieu à cette triste demeure.
Voyez où j'ai vécu, comprenez ce que j'ai souffert ; nul
autre n'eût pu le souffrir, mais la nécessité m'avait instruit, et elle apprend aux hommes ce qu'ils ne pourraient
jamais savoir autrement. Ceux qui n'ont jamais souffert
ne savent rien ; ils ne connaissent ni les biens, ni les maux,
ils ignorent les hommes ; ils s'ignorent eux-mêmes... Après
avoir parlé ainsi, je pris mon arc et mes flèches.

« Néoptolème me pria de souffrir qu'il les baisât, ces
armes si célèbres et consacrées par l'invincible Hercule. Je
lui répondis : Tu peux tout ; c'est toi, mon fils, qui me
rends aujourd'hui la lumière, ma patrie, mon père accablé
de vieillesse, mes amis, moi-même ; tu peux toucher ces
armes et te flatter d'être seul d'entre les Grecs qui ait mérité de les toucher. Aussitôt Néoptolème entre dans ma
grotte pour admirer mes armes.

« Cependant une douleur cruelle me saisit, elle me

---

[1] L'île d'Eubée s'appelle aujourd'hui Negrepont.
[2] Trachine, ou Trachis, était en Thessalie, au pied du mont Œta.
[3] Fleuve de Thessalie, aujourd'hui l'Agriomela, selon quelques-
uns

trouble, je ne sais plus ce que je fais; je demande un
glaive tranchant pour couper mon pied; je m'écrie :
O mort tant désirée! que ne viens-tu? O jeune homme!
brûle-moi tout à l'heure comme je brûlai le fils de Jupiter!
O terre! ô terre! recois un mourant qui ne peut plus se
relever. De ce transport de douleur, je tombe soudainement, selon ma coutume, dans un assoupissement profond : une grande sueur commença à me soulager; un
sang noir corrompu coula de ma plaie. Pendant mon sommeil, il eût été facile à Néoptolème d'emporter mes armes,
et de partir; mais il était fils d'Achille, et n'était pas né
pour tromper.

« En m'éveillant, je reconnus son embarras; il soupirait
comme un homme qui ne sait pas dissimuler, et qui agit
contre son cœur. Me veux-tu surprendre? lui dis-je : qu'y
a-t-il? Il faut, me répondit-il, que vous me suiviez au siège
de Troie. Je repris aussitôt : Ah! qu'as-tu dit, mon fils?
Rends-moi cet arc; je suis trahi! ne m'arrache pas la vie.
Hélas! Il ne répond rien; il me regarde tranquillement;
rien ne le touche. O rivages! ô promontoires de cette île!
ô bêtes farouches! ô rochers escarpés? c'est à vous que je
me plains; car je n'ai que vous à qui je puisse me plaindre :
vous êtes accoutumés à mes gémissements. Faut-il que je
sois trahi par le fils d'Achille! Il m'enlève l'arc sacré
d'Hercule; il veut me traîner dans le camp des Grecs pour
triompher de moi; il ne voit pas que c'est triompher d'un
mort, d'une ombre, d'une image vaine. Oh! s'il m'eût attaqué dans ma force!... mais, encore à présent, ce n'est que
par surprise. Que ferai-je? Rends, mon fils, rends : sois
semblable à ton père, à toi-même. Que dis-tu?... Tu ne dis
rien! O rocher sauvage! je reviens à toi, nu, misérable,
abandonné, sans nourriture; je mourrai seul dans cet antre :
n'ayant plus mon arc pour tué des bêtes, les bêtes me dé-
voreront : n'importe. Mais, mon fils, tu ne parais pas
méchant; quelque conseil te pousse : rends mes armes;
va-t-en.

« Néoptolème, les larmes aux yeux, disait tout bas :
Plût aux dieux que je ne fusse jamais parti de Scyros!

Cependant je m'écrie : Ah! que vois-je? n'est-ce pas Ulysse? Aussitôt j'entends sa voix, et il me répond : Oui. c'est moi. Si le sombre royaume de Pluton se fût entr'ouvert, et que j'eusse vu le noir Tartare que les dieux même craignent d'entrevoir, je n'aurais pas été saisi, je l'avoue d'une plus grande horreur. Je m'écriai encore : O terre de Lemnos! je te prends à témoin! O soleil! tu le vois, et tu le souffres! Ulysse me répondit sans s'émouvoir : Jupiter le veut, et je l'exécute. Oses-tu, lui disais-je, nommer Jupiter? Vois-tu ce jeune homme qui n'était point né pour la fraude, et qui souffre en exécutant ce que tu l'obliges de faire? Ce n'est pas pour vous tromper, me dit Ulysse, ni pour vous nuire, que nous venons; c'est pour vous délivrer, vous guérir, vous donner la gloire de renverser Troie et vous ramener dans votre patrie. C'est vous, et non pas Ulysse qui êtes l'ennemi de Philoctète.

« Alors je dis à votre père tout ce que la fureur pouvait m'inspirer. Puisque tu m'as abandonné sur ce rivage, lui disais-je, que ne m'y laisses-tu en paix! Va chercher la gloire des combats et tous les plaisirs ; jouis de ton bonheur avec les Atrides; laisse-moi ma misère et ma douleur. Pourquoi m'enlever? Je ne suis plus rien ; je suis déjà mort. Pourquoi ne crois-tu pas encore aujourd'hui, comme tu le croyais autrefois, que je ne saurais partir; que mes cris et l'infection de ma plaie troubleraient les sacrifices? O Ulysse, auteur de mes maux, que les dieux puissent te...! Mais les dieux ne m'écoutent point; au contraire, ils excitent mon ennemi. O terre de ma patrie, que je ne reverrai jamais!... O dieux, s'il en reste encore quelqu'un d'assez juste pour avoir pitié de moi, punissez, punissez Ulysse ; alors je me croirai guéri.

« Pendant que je parlais ainsi, votre père, tranquille, ne regardait avec un air de compassion, comme un homme qui, loin d'être irrité, supporte et excuse le trouble d'un malheureux que la fortune a irrité. Je le voyais semblable à un rocher qui, sur le sommet d'une montagne, se joue de la fureur des vents et laisse épuiser leur rage, pendant qu'il demeure immobile. Ainsi votre père, demeurant dans

le silence, attendait que ma colère fût épuisée ; car il savait
qu'il ne faut attaquer les passions des hommes, pour les
réduire à la raison, que quand elles commencent à s'affaiblir par une espèce de lassitude. Ensuite il me dit ces
paroles : O Philoctète, qu'avez-vous fait de votre raison et
de votre courage ? voici le moment de s'en servir. Si vous
refusez de nous suivre pour remplir les grands desseins de
Jupiter sur vous, adieu ; vous êtes indigne d'être le libérateur de la Grèce et le destructeur de Troie. Demeurez à
Lemnos ; ces armes, que j'emporte, me donneront une gloire
qui vous était destinée. Néoptolème, partons ; il est inutile
de lui parler ; la compassion pour un seul homme ne doit
pas nous faire abandonner le salut de la Grèce entière.

« Alors je me sentis comme une lionne à qui on vient
d'arracher ses petits ; elle remplit les forêts de ses rugissements. O caverne, disais-je, jamais je ne te quitterai ; tu
seras mon tombeau ! O séjour de ma douleur ! plus de
nourriture, plus d'espérance ! Qui me donnera un glaive
pour me percer ? Oh ! si les oiseaux de proie pouvaient
m'enlever !... Je ne les percerai plus de mes flèches ! O arc
précieux, arc consacré par les mains du fils de Jupiter !
O cher Hercule, s'il te reste encore quelque sentiment,
n'es-tu pas indigné ? Cet arc n'est plus dans les mains de
ton fidèle ami ; il est dans les mains impures et trompeuses
d'Ulysse. Oiseaux de proie, bêtes farouches, ne fuyez plus
cette caverne : mes mains n'ont plus de flèches. Misérable,
je ne puis vous nuire ; venez m'enlever ! ou plutôt que la
foudre de l'impitoyable Jupiter m'écrase !

« Votre père, ayant tenté tous les autres moyens pour
me persuader, jugea enfin que le meilleur était de me
rendre mes armes ; il fit signe à Néoptolème, qui me les
rendit aussitôt. Alors je lui dis : Digne fils d'Achille, tu
montres que tu l'es : mais laisse-moi percer mon ennemi.
Aussitôt je voulus tirer une flèche contre votre père ; mais
Néoptolème m'arrêta, en me disant : La colère vous trouble
et vous empêche de voir l'indigne action que vous voulez
faire.

« Pour Ulysse, il paraissait aussi tranquille contre mes

flèches que contre mes injures. Je me sentis touché de cette intrépidité et de cette patience. J'eus honte d'avoir voulu, dans ce premier transport, me servir de mes armes pour tuer celui qui me les avait fait rendre ; mais, comme mon ressentiment n'était pas encore apaisé, j'étais inconsolable de devoir mes armes à un homme que je haïssais tant. Cependant Néoptolème me disait : Sachez que le devin Hélénus, fils de Priam, étant sorti de la ville de Troie par l'ordre et par l'inspiration des dieux, nous a dévoilé l'avenir. La malheureuse Troie tombera, a-t-il dit ; mais elle ne peut tomber qu'après qu'elle aura été attaquée par celui qui tient les flèches d'Hercule : cet homme ne peut guérir que quand il sera devant les murailles de Troie ; les enfants d'Esculape le guériront [1].

« En ce moment je sentis mon cœur partagé ; j'étais touché de la naïveté de Néoptolème et de la bonne foi avec laquelle il m'avait rendu mon arc, mais je ne pouvais me résoudre à voir encore le jour, s'il fallait céder à Ulysse ; et une mauvaise honte me tenait en suspens. Me verra-t-on, disais-je en moi-même, avec Ulysse et avec les Atrides ? Que croira-t-on de moi ?

« Pendant que j'étais dans cette incertitude, tout à coup j'entends une voix plus qu'humaine : je vois Hercule dans un nuage éclatant ; il était environné de rayons de gloire. Je reconnus facilement ses traits un peu rudes, son corps robuste, et ses manières simples ; mais il avait une hauteur et une majesté qui n'avaient jamais paru si grandes en lui quand il domptait les monstres. Il me dit :

« Tu entends, tu vois Hercule. J'ai quitté le haut Olympe pour t'annoncer les ordres de Jupiter. Tu sais par quels travaux j'ai acquis l'immortalité : il faut que tu ailles avec le fils d'Achille, pour marcher sur mes traces dans le chemin de la gloire. Tu guériras ; tu perceras de mes flèches Pâris, auteur de tant de maux. Après la prise de Troie, tu enverras de riches dépouilles à Péan, ton père, sur le mont Œta ; ces dépouilles seront mises sur mon tombeau comme

[1] Machaon et Podalire.

un monument de la victoire due à mes flèches. Et toi, ô fils
d'Achille ! je te déclare que tu ne peux vaincre sans Philoctète, ni Philoctète sans toi. Allez donc comme deux lions
qui cherchent ensemble leur proie. J'enverrai Esculape à
Troie pour guérir Philoctète. Surtout, ô Grecs, aimez et
observez la religion : le reste meurt, elle ne meurt jamais.

« Après avoir entendu ces paroles, je m'écriai : O heureux jour, douce lumière, tu te montres enfin après tant
d'années ! Je t'obéis, je pars après avoir salué ces lieux.
Adieu, cher antre. Adieu, nymphes de ces prés humides.
Je n'entendrai plus le bruit sourd des vagues de cette mer.
Adieu, rivage, où tant de fois j'ai souffert les injures de
l'air. Adieu, promontoire où Écho répéta tant de fois mes

gémissements. Adieu, douces fontaines, qui me fûtes si
amères. Adieu, ô terre de Lemnos ; laisse-moi partir heureusement, puisque je vais où m'appelle la volonté des
dieux et de mes amis !

« Ainsi nous partîmes : nous arrivâmes au siège de
Troie. Machaon et Podalyre, par la divine science de leur
père Esculape, me guérirent, ou du moins me mirent dans
l'état où vous me voyez. Je ne souffre plus ; j'ai retrouvé
toute ma vigueur, mais je suis un peu boiteux. Je fis
tomber Pâris comme un timide faon de biche qu'un chasseur perce de ses traits ; bientôt Ilion fut réduite en cendres : vous savez le reste. J'avais néanmoins encore je ne
sais quelle aversion pour le sage Ulysse, par le souvenir
de mes maux, et sa vertu ne pouvait apaiser ce ressentiment ; mais la vue d'un fils qui lui ressemble, et que je ne
puis m'empêcher d'aimer, m'attendrit le cœur pour le père
même. »

LIVRE XIII[1]

Pendant que Philoctète avait raconté ainsi ses aventures,
Télémaque était demeuré comme suspendu et immobile.
Ses yeux étaient attachés sur ce grand homme qui parlait.
Toutes les passions différentes qui avaient agité Hercule,
Philoctète, Ulysse, Néoptolème, paraissaient tour à tour

[1] Var. Livre XVI.

sur le visage naïf de Télémaque, à mesure qu'elles étaient
représentées dans la suite de cette narration. Quelquefois
il s'écriait et interrompait Philoctète sans y penser; quelquefois il paraissait rêveur comme un homme qui pense
profondément à la suite des affaires. Quand Philoctète dé-
peignit l'embarras de Néoptolème, qui ne savait pas dissimuler, Télémaque parut dans le même embarras ; et dans
ce moment on l'aurait pris pour Néoptolème.

Cependant l'armée des alliés marchait en bon ordre
contre Adraste, roi des Dauniens, qui méprisait les dieux [1]
et qui ne cherchait qu'à tromper les hommes. Télémaque
trouva de grandes difficultés pour se ménager parmi tant
de rois jaloux les uns des autres. Il fallait ne se rendre
suspect à aucun et se faire aimer de tous. Son naturel
était bon et sincère, mais peu caressant; il ne s'avisait
guère de ce qui pouvait faire plaisir aux autres : il n'était
point attaché aux richesses, mais il ne savait point donner.
Ainsi, avec un cœur noble et porté au bien, il ne paraissait ni obligeant, ni sensible à l'amitié, ni libéral, ni reconnaissant des soins qu'on prenait pour lui, ni attentif à
distinguer le mérite. Il suivait son goût sans réflexion. Sa
mère Pénélope l'avait nourri, malgré Mentor, dans une hauteur et une fierté qui ternissaient tout ce qu'il y avait
de plus aimable en lui. Il se regardait comme étant d'une
autre nature que le reste des hommes; les autres ne lui
semblaient mis sur la terre par les dieux que pour lui
plaire, pour le servir, pour prévenir tous ses désirs, et
pour rapporter tout à lui comme à une divinité. Le bonheur
de le servir était, selon lui, une assez haute récompense
pour ceux qui le servaient. Il ne fallait jamais rien trouver
d'impossible quand il s'agissait de le contenter; et les
moindres retardements irritaient son naturel ardent.

Ceux qui l'auraient vu ainsi dans son naturel auraient
jugé qu'il était incapable d'aimer autre chose que lui-
même; qu'il n'était sensible que à sa gloire et à son plaisir ;

Contemptor divum Mezentius
    V   VII. 648

mais cette indifférence pour les autres et cette attention continuelle sur lui-même ne venaient que du transport continuel où il était jeté par la violence de ses passions. Il avait été flatté par sa mère dès le berceau, et il était un grand exemple du malheur de ceux qui naissent dans l'élévation. Les rigueurs de la fortune, qu'il sentit dès sa première jeunesse, n'avaient pu modérer cette impétuosité et cette hauteur. Dépourvu de tout, abandonné, exposé à tant de maux, il n'avait rien perdu de sa fierté; elle se relevait toujours, comme la palme souple se relève sans cesse d'elle-même, quelque effort qu'on fasse pour l'abaisser.

Pendant que Télémaque était avec Mentor, ces défauts ne paraissaient point et ils se diminuaient tous les jours Semblable à un coursier fougueux qui bondit dans les vastes prairies, que ni les rochers escarpés, ni les précipices, ni les torrents n'arrêtent, qui ne connaît que la voix et la main d'un seul homme capable de le dompter, Télémaque, plein d'une noble ardeur, ne pouvait être retenu que par le seul Mentor. Mais aussi un de ses regards l'arrêtait tout à coup dans sa plus grande impétuosité : il entendait d'abord ce que signifiait ce regard; il rappelait d'abord dans son cœur tous les sentiments de vertu. La sagesse rendait en un moment son visage doux et serein. Neptune, quand il élève son trident et qu'il menace les flots soulevés, n'apaise point plus soudainement les noires tempêtes.

Quand Télémaque se trouva seul, toutes ses passions, suspendues comme un torrent arrêté par une forte digue, reprirent leur cours : il ne put souffrir l'arrogance des Lacédémoniens et de Phalante qui était à leur tête. Cette colonie, qui était venue fonder Tarente, était composée de jeunes hommes nés pendant le siège de Troie, qui n'avaient eu aucune éducation ; leur naissance illégitime, le dérèglement de leurs mères, la licence dans laquelle ils avaient été élevés leur donnaient je ne sais quoi de farouche et de barbare. Ils ressemblaient plutôt à une troupe de brigands qu'à une colonie grecque.

Phalante, en toute occasion, cherchait à contredire Télé
maque; souvent il l'interrompait dans les assemblées
méprisant ses conseils, comme ceux d'un jeune homme
sans expérience : il en faisait des railleries, le traitant de
faible et d efféminé; il faisait remarquer aux chefs de
l'armée ses moindres fautes. Il tâchait de semer partout la
jalousie et de rendre la fierté de Télémaque odieuse à
tous les alliés.

Un jour, Télémaque ayant fait sur les Dauniens quelques
prisonniers, Phalante prétendit que ces captifs devaient lui
appartenir, parce que c'était lui, disait-il, qui, à la tête de
ses Lacédémoniens, avait défait cette troupe d'ennemis, et
que Télémaque, trouvant les Dauniens déjà vaincus et mis
en fuite, n'avait eu d'autre peine que celle de leur donner
la vie et de les mener dans le camp. Télémaque soutenait,
au contraire, que c'était lui qui avait empêché Phalante
d'être vaincu, et qui avait remporté la victoire sur les
Dauniens. Ils allèrent tous deux défendre leur cause dans
l'assemblée des rois alliés, Télémaque s'y emporta jusqu'à
menacer Phalante, ils se fussent battus sur-le-champ, si on
ne les eût arrêtés.

Phalante avait un frère nommé Hippias, célèbre dans
toute l'armée par sa valeur, par sa force et par son adresse.
« Pollux, disaient les Tarentins, ne combattait pas mieux
du ceste; Castor n'eût pu le surpasser pour conduire un
cheval; il avait presque la taille et la force d'Hercule. »
Toute l'armée le craignait; car il était encore plus querel-
leur et plus brutal qu'il n'était fort et vaillant.

Hippias, ayant vu avec quelle hauteur Télémaque avait
menacé son frère, va à la hâte prendre les prisonniers pour
les emmener à Tarente. sans attendre le jugement de l'assemblée Télémaque, à qui on vint le dire en secret, sortit
en frémissant de rage. Tel qu'un sanglier écumant qui
cherche le chasseur par lequel il a été blessé, on le voyait
errer dans le camp, cherchant des yeux son ennemi,
et branlant le dard dont il le voulait percer; enfin il le
rencontre, et, en le voyant, sa fureur se redouble. Ce
n'était plus ce sage Télémaque instruit par Minerve sous la

figure de Mentor ; c'était un frénétique, ou un lion furieux.

Aussitôt il crie à Hippias : « Arrête, ô le plus lâche de tous les hommes ! arrête ; nous allons voir si tu pourras m'enlever les dépouilles de ceux que j'ai vaincus. Tu ne les conduiras point à Tarente ; va, descends tout à l'heure dans les rives sombres du Styx ». Il dit, et il lança son dard ; mais il le lança avec tant de fureur qu'il ne put

mesurer son coup ; le dard ne toucha point Hippias. Aussitôt Télémaque prend son épée, dont la garde était d'or, et que Laërte lui avait donnée, quand il partit d'Ithaque, comme un gage de sa tendresse. Laërte s'en était servi avec beaucoup de gloire, pendant qu'il était jeune, et elle avait été teinte du sang de plusieurs fameux capitaines des Épirotes, dans une guerre où Laërte fut victorieux. A peine Télémaque eut tiré cette épée, qu'Hippias, qui voulait profiter de l'avantage de sa force, se jeta pour l'arracher des mains du jeune fils d'Ulysse. L'épée se rompt dans leurs

mains ; ils se saisissent et se serrent l'un l'autre. Les voilà
comme deux bêtes cruelles qui cherchent à se déchirer ; le
feu brille dans leurs yeux, ils se raccourcissent, ils s'allongent, il s'abaissent, ils se relèvent, ils s'élancent, ils sont
altérés de sang. Les voilà aux prises, pied contre pied,
main contre main : ces deux corps entrelacés semblaient
n'en faire qu'un. Mais Hippias, d'un âge plus avancé,
paraissait devoir accabler Télémaque, dont la tendre jeunesse était moins nerveuse. Déjà Télémaque, hors d'haleine,
sentait ses genoux chancelants. Hippias, le voyant ébranlé,
redoublait ses efforts. C'était fait du fils d'Ulysse ; il allait
porter la peine de sa témérité et de son emportement, si
Minerve qui veillait de loin sur lui, et qui ne le laissait
dans cette extrémité de péril que pour l'instruire n'eût
déterminé la victoire en sa faveur.

Elle ne quitta point le palais de Salente : mais elle
envoya Iris, la prompte messagère des dieux. Celle-ci,
volant d'une aile légère, fendit les espaces immenses des
airs, laissant après elle une longue trace de lumière qui
peignait un nuage de mille diverses couleurs [1]. Elle ne se
reposa que sur le rivage de la mer ou était campée l'armée
innombrable des alliés : elle voit de loin la querelle, l'ardeur et les efforts des deux combattants ; elle frémit à la
vue du danger où était le jeune Télémaque ; elle s'approche,
enveloppée d'un nuage clair qu'elle avait formé de vapeurs
subtiles. Dans le moment où Hippias, sentant toute sa
force, se crut victorieux, elle couvrit le jeune nourrisson
de Minerve de l'égide que la sage déesse lui avait confiée.
Aussitôt, Télémaque, dont les forces étaient épuisées,
commence à se ranimer. A mesure qu'il se ranime, Hippias
se trouble ; il sent je ne sais quoi de divin qui l'étonne et
qui l'accable. Télémaque le presse et l'attaque, tantôt dans
une situation, tantôt dans une autre ; il l'ébranle, il ne lui

[1]   Ergo Iris croceis per cœlum roscida pennis,
    Mille trahens varios adverso sole colorer,
    Devolat
                       Virg , Æn . I V, 700

Voyez aussi l'Enéide, V, 609.

laissé aucun moment pour se rassurer ; enfin il le jette
par terre et tombe sur lui. Un grand chêne du mont Ida,
que la hache a coupé par mille coups dont toute la
forêt a retenti, ne fait pas un plus horrible bruit en tombant [1] ; la terre en gémit ; tout ce qui l'environne en est
ébranlé.

Cependant la sagesse était revenue avec la force au-

dedans de Télémaque. A peine Hippias fut-il tombé
sous lui, que le fils d'Ulysse comprit la faute qu'il avait
faite d'attaquer ainsi le frère d'un des rois alliés qu'il était
venu secourir ; il rappela en lui-même, avec confusion,
les sages conseils de Mentor ; il eut honte de sa victoire,
et vit bien qu'il avait mérité d'être vaincu. Cependant,

[1]   Graviterque ad terram pondere vasto
      Concidit, ut quondam cava concidit aut Erymanto
      Aut Ida in magno, radicibus eruta pinus.
                          Virg., Æn., V, 447.

Phalante, transporté de fureur, accourait au secours de
son frère · il eût percé Télémaque d'un dard qu'il portait,
s'il n'eût craint de percer aussi Hippias, que Télémaque
tenait sous lui dans la poussière. Le fils d'Ulysse eût pu
sans peine ôter la vie à son ennemi ; mais sa colère était
apaisée, et il ne songeait plus qu'à réparer sa faute en
montrant de la modération. Il se lève en disant : « O Hippias!
il me suffit de vous avoir appris à ne mépriser jamais ma
jeunesse, vivez : j'admire votre force et votre courage. Les
dieux m'ont protégé; cédez à leur puissance. Ne songeons
plus qu'à combattre ensemble contre les Dauniens ».

Pendant que Télémaque parlait ainsi, Hippias se relevait
couvert de poussière et de sang, plein de honte et de rage.
Phalante n'osait ôter la vie à celui qui venait de la donner
si généreusement à son frère; il était en suspens et hors
de lui-même. Tous les rois alliés accoururent : ils mènent
d'un côté Télémaque, de l'autre Phalante et Hippias,
qui, ayant perdu sa fierté, n'osait lever les yeux. Toute
l'armée ne pouvait assez s'étonner que Télémaque, dans
un âge si tendre, où les hommes n'ont point encore toute
leur force, eût pu renverser Hippias, semblable en force et
en grandeur à ces Géants, enfants de la Terre, qui tentè-
rent de chasser de l'Olympe les Immortels.

Mais le fils d'Ulysse était bien éloigné de jouir du plaisir
de cette victoire. Pendant que l'on ne pouvait se lasser de
l'admirer, il se retira dans sa tente, honteux de sa faute,
et ne pouvant plus se supporter lui-même. Il gémissait de
sa promptitude; il reconnaissait combien il était injuste et
déraisonnable dans ses emportements; il trouvait je ne
sais quoi de vain, de faible et de bas, dans cette hauteur
démesurée. Il reconnaissait que la véritable grandeur n'est
que dans la modération, la justice, la modestie, et l'humanité : il le voyait, mais il n'osait espérer de se corriger
après tant de rechutes; il était aux prises avec lui-même,
et on l'entendait rugir comme un lion furieux.

Il demeura deux jours renfermé seul dans sa tente, ne
pouvant se résoudre à se rendre dans aucune société et se
punissant soi-même. « Hélas! disait-il, oserai-je revoir

Mentor?. Suis-je le fils d'Ulysse, le plus sage et le plus
patient des hommes? Suis-je venu porter la division et le
désordre dans l'armée des alliés? Est-ce leur sang ou celui
des Dauniens leurs ennemis que je dois répandre? J'ai été
téméraire ; je n'ai pas même su lancer mon dard ; je me
suis exposé dans un combat avec Hippias à forces inégales ; je n'en devais attendre que la mort avec la honte
d'être vaincu. Mais qu'importe? je ne serais plus, non, je
ne serais plus ce téméraire Télémaque, ce jeune insensé,
qui ne profite d'aucun conseil : ma honte finirait avec ma
vie. Hélas ! si je pouvais au moins espérer de ne plus faire
ce que je suis désolé d'avoir fait? trop heureux ! trop heureux ! Mais peut-être qu'avant la fin du jour je ferai et
voudrai faire encore les mêmes fautes dont j'ai maintenant tant de honte et d'horreur. O funeste victoire !
ô louanges que je ne puis souffrir et qui sont de cruels
reproches de ma folie ! »

Pendant qu'il était seul inconsolable, Nestor et Philoctète
le vinrent trouver. Nestor voulut lui remontrer le tort
qu'il avait, mais ce sage vieillard, reconnaissant bientôt la
désolation du jeune homme, changea ses graves remontrances en des paroles de tendresse, pour adoucir son
désespoir.

Les princes alliés étaient arrêtés par cette querelle, et
ils ne pouvaient marcher vers les ennemis qu'après avoir
réconcilié Télémaque avec Phalante et Hippias. On craignait à toute heure que les troupes des Tarentins n'attaquassent les cent jeunes Crétois qui avaient suivi Télémaque dans cette guerre : tout était dans le trouble par
la faute seule de Télémaque, et Télémaque, qui voyait tant
de maux présents et de périls pour l'avenir dont il était
l'auteur, s'abandonnait à une douleur amère. Tous les
princes étaient dans un extrême embarras : ils n'osaient
faire marcher l'armée, de peur que dans la marche les
Crétois de Télémaque et les Tarentins de Phalante ne com-
battissent les uns contre les autres. On avait bien de la
peine à les retenir au-dedans du camp, où ils étaient
gardés de près. Nestor et Philoctète allaient et venaient

sans cesse de la tente de Télémaque à celle de l'implacable
Phalante, qui ne respirait que la vengeance. La douce
éloquence de Nestor et l'autorité du grand Philoctète ne
pouvaient modérer ce cœur farouche, qui était encore
sans cesse irrité par les discours pleins de rage de son
frère Hippias. Télémaque était bien plus doux, mais il
était abattu par une douleur que rien ne pouvait consoler.

Pendant que les princes étaient dans cette agitation
toutes les troupes étaient consternées, tout le camp paraissait comme une maison désolée qui vient de perdre un
père de famille, l'appui de tous ses proches et la douce
espérance de ses petits-enfants.

Dans ce désordre et cette consternation de l'armée, on
entend tout à coup un bruit effroyable de chariots, d'armes,
de hennissements de chevaux, de cris d'hommes, les uns
vainqueurs et animés au carnage, les autres ou fuyants,
ou mourants, ou blessés. Un tourbillon de poussière forme
un épais nuage qui couvre le ciel et qui enveloppe tout le
camp. Bientôt, à la poussière se joint une fumée épaisse
qui trouble l'air, et qui ôtait la respiration. On entendait
un bruit sourd, semblable à celui des tourbillons de
flammes que le mont Etna vomit du fond de ses entrailles
embrasées, lorsque Vulcain, avec ses Cyclopes, y forge
des foudres pour le père des dieux. L'épouvante saisit les
cœurs.

Adraste, vigilant et infatigable, avait surpris les alliés;
il leur avait caché sa marche, et il était instruit de la leur.
Pendant deux nuits, il avait fait une incroyable diligence
pour faire le tour d'une montagne presque inaccessible,
dont les alliés avaient saisi tous les passages. Tenant ces
défilés, ils se croyaient en pleine sûreté, et prétendaient
même pouvoir, par ces passages qu'ils occupaient, tomber
sur l'ennemi derrière la montagne, quand quelques
troupes qu'ils attendaient leur seraient venues. Adraste,
qui répandait l'argent à pleines mains pour savoir le secret
de ses ennemis, avait appris leur résolution; car Nestor et
Philoctète, ces deux capitaines d'ailleurs si sages et si

expérimentés, n'étaient pas assez secrets dans leurs entreprises. Nestor, dans ce déclin de l'âge, se plaisait trop à
raconter ce qui pouvait lui attirer quelque louange; Philoctète naturellement parlait moins, mais il était prompt,
et, si peu qu'on excitât sa vivacité, on lui faisait dire ce
qu'il avait résolu de taire. Les gens artificieux avaient
trouvé la clef de son cœur, pour en tirer les plus importants secrets. On n'avait qu'à l'irriter : alors, fougueux et
hors de lui-même, il éclatait par des menaces; il se vantait d'avoir des moyens sûrs de parvenir à ce qu'il voulait.
Si peu qu'on parût douter de ces moyens, il se hâtait de
les expliquer inconsidérément, et le secret le plus intime
échappait du fond de son cœur. Semblable à un vase précieux, mais fêlé, d'où s'écoulent toutes les liqueurs les
plus délicieuses [1], le cœur de ce grand capitaine ne pouvait rien garder.

Les traîtres corrompus par l'argent d'Adraste ne manquaient pas de se jouer de la faiblesse de ces deux rois.
Ils flattaient sans cesse Nestor par de vaines louanges; ils
lui rappelaient ses victoires passées, admiraient sa prévoyance, ne se lassaient jamais d'applaudir. D'un autre
côté, ils tendaient des pièges continuels à l'humeur impa-
tiente de Philoctète; ils ne lui parlaient que de difficultés,
de contretemps, de dangers, d'inconvénients, de fautes
irrémédiables. Aussitôt que ce naturel prompt était
enflammé, sa sagesse l'abandonnait, et il n'était plus le
même homme.

Télémaque, malgré les défauts que nous avons vus, était
bien plus prudent pour garder un secret : il y était accoutumé par ses malheurs et par la nécessité où il avait été
dès son enfance de cacher ses desseins aux amants de
Pénélope. Il savait taire un secret sans dire aucun mensonge : il n'avait point même un certain air réservé et
mystérieux qu'ont d'ordinaire les gens secrets; il ne paraissait point chargé du poids du secret qu'il devait garder;

---

[1]   Plenus rimarum sum; hac atque illac perfluo,
dit Parménon dans l'*Eunuque*, de Terence (I, 2, 25).

on le trouvait toujours libre, naturel, ouvert comme un homme qui a son cœur sur les lèvres. Mais en disant tout ce qu'on pouvait dire sans conséquence, il savait s'arrêter précisément et sans affectation aux choses qui pouvaient donner quelque soupçon et entamer son secret : par là son cœur était impénétrable et inaccessible. Ses meilleurs amis mêmes ne savaient que ce qu'il croyait utile de leur découvrir pour en tirer de sages conseils, et il n'y avait que le seul Mentor pour lequel il n'avait aucune réserve. Il se confiait à d'autres amis, mais à divers degrés, et à proportion de ce qu'il avait éprouvé leur amitié et leur sagesse.

Télémaque avait souvent remarqué que les résolutions du conseil se répandaient un peu trop dans le camp; il en avait averti Nestor et Philoctète. Mais ces deux hommes, si expérimentés, ne firent pas assez d'attention à un avis si salutaire : la vieillesse n'a plus rien de souple, la longue habitude la tient comme enchaînée; elle n'a presque plus de ressource contre ses défauts. Semblables aux arbres dont le tronc rude et noueux s'est durci par le nombre des années et ne peut plus se redresser, les hommes, à un certain âge, ne peuvent presque plus se plier eux-mêmes contre certaines habitudes qui ont vieilli avec eux, jusque dans la moelle de leurs os. Souvent ils les connaissent, mais trop tard; ils en gémissent en vain, et la tendre jeunesse est le seul âge où l'homme peut encore tout sur lui-même pour se corriger.

Il y avait dans l'armée un Dolope [1], nommé Eurymaque, flatteur insinuant, sachant s'accommoder à tous les goûts et à toutes les inclinations des princes, inventif et industrieux pour trouver de nouveaux moyens de leur plaire. A l'entendre, rien n'était jamais difficile. Lui deman-

---

[1] Les Dolopes étaient une petite nation de Thessalie. A l'époque du siege de Troie, ils étaient soumis a Pélée qui les avait donnés à Phenix. Le vers de Virgile a rendu leur nom celebre.

Quis talia fando
Myrmidonum Dolopumve, aut duri miles Ulyxei,
Temperet a lacrymis?

duit-on son avis, il devinait celui qui serait le plus
agréable. Il était plaisant, railleur contre les faibles,
complaisant pour ceux qu'il craignait, habile pour assaisonner une louange délicate qui fût bien reçue des hommes
les plus modestes. Il était grave avec les graves, enjoué
avec ceux qui était d'une humeur enjouée : il ne lui
coûtait rien de prendre toutes sortes de formes. Les
hommes sincères et vertueux, qui sont toujours les mêmes
et qui s'assujettissent aux règles de la vertu, ne sauraient
jamais être aussi agréables aux princes que leurs passions
dominent. Eurymaque savait la guerre; il était capable
d'affaires. C'était un aventurier qui s'était donné à Nestor
et qui avait gagné sa confiance : il tirait du fond de son
cœur, un peu vain et sensible aux louanges, tout ce qu'il
en voulait savoir.

Quoique Philoctète ne se confiât point à lui, la colère et
l'impatience faisaient en lui ce que la confiance faisait
dans Nestor. Eurymaque n'avait qu'à le contredire; en
l'irritant, il découvrait tout. Cet homme avait reçu de
grandes sommes d'Adraste pour lui mander tous les desseins des alliés. Ce roi des Dauniens avait dans l'armée un
certain nombre de transfuges qui devaient l'un après
l'autre s'échapper du camp des alliés et retourner au sien.
A mesure qu'il y avait quelque affaire importante à faire
savoir à Adraste, Eurymaque faisait partir un de ces transfuges. La tromperie ne pouvait pas être facilement découverte, parce que ces transfuges ne portaient point de
lettres. Si on les surprenait, on ne trouvait rien qui pût
rendre Eurymaque suspect.

Cependant Adraste prévenait toutes les entreprises des
alliés. A peine une résolution était-elle prise dans le
conseil, que les Dauniens faisaient précisément ce qui était
nécessaire pour empêcher le succès Télémaque ne se lassait point d'en chercher la cause et d'exciter la défiance
de Nestor et de Philoctète; mais son soin était inutile ils
était aveuglés.

On avait résolu dans le conseil d'attendre les troupes
nombreuses qui devaient venir, et on avait fait avancer

secrètement pendant la nuit cent vaisseaux pour conduire
plus promptement ces troupes, depuis une côte de mer très
rude, où elles devaient arriver, jusques au lieu où l'armée
campait. Cependant on se croyait en sûreté, parce qu'on
tenait avec des troupes les détroits de la montagne voisine, qui est une côte presque inacessible de l'Apennin[1].
L'armée était campée sur les bords du fleuve Galèse[2], assez
près de la mer. Cette campagne délicieuse est abondante
en pâturages et en tous les fruits qui peuvent nourrir une
armée. Adraste était derrière la montagne, et on comptait
qu'il ne pouvait passer ; mais comme il sut que les alliés
étaient encore faibles, qu'ils attendaient un grand secours,
que les vaisseaux attendaient l'arrivée des troupes qui devaient venir, et que l'armée était divisée par la querelle de
Télémaque avec Phalante, il se hâta de faire un grand
tour. Il vint en diligence jour et nuit sur le bord de la
mer, et passa par des chemins qu'on avait toujours crus
absolument impraticables. Ainsi la hardiesse et le travail
obstiné surmontent les plus grands obstacles ; ainsi il n'y a
presque rien d'impossible à ceux qui savent oser et souffrir ;
ainsi ceux qui s'endorment, comptant que les choses difficiles sont impossibles, méritent d'être surpris et accablés.

Adraste surprit au point du jour les cent vaisseaux qui
appartenaient aux alliés. Comme ces vaisseaux étaient mal
gardés, et qu'on ne se défiait de rien, il s'en saisit sans
résistance, et s'en servit pour transporter ses troupes, avec
une incroyable diligence, à l'embouchure du Galèse ; puis
il remonta très promptement le long du fleuve. Ceux qui
étaient dans les postes avancés autour du camp, vers la
rivière, crurent que ces vaisseaux leur amenaient les

---

[1] Grande chaîne de montagnes qui partage l'Italie dans toute sa
longueur.

[2] Fleuve de la Calabre, qui court pres de Tarente. Il est nommé
dans un des plus beaux passages des *Georgiques.*

> Namque sub Œbaliæ memini me turribus arcis,
> Qua niger humectat flaventia culta Galesus,
> Corycium vidisse senem.

Les Italiens l'appellent aujourd'hui Galeso.

troupes qu'on attendait; on poussa d'abord de grands cris
de joie. Adraste et ses soldats descendirent avant qu'on
pût les reconnaître : ils tombent sur les alliés, qui ne se
défient de rien ; ils les trouvent dans un camp tout ouvert,
sans ordre, sans chefs, sans armes.

Le côté du camp qu'il attaqua d'abord fut celui des
Tarentins, où commandait Phalante. Les Dauniens y entrèrent avec tant de vigueur, que cette jeunesse lacédémonienne, étant surprise, ne put résister. Pendant qu'ils

cherchent leurs armes, et qu'ils s'embarrassent les uns les
autres dans cette confusion, Adraste fait mettre le feu au
camp. Aussitôt la flamme s'élève des pavillons et monte
jusqu'aux nues : le bruit du feu est semblable à celui d'un
torrent qui inonde toute une campagne, et qui entraîne
par sa rapidité les grands chênes avec leurs profondes
racines, les moissons, les granges, les étables, et les
troupeaux[1]. Le vent pousse impétueusement la flamme

---

[1]   In segetem veluti quum flamma furentibus austris
       Incidit, aut rapidus montano flumine torrens
       Sternit agros, sternit sata læta boumque labores,
       Præcipitesque trahit silvas.
                        Virg., Æn., II, 304.

de pavillon en pavillon, et bientôt tout le camp est
comme une vieille forêt qu'une étincelle de feu a em-
brasée.

Phalante, qui voit le péril de plus près qu'un autre, ne
peut y remédier. Il comprend que toutes les troupes vont
périr dans cet incendie, si on ne se hâte d'abandonner le
camp ; mais il comprend aussi combien le désordre de cette
retraite est à craindre devant un ennemi victorieux. Il
commence à faire sortir sa jeunesse lacédémonienne encore
à demi désarmée. Mais Adraste ne les laisse point respirer:
d'un côté, une troupe d'archers adroits perce de flèches
innombrables les soldats de Phalante; de l'autre, des
frondeurs jettent une grêle de grosses pierres. Adraste lui-
même, l'épée à la main, marchant à la tête d'une troupe
choisie des plus intrépides Dauniens, poursuit, à la lueur
du feu, les troupes qui s'enfuient. Il moissonne par le fer
tranchant tout ce qui a échappé au feu ; il nage dans le
sang et il ne peut s'assouvir de carnage : les lions et les
tigres n'égalent point sa furie, quand ils égorgent les bergers avec leurs troupeaux. Les troupes de Phalante suc-
combent et le courage les abandonne : la pâle Mort, conduite par une Furie infernale dont la tête est hérissée de
serpents, glace le sang de leurs veines; leurs membres
engourdis se raidissent, et leurs genoux chancelants leur
ôtent même l'espérance de la fuite.

Phalante, a qui la honte et le désespoir donnent encore
un reste de force et de vigueur, élève les mains et les yeux
vers le ciel; il voit tomber à ses pieds son frère Hippias,
sous les coups de la main foudroyante d'Adraste. Hippias,
étendu par terre, se roule dans la poussière ; un sang noir
et bouillonnant sort comme un ruisseau de la profonde
blessure qui lui traverse le côté; ses yeux se ferment à la
lumière ; son âme furieuse s'enfuit avec tout son sang[1].
Phalante lui-même, tout couvert du sang de son frère,
et ne pouvant le secourir, se voit enveloppé par une

---

[1]   Vitaque cum gemitu fugit indignata sub umbras.
                                        VIRG., Æn., XII, 952

foule d'ennemis qui s'efforcent de le renverser : son
bouclier est percé de mille traits ; il est blessé en plusieurs endroits de son corps ; il ne peut plus rallier ses
troupes fugitives : les dieux le voient, et ils n'en ont aucune
pitié.

¹ Jupiter, au milieu de toutes les divinités célestes, regardait du haut de l'Olympe ce carnage des alliés. En même
temps il consultait les immuables destinées, et voyait tous
les chefs dont la trame devait ce jour-là être tranchée par
le ciseau de la Parque. Chacun des dieux était attentif pour
découvrir sur le visage de Jupiter quelle serait sa volonté.
Mais le père des dieux et des hommes leur dit d'une voix
douce et majestueuse : « Vous voyez en quelle extrémité
sont réduits les alliés ; vous voyez Adraste qui renverse
tous ses ennemis, mais ce spectacle est bien trompeur. La
gloire et l. prospérité des méchants est courte. Adraste,
impie, et odieux par sa mauvaise foi, ne remportera point
une entière victoire. Ce malheur n'arrive aux alliés que
pour leur apprendre à se corriger et à mieux garder le
secret de leurs entreprises. Ici la sage Minerve prépare
une nouvelle gloire à son jeune Télémaque dont elle fait
ses délices ». Alors Jupiter cessa de parler. Tous les dieux
en silence continuaient à regarder le combat.

Cependant Nestor et Philoctète furent avertis qu'une
partie du camp était déjà brûlée ; que la flamme, poussée
par le vent, s'avançait toujours ; que leurs troupes étaient
en désordre, et que Phalante ne pouvait plus soutenir
l'effort des ennemis. A peine ces funestes paroles frappent
leurs oreilles, et déjà ils courent aux armes, assemblent
les capitaines et ordonnent qu'on se hâte de sortir du
camp pour éviter cet incendie.

Télémaque, qui était abattu et inconsolable, oublie sa
douleur : il prend ses armes, don précieux de la sage
Minerve, qui, paraissant sous la figure de Mentor, fit semblant de les avoir reçues d'un excellent ouvrier de Salente,

¹ Var. Commencement du Livre XVII dans la division en
XXIV Livres.

mais qui les avait fait faire à Vulcain dans les cavernes
fumantes du mont Etna.

Ces armes étaient polies comme une glace, et brillantes
comme les rayons du soleil[1]. On y voyait Neptune et Pallas
qui disputaient entre eux à qui aurait la gloire de donner
son nom à une ville naissante[2]. Neptune de son trident
frappait la terre, et on en voyait sortir un cheval fougueux :
le feu sortait de ses yeux, et l'écume de sa bouche ; ses
crins flottaient au gré du vent ; ses jambes souples et ner-
veuses se repliaient avec vigueur et légèreté ; il ne marchait point, il sautait à force de reins, mais avec tant de
vitesse, qu'il ne laissait aucune trace de ses pas : on croyait
l'entendre hennir.

De l'autre côté, Minerve donnait aux habitants de sa
nouvelle ville l'olive, fruit de l'arbre qu'elle avait planté :
le rameau, auquel pendait son fruit, représentait la douce
paix avec l'abondance, préférable aux troubles de la guerre
dont ce cheval était l'image. La déesse demeurait victorieuse par ses dons simples et utiles, et la superbe
Athènes[3] portait son nom.

On voyait aussi Minerve assemblant autour d'elle tous
les Beaux-Arts, qui étaient des enfants tendres et ailés :
ils se réfugiaient autour d'elle, étant épouvantés des
fureurs brutales de Mars qui ravage tout, comme les
agneaux bêlants se réfugient sous leur mère à la vue d'un
loup affamé, qui, d'une gueule béante et enflammée,

---

[1] Au lieu de la dispute entre Neptune et Pallas, jusqu'à ces mots :
renverser l'empire de Priam, p. 128, on lit dans l'original l'histoire
d'Œdipe Nous renvoyons cette variante à la fin du volume, à cause
de sa longueur.

[2] Les passages des anciens sur cette dispute de Minerve et de
Neptune sont très nombreux. Il suffira d'indiquer ici les *Métamorphoses*, d'Ovide, VI, 70.

[3] Fénelon dit de même, liv. XIV, qu'Athènes « est consacrée à
la sage déesse dont elle porte le nom ». En effet, le nom grec de
Minerve est *Athèna*. « Ut Athenæ vocarentur, quod certe nomen a
« Minerva est, quæ græce 'Αθηνᾶ dicitur, hanc causam Varro indi-
cat », dit saint Augustin (*Cité de D.*, XVIII, 9) ; et il raconte, d'après
Varron, le débat de Minerve et de Neptune.

s'élance pour les dévorer. Minerve, d'un visage dédaigneux et irrité, confondait, par l'excellence de ses ouvrages, la folle témérité d'Arachné, qui avait osé disputer avec elle pour la perfection des tapisseries. On voyait cette malheureuse, dont tous les membres exténués se défiguraient, et se changeaient en araignée.

Auprès de cet endroit paraissait encore Minerve, qui, dans la guerre des Géants, servait de conseil à Jupiter même et soutenait tous les autres dieux étonnés. Elle était aussi représentée avec sa lance et son égide, sur les bords du Xanthe et du Simoïs[1], menant Ulysse par la main, ranimant les troupes fugitives des Grecs, soutenant les efforts des plus vaillants capitaines troyens, et du redoutable Hector même; enfin, introduisant Ulysse dans cette fatale machine qui devait en une seule nuit renverser l'empire de Priam.

D'un autre côté, ce bouclier représentait Cérès dans les fertiles campagnes d'Enna, qui sont au milieu de la Sicile. On voyait la déesse qui rassemblait les peuples épars çà et là, cherchant leur nourriture par la chasse, ou cueillant les fruits sauvages qui tombaient des arbres. Elle montrait à ces hommes grossiers l'art d'adoucir la terre, et de tirer de son sein fécond leur nourriture. Elle leur présentait une charrue, et y faisait atteler des bœufs. On voyait la terre s'ouvrir en sillons par le tranchant de la charrue; puis on apercevait les moissons dorées qui couvraient ces fertiles campagnes : le moissonneur, avec sa faux, coupait les doux fruits de la terre, et se payait de toutes ses peines. Le fer, destiné ailleurs à tout détruire, ne paraissait employé en ce lieu qu'à préparer l'abondance, et qu'à faire naître tous les plaisirs.

Les nymphes, couronnées de fleurs, dansaient ensemble dans une prairie, sur le bord d'une rivière, auprès d'un bocage; Pan jouait de la flûte; les Faunes et les Satyres

---

[1] Ces deux fleuves de la plaine de Troie sont bien connus des lecteurs d'Homère et de Virgile. Le Xanthe est le même fleuve que le Scamandre.

folâtres sautaient dans un coin. Bacchus y paraissait aussi, couronné de lierre, appuyé d'une main sur son thyrse, et tenant de l'autre une vigne ornée de pampre et de plusieurs grappes de raisin. C'était une beauté molle, avec je ne sais quoi de noble, de passionné et de languissant : il était tel qu'il parut à la malheureuse Ariadne, lorsqu'il la trouva seule, abandonnée et abîmée dans la douleur, sur un rivage inconnu.

Enfin, on voyait de toutes parts un peuple nombreux; des vieillards qui allaient porter dans les temples les prémices de leurs fruits; de jeunes hommes qui revenaient vers leurs épouses, lassés du travail de la journée : les femmes allaient au-devant d'eux, menant par la main leurs petits enfants qu'elles caressaient. On voyait aussi des bergers qui paraissaient chanter, et quelques-uns dansaient au son du chalumeau. Tout représentait la paix, l'abondance et les délices; tout paraissait riant et heureux. On voyait même dans les pâturages les loups se jouer au milieu des moutons; le lion et le tigre, ayant quitté leur férocité, étaient paisiblement avec les tendres agneaux; un petit berger les menait ensemble sous sa houlette : et cet aimable peinture rappelait tous les charmes de l'âge d'or.

Télémaque, s'étant revêtu de ses armes divines, au lieu de prendre son baudrier ordinaire, prit la terrible égide que Minerve lui avait envoyée, en la confiant à Iris, prompte messagère des dieux. Iris lui avait enlevé son baudrier sans qu'il s'en aperçût, et lui avait donné en la place cette égide redoutable aux dieux mêmes.

En cet état, il court hors du camp pour en éviter les flammes; il appelle à lui, d'une voix forte, tous les chefs de l'armée, et cette voix ranime déjà tous les alliés éperdus. Un feu divin étincelle dans les yeux du jeune guerrier. Il paraît toujours doux, toujours libre et tranquille, toujours appliqué à donner les ordres, comme pourrait faire un sage vieillard appliqué à régler sa famille et à instruire ses enfants. Mais il est prompt et rapide dans l'exécution : semblable à un fleuve impétueux qui non seulement roule avec précipitation ses flots écumeux, mais qui entraîn encore dans sa course les plus pesants vaisseaux dont il est chargé.

Philoctète, Nestor, les chefs des Manduriens et des autres nations sentent dans le fils d'Ulysse je ne sais quelle autorité à laquelle il faut que tout cède : l'expérience des vieillards leur manque ; le conseil et la sagesse sont ôtés à tous les commandants ; la jalousie même, si naturelle aux

hommes, s'éteint dans les cœurs ; tous se taisent ; tous admirent Télémaque ; tous se rangent pour lui obéir, sans y faire de réflexion et comme s'ils y eussent été accoutumés. Il s'avance et monte sur une colline, d'où il observe les dispositions des ennemis, puis tout à coup il juge qu'il faut se hâter de les surprendre dans le désordre où ils se sont mis en brûlant le camp des alliés. Il fait le tour en diligence, et tous les capitaines les plus expérimentés le suivent.

Il attaque les Dauniens par derrière, dans un temps où
ils croyaient l'armée des alliés enveloppée dans les flammes
de l'embrasement. Cette surprise les trouble; ils tombent
sous la main de Télémaque comme les feuilles, dans les
jours de l'automne, tombent des forêts[1], quand un fier
aquilon, ramenant l'hiver, fait gémir les troncs des vieux
arbres et en agite toutes les branches. La terre est couverte des hommes que Télémaque fait tomber. De son dard
il perça le cœur d'Iphiclès, le plus jeune des enfants
d'Adraste : celui-ci osa se présenter contre lui au combat,
pour sauver la vie de son père, qui pensa être surpris par
Télémaque. Le fils d'Ulysse et Iphiclès étaient tou deux
beaux, vigoureux, pleins d'adresse et de courage de la
même taille, de la même douceur, du même âge, tou deux
chéris de leurs parents; mais Iphiclès était comme une
fleur qui s'épanouit dans un champ, et qui doit être coupé
par le tranchant de la faux du moissonneur Ensuite Télémaque renverse Euphorion, le plus célèbre de tous les
Lydiens venus en Étrurie. Enfin, son glaive perce Cléomènes, nouveau marié, qui avait promis à son épouse de
lui porter les riches dépouilles des ennemis et qui ne
devait jamais la revoir.

Adraste frémit de rage, voyant la mort de son cher fils,
celle de plusieurs capitaines, et la victoire qui échappe de
ses mains. Phalante, presque abattu à ses pieds, est comme
une victime à demi égorgée qui se dérobe au couteau sacré,
et qui s'enfuit loin de l'autel [2]. Il ne fallait plus à Adraste
qu'un moment pour achever la perte du Lacédémonien.

Phalante, noyé dans son sang et dans celui des soldats
qui combattent avec lui, entend les cris de Télémaque qui
s'avance pour le secourir. En ce moment la vie lui est
rendue; un nuage qui couvrait déjà ses yeux se dissipe.

---

[1]   Quam multa in silvis autumni frigore primo
       Lapsa cadunt folia
                         VIRG., Æn. VI , 309.

       Fugit quum saucius aram
       Taurus et incertam excussit cervice securim
                         VIRG , Æn , II, 223.

Les Dauniens, sentant cette attaque imprévue, abandonnent Phalante pour aller repousser un plus dangereux ennemi. Adraste est tel qu'un tigre à qui des bergers assemblés arrachent sa proie qu'il était prêt à dévorer. Télémaque le cherche dans la mêlée et veut finir tout à coup la guerre, en délivrant les alliés de leur implacable ennemi.

Mais Jupiter ne voulait pas donner au fils d'Ulysse une victoire si prompte et si facile ; Minerve même voulait qu'il eût à souffrir des maux plus longs, pour mieux apprendre à gouverner les hommes. L'impie Adraste fut donc conservé par le père des dieux, afin que Télémaque eût le temps d'acquérir plus de gloire et plus de vertu. Un nuage que Jupiter assembla dans les airs sauva les Dauniens, un tonnerre effroyable déclara la volonté des dieux ; on aurait cru que les voûtes éternelles du haut Olympe allaient s'écrouler sur les têtes des faibles mortels : les éclairs fendaient la nue de l'un à l'autre pôle, et, dans l'instant où ils éblouissaient les yeux par leurs feux perçants, on retombait dans les affreuses ténèbres de la nuit. Une pluie abondante qui tomba dans l'instant servit encore à séparer les deux armées.

Adraste profita du secours des dieux sans être touché de leur pouvoir, et mérita, par cette ingratitude, d'être réservé à une plus cruelle vengeance. Il se hâta de faire passer ses troupes entre le camp à demi brûlé et un marais qui s'étendait jusqu'à la rivière : il le fit avec tant d'industrie et de promptitude, que cette retraite montra combien il avait de ressource et de présence d'esprit. Les alliés, animés par Télémaque, voulaient le poursuivre, mais, à la faveur de cet orage, il leur échappa, comme un oiseau d'une aile légère échappe aux filets des chasseurs.

Les alliés ne songèrent plus qu'à rentrer dans leur camp et qu'à réparer leurs pertes. En rentrant dans le camp, ils virent ce que la guerre a de plus lamentable : les malades et les blessés, n'ayant pu se traîner hors des tentes, n'avaient pu se garantir du feu ; ils paraissaient à demi brûlés, poussant vers le ciel, d'une voix plaintive et mou-

rante, des cris douloureux. Le cœur de Télémaque en fut
percé, il ne put retenir ses larmes ; il détourna plusieurs
fois ses yeux, étant saisi d'horreur et de compassion ;
il ne pouvait voir, sans frémir, ces corps encore vivants et
dévoués à une longue et cruelle mort ; ils paraissaient
semblables à la chair des victimes qu'on a brûlées sur les
autels, et dont l'odeur se répand de tous côtés.

« Hélas ! s'écriait Télémaque, voilà donc les maux que la
guerre entraîne après elle ! Quelle fureur aveugle pousse
les malheureux mortels ! ils ont si peu de jours à vivre sur
la terre ! ces jours sont si misérables ! pourquoi précipiter
une mort déjà si prochaine ? pourquoi ajouter tant de dé-
solations affreuses à l'amertume dont les dieux ont rempli
cette vie si courte ? Les hommes sont tous frères, et ils
s'entre-déchirent : les bêtes farouches sont moins cruelles
qu'eux. Les lions ne font point la guerre aux lions, ni les
tigres aux tigres, ils n'attaquent que les animaux d'espèce
différente : l'homme seul, malgré sa raison, fait ce que les
animaux sans raison ne firent jamais [1]. Mais encore, pourquoi ces guerres ? N'y a-t-il pas assez de terre dans l'univers pour en donner à tous les hommes plus qu'ils n'en
peuvent cultiver ? Combien y a-t-il de terres désertes ? le
genre humain ne saurait les remplir. Quoi donc ! une
fausse gloire, un vain titre de conquérant qu'un prince
veut acquérir allume la guerre dans des pays immenses !
Ainsi un seul homme, donné au monde par la colère des
dieux, sacrifie brutalement tant d'autres hommes à sa
vanité : il faut que tout périsse, que tout nage dans le
sang, que tout soit dévoré par les flammes, que ce qui
échappe au fer et au feu ne puisse échapper à la faim,
encore plus cruelle, afin qu'un seul homme, qui se joue de
la nature humaine entière, trouve dans cette destruction
générale son plaisir et sa gloire ! Quelle gloire monstrueuse !

[1]   L'ours a-t-il dans les bois la guerre avec les ours ?
        Le vautour dans les airs fond-il sur les vautours ?...
        L'homme seul, l'homme seul, en sa fureur extrême,
        Met un brutal honneur à s'égorger soi-même.
                              BOILEAU, *Sat.* VIII.

Peut-on trop abhorrer et trop mépriser des nommes qui
ont tellement oublié l'humanité ? Non, non, bien loin
d'être des demi-dieux, ce ne sont pas même des hommes;
et ils doivent être en exécration à tous les siècles dont ils
ont cru être admirés. Oh! que les rois doivent prendre
garde aux guerres qu'ils entreprennent! Elles doivent être
justes : ce n'est pas assez, il faut qu'elles soient nécessaires pour le bien public. Le sang d'un peuple ne doit
être versé que pour sauver ce peuple dans les besoins
extrêmes. Mais les conseils flatteurs, les fausses idées de
gloire, les vaines jalousies, l'injuste avidité qui se couvre de
beaux prétextes, enfin les engagements insensibles, entraînent presque toujours les rois dans des guerres où ils se
rendent malheureux, où ils hasardent tout sans nécessité,
et où ils font autant de mal à leurs sujets qu'à leurs
ennemis » Ainsi raisonnait Télémaque.

Mais il ne se contentait pas de déplorer les maux de la
guerre; il tâchait de les adoucir. On le voyait aller dans
les tentes secourir lui-même les malades et les mourants;
il leur donnait de l'argent et des remèdes; il les consolait
et les encourageait par des discours pleins d'amitié : il
envoyait visiter ceux qu'il ne pouvait visiter lui-même.

Parmi les Crétois qui étaient avec lui, il y avait deux
vieillards, dont l'un se nommait Traumaphile, et l'autre
Nosophuge.

Traumaphile avait été au siège de Troie avec Idoménée,
et avait appris des enfants d'Esculape l'art divin de guérir
les plaies. Il répandait dans les blessures les plus profondes
et les plus envenimées une liqueur odoriférante, qui consumait les chairs mortes et corrompues, sans avoir besoin
de faire aucune incision, et qui formait promptement de
nouvelles chairs plus saines et plus belles que les premières.

Pour Nosophuge, il n'avait jamais vu les enfants d'Esculape; mais il avait eu, par le moyen de Mérione, un
livre sacré et mystérieux, qu'Esculape avait donné à ses
enfants. D'ailleurs Nosophuge était ami des dieux; il avait
composé des hymnes en l'honneur des enfants de Latone;

23

il offrait tous les jours le sacrifice d'une brebis blanche et sans tache à Apollon, par lequel il était souvent inspiré. A peine avait-il vu un malade, qu'il connaissait à ses yeux, à la couleur de son teint, à la conformation de son corps et à sa respiration, la cause de sa maladie. Tantôt il donnait des remèdes qui faisaient suer, et il montrait, par le succès des sueurs, combien la transpiration, facilitée ou diminuée, déconcerte ou rétablit toute la machine du corps ; tantôt il donnait, pour les maux de langueur, certains breuvages qui fortifiaient peu à peu les parties nobles, et qui rajeunissaient les hommes en adoucissant leur sang. Mais il assurait que c'était faute de vertu et de courage que les hommes avaient si souvent besoin de la médecine. « C'est une honte, disait-il, pour les hommes, qu'ils aient tant de maladies, car les bonnes mœurs produisent la santé. Leur intempérance, disait-il encore, change en poisons mortels les aliments destinés à conserver la vie. Les plaisirs, pris sans modération, abrègent plus les jours des hommes que les remèdes ne peuvent les prolonger. Les pauvres sont moins souvent malades faute de nourriture, que les riches ne le deviennent pour en prendre trop. Les aliments qui flattent trop le goût, et qui font manger au delà du besoin, empoisonnent au lieu de nourrir. Les remèdes sont eux-mêmes de véritables maux qui usent la nature, et dont il ne faut se servir que dans les pressants besoins. Le grand remède, qui est toujours innocent, et toujours d'un usage utile, c'est la sobriété, c'est la tempérance dans tous les plaisirs, c'est la tranquillité de l'esprit, c'est l'exercice du corps. Par là on fait un sang doux et tempéré, on dissipe toutes les humeurs superflues. » Ainsi le sage Nosophuge était moins admirable par ses remèdes que par le régime qu'il conseillait pour prévenir les maux et pour rendre les remèdes inutiles.

Ces deux hommes étaient envoyés par Télémaque pour visiter tous les malades de l'armée. Ils en guérirent beaucoup par leurs remèdes ; mais ils en guérirent bien davantage par le soin qu'ils prirent pour les faire servir à propos, car ils s'appliquaient à les tenir proprement, a

empêcher le mauvais air par cette propreté, et à leur faire
garder un régime de sobriété exacte dans leur convales-
cence. Tous les soldats, touchés de ces secours, rendaient
grâces aux dieux d'avoir envoyé Télémaque dans l'armée
des alliés.

« Ce n'est pas un homme, disaient-ils, c'est sans doute
quelque divinité bienfaisante sous une figure humaine. Du
moins, si c'est un homme, il ressemble moins au reste des
hommes qu'aux dieux ; il n'est sur la terre que pour faire
du bien ; il est encore plus aimable par sa douceur et par sa
bonté que par sa valeur. Oh ! si nous pouvions l'avoir pour
roi ! mais les dieux le réservent pour quelque peuple plus
heureux qu'ils chérissent, et chez lequel ils veulent renouveler l'âge d'or. »

Télémaque, pendant qu'il allait la nuit visiter les quartiers du camp, par précaution contre les ruses d'Adraste,
entendait ces louanges, qui n'étaient point suspectes de
flatterie, comme celles que les flatteurs donnent souvent
en face aux princes, supposant qu'ils n'ont ni modestie, ni
délicatesse, et qu'il n'y a qu'à les louer sans mesure pour
s'emparer de leur faveur. Le fils d'Ulysse ne pouvait
goûter que ce qui était vrai : il ne pouvait souffrir d'autres
louanges que celles qu'on lui donnait en secret loin de lui,
et qu'il avait véritablement méritées. Son cœur n'était pas
insensible à celles-là ; il sentait ce plaisir si doux et si pur
que les dieux ont attaché à la seule vertu, et que les méchants, faute de l'avoir éprouvé, ne peuvent ni concevoir,
ni croire : mais il ne s'abandonnait point à ce plaisir :
aussitôt revenaient en foule dans son esprit toutes les
fautes qu'il avait faites ; il n'oubliait point sa hauteur naturelle, et son indifférence pour les hommes ; il avait une
honte secrète d'être né si dur, de paraître si humain. Il
renvoyait à la sage Minerve toute la gloire qu'on lui donnait et qu'il ne croyait pas mériter.

« C'est vous, disait-il, ô grande déesse, qui m'avez
donné Mentor pour m'instruire et pour corriger mon
mauvais naturel ; c'est vous qui me donnez la sagesse
de profiter de mes fautes pour me défier de moi-même ;

c'est vous qui retenez mes passions impétueuses ; c'est
vous qui me faites sentir le plaisir de soulager les malheureux. Sans vous je serais haï, et digne de l'être ; sans
vous je ferais des fautes irréparables ; je serais comme un
enfant qui, ne sentant pas sa faiblesse, quitte sa mère, et
tombe dès le premier pas. »

Nestor et Philoctète étaient étonnés de voir Télémaque
devenu si doux, si attentif à obliger les hommes, si offi-
cieux, si secourable, si ingénieux pour prévenir tous les
besoins ; ils ne savaient que croire, ils ne reconnaissaient
pas en lui le même homme. Ce qui les surprit davantage
fut le soin qu'il prit des funérailles d'Hippias ; il alla lui-
même retirer son corps sanglant et défiguré de l'endroit
où il était caché sous un monceau de corps morts ; il versa
sur lui des larmes pieuses ; il dit : « O grande ombre, tu
le sais maintenant combien j'ai estimé ta valeur ! Il est
vrai que ta fierté m'avait irrité ; mais tes défauts venaient
d'une jeunesse ardente : je sais combien cet âge a besoin
qu'on lui pardonne. Nous eussions dans la suite été sincèrement unis ; j'avais tort de mon côté. O dieux, pourquoi me le ravir avant que j'aie pu le forcer de m'aimer? »

Ensuite Télémaque fit laver le corps dans des liqueurs
odoriférantes ; puis on prépara par son ordre un bûcher.
Les grands pins, gémissants sous les coups des haches,
tombent en roulant du haut des montagnes. Les chênes,
ces vieux enfants de la terre, qui semblaient menacer le
ciel, les hauts peupliers, les ormeaux, dont les têtes sont
si vertes et si ornées d'un épais feuillage, les hêtres, qui
sont l'honneur des forêts viennent tomber[1] sur le bord du
fleuve Galèse ; là s'élève avec ordre un bûcher qui ressemble à un bâtiment régulier ; la flamme commence à
paraître, un tourbillon de fumée monte jusqu'au ciel.

---

[1]   Procumbunt piceæ : sonat icta bipennibus ilex,
        Fraxineæque trabes ; cuneis et fissile robur
        Scinditur ; advolvunt ingentes montibus ornos.
                                        Virg., Æn , VI, 180.
    Voyez aussi Én., XI, 135, etc.

Les Lacédémoniens s'avancent d'un pas lent et lugubre, tenant leurs piques renversées, et leurs yeux baissés; la douleur amère est peinte sur ces visages si farouches, et les larmes coulent abondamment. Puis on voyait venir Phérécyde, vieillard moins abattu par le nombre des années que par la douleur de survivre à Hippias, qu'il avait élevé depuis son enfance. Il levait vers le ciel ses mains, et ses yeux noyés de larmes. Depuis la mort d'Hippias, il refusait toute nourriture : le doux sommeil n'avait pu appesantir ses paupières, ni suspendre un moment sa cuisante peine. Il marchait d'un pas tremblant, suivant la foule, et ne sachant où il allait. Nulle parole ne sortait de sa bouche; car son cœur était trop serré; c'était un silence de désespoir et d'abattement. Mais quand il vit le bûcher allumé, il parut tout à coup furieux, et s'écria : « O Hippias, Hippias, je ne te verrai plus ! Hippias n'est plus, et je vis encore ! O mon cher Hippias, c'est moi qui t'ai donné la mort; c'est moi qui t'ai appris à la mépriser ! Je croyais que tes mains fermeraient mes yeux, et que tu recueillerais mon dernier soupir. O dieux cruels, vous prolongez ma vie pour me faire voir la mort d'Hippias ! O cher enfant que j'ai nourri, et qui m'as coûté tant de soins, je ne te verrai plus; mais je verrai ta mère, qui mourra de tristesse en me reprochant ta mort; je verrai ta jeune épouse frappant sa poitrine, arrachant ses cheveux; et j'en serai cause ! O chère ombre, appelle-moi sur les rives du Styx; la lumière m'est odieuse : c'est toi seul, mon cher Hippias, que je veux revoir. Hippias ! Hippias ! ô mon cher Hippias ! je ne vis encore que pour rendre à tes cendres le dernier devoir ».

Cependant on voyait le corps du jeune Hippias étendu, qu'on portait dans un cercueil orné de pourpre, d'or et d'argent. La mort, qui avait éteint ses yeux, n'avait pu effacer toute sa beauté, et les grâces étaient encore à demi peintes sur son visage pâle; on voyait flotter autour de son cou, plus blanc que la neige, mais penché sur l'épaule, ses longs cheveux noirs, plus beaux que ceux d'Atys ou de Ganymède, qui allaient être réduits en cendres : on remarquait dans le côté la blessure profonde par où tout son

sang s'était écoulé, et qui l'avait fait **descendre dans le**
royaume sombre de Pluton.

Télémaque, triste et abattu, suivait de près le corps, et
lui jetait des fleurs. Quand on fut arrivé au bûcher, le
jeune fils d'Ulysse ne put voir la flamme pénétrer les
étoffes qui enveloppaient le corps, sans répandre de nouvelles larmes. « Adieu, dit-il, ô magnanime Hippias ! car
je n'ose te nommer mon ami. Apaise-toi, ô ombre qui as
mérité tant de gloire ! Si je ne t'aimais, j'envierais ton
bonheur ; tu es délivré des misères où nous sommes
encore, et tu en es sorti par le chemin le plus glorieux.
Hélas ! que je serais heureux de finir de même ! Que le
Styx n'arrête point ton ombre ; que les Champs-Élysées lui
soient ouverts ! que la renommée conserve ton nom dans
tous les siècles, et que tes cendres reposent en paix ! »

A peine eut-il dit ces paroles entremêlées de soupirs,
que toute l'armée poussa un cri : on s'attendrissait sur
Hippias, dont on racontait les grandes actions ; et la douleur de sa mort, rappelant toutes ses bonnes qualités,
faisait oublier les défauts qu'une jeunesse impétueuse et
une mauvaise éducation lui avaient donnés. Mais on était
encore plus touché des sentiments tendres de Télémaque.
« Est-ce donc là, disait-on, ce jeune Grec si fier, si
hautain, si dédaigneux, si intraitable ? Le voilà devenu
doux, humain, tendre. Sans doute Minerve, qui a tant
aimé son père, l'aime aussi ; sans doute elle lui a fait le
plus précieux don que les dieux puissent faire aux hommes,
en lui donnant, avec la sagesse, un cœur sensible à
l'amitié. »

Le corps était déjà consumé par les flammes. Télémaque
lui-même arrosa de liqueurs parfumées les cendres encore
fumantes[1] ; puis il les mit dans une urne d'or[2] qu'il cou-
ronna de fleurs, et il porta cette urne à Phalante. Celui-ci

---

[1]   Postquam collapsi cineres, et flamma quievit,
    Relliquias vino et bibulam lavere favillam
                    VIRG , Æn., VI, 226.

[2] Ainsi, au livre XXIII de l'*Iliade*, les os de Patrocle sont recueil-
lis dans une urne d'or.

était étendu, percé de diverses blessures ; et, dans son
extrême faiblesse, il entrevoyait, près de lui, les portes
sombres des Enfers.

Déjà Traumaphile et Nosophuge, envoyés par le fils
d'Ulysse, lui avaient donné tous les secours de leur art :
ils rappelaient peu à peu son âme prête à s'envoler ; de
nouveaux esprits le ranimaient insensiblement ; une force
douce et pénétrante, un baume de vie s'insinuait de veine
en veine jusqu'au fond de son cœur ; une chaleur agréable
le dérobait aux mains glacées de la Mort. En ce moment la
défaillance cessant, la douleur succéda ; il commença à
sentir la perte de son frère, qu'il n'avait point été jusqu'alors en état de sentir. « Hélas ! disait-il, pourquoi
prend-on de si grands soins de me faire vivre ? ne me
vaudrait-il pas mieux mourir et suivre mon cher Hippias !
Je l'ai vu périr tout auprès de moi ! O Hippias, la douceur
de ma vie, mon frère, mon cher frère, tu n'es plus ! je ne
pourrai donc plus ni te voir, ni t'entendre, ni t'embrasser,
ni te dire mes peines, ni te consoler dans les tiennes !
O dieux ennemis des hommes ! il n'y a plus d'Hippias
pour moi ! est-il possible ? mais n'est-ce point un songe ?
Non, il n'est que trop vrai. O Hippias, je t'ai perdu, je t'ai
vu mourir ; et il faut que je vive encore autant qu'il sera
nécessaire pour te venger. Je veux immoler à tes mânes
le cruel Adraste teint de ton sang. »

Pendant que Phalante parlait ainsi, les deux hommes
divins tâchaient d'apaiser sa douleur, de peur qu'elle
n'augmentât ses maux, et n'empêchât l'effet des remèdes.
Tout à coup il aperçoit Télémaque qui se présente à lui.
D'abord son cœur fut combattu par deux passions contraires : il conservait un ressentiment de tout ce qui s'était
passé entre Télémaque et Hippias ; la douleur de la perte
d'Hippias rendait ce ressentiment encore plus vif ; d'un
autre côté, il ne pouvait ignorer qu'il devait la conservation de sa vie à Télémaque, qui l'avait tiré sanglant et à
demi mort des mains d'Adraste. Mais, quand il vit l'urne
d'or où étaient renfermées les cendres si chères de son frère
Hippias, il versa un torrent de larmes ; il embrassa d'abord

Télémaque sans pouvoir lui parler, et lui dit enfin d'une voix languissante et entrecoupée de sanglots :

« Digne fils d'Ulysse, votre vertu me force à vous aimer; je vous dois ce reste de vie qui va s'éteindre, mais je vous dois quelque chose qui m'est bien plus cher. Sans vous, le corps de mon frère aurait été la proie des vautours ; sans vous, son ombre, privée de la sépulture, serait malheureusement errante sur les rives du Styx, et toujours repoussée par l'impitoyable Charon. Faut-il que je doive tant à un homme que j'ai tant haï ! O dieux, récompensez-le ! et délivrez-moi d'une vie si malheureuse ! Pour vous, ô Télémaque, rendez-moi les derniers devoirs que vous avez rendus à mon frère, afin que rien ne manque à votre gloire. »

A ces paroles, Phalante demeura épuisé et abattu d'un excès de douleur. Télémaque se tint auprès de lui sans oser lui parler, et attendant qu'il reprît ses forces. Bientôt Phalante, revenant de cette défaillance, prit l'urne des mains de Télémaque, la baisa plusieurs fois, l'arrosa de ses larmes, et dit : « O chères, ô précieuses cendres, quand est-ce que les miennes seront renfermées avec vous dans cette même urne ? O ombre d'Hippias, je te suis dans les Enfers; Télémaque nous vengera tous deux ».

Cependant le mal de Phalante diminua de jour en jour par les soins des deux hommes qui avaient la science d'Esculape. Télémaque était sans cesse avec eux auprès du malade, pour les rendre plus attentifs à avancer sa guérison; et toute l'armée admirait bien plus la bonté de cœur avec laquelle il secourait son plus grand ennemi, que la valeur et la sagesse qu'il avait montrées en sauvant, dans la bataille, l'armée des alliés.

En même temps, Télémaque se montrait infatigable dans les plus rudes travaux de la guerre. Il dormait peu, et son sommeil était souvent interrompu, ou par les avis qu'il recevait à toutes les heures de la nuit comme du jour, ou par la visite de tous les quartiers du camp, qu'il ne faisait jamais deux fois de suite aux mêmes heures, pour mieux surprendre ceux qui n'étaient pas assez vigilants. Il revenaît souvent dans sa tente couvert de sueur et de poussière. Sa nourriture était simple ; il vivait comme les soldats, pour leur donner l'exemple de la sobriété et de la patience. L'armée ayant peu de vivres dans ce campement, il jugea nécessaire d'arrêter les murmures des soldats, en souffrant lui-même volontairement les mêmes incommodités qu'eux. Son corps, loin de s'affaiblir dans une vie si pénible, se fortifiait et s'endurcissait chaque jour. Il commençait à n'avoir plus ces grâces si tendres qui sont comme la fleur de la première jeunesse, son teint devenait plus brun et moins délicat, ses membres moins mous et plus nerveux.

LIVRE XIV[1]

SOMMAIRE

Télémaque, persuadé par divers songes que son pere Ulysse
n'est plus sur la terre, exécute le dessein qu'il avait conçu
depuis longtemps, de l'aller chercher dans les Enfers. Il se
dérobe du camp pendant la nuit, et se rend à la fameuse
caverne d'Achéroutia. Il s'y enfonce courageusement, et
arrive bientôt au bord du Styx, où Charon le reçoit dans sa
barque Il va se présenter devant Pluton, qui lui permet de
chercher son père dans les Enfers Il traverse d'abord le
Tartare, où il voit les tourments que souffrent les ingrats,
les parjures, les impies, les hypocrites, et surtout les man-
vais rois. Il entre ensuite dans les Champs-Elysées, où il
contemple avec délices la félicité dont jouissent les hommes
justes, et surtout les bons rois, qui, pendant leur vie, ont
sagement gouverné les hommes. Il est reconnu par Arsécius,
son bisaieul, qui l'assure qu'Ulysse est vivant, et qu'il
reprendra bientôt l'autorité dans Ithaque, ou son fils doit
régner après lui. Arcésius donne à Télémaque les plus sages
instructions sur l'art de régner. Il lui fait remarquer combien
la récompense des bons rois, qui ont principalement excellé
par la justice et par la vertu, surpasse la gloire de ceux qui
ont excellé par leur valeur. Après cet entretien, Télémaque
sort du tenebreux empire de Pluton, et retourne promptement au camp des alliés.

Cependant Adraste, dont les troupes avaient été considé-
rablement affaiblies dans le combat, s'était retiré derrière
la montagne d'Aulon[2], pour attendre divers secours, et
pour tâcher de surprendre encore une fois ses ennemis;
semblable à un lion affamé, qui, ayant été repoussé d'une
bergerie, s'en retourne dans les sombres forêts, et rentre

---

[1] Var. Livre XVIII.
[2] Aulon, qui, plus tard, fut appelée Caulon, répond à peu près
au Castel-Vetere moderne.

dans sa caverne, où il aiguise ses dents et ses griffes [1], attendant le moment favorable pour égorger tous les troupeaux.

Télémaque, ayant pris soin de mettre une exacte discipline dans tout le camp, ne songea plus qu'à exécuter un
dessein qu'il avait conçu, et qu'il cacha à tous les chefs de
l'armée. Il y avait déjà longtemps qu'il était agité, pendant
toutes les nuits, par des songes qui lui représentaient son
père Ulysse [2]. Cette chère image revenait toujours sur la
fin de la nuit, avant que l'Aurore vint chasser du ciel, par
ses feux naissants, les inconstantes étoiles [3], et de dessus
la terre le doux Sommeil, suivi des Songes voltigeants.
Tantôt il croyait voir Ulysse nu, dans une île fortunée, sur
la rive d'un fleuve, dans une prairie ornée de fleurs, et
environné de Nymphes qui lui jetaient des habits pour se
couvrir ; tantôt il croyait l'entendre parler dans un palais
tout éclatant d'or et d'ivoire, où des hommes couronnés de
fleurs l'écoutaient avec plaisir et admiration. Souvent
Ulysse lui apparaissait tout à coup dans des festins où la
joie éclatait parmi les délices, et où l'on entendait les tendres accords d'une voix avec une lyre plus douce que la
lyre d'Apollon et que les voix de toutes les muses [4].

Télémaque, en s'éveillant, s'attristait de ces songes si
agréables. « O mon père, ô mon cher père Ulysse, s'écriait-

[1]
'Ὥστε λῖς ἠϋγένειος
Ὅν 'ρὰ κύνες τε καὶ ἄνδρες ἀπὸ σταθμοῖο δίωνται
Ἔγχεσι καὶ φωνῇ· τοῦ δ' ἐν φρεσὶν ἄλκιμον ἧτορ
Παχνοῦται, ἀέκων δέ τ' ἔβη ἀπὸ μεσσαύλοιο.
                                Hom., Il., XVII, 109

.... αὐτὰρ ὀδόντας
Θήγει.
                                Ibid., XIII, 474.

[2] Me patris Anchisæ, quoties humentibus umbris
     Nox operit terras, quoties astra ignea surgunt
     Admonet in somnis et turbida terret imago.
                                Virg., Æn., IV, 351.

[3] ..... Sidereos Aurora fugaverat ignes
                                Ovid, Met, XV, 665.

[4] Télémaque voyait en songe les événements réels arrivés à son
ère, et racontés dans l'Odyssée, livres VI, VII, VIII.

il, les songes les plus affreux me seraient plus doux ! Ces
images de félicité me font comprendre que vous êtes déja
descendu dans le séjour des âmes bienheureuses que les
dieux récompensent de leur vertu par une éternelle tranquillité. Je crois voir les Champs-Elysées. Oh ! qu'il est cruel
de n'espérer plus ! Quoi donc ! ô mon cher père, je ne vous
verrai jamais ! Jamais je n'embrasserai celui qui m'aimait
tant, et que je cherche avec tant de peine ! jamais je n'entendrai parler cette bouche d'où sortait la sagesse ! jamais
je ne baiserai ces mains, ces chères mains, ces mains victorieuses qui ont abattu tant d'ennemis ! elles ne puniront
point les insensés amants de Pénélope, et Ithaque ne se
relèvera jamais de sa ruine ! O dieux, ennemis de mon
père, vous m'envoyez ces songes funestes pour arracher
toute espérance de mon cœur ; c'est m'arracher la vie.
Non, je ne puis plus vivre dans cette incertitude. Que dis-
je ? hélas ! je ne suis que trop certain que mon père n'est
plus Je vais chercher son ombre jusque dans les Enfers.
Thésée y est bien descendu, Thésée, cet impie qui voulait
outrager les divinités infernales ; et moi, j'y vais conduit
par la piété. Hercule y descendit : je ne suis pas Hercule,
mais il est beau d'oser l'imiter. Orphée a bien touché, par
le récit de ses malheurs, le cœur de ce dieu qu'on dépeint
comme inexorable [1] : il obtint de lui qu'Eurydice retournât
parmi les vivants. Je suis plus digne de compassion qu'Orphée, car ma perte est plus grande. Qui pourrait comparer
une jeune fille, semblable à cent autres, avec le sage Ulysse,
admiré de toute la Grèce ? Allons ; mourons, s'il le faut.
Pourquoi craindre la mort quand on souffre tant dans la
vie [2] ! O Pluton ! ô Proserpine, j'éprouverai bientôt si vous

---

[1]　Si potuit manes arcessere conjugis Orpheus,
　　　Threicia fretus cithara fidibusque canoris;...
　　　......... ... . quid Thesea magnum,
　　　Quid memorem Alciden ?
　　　　　　　　　　　　　　　Virg., Æn , VI, 119.

[2]　Mourons ; de tant d'horreurs qu'un trépas me délivre,
　　　Est-ce un malheur si grand que de cesser de vivre ?
　　　La mort aux malheureux ne cause point d'effroi
　　　　　　　　　　　　　　　Racine, Ph., III, 3

êtes aussi impitoyables qu'on le dit! O mon père! après avoir parcouru en vain les terres et les mers pour vous trouver, je vais enfin voir si vous n'êtes point dans la sombre demeure des morts. Si les dieux me refusent de vous posséder sur la terre et à la lumière du soleil, peut-être ne me refuseront-ils pas de voir au moins votre ombre dans le royaume de la nuit. »

En disant ces paroles, Télémaque arrosait son lit de ses larmes: aussitôt il se levait, et cherchait, par la lumière, à soulager la douleur cuisante que ces songes lui avaient causée ; mais c'était une flèche qui avait percé son cœur, et qu'il portait partout avec lui.

Dans cette peine, il entreprit de descendre aux Enfers par un lieu célèbre, qui n'était pas éloigné du camp; on l'appelait Achérontia, parce qu'il y avait en ce lieu une caverne affreuse, de laquelle on descendait sur les rives de l'Achéron, par lequel les dieux mêmes craignaient de jurer [1]. La ville était sur un rocher, posée comme un nid sur le haut d'un arbre [2]. Au pied de ce rocher on trouvait la caverne, de laquelle les timides mortels n'osaient approcher; les bergers avaient soin d'en détourner leurs troupeaux. La vapeur soufrée du marais Stygien qui s'exhalait sans cesse par cette ouverture, empestait l'air. Tout autour, il ne croissait ni herbe ni fleurs ; on n'y sentait jamais les doux zéphirs, ni les grâces naissantes du printemps, ni les riches dons de l'automne : la terre, aride, y languissait ; on y voyait seulement quelques arbustes dépouillés et quelques cyprès funestes [3]. Au loin même, tout à l'entour,

---

[1] Il ne semble pas que les dieux eussent peur de jurer par l'Ache-ron: c'est le Styx qu'ils redoutaient.

[2] Celsæ nidum Acherontiæ, a dit Horace. Acherontia est aujour-d'hui Acerenza.

[3] Pétrone, dans son poème de la *Guerre civile*, décrit des mêmes couleurs le vallon de la Solfatare près de Naples :

Est locus, exciso penitus demersus hiatu,
Parthenopen inter magnæque Dicarchidos arva,
Cocyta perfusus aqua Nam spiritus extra
Qui furit, effusus funesto spargitur æstu.
Non hæc autumno tellus viret, aut alit herbas

Cérès refusait aux laboureurs ses moissons dorées; Bacchus
semblait en vain y promettre ses doux fruits; les grappes
de raisins se desséchaient au lieu de mûrir[1]. Les Naïades
tristes ne faisaient point couler une onde pure; leurs flots
étaient toujours amers et troublés. Les oiseaux ne chantaient jamais dans cette terre hérissée de ronces et d'épines,
et n'y trouvaient aucun bocage pour se retirer; ils allaient
chanter leurs amours sous un ciel plus doux : là, on n'entendait que le croassement des corbeaux et la voix lugubre
des hiboux. L'herbe même y était amère, et les troupeaux
qui la paissaient ne sentaient point la douce joie qui les
fait bondir. Le taureau fuyait la génisse; et le berger, tout
abattu, oubliait sa musette et sa flûte.

De cette caverne sortait, de temps en temps, une fumée
noire et épaisse, qui faisait une espèce de nuit au milieu
du jour. Les peuples voisins redoublaient alors leurs sacrifices pour apaiser les divinités infernales; mais souvent
les hommes, à la fleur de leur âge et dès leur plus tendre
jeunesse, étaient les seules victimes que ces divinités
cruelles prenaient plaisir à immoler par une funeste contagion.

C'est là que Télémaque résolut de chercher le chemin
de la sombre demeure de Pluton Minerve, qui veillait
sans cesse sur lui, et qui le couvrait de son égide, lui avait
rendu Pluton favorable. Jupiter même, à la prière de

Cespite lætus ager, non verno persona cantu
Mollia discordi strepitu virgulta loquuntur;
Sed chaos, et nigro squalentia pumice saxa
Gaudent ferali circum tumulata cupressu.

[1] Voltaire a fait de toute cette description une critique un peu trop
sévère. « On ne saurait approuver, dit-il, que ce Télémaque des-
« cende aux Enfers de son plein gré, comme on fait un voyage ordi-
« naire. Il me semble que c'est là une grande faute. En effet, cette
« description a l'air d'un récit de voyageur, plutôt que de la pein-
« ture terrible qu'on devait attendre. Rien n'est si petit que de mettre
« a l'entrée de l'Enfer des grappes de raisin qui se dessechent.
« Toute cette description est dans un genre trop médiocre, et il y
« regne une abondance de choses petites, comme dans la plupart
« des lieux communs dont le Télémaque est plein. »

Minerve, avait ordonné à Mercure, qui descend chaque jour aux Enfers pour livrer à Charon un certain nombre de morts, de dire au roi des ombres qu'il laissât entrer le fils d'Ulysse dans son empire.

Télémaque se dérobe du camp pendant la nuit; il marche à la clarté de la Lune, et il invoque cette puissante divinité, qui, étant dans le ciel le brillant astre de la nuit, et sur la terre la chaste Diane, est aux Enfers la redoutable Hécate[1]. Cette divinité écouta favorablement ses vœux, parce que son cœur était pur, et qu'il était conduit par l'amour pieux qu'un fils doit à son père. A peine fut-il auprès de la caverne, qu'il entendit l'empire souterrain mugir. La terre tremblait sous ses pas[2]; le ciel s'arma d'éclairs et de feux qui semblaient tomber sur la terre. Le jeune fils d'Ulysse sentit son cœur ému, et tout son corps était couvert d'une sueur glacée; mais son courage se soutint, il leva les yeux et les mains au ciel : « Grands dieux, s'écria-t-il, j'accepte ces présages que je crois heureux; achevez votre ouvrage ! » Il dit, et, redoublant ses pas, il se présente hardiment.

Aussitôt la fumée épaisse qui rendait l'entrée de la caverne funeste à tous les animaux, dès qu'ils s'en approchaient, se dissipa; l'odeur empoisonnée cessa pour un peu de temps. Télémaque entre seul; car quel autre mortel eût osé le suivre! Deux Crétois, qui l'avaient accompagné jusqu'à une certaine distance de la caverne, et auxquels il avait confié son dessein, demeurèrent tremblants et à demi morts assez loin de là, dans un temple, faisant des vœux, et n'espérant plus revoir Télémaque.

Cependant le fils d'Ulysse, l'épée à la main[3], s'enfonce dans les ténèbres horribles. Bientôt il aperçoit une faible

---

[1] Voce vocans Hecaten, Cœlo Ereboque potentem.
           VIRG , *Æn* , VI, 247.

[2] Sub pedibus mugire solum.
           Ibid., 256.

[3] Corripit hic subita trepitus formidine ferrum
      Æneas.
           VIRG., *Æn* , VI, 290.

et sombre lueur, telle qu'on la voit pendant la nuit sur la terre [1] : il remarque les ombres légères qui voltigent autour de lui ; il les écarte avec son épée [2] ; ensuite il voit les tristes bords du fleuve marécageux dont les eaux bourbeuses et dormantes ne font que tournoyer [3]. Il découvre sur ce rivage une foule innombrable de morts privés de la sépulture, qui se présentent en vain à l'impitoyable Charon. Ce dieu, dont la vieillesse éternelle est toujours triste et chagrine, mais pleine de vigueur [4], les menace, les repousse, et admet d'abord dans la barque le jeune Grec [5]. En entrant, Télémaque entend les gémissements d'une ombre qui ne pouvait se consoler.

« Quel est donc, lui dit-il, votre malheur? qui étiez-vous sur la terre? » « J'étais, lui répondit cette ombre, Nabopharzan, roi de la superbe Babylone, tous les peuples de l'Orient tremblaient au seul bruit de mon nom : je me faisais adorer par les Babyloniens, dans un temple de marbre où j'étais représenté par une statue d'or, devant laquelle on brûlait nuit et jour les plus précieux parfums de l'Éthiopie; jamais personne n'osa me contredire sans être aussitôt puni : on inventait chaque jour de nouveaux plaisirs pour me rendre la vie plus délicieuse. J'étais encore jeune et robuste; hélas ! que de prospérités ne me restait-il pas encore à goûter sur le trône? mais une femme que j'aimais, et qui ne m'aimait pas, m'a bien fait sentir que je n'étais pas dieu; elle m'a empoisonné : je ne suis plus rien. On

---

1   Quale per incertam lunam sub luce maligna
     Est iter in silvis.

                              VIRG , Æn , VI, 270.

2   ..... strictamque aciem venientibus offert
                              Ibid., 291.

3   Turbidus hic cœno vastaque voragine gurges
     Æstuat.
                              Ibid., 296.

4   ..... cruda deo viridisque senectus
                              Ibid., 304.

5   ..... simul accipit alveo
     Ingentem Æneam.
                              Ibid., 412.

mit hier, avec pompe, mes cendres dans une urne d'or, on
pleura ; on s'arracha les cheveux ; on fit semblant de vouloir
se jeter dans les flammes de mon bûcher pour mourir avec
moi : on va encore gémir au pied du superbe tombeau où
l'on a mis mes cendres ; mais personne ne me regrette ; ma
mémoire est en horreur même dans ma famille ; et ici-bas
je souffre déjà d'horribles traitements. »

Télémaque, touché de ce spectacle, lui dit : « Étiez-vous
véritablement heureux pendant votre règne ? sentiez-vous
cette douce paix sans laquelle le cœur demeure toujours
serré et flétri au milieu des délices ? » — « Non, répondit le
Babylonien ; je ne sais même ce que vous voulez dire. Les
sages vantent cette paix comme l'unique bien : pour moi,
je ne l'ai jamais sentie ; mon cœur était sans cesse agité
de désirs nouveaux, de crainte et d'espérance. Je tâchais
de m'étourdir moi-même par l'ébranlement de mes passions ; j'avais soin d'entretenir cette ivresse pour la rendre
continuelle : le moindre intervalle de raison tranquille
m'eût été trop amer. Voilà la paix dont j'ai joui ; toute
autre me paraît une fable et un songe : voilà les biens
que je regrette. »

En parlant ainsi, le Babylonien pleurait comme un
homme lâche qui a été amolli par les prospérités, et qui
n'est point accoutumé à supporter constamment un malheur. Il avait auprès de lui quelques esclaves qu'on avait
fait mourir pour honorer ses funérailles : Mercure les
avait livrés à Charon avec leur roi, et leur avait donné une
puissance absolue sur ce roi qu'ils avaient servi sur la
terre. Ces ombres d'esclaves ne craignaient plus l'ombre
de Nabopharzan ; elles la tenaient enchaînée et lui faisaient
les plus cruelles indignités. L'un lui disait : « N'étions-nous
pas hommes aussi bien que toi ? comment étais-tu assez
insensé pour te croire un dieu ? et ne fallait-il pas te souvenir que tu étais de la race des autres hommes ? » Un
autre, pour l'insulter, disait : « Tu avais raison de ne
vouloir pas qu'on te prît pour un homme ; car tu étais un
monstre sans humanité ». Un autre lui disait : « Hé bien,
où sont maintenant tes flatteurs ? Tu n'as plus rien à

donner, malheureux! tu ne peux plus faire aucun mal; te
voilà devenu esclave de tes esclaves mêmes : les dieux ont
été lents à faire justice, mais enfin il la font ».

A ces dures paroles, Nabopharzan se jetait le visage
contre terre, arrachant ses cheveux dans un excès de rage
et de désespoir. Mais Charon disait aux esclaves : « Tirez-
le par sa chaîne; relevez-le malgré lui. Il n'aura pas même
la consolation de cacher sa honte; il faut que toutes les
ombres du Styx en soient témoins, pour justifier les dieux,
qui ont souffert si longtemps que cet impie régnât sur la
terre. Ce n'est encore là, ô Babylonien, que le commencement de tes douleurs; prépare-toi à être jugé par l'inflexible Minos, juge des Enfers ».

Pendant ce discours du terrible Charon, la barque touchait déjà le rivage de l'empire de Pluton. Toutes les
ombres accouraient pour considérer cet homme vivant qui
paraissait au milieu de ces morts dans la barque : mais,
dans le moment où Télémaque mit pied à terre, elles s'enfuirent, semblables aux ombres de la nuit que la moindre
clarté du jour dissipe. Charon, montrant au jeune Grec
un front moins ridé et des yeux moins farouches qu'à
l'ordinaire, lui dit : « Mortel chéri des dieux, puisqu'il
t'est donné d'entrer dans ce royaume de la Nuit, inaccessible aux autres vivants, hâte-toi d'aller où les destins
t'appellent; va, par ce chemin sombre, au palais de Pluton,
que tu trouveras sur son trône; il te permettra d'entrer
dans les lieux dont il m'est défendu de te découvrir le
secret ».

Aussitôt Télémaque s'avance à grands pas: il voit de tous
côtés voltiger des ombres, plus nombreuses que les grains
de sable qui couvrent les rivages de la mer; et, dans l'agitation de cette multitude infinie, il est saisi d'une horreur
divine, observant le profond silence de ces vastes lieux.
Ses cheveux se dressent sur sa tête quand il aborde le noir
séjour de l'impitoyable Pluton; il sent ses genoux chancelants; la voix lui manque[1]; et c'est avec peine qu'il peut

---

[1]   ..... steteruntque comæ et vox faucibus hæsit
                                    VIRG., Æn , iI, 774.

prononcer au dieu ces paroles : « Vous voyez, ô terrible divinité, le fils du malheureux Ulysse; je viens vous demander si mon père est descendu dans votre empire, ou s'il est encore errant sur la terre ».

Pluton était sur un trône d'ébène : son visage était pâle et sévère ; ses yeux, creux et étincelants; son front, ridé et menaçant : la vue d'un homme vivant lui était odieuse, comme la lumière offense les yeux des animaux qui sont accoutumés de ne sortir de leur retraite que pendant la nuit. A son côté paraissait Proserpine, qui attirait seule ses regards, et qui semblait un peu adoucir son cœur : elle jouissait d'une beauté toujours nouvelle; mais elle paraissait avoir joint à ses grâces divines je ne sais quoi de dur et de cruel de son époux.

Au pied du trône était la Mort, pâle et dévorante, avec sa faux tranchante qu'elle aiguisait sans cesse. Autour d'elle volaient les noirs Soucis, les cruelles Défiances, les Vengeances, toutes dégouttantes de sang, et couvertes de plaies, les Haines injustes, l'Avarice, qui se ronge elle-même, le Désespoir, qui se déchire de ses propres mains, l'Ambition forcée, qui renverse tout, la Trahison, qui veut se repaître de sang, et qui ne peut jouir des maux qu'elle a faits, l'Envie, qui verse son venin mortel autour d'elle, et qui se tourne en rage, dans l'impuissance où elle est de nuire; l'Impiété, qui se creuse elle-même un abîme sans fond, où elle se précipite sans espérance, les Spectres hideux, les Fantômes, qui représentent les morts pour épouvanter les vivants, les Songes affreux, les Insomnies, aussi cruelles que les tristes Songes. Toutes ces images funestes environnaient le fier Pluton et remplissaient le palais où il habite.

Il répondit à Télémaque d'une voix basse qui fit gémir le fond de l'Érèbe : « Jeune mortel, les destinées t'ont fait violer cet asile sacré des ombres; suis ta haute destinée : je ne te dirai point où est ton père; il suffit que tu sois libre de le chercher. Puisqu'il a été roi sur la terre, tu n'as qu'à parcourir d'un côté l'endroit du noir Tartare où les mauvais rois sont punis, de l'autre les Champs-Élysées,

où les bons rois sont récompensés. Mais tu ne peux aller
d'ici dans les Champs-Élysées qu'après avoir passé par
le Tartare : hâte-toi d'y aller et de sortir de mon empire ».

A l'instant Télémaque semble voler dans ces espaces
vides et immenses, tant il lui tarde de savoir s'il verra son
père, et de s'éloigner de la présence horrible du tyran
qui tient en crainte les vivants et les morts. Il aperçoit
bientôt assez près de lui le noir Tartare : il en sortait une
fumée noire et épaisse, dont l'odeur empestée donnerait
la-mort, si elle se répandait dans la demeure des vivants :
cette fumée couvrait un fleuve de feu, et des tourbillons
de flamme, dont le bruit, semblable à celui des torrents
les plus impétueux quand ils s'élancent des plus hauts
rochers dans le fond des abîmes, faisait qu'on ne pouvait
rien entendre distinctement dans ces tristes lieux.

Télémaque, secrètement animé par Minerve, entre sans
crainte dans ce gouffre. D'abord il aperçut un grand
nombre d'hommes qui avaient vécu dans les plus basses
conditions, et qui étaient punis pour avoir cherché les richesses par des fraudes, des trahisons et des cruautés. Il
y remarqua beaucoup d'impies hypocrites, qui, faisant
semblant d'aimer la religion, s'en étaient servis comme
d'un beau prétexte pour contenter leur ambition et pour
se jouer des hommes crédules. Ces hommes, qui avaient
abusé de la vertu même, quoiqu'elle soit le plus grand don
des dieux, étaient punis comme les plus scélérats de tous
les hommes. Les enfants qui avaient égorgé leurs pères et
leurs mères, les épouses qui avaient trempé leurs mains
dans le sang de leurs époux, les traîtres qui avaient livré
leur patrie après avoir violé tous les serments, souffraient
des peines moins cruelles que ces hypocrites. Les trois
juges des Enfers l'avaient ainsi voulu; et voici leur raison:
c'est que les hypocrites ne se contentent pas d'être méchants comme le reste des impies; ils veulent encore
passer pour bons, et font, par leur fausse vertu, que les
hommes n'osent plus se fier à la véritable. Les dieux, dont
ils se sont joués et qu'ils ont rendus méprisables aux

hommes, prennent plaisir à employer toute leur puissance pour se venger de leurs insultes.

Auprès de ceux-ci paraissaient d'autres hommes que le vulgaire ne croit guère coupables, et que la vengeance divine poursuit impitoyablement : ce sont les ingrats, les menteurs, les flatteurs qui ont loué le vice; les critiques malins qui ont tâché de flétrir la plus pure vertu; enfin, ceux qui ont jugé témérairement des choses sans les connaître à fond, et qui par là ont nui à la réputation des innocents.

Mais parmi toutes les ingratitudes, celle qui était punie comme la plus noire, c'est celle où l'on tombe contre les dieux. « Quoi donc! disait Minos, on passe pour un monstre quand on manque de reconnaissance pour son père, ou pour son ami de qui on a reçu quelques secours; et on fait gloire d'être ingrat envers les dieux, de qui on tient la vie et tous les biens qu'elle renferme! Ne leur doit-on pas sa naissance plus qu'au père même de qui on est né? Plus tous ces crimes sont impunis et excusés sur la terre, plus ils sont dans les Enfers l'objet d'une vengeance implacable à qui rien n'échappe. »

Télémaque, voyant les trois juges qui étaient assis et qui condamnaient un homme, osa leur demander quels étaient ses crimes. Aussitôt le condamné, prenant la parole, s'écria : « Je n'ai jamais fait aucun mal; j'ai mis tout mon plaisir à faire du bien; j'ai été magnifique, libéral, juste, compatissant : que peut-on donc me reprocher? » Alors Minos lui dit : « On ne te reproche rien à l'égard des hommes; mais ne devais-tu pas moins aux hommes qu'aux dieux? Quelle est donc cette justice dont tu te vantes? Tu n'as manqué à aucun devoir envers les hommes, qui ne sont rien; tu as été vertueux, mais tu as rapporté toute ta vertu à toi-même, et non aux dieux, qui te l'avaient donnée; car tu voulais jouir du fruit de ta propre vertu et te renfermer en toi-même : tu as été ta divinité. Mais les dieux, qui ont tout fait, et qui n'ont rien fait que pour eux-mêmes, ne peuvent renoncer à leurs droits : tu les as oubliés; ils t'oublieront; ils te livreront à toi-même,

puisque tu as voulu être à toi et non pas à eux. Cherche
donc maintenant, si tu le peux, ta consolation dans ton
propre cœur. Te voilà à jamais séparé des hommes, auxquels tu as voulu plaire; te voilà seul avec toi-même, qui
étais ton idole : apprends qu'il n'y a point de véritable
vertu sans le respect et l'amour des dieux, à qui tout est
dû. Ta fausse vertu, qui a longtemps ébloui les hommes
faciles à tromper, va être confondue. Les hommes ne
jugeant des vices et des vertus que par ce qui les choque
ou les accommode, sont aveugles et sur le bien et sur le
mal : ici, une lumière divine renverse tous leurs jugements superficiels; elle condamne souvent ce qu'ils
admirent, et justifie ce qu'ils condamnent ».

A ces mots, ce philosophe, comme frappé d'un coup de
foudre, ne pouvait se supporter soi-même. La complaisance
qu'il avait eue autrefois à contempler sa modération, son
courage et ses inclinations généreuses, se change en
désespoir. La vue de son propre cœur, ennemi des dieux,
devient son supplice : il se voit et ne peut cesser de se
voir; il voit la vanité des jugements des hommes, auxquels
il a voulu plaire dans toutes ses actions; il se fait une révolution universelle de tout ce qui est au-dedans de lui,
comme si on bouleversait toutes ses entrailles; il ne se
trouve plus le même : tout appui lui manque dans son
cœur; sa conscience, dont le témoignage lui avait été si
doux, s'élève contre lui et lui reproche amèrement l'égarement et l'illusion de toutes ses vertus, qui n'ont point
eu le culte de la divinité pour principe et pour fin : il est
troublé, consterné, plein de honte, de remords et de
désespoir. Les Furies ne le tourmentent point, parce qu'il
leur suffit de l'avoir livré à lui-même, et que son propre
cœur venge assez les dieux méprisés. Il cherche les lieux
les plus sombres pour se cacher aux autres morts, ne
pouvant se cacher à lui-même; il cherche les ténèbres, et
ne peut les trouver : une lumière importune le poursuit
partout; partout les rayons perçants de la vérité vont venger la vérité qu'il a négligé de suivre. Tout ce qu'il a aimé
lui devient odieux, comme étant la source de ses maux,

qui ne peuvent jamais finir. Il dit en lui-même : « O insensé! je n'ai donc connu ni les dieux, ni les hommes, ni moi-même! Non, je n'ai rien connu, puisque je n'ai jamais aimé l'unique et véritable bien : tous mes pas ont été des égarements; ma sagesse n'était que folie; ma vertu n'était qu'un orgueil impie et aveugle : j'étais moi-même mon idole. »

Enfin, Télémaque aperçut les rois qui étaient condamnés pour avoir abusé de leur puissance. D'un côté, une Furie vengeresse leur présentait un miroir, qui leur montrait toute la difformité de leurs vices : là, ils voyaient et ne pouvaient s'empêcher de voir leur vanité grossière et avide des plus ridicules louanges; leur dureté pour les hommes, dont ils auraient dû faire la félicité; leur insensibilité pour la vertu; leur crainte d'entendre la vérité; leur inclination pour les hommes lâches et flatteurs; leur inapplication, leur mollesse, leur indolence, leur défiance déplacée, leur faste, et leur excessive magnificence fondée sur la ruine des peuples, leur ambition pour acheter un peu de vaine gloire par le sang de leurs citoyens; enfin, leur cruauté qui cherche chaque jour de nouvelles délices parmi les larmes et le désespoir de tant de malheureux. Ils se voyaient sans cesse dans ce miroir : ils se trouvaient plus horribles et plus monstrueux que ni la Chimère vaincue par Bellérophon, ni l'Hydre de Lerne abattue par Hercule, ni Cerbère même, quoiqu'il vomisse, de ses trois gueules béantes, un sang noir et venimeux, qui est capable d'empester toute la race des mortels vivants sur la terre[1].

En même temps, d'un autre côté, une autre Furie leur répétait avec insulte toutes les louanges que leurs flatteurs leur avaient données pendant leur vie, et leur présentait un autre miroir, où ils se voyaient tels que la flatterie les avaient dépeints : l'opposition de ces deux peintures, si contraires, était le supplice de leur vanité. On remarquait

[1]   Cerberus, quamvis.....
        Spiritus teter saniesque manet
        Ore trilingui
            Hor III, *Od.* xi.

que les plus méchants d'entre ces rois étaient ceux à qui
on avait donné les plus magnifiques louanges pendant leur
vie, parce que les méchants sont plus craints que les bons,
et qu'ils exigent sans pudeur les lâches flatteries des
poètes et des orateurs de leur temps.

On les entend gémir dans ces profondes ténèbres, où
ils ne peuvent voir que les insultes et les dérisions qu'ils
ont à souffrir : ils n'ont rien autour d'eux qui ne les repousse, qui ne les contredise, qui ne les confonde. Au lieu
que, sur la terre, ils se jouaient de la vie des hommes, et
prétendaient que tout était fait pour les servir, dans
le Tartare ils sont livrés à tous les caprices de certains
esclaves qui leur font sentir à leur tour une cruelle servitude; ils servent avec douleur, et il ne leur reste aucune
espérance de pouvoir jamais adoucir leur captivité; ils
sont sous les coups de ces esclaves, devenus leurs tyrans
impitoyables, comme une enclume est sous les coups des
marteaux des Cyclopes, quand Vulcain les presse de travailler dans les fournaises ardentes du mont Etna.

Là, Télémaque aperçut des visages pâles, hideux, et
consternés. C'est une tristesse noire qui ronge ces crimi-
nels : ils ont horreur d'eux-mêmes, et ils ne peuvent non
plus se délivrer de cette horreur que de leur propre nature;
ils n'ont point besoin d'autre châtiment de leurs fautes que
leurs fautes mêmes : ils les voient sans cesse dans toute
leur énormité : elles se présentent à eux comme des spectres horribles; elles les poursuivent. Pour s'en garantir, ils
cherchent une mort plus puissante que celle qui les a
séparés de leurs corps. Dans le désespoir où ils sont, ils
appellent à leur secours une mort qui puisse éteindre tout
sentiment et toute connaissance en eux; ils demandent
aux abîmes de les engloutir, pour se dérober aux rayons
vengeurs de la vérité qui les persécute : mais ils sont
réservés à la vengeance qui distille sur eux, goutte à
goutte, et qui ne tarira jamais. La vérité qu'ils ont craint
de voir fait leur supplice; ils la voient et n'ont des yeux
que pour la voir s'élever contre eux; sa vue les perce, les
déchire, les arrache à eux-mêmes : elle est comme la

foudre; sans rien détruire au-dehors, elle pénètre jusqu'au fond des entrailles. Semblable à un métail[1] dans une fournaise ardente, l'âme est comme fondue par ce feu vengeur; il ne laisse aucune consistance, et il ne consume rien : il dissout jusqu'aux premiers principes de la vie, et on ne peut mourir. On est arraché à soi; on n'y peut plus trouver ni appui, ni repos pour un seul instant : on ne vit plus que par la rage qu'on a contre soi-même et par une perte de toute espérance qui rend forcené.

Parmi ces objets qui faisaient dresser les cheveux de Télémaque sur sa tête, il vit plusieurs des anciens rois de Lydie qui étaient punis pour avoir préféré les délices d'une vie molle au travail, qui doit être inséparable de la royauté pour le soulagement des peuples.

Ces rois se reprochaient, les uns aux autres, leur aveuglement. L'un disait à l'autre, qui avait été son fils : « Ne vous avais-je pas recommandé souvent, pendant ma vieillesse et avant ma mort, de réparer les maux que j'avais faits par ma négligence?» Le fils répondait : « O malheureux père! c'est vous qui m'avez perdu! c'est votre exemple qui m'a accoutumé au faste, à l'orgueil, à la volupté, à la dureté pour les hommes. En vous voyant régner avec tant de mollesse, avec tant de lâches flatteurs autour de vous, je me suis accoutumé à aimer la flatterie et les plaisirs. J'ai cru que le reste des hommes était, à l'égard des rois, ce que les chevaux et les autres bêtes de charge sont à l'égard des hommes, c'est-à-dire des animaux dont on ne fait cas qu'autant qu'ils rendent de service, et qu'ils donnent de commodités. Je l'ai cru, c'est vous qui me l'avez fait croire, et maintenant je souffre tant de maux pour vous avoir imité ». A ces reproches, ils ajoutaient les plus affreuses malédictions, et paraissaient animés de rage pour s'entre-déchirer.

---

[1] Le Dictionnaire de Richelet, édition de 1680, porte: *mestal*, *métail* ; celui de Furetière, 1690, n'a que *metail* On lit aussi *métail* dans les premières éditions des *Caractères* de La Bruyere ; le Dictionnaire de l'Académie, 1694, n'a admis que *métal*. (LEF ...)

Autour de ces rois voltigeaient encore, comme des hiboux dans la nuit, les cruels Soupçons, les vaines Alarmes, les Défiances, qui vengent les peuples de la dureté de leurs rois, la Faim insatiable des richesses[1], la Fausse-Gloire toujours tyrannique; et la Mollesse lâche qui redouble tous les maux qu'on souffre, sans pouvoir jamais donner de solides plaisirs.

On voyait plusieurs de ces rois sévèrement punis, non pour les maux qu'ils avaient faits, mais pour les biens qu'ils auraient dû faire. Tous les crimes des peuples, qui viennent de la négligence avec laquelle on fait observer les lois, étaient imputés aux rois, qui ne doivent régner qu'afin que les lois règnent par leur ministère. On leur imputait aussi tous les désordres qui viennent du faste, du luxe, et de tous les autres excès qui jettent les hommes dans un état violent, et dans la tentation de mépriser les lois pour acquérir du bien. Surtout on traitait rigoureusement les rois qui, au lieu d'être de bons et vigilants pasteurs des peuples, n'avaient songé qu'à ravager le troupeau comme des loups dévorants[2].

Mais, ce qui consterna davantage Télémaque, ce fut de voir, dans cet abîme de ténèbres et de maux, un grand nombre de rois qui avaient passé sur la terre pour des rois assez bons; ils avaient été condamnés aux peines du Tartare, pour s'être laissé gouverner par des hommes méchants et artificieux. Ils étaient punis pour les maux qu'ils avaient laissé faire par leur autorité. De plus, la plupart de ces rois n'avaient été ni bons ni méchants, tant leur faiblesse avait été grande; ils n'avaient jamais craint de ne pas connaître la vérité; ils n'avaient point eu le goût de la vertu, et n'avaient pas mis leur plaisir à faire du bien.

[3] Lorsque Télémaque sortit de ces lieux, il se sentit

---

[1]   Auri sacra fames.
                              VIRG , Æn , III, 57.

[2] Voyez livre XV.

[3] VAR. *Commencement du Livre XIX, dans la division en* XXIV Livres.

soulagé, comme si on avait ôté une montagne de dessus sa poitrine; il comprit, par ce soulagement, le malheur de ceux qui y étaient renfermés sans espérance d'en sortir jamais. Il était effrayé de voir combien les rois étaient plus rigoureusement tourmentés que les autres coupables. Quoi! disait-il, tant de devoirs, tant de périls, tant de pièges, tant de difficultés de connaître la vérité pour se défendre contre les autres et contre soi-même; enfin, tant de tourments horribles dans les Enfers, après avoir été si agité, si envié, si traversé dans une vie courte! O insensé celui qui cherche à régner! Heureux celui qui se borne à une condition privée et paisible, où la vertu lui est moins difficile.

En faisant ces réflexions, il se troublait au-dedans de lui-même : il frémit et tomba dans une consternation qui lui fit sentir quelque chose du désespoir de ces malheureux qu'il venait de considérer. Mais à mesure qu'il s'éloigna de ce triste séjour des ténèbres, de l'horreur et du désespoir, son courage commença peu à peu à renaître : il respirait et entrevoyait déjà de loin la douce et pure lumière du séjour des héros.

C'est dans ce lieu qu'habitaient tous les bons rois qui avaient jusqu'alors gouverné sagement les hommes : ils étaient séparés du reste des justes. Comme les méchants princes souffraient dans le Tartare des supplices infiniment plus rigoureux que les autres coupables d'une condition privée, aussi les bons rois jouissaient, dans les Champs-Élysées, d'un bonheur infiniment plus grand que celui du reste des hommes qui avaient aimé la vertu sur la terre.

Télémaque s'avança vers ces rois, qui étaient dans des bocages odoriférants, sur des gazons toujours renaissants et fleuris. Mille petits ruisseaux d'une onde pure arrosaient ces beaux lieux, et y faisaient sentir une délicieuse fraîcheur; un nombre infini d'oiseaux faisaient résonner ces bocages de leur doux chant. On voyait tout ensemble les fleurs du printemps qui naissaient sous les pas, avec les plus riches fruits de l'automne qui pendaient des arbres Là, jamais on ne ressentit les ardeurs de la furieuse cani

culo; là, jamais les noirs aquilons n'osèrent souffler, ni
faire sentir les rigueurs de l'hiver. Ni la Guerre altérée
de sang, ni la cruelle Envie qui mord d'une dent ven-
meuse, et qui porte des vipères entortillées dans son sein
et autour de ses bras, ni les Jalousies, ni les Défiances, ni
la Crainte, ni les Vains-Désirs, n'approchent jamais de
cet heureux séjour de la paix. Le jour n'y finit point, et la
nuit, avec ses sombres voiles, y est inconnue; une lumière
pure et douce se répand autour des corps de ces hommes
justes et les environne de ses rayons comme d'un vête-
ment. Cette lumière n'est point semblable à la lumière
sombre qui éclaire les yeux des misérables mortels, et qui
n'est que ténèbres, c'est plutôt une gloire céleste qu'une
lumière : elle pénètre plus subtilement les corps les plus
épais, que les rayons du soleil ne pénètrent le plus pur
cristal. elle n'éblouit jamais: au contraire, elle fortifie
les yeux et porte dans le fond de l'âme je ne sais quelle
sérénité : c'est d'elle seule que ces hommes bienheureux
sont nourris; elle sort d'eux et elle y entre; elle les
pénètre et s'incorpore à eux comme les aliments s'incor-
porent à nous. Ils la voient, ils la sentent, ils la respirent,
elle fait naître en eux une source intarissable de paix
et de joie : ils sont plongés dans cet abîme de joie
comme les poissons dans la mer; ils ne veulent plus
rien; ils ont tout sans rien avoir, car ce goût de lumière
pure apaise la faim de leur cœur, tous leurs désirs sont
rassasiés, et leur plénitude les élève au-dessus de tout ce
que les hommes vides et affamés cherchent sur la terre;
toutes les délices qui les environnent ne leur sont rien,
parce que le comble de leur félicité, qui vient du dedans,
ne leur laisse aucun sentiment pour tout ce qu'ils
voient de délicieux au dehors; ils sont tels que les dieux,
qui, rassasiés de nectar et d'ambroisie, ne daigneraient
pas se nourrir des viandes grossières qu'on leur présen-
terait à la table la plus exquise des hommes mortels.
Tous les maux s'enfuient loin de ces lieux tranquilles : la
mort, la maladie, la pauvreté, la douleur, les regrets, les
remords, les craintes, les espérances mêmes, qui coûtent

souvent autant de peines que les craintes, les divisions, les
dégoûts, les dépits ne peuvent y avoir aucune entrée.

Les hautes montagnes de Thrace, qui de leurs fronts
couverts de neige et de glace depuis l'origine du monde
fendent les nues, seraient renversées de leurs fondements
posés au centre de la terre, que les cœurs de ces hommes
justes ne pourraient pas même être émus : seulement ils
ont pitié des misères qui accablent les hommes vivants
dans le monde; mais c'est une pitié douce et paisible qui
n'altère en rien leur immuable félicité. Une jeunesse
éternelle, une félicité sans fin, une gloire toute divine est
peinte sur leurs visages; mais leur joie n'a rien de folâtre
ni d'indécent; c'est une joie douce, noble, pleine de majesté; c'est un goût sublime de la vérité et de la vertu qui
les transporte : il sont, sans interruption, à chaque moment, dans le même saisissement de cœur où est une mère
qui revoit son cher fils qu'elle avait cru mort, et cette
joie, qui échappe bientôt à la mère, ne s'enfuit jamais du
cœur de ces hommes; jamais elle ne languit un instant;
elle est toujours nouvelle pour eux : ils ont le transport
de l'ivresse sans en avoir le trouble et l'aveuglement.

Ils s'entretiennent ensemble de ce qu'ils voient et de ce
qu'ils goûtent : ils foulent à leurs pieds les molles délices
et les vaines grandeurs de leur ancienne condition qu'ils
déplorent; ils repassent avec plaisir ces tristes, mais
courtes années, où ils ont eu besoin de combattre contre
eux-mêmes et contre le torrent des hommes corrompus,
pour devenir bons; ils admirent le secours des dieux qui
les ont conduits, comme par la main, à la vertu, au milieu
de tant de périls. Je ne sais quoi de divin coule sans cesse
au travers de leurs cœurs comme un torrent de la divinité même qui s'unit à eux; ils voient, ils goûtent; ils sont
heureux, et sentent qu'ils le seront toujours. Ils chantent
tous ensemble les louanges des dieux, et ils ne font, tous
ensemble, qu'une seule voix, une seule pensée, un seul
cœur : une même félicité fait comme un flux et reflux
dans ces âmes unies.

Dans ce ravissement divin, les siècles coulent plus rapi-

dement que les heures parmi les mortels ; et cependant
mille et mille siècles écoulés n'ôtent rien à leur félicité
toujours nouvelle et toujours entière. Ils règnent tous
ensemble, non sur des trônes que la main des hommes
peut renverser, mais en eux-mêmes, avec une puissance

immuable ; car ils n'ont plus besoin d'être redoutables par
une puissance empruntée d'un peuple vil et misérable. Ils
ne portent plus ces vains diadèmes dont l'éclat cache tant
de craintes et de noirs soucis : les dieux mêmes les ont
couronnés de leurs propres mains, avec des couronnes
que rien ne peut flétrir.

Télémaque, qui cherchait son père, et qui avait craint
de le trouver dans ces beaux lieux, fut si saisi de ce goût
de paix et de félicité, qu'il eût voulu y trouver Ulysse, et
qu'il s'affligeait d'être contraint lui-même de retourner
ensuite dans la société des mortels. C'est ici, disait-il, que
la véritable vie se trouve, et la nôtre n'est qu'une mort.
Mais ce qui l'étonnait était d'avoir vu tant de rois punis
dans le Tartare, et d'en voir si peu dans les Champs-Élysées; il comprit qu'il y a peu de rois assez fermes et assez
courageux pour résister à leur propre puissance, et pour
rejeter la flatterie de tant de gens qui excitent toutes leurs
passions. Ainsi, les bons rois sont très rares; et la plupart
sont si méchants que les dieux ne seraient pas justes si,
après avoir souffert qu'ils aient abusé de leur puissance
pendant la vie, ils ne les punissaient après leur mort.

Télémaque, ne voyant point son père Ulysse parmi tous
ces rois, chercha du moins des yeux le divin Laerte, son
grand-père. Pendant qu'il le cherchait inutilement, un
vieillard vénérable et plein de majesté s'avança vers lui.
Sa vieillesse ne ressemblait point à celle des hommes que
le poids des années accable sur la terre; on voyait seulement qu'il avait été vieux avant sa mort : c'était un mélange de tout ce que la vieillesse a de grave, avec toutes
les grâces de la jeunesse; car ces grâces renaissent même
dans les vieillards les plus caducs, au moment où ils sont
introduits dans les Champs-Élysées. Cet homme s'avançait
avec empressement et regardait Télémaque avec complaisance, comme une personne qui lui était fort chère. Télémaque, qui ne le reconnaissait point, était en peine et en
suspens.

« Je te pardonne, ô mon cher fils, lui dit le vieillard, de
ne me point reconnaître : je suis Arcésius, père de Laerte.
J'avais fini mes jours un peu avant qu'Ulysse, mon petit-
fils, partît pour aller au siège de Troie; alors tu étais
encore un petit enfant entre les bras de ta nourrice : dès
lors j'avais conçu de toi de grandes espérances, elles n'ont
point été trompeuses, puisque je te vois descendu dans le
royaume de Pluton pour chercher ton père, et que les

dieux te soutiennent dans cette entreprise O heureux
enfant! les dieux t'aiment et te préparent une gloire égale
à celle de ton père. O heureux moi-même de te revoir!
Cesse de chercher Ulysse en ces lieux, il vit encore, et il
est réservé pour relever notre Maison dans l'île d'Ithaque.
Laerte même, quoique le poids des années l'ait abattu,
jouit encore de la lumière et attend que son fils revienne
lui fermer les yeux. Ainsi les hommes passent comme les
fleurs qui s'épanouissent le matin, et qui le soir sont flé-
tries et foulées aux pieds. Les générations des hommes
s'écoulent comme les ondes d'un fleuve rapide; rien ne
peut arrêter le temps, qui entraîne après lui tout ce qui
paraît le plus immobile. Toi-même, ô mon fils! mon cher
fils! toi-même, qui jouis maintenant d'une jeunesse si vive
et si féconde en plaisirs, souviens-toi que ce bel âge n'est
qu'une fleur qui sera presque aussitôt séchée qu'éclose;
tu verras changer insensiblement les grâces riantes et les
doux plaisirs qui t'accompagnent. La force, la santé, la
joie s'évanouiront comme un beau songe; il ne t'en restera qu'un triste souvenir: la vieillesse languissante et
ennemie des plaisirs viendra rider ton visage, courber ton
corps, affaiblir tes membres, faire tarir dans ton cœur la
source de la joie, te dégoûter du présent, te faire craindre
l'avenir, te rendre insensible à tout, excepté à la douleur.

« Ce temps te paraît éloigné : hélas! tu te trompes,
mon fils; il se hâte, le voilà qui arrive : ce qui vient avec
tant de rapidité n'est pas loin de toi; et le présent qui
s'enfuit est déjà bien loin, puisqu'il s'anéantit dans le
moment que nous parlons[1], et ne peut plus se rapprocher.
Ne compte donc jamais, mon fils, sur le présent; mais
soutiens-toi dans le sentier rude et âpre de la vertu, par
la vue de l'avenir. Prépare-toi, par des mœurs pures et
par l'amour de la justice, une place dans cet heureux
séjour de la paix.

« Tu verras enfin bientôt ton père reprendre l'autorité

[1]　Le moment où je parle est déjà loin de moi.
BOIL., Ép III.

dans Ithaque. Tu es né pour régner après lui ; mais, hélas !
ô mon fils, que la royauté est trompeuse ! quand on la
regarde de loin, on ne voit que grandeur, éclat et délices,
mais de près tout est épineux. Un particulier peut, sans
déshonneur, mener une vie douce et obscure. Un roi ne
peut, sans se déshonorer, préférer une vie douce et oisive
aux fonctions pénibles du gouvernement : il se doit à tous
les hommes qu'il gouverne : il ne lui est jamais permis
d'être à lui-même : ses moindres fautes sont d'une conséquence infinie, parce qu'elles causent le malheur des peuples, et quelquefois pendant plusieurs siècles : il doit réprimer l'audace des méchants, soutenir l'innocence, dissiper la calomnie. Ce n'est pas assez pour lui de ne faire
aucun mal ; il faut qu'il fasse tous les biens possibles dont
l'État a besoin. Ce n'est pas assez de faire le bien par soi-
même, il faut encore empêcher tous les maux que d'autres
feraient, s'ils n'étaient retenus. Crains donc, mon fils,
crains une condition si périlleuse : arme-toi de courage
contre toi-même, contre tes passions et contre les flatteurs. »

En disant ces paroles, Arcésius paraissait animé d'un
feu divin, et montrait à Télémaque un visage plein de
compassion pour les maux qui accompagnent la royauté.
« Quand elle est prise, disait-il, pour se contenter soi-
même, c'est une monstrueuse tyrannie ; quand elle est
prise pour remplir ses devoirs et pour conduire un peuple
innombrable comme un père conduit ses enfants, c'est une
servitude accablante qui demande un courage et une
patience héroïques. Aussi est-il certain que ceux qui ont
régner avec une sincère vertu possèdent ici tout ce que la
puissance des dieux peut donner pour rendre une félicité
complète. »

Pendant qu'Arcésius parlait de la sorte, ses paroles entraient jusqu'au fond du cœur de Télémaque : elles s'y
gravaient, comme un habile ouvrier, avec son burin, grave
sur l'airain les figures ineffaçables qu'il veut montrer aux
yeux de la plus reculée postérité. Ces sages paroles étaient
comme une flamme subtile qui pénétrait dans les entrailles

25

du jeune Télémaque; il se sentait ému et embrasé : je ne
sais quoi de divin semblait fondre son cœur au-dedans de
lui. Ce qu'il portait dans la partie la plus intime de lui-
même le consumait secrètement; il ne pouvait ni le contenir, ni le supporter, ni résister à une si violente impression : c'était un sentiment vif et délicieux, qui était mêlé
d'un tourment capable d'arracher la vie.

Ensuite Télémaque commença à respirer plus librement
Il reconnut dans le visage d'Arcésius une grande ressemblance avec Laerte; il croyait même se ressouvenir confusément d'avoir vu en Ulysse, son père, des traits de cette
même ressemblance, lorsque Ulysse partit pour le siège
de Troie.

Ce ressouvenir attendrit son cœur; des larmes douces
et mêlées de joie coulèrent de ses yeux; il voulut embrasser une personne si chère; plusieurs fois il l'essaya inutilement, cette ombre vaine échappa à ses embrassements,
comme un songe trompeur se dérobe à l'homme qui croit
en jouir[1] : tantôt la bouche altérée de cet homme dormant
poursuit une eau fugitive, tantôt ses lèvres s'agitent pour
former des paroles que sa langue engourdie ne peut pro-
férer; ses mains s'étendent avec effort et ne prennent rien :
ainsi Télémaque ne peut contenter sa tendresse; il voit
Arcésius, il l'entend, il lui parle, il ne peut le toucher.
Enfin il lui demande qui sont ces hommes qu'il voit autour
de lui.

« Tu vois, mon fils, lui répondit le sage vieillard, les
hommes qui ont été l'ornement de leur siècle, la gloire et
le bonheur du genre humain. Tu vois le petit nombre de
rois qui ont été dignes de l'être, et qui ont fait avec fidélité
la fonction des dieux sur la terre. Ces autres que tu vois
assez près d'eux, mais séparés par ce petit nuage, ont une
gloire beaucoup moindre : ce sont des héros à la vérité :
mais la récompense de leur valeur et de leurs expéditions

---

1   Ter conatus ibi collo dare brachia circum,
      Ter frustra comprensa manus effugit imago,
      Par levibus ventis volucrique simillima somno.
                                   VIRG , Æn , VI, 700.

militaires ne peut être comparée avec celle des rois sages,
justes et bienfaisants.

« Parmi ces héros, tu vois Thésé., qui a le visage un
peu triste. Il a ressenti le malheur d'être trop crédule pour
une femme artificieuse, et il est encore affligé d'avoir si
injustement demandé à Neptune la mort cruelle de son fils
Hippolyte : heureux s'il n'eût point été si prompt et si

facile à irriter! Tu vois aussi Achille appuyé sur sa lance
à cause de cette blessure qu'il reçut au talon, de la main
du lâche Pâris, et qui finit sa vie. S'il eût été aussi sage,
juste et modéré qu'il était intrépide, les dieux lui auraient
accordé un long règne ; mais ils ont eu pitié des Phthiotes[1]
et des Dolopes, sur lesquels il devait naturellement

---

[1] Peuples de la Phthiotide, petite contrée de la Thessalie, sur
lesquels régnait Pélée, père d'Achille.

régner après Pélée : ils n'ont pas voulu livrer tant de peuples à la merci d'un homme fougueux, et plus facile à irriter que la mer la plus orageuse. Les Parques ont accourci le fil de ses jours; il a été comme une fleur à peine éclose que le tranchant de la charrue coupe[1], et qui tombe avant la fin du jour où l'on l'avait vu naître. Les dieux n'ont voulu s'en servir que comme des torrents et des tempêtes, pour punir les hommes de leurs crimes; ils ont fait servir Achille à abattre les murs de Troie, pour venger le parjure de Laomédon et les injustes amours de Paris. Après avoir employé ainsi cet instrument de leurs vengeances, ils se sont apaisés et ils ont refusé aux larmes de Thétis de laisser plus longtemps sur la terre ce jeune héros, qui n'y était propre qu'à troubler les hommes, qu'à renverser les villes et les royaumes.

« Mais vois-tu cet autre avec ce visage farouche? c'est Ajax, fils de Télamon et cousin d'Achille. Tu n'ignores pas sans doute quelle fut sa gloire dans les combats? Après la mort d'Achille, il prétendit qu'on ne pouvait donner ses armes à nul autre qu'à lui; ton père ne crut pas les lui devoir céder : les Grecs jugèrent en faveur d'Ulysse. Ajax se tua de désespoir; l'indignation et la fureur sont encore peintes sur son visage. N'approche pas de lui, mon fils; car il croirait que tu voudrais l'insulter dans son malheur : et il est juste de le plaindre. Ne remarques-tu pas qu'il nous regarde avec peine, et qu'il entre brusquement dans ce sombre bocage, parce que nous lui sommes odieux[2]? Tu vois de cet autre côté Hector, qui eût été invincible si le fils de Thétis n'eût point été au monde dans le même temps. Mais voilà Agamemnon qui passe, et qui porte encore sur lui les marques de la perfidie de Clytemnestre. O mon fils! je frémis en pensant aux malheurs de cette

---

[1] Purpureus veluti quum flos succisus aratro
     Languescit moriens

                              VIRG., Æn., IX, 435

[2] Tandem prorupit sese, atque inimica refugit
     In nemus umbriferum
                              VIRG., Æn., VI, 472.

famille de l'impie Tantale. La division des deux frères
Atrée et Thyeste a rempli cette Maison d'horreur et de
sang. Hélas! combien un crime en attire-t-il d'autres?
Agamemnon, revenant, à la tête des Grecs, du siège de
Troie, n'a pas eu le temps de jouir en paix de la gloire
qu'il avait acquise : telle est la destinée de presque tous
les conquérants. Tous ces hommes que tu vois ont été redoutables dans la guerre; mais ils n'ont point été aimables

et vertueux : aussi ne sont-ils que dans la seconde demeure des Champs-Élysées.

« Pour ceux-ci, ils ont régné avec justice et ont aimé
leurs peuples : ils sont les amis des dieux, pendant qu'A-
chille et Agamemnon, pleins de leurs querelles et de leurs
combats, conservent encore ici leurs peines et leurs
défauts naturels. Pendai qu'ils regrettent en vain la vie
qu'ils ont perdue et qu'i_ s'affligent de n'être plus que
des ombres impuissantes et vaines, ces rois justes, étant
purifiés par la lumière divine dont ils sont nourris, n'ont

plus rien à désirer pour leur bonheur : ils regardent avec
compassion les inquiétudes des mortels, et les plus grandes
affaires qui agitent les hommes ambitieux leur paraissent
comme des jeux d'enfants; leurs cœurs sont rassasiés de
la vérité et de la vertu qu'ils puisent dans la source. Ils
n'ont plus rien à souffrir ni d'autrui ni d'eux-mêmes: plus
de désirs, plus de besoins, plus de craintes, tout est fini
pour eux, excepté leur joie qui ne peut finir.

« Considère, mon fils, cet ancien roi Inachus, qui fonda
le royaume d'Argos. Tu le vois avec cette vieillesse si
douce et si majestueuse : les fleurs naissent sous ses pas;
sa démarche légère ressemble au vol d'un oiseau[1]; il tient
dans sa main une lyre d'ivoire, et, dans un transport
éternel, il chante les merveilles des dieux. Il sort de son
cœur et de sa bouche un parfum exquis; l'harmonie de sa
lyre et de sa voix ravirait les hommes et les dieux. Il est
ainsi récompensé pour avoir aimé le peuple qu'il assembla
dans l'enceinte de ses nouveaux murs, et auquel il donna
des lois.

« De l'autre côté, tu peux voir, entre ces myrtes, Cécrops, Égyptien qui, le premier, régna dans Athènes, ville
consacrée à la sage déesse dont elle porta le nom[2]. Cécrops, apportant des lois utiles de l'Égypte, qui a été pour
la Grèce la source des lettres et des bonnes mœurs, adoucit les naturels farouches des bourgs de l'Attique et les
unit par les liens de la société. Il fut juste, humain, compatissant : il laissa les peuples dans l'abondance et sa
famille dans la médiocrité, ne voulant point que ses enfants eussent l'autorité après lui, parce qu'il jugeait que
d'autres en étaient plus dignes.

« Il faut que je te montre aussi dans cette petite vallée
Érichton, qui inventa l'usage de l'argent pour la monnaie[3] :

[1] Et de même, livre XVIII : « Cette divinité ne touche pas du
« pied à terre ; elle coule legèrement dans l'air, comme un oiseau
« le fend de ses ailes ». Cette image est prise d'Homère Voyez
tome I, p. 262, et l'*Excursus* XIII de M. Heyne, sur le premier
livre de l'*Énéide*.

[2] Voyez livre XIII.

[3] Érichton est plus connu sous le nom d'Érichtonius. Ce que

il le fit en vue de faciliter le commerce entre les îles de la Grèce; mais il prévit l'inconvénient attaché à cette invention. Appliquez-vous, disait-il à tous les peuples, à multiplier chez vous les richesses naturelles, qui sont les véritables : cultivez la terre, pour avoir une grande abondance de blé, de vin, d'huile et de fruits; ayez des troupeaux innombrables qui vous nourrissent de leur lait, et qui vous couvrent de leur laine : par là, vous vous mettrez en état de ne craindre jamais la pauvreté. Plus vous aurez d'enfants, plus vous serez riches, pourvu que vous les rendiez laborieux; car la terre est inépuisable, et elle augmente sa fécondité à proportion du nombre de ses habitants qui ont soin de la cultiver : elle les paie tous libéralement de leurs peines, au lieu qu'elle se rend avare et ingrate pour ceux qui la cultivent négligemment. Attachez-vous donc principalement aux véritables richesses qui satisfont aux vrais besoins de l'homme. Pour l'argent monnayé, il ne faut en faire aucun cas, qu'autant qu'il est nécessaire ou pour les guerres inévitables qu'on a à soutenir au dehors, ou pour le commerce des marchandises nécessaires qui manquent dans votre pays : encore serait-il à souhaiter qu'on laissât tomber le commerce à l'égard de toutes les choses qui ne servent qu'à entretenir le luxe, la vanité et la mollesse.

« Le sage Érichton disait souvent : Je crains bien, mes enfants, de vous avoir fait un présent funeste en vous donnant l'invention de la monnaie. Je prévois qu'elle excitera l'avarice, l'ambition, le faste; qu'elle entretiendra une infinité d'arts pernicieux qui ne vont qu'à amollir et à corrompre les mœurs; qu'elle vous dégoûtera de l'heureuse simplicité, qui fait tout le repos et toute la sûreté de la vie; qu'enfin elle vous fera mépriser l'agriculture, qui est le fondement de la vie humaine et la source de tous les vrais biens : mais les dieux sont témoins que j'ai eu le cœur pur en vous donnant cette invention utile en elle-même.

l'auteur dit de l'usage de la monnaie introduit par ce roi d'Athènes est confirmé par quelques passages que l'on peut voir dans Meursius, *De Reg., Athen.*, II. c. i.

Enfin, quand Érichton aperçut que l'argent corrompait les peuples, comme il l'avait prévu, il se retira de douleur sur une montagne sauvage où il vécut pauvre et éloigné des hommes, jusqu'à une extrême vieillesse, sans vouloir se mêler du gouvernement des villes.

« Peu de temps après lui, on vit paraître dans la Grèce le fameux Triptolème, à qui Cérès avait enseigné l'art de cultiver les terres, et de les couvrir tous les ans d'une moisson dorée. Ce n'est pas que les hommes ne connussent déjà le blé et la manière de le multiplier en le semant; mais ils ignoraient la perfection du labourage; et Triptolème, envoyé par Cérès, vint, la charrue en main, offrir les dons de la déesse à tous les peuples qui auraient assez de courage pour vaincre leur paresse naturelle, et pour s'adonner à un travail assidu. Bientôt Triptolème apprit aux Grecs à fendre la terre et à la fertiliser en déchirant son sein; bientôt les moissonneurs ardents et infatigables firent tomber, sous leurs faucilles tranchantes, les jaunes épis qui couvraient les campagnes. Les peuples même sauvages et farouches, qui couraient épars çà et là, dans les forêts d'Épire et d'Étolie, pour se nourrir de glands, adoucirent leurs mœurs et se soumirent à des lois, quand ils eurent appris à faire croître des moissons et à se nourrir de pain.

« Triptolème fit sentir aux Grecs le plaisir qu'il y a à ne devoir ses richesses qu'à son travail, et à trouver dans son champ tout ce qu'il faut pour rendre la vie commode et heureuse. Cette abondance si simple et si innocente, qui est attachée à l'agriculture, les fit souvenir des sages conseils d'Erichton; ils méprisèrent l'argent et toutes les richesses artificielles, qui ne sont richesses qu'en imagination, qui tentent les hommes de chercher des plaisirs dangereux, et qui les détournent du travail, où ils trouveraient tous les biens réels, avec des mœurs pures, dans une pleine liberté. On comprit donc qu'un champ fertile et bien cultivé est le vrai trésor d'une famille assez sage pour vouloir vivre frugalement comme ses pères ont vécu. Heureux les Grecs, s'ils étaient demeurés fermes dans ces maximes, si propres à les rendre puissants, libres, heureux et dignes de l'être par une solide vertu? Mais, hélas! ils commencent à admirer les fausses richesses; ils négligent peu à peu les vraies et ils dégénèrent de cette merveilleuse simplicité.

« O mon fils! tu régneras un jour; alors souviens-toi de ramener les hommes à l'agriculture, d'honorer cet art, de soulager ceux qui s'y appliquent, et de ne souffrir point que les hommes vivent ni oisifs, ni occupés à des arts qui entretiennent le luxe et la mollesse. Ces deux hommes, qui ont été si sages sur la terre, sont ici chéris des dieux. Remarque, mon fils, que leur gloire surpasse autant celle d'Achille et des autres héros qui n'ont excellé que dans les combats, qu'un doux printemps est au-dessus de l'hiver glacé, et que la lumière du soleil est plus éclatante que celle de la lune. »

Pendant qu'Arcésius parlait de la sorte, il aperçut que Télémaque avait toujours les yeux arrêtés du côté d'un petit bois de lauriers et d'un ruisseau bordé de violettes, de roses, de lis et de plusieurs autres fleurs odoriférantes, dont les vives couleurs ressemblaient à celles d'Iris, quand elle descend du ciel sur la terre pour annoncer à quelque mortel les ordres des dieux. C'était le grand roi Sésostris, que Télémaque reconnut dans ce beau lieu. Il était mille fois plus majestueux qu'il ne l'avait jamais été sur son trône d'Égypte. Des rayons d'une lumière douce sortaient de ses yeux, et ceux de Télémaque en étaient éblouis. A le voir, on eût cru qu'il était enivré de nectar, tant l'esprit divin l'avait mis dans un transport au-dessus de la raison humaine, pour récompenser ses vertus.

Télémaque dit à Arcésius : « Je reconnais, ô mon père, Sésostris, ce sage roi d'Égypte, que j'y ai vu il n'y a pas longtemps ».

« Le voilà, répondit Arcésius, et tu vois, par son exemple, combien les dieux sont magnifiques à récompenser les bons rois : mais il faut que tu saches que toute cette félicité n'est rien en comparaison de celle qui lui était destinée, si une trop grande prospérité ne lui eût fait oublier

les règles de la modération et de la justice. La passion de
rabaisser l'orgueil et l'insolence des Tyriens l'engagea à
prendre leur ville. Cette conquête lui donna le plaisir d'en
faire d'autres : il se laissa séduire par la vaine gloire des
conquérants ; il subjugua, ou, pour mieux dire, il ravagea
toute l'Asie. A son retour en Egypte, il trouva que son
frère s'était emparé de la royauté, et avait altéré, par un
gouvernement injuste, les meilleures lois du pays. Ainsi
ses grandes conquêtes ne servirent qu'à troubler son
royaume. Mais ce qui le rendit plus inexcusable, c'est
qu'il fut enivré de sa propre gloire ; il fit atteler à un char
les plus superbes d'entre les rois qu'il avait vaincus[1]. Dans
la suite, il reconnut sa faute et eut honte d'avoir été si
inhumain. Tel fut le fruit de ses victoires. Voilà ce que les
conquérants font contre leurs États et contre eux-mêmes,
en voulant usurper ceux de leurs voisins. Voilà ce qui fit
déchoir un roi d'ailleurs si juste et si bienfaisant ; et c'est
ce qui diminue la gloire que les dieux lui avaient préparée.

« Ne vois-tu pas cet autre, mon fils, dont la blessure
paraît si éclatante? C'est un roi de Carie[2], nommé Dio-
clides, qui se dévoua pour son peuple dans une bataille,
parce que l'oracle avait dit que, dans la guerre des
Cariens et des Lyciens[3], la nation dont le roi périrait serait
victorieuse.

« Considère cet autre ; c'est un sage législateur[4] qui,
ayant donné à sa nation des lois propres à les rendre bons
et heureux, leur fit jurer qu'ils ne violeraient aucune de
ces lois pendant son absence ; après quoi il partit, s'exila
lui-même de sa patrie et mourut pauvre dans une terre

[1] Ce fait est rapporté sur la foi de Pline, *Hist. nat*, XXXIII,
§ 15

[2] Pays de l'Asie-Mineure, au midi de la Lydie.

[3] La Lycie était une autre contrée de l'Asie-Mineure, au voisinage de la Carie.

[4] C'est Lycurgue qu'il désigne ; mais il a sagement fait de ne le
pas nommer, car Lycurgue, qui n'était pas encore né, ne pouvait
pas être déjà mort.

étrangère, pour obliger son peuple, par ce serment, à garder à jamais des lois si utiles.

« Cet autre, que tu vois, est Eunésyme, roi des Pyliens, et un des ancêtres du sage Nestor. Dans une peste qui ravageait la terre, et qui couvrait de nouvelles ombres les bords de l'Achéron, il demanda aux dieux d'apaiser leur colère, en payant par sa mort pour tant de milliers d'hommes innocents. Les dieux l'exaucèrent et lui firent trouver ici la vraie royauté, dont toutes celles de la terre ne sont que de vaines ombres.

« Ce vieillard, que tu vois couronné de fleurs, est le fameux Bélus : il régna en Égypte, et il épousa Anchinoé, fille du dieu Nilus[1], qui cache la source de ses eaux, et qui enrichit les terres qu'il arrose par ses inondations. Il eut deux fils : Danaüs, dont tu sais l'histoire, et Égyptus, qui donna son nom à ce beau royaume. Bélus se croyait plus riche par l'abondance où il mettait son peuple, et par l'amour de ses sujets pour lui, que par tous les tributs qu'il aurait pu leur imposer. Ces hommes, que tu crois morts, vivent, mon fils ; et c'est la vie qu'on traîne misérablement sur la terre qui n'est qu'une mort : les noms seulement sont changés. Plaise aux dieux de te rendre assez bon pour mériter cette vie heureuse, que rien ne peut plus finir ni troubler ! Hâte-toi, il en est temps, d'aller chercher ton père. Avant que de le trouver, hélas ! que tu verras répandre de sang ? Mais quelle gloire t'attend dans les campagnes de l'Hespérie[2] ? Souviens-toi des conseils du sage Mentor : pourvu que tu les suives, ton nom sera grand parmi tous les peuples et dans tous les siècles. »

Il dit, et aussitôt il conduisit Télémaque vers la porte d'ivoire[3], par où l'on peut sortir du ténébreux empire de Pluton. Télémaque, les larmes aux yeux, le quitta sans pouvoir l'embrasser ; et, sortant de ces sombres lieux, il

---

[1] L'auteur suit ici la Bibliothèque d'Apollodore, t. II, ch. i, § 4.
[2] C'est-a-dire de l'Italie, et particulierement de la Grande-Grece.

[3]   Prosequitur dictis portaque emittit eburna.
                                   Virg., Æn., VI, 897.

retourna en diligence vers le camp des alliés, après avoir rejoint, sur le chemin, les deux jeunes Crétois qui l'avaient accompagné jusques auprès de la caverne, et qui n'espéraient plus de le revoir.

LIVRE XV[1]

SOMMAIRE

Télémaque, dans une assemblée des chefs de l'armée, combat la fausse politique qui leur inspirait le dessein de surprendre Venuse, que les deux partis étaient convenus de laisser en dépôt entre les mains des Lucaniens. Il ne montre pas moins de sagesse à l'occasion de deux transfuges, dont l'un, nommé Acanthe, était chargé par Adraste de l'empoisonner; l'autre, nommé Dioscore, offrait aux alliés la tête d'Adraste. Dans le combat qui s'engage ensuite, Télémaque excite l'admiration universelle par sa valeur et sa prudence : il porte de tous côtés la mort sur son passage, en cherchant Adraste dans la mêlée. Adraste, de son côté, le cherche avec empressement, environné de l'élite de ses troupes, qui fait un horrible carnage des alliés et de leurs plus vaillants capitaines. A cette vue, Télémaque, indigné, s'élance contre Adraste, qu'il terrasse bientôt et qu'il réduit à lui demander la vie. Télémaque l'épargne généreusement; mais comme Adraste, à peine relevé, cherchait à le surprendre de nouveau, Télémaque le perce de son glaive. Alors les Dauniens tendent les mains aux alliés en signe de réconciliation et demandent, comme l'unique condition de paix, qu'on leur permette de choisir un roi de leur nation.

Cependant les chefs de l'armée s'assemblèrent pour délibérer s'il fallait s'emparer de Venuse[2]. C'était une ville forte qu'Adraste avait autrefois ursurpée sur ses voisins les Apuliens-Peucètes[3]. Ceux-ci étaient entrés contre lui dans la ligue, pour demander justice sur cette invasion. Adraste, pour les apaiser, avait mis cette ville en dépôt entre les mains des Lucaniens : mais il avait corrompu par argent

---

[1] VAR. livre XX.

[2] Aujourd'hui Venosa. Cette ville sera à jamais fameuse pour avoir été la patrie d'Horace.

[3] Leur pays répond à la Calabre actuelle.

et la garnison lucanienne et celui qui la commandait, de
façon que la nation des Lucaniens avait moins d'autorité
effective que lui dans Venuse ; et les Apuliens, qui avaient
consenti que la garnison lucanienne gardât Venuse avaient
été trompés dans cette négociation.

Un citoyen de Venuse, nommé Démophante [1], avait offert
secrètement aux alliés de leur livrer, la nuit, une des
portes de la ville. Cet avantage était d'autant plus grand
qu'Adraste avait mis toutes ses provisions de guerre et de
bouche dans un château voisin de Venuse, qui ne pouvait
se défendre si Venuse était prise. Philoctète et Nestor
avaient déjà opiné qu'il fallait profiter d'une si heureuse
occasion. Tous les chefs, entraînés par leur autorité, et
éblouis par l'utilité d'une si facile entreprise, applau-
dissaient à ce sentiment ; mais Télémaque, à son tour, fit
les derniers efforts pour les en détourner.

« Je n'ignore pas, leur dit-il, que si jamais un homme
a mérité d'être surpris et trompé, c'est Adraste, lui qui a
si souvent trompé tout le monde. Je vois bien qu'en sur-
prenant Venuse vous ne feriez que vous mettre en possession d'une ville qui vous appartient, puisqu'elle est aux
Apuliens, qui sont un des peuples de votre ligue. J'avoue
que vous le pourriez faire avec d'autant plus d'apparence
de raison qu'Adraste, qui a mis cette ville en dépôt, a
corrompu le commandant et la garnison, pour y rentrer
quand il le jugera à propos. Enfin, je comprends, comme
vous, que, si vous preniez Venuse, vous seriez maître dès
le lendemain du château où sont tous les préparatifs de la
guerre qu'Adraste y a assemblés, et qu'ainsi vous finiriez
en deux jours cette guerre si formidable. Mais ne vaut-il
pas mieux périr que vaincre par de tels moyens ? Faut-il
repousser la fraude par la fraude ? Sera-t-il dit que tant de
rois, ligués pour punir l'impie Adraste de ses tromperies,
seront trompeurs comme lui ? S'il nous est permis de faire

[1] « Comme qui dirait, trompeur du peuple » : c'est une explication tout à fait fausse d'un ancien éditeur. Demophante signifie: qui
dénonce le peuple, dénonciateur public.

comme Adraste, il n'est point coupable, et nous avons tort de vouloir le punir. Quoi! l'Hespérie entière, soutenue de tant de colonies grecques et de héros revenus du siège de Troie, n'a-t-elle point d'autres armes contre la perfidie et les parjures d'Adraste, que la perfidie et le parjure ?

« Vous avez juré, par les choses les plus sacrées, que vous laisseriez Venuse en dépôt dans les mains des Lucaniens. La garnison lucanienne, dites-vous, est corrompue par l'argent d'Adraste ; je le crois comme vous : mais cette garnison est toujours à la solde des Lucaniens ; elle n'a point refusé de leur obéir ; elle a gardé, du moins en apparence, la neutralité ; Adraste, ni les siens, ne sont jamais entrés dans Venuse ; le traité subsiste ; votre serment n'est point oublié des dieux. Ne gardera-t-on les paroles données, que quand on manquera de prétextes plausibles pour les violer ? Ne sera-t-on fidèle et religieux pour les serments, que quand on n'aura rien à gagner en violant sa foi ? Si l'amour de la vertu et la crainte des dieux ne vous touchent plus, au moins soyez touchés de votre réputation et de votre intérêt. Si vous montrez au monde cet exemple pernicieux de manquer de parole et de violer votre serment pour terminer une guerre, quelles guerres n'exciterez-vous point par cette conduite impie ? Quel voisin ne sera pas contraint de craindre tout de vous, et de vous détester ? Qui pourra désormais, dans les nécessités les plus pressantes, se fier à vous ? Quelle sûreté pourriez-vous donner quand vous voudrez être sincères, et qu'il vous importera de persuader à vos voisins votre sincérité ? Sera-ce un traité solennel ? vous en aurez foulé un aux pieds. Sera-ce un serment ? hé ! ne saura-t-on pas que vous comptez les dieux pour rien, quand vous espérez tirer du parjure quelque avantage ? La paix n'aura donc pas plus de sûreté que la guerre à votre égard. Tout ce qui viendra de vous sera reçu comme une guerre, ou feinte, ou déclarée : vous serez les ennemis perpétuels de tous ceux qui auront le malheur d'être vos voisins ; toutes les affaires qui demandent la réputation de probité et de confiance, vous deviendront impossibles : vous n'aurez plus de ressource pour faire croire ce que vous promettez

« Voici, ajouta Télémaque, un intérêt encore plus pressant qui doit vous frapper, s'il vous reste quelque sentiment de probité et quelque prévoyance sur vos intérêts : c'est qu'une conduite si trompeuse attaque par le dedans toute votre ligue, et va la ruiner ; votre parjure va faire triompher Adraste. »

A ces paroles, toute l'assemblée émue lui demandait comment il osait dire qu'une action qui donnerait une victoire certaine à la ligue pouvait la ruiner.

« Comment, leur répondit-il, pourriez-vous vous confier les uns aux autres, si une fois vous rompiez l'unique lien de la société et de la confiance, qui est la bonne foi ? Après que vous aurez posé pour maxime qu'on peut violer les règles de la probité et de la fidélité pour un grand intérêt, qui d'entre vous pourra se fier à un autre, quand cet autre pourra trouver un grand avantage à lui manquer de parole et à le tromper ? Où en serez-vous ? Quel est celui d'entre vous qui ne voudra point prévenir les artifices de son voisin par les siens ? Que devient une ligue de tant de peuples, lorsqu'ils sont convenus entre eux, par une délibération commune, qu'il est permis de surprendre son voisin et de violer la foi donnée ? Quelle sera votre défiance mutuelle, votre division, votre ardeur à vous détruire les uns les autres ! Adraste n'aura plus besoin de vous attaquer ; vous vous déchirerez assez vous-mêmes ; vous justifierez ses perfidies.

« O rois sages et magnanimes, ô vous qui commandez avec tant d'expérience sur des peuples innombrables, ne dédaignez pas d'écouter les conseils d'un jeune homme ! Si vous tombiez dans les plus affreuses extrémités où la guerre précipite quelquefois les hommes, il faudrait vous relever par votre vigilance et par les efforts de votre vertu ; car le vrai courage ne se laisse jamais abattre. Mais si vous aviez une fois rompu la barrière de l'honneur et de la bonne foi, cette perte est irréparable, vous ne pourriez plus rétablir ni la confiance nécessaire au succès de toutes les affaires importantes, ni ramener les hommes aux principes de la vertu, après que vous leur auriez appris à les mépriser. Que craignez-vous ? N'avez-vous pas assez de courage pour vaincre sans tromper ? Votre vertu, jointe aux forces de tant de peuples, ne vous suffit-elle pas ? Combattons, mourons, s'il le faut, plutôt que de vaincre si indignement. Adraste, l'impie Adraste, est dans nos mains, pourvu que nous ayons horreur d'imiter sa lâcheté et sa mauvaise foi. »

Lorsque Télémaque acheva ce discours, il sentit que la douce persuasion avait coulé de ses lèvres et avait passé jusqu'au fond des cœurs. Il remarqua un profond silence dans l'assemblée ; chacun pensait non à lui ni aux grâces de ses paroles, mais à la force de la vérité qui se faisait sentir dans la suite de son raisonnement : l'étonnement était peint sur les visages. Enfin, on entendit un murmure sourd qui se répandait peu à peu dans l'assemblée : les uns regardaient les autres et n'osaient parler les premiers : on attendait que les chefs de l'armée se déclarassent ; et chacun avait de la peine à retenir ses sentiments. Enfin, le grave Nestor prononça ces paroles :

« Digne fils d'Ulysse, les dieux vous ont fait parler ; et Minerve, qui a tant de fois inspiré votre père, a mis dans votre cœur le conseil sage et généreux que vous avez donné. Je ne regarde point votre jeunesse ; je ne considère que Minerve dans tout ce que vous venez de dire. Vous avez parlé pour la vertu ; sans elle les plus grands avantages sont de vraies pertes ; sans elle on s'attire bientôt la vengeance de ses ennemis, la défiance de ses alliés, l'horreur de tous les gens de bien, et la juste colère des dieux. Laissons donc Venuse entre les mains des Lucaniens, et ne songeons plus qu'à vaincre Adraste par notre courage. »

Il dit, et toute l'assemblée applaudit à ces sages paroles ; mais, en applaudissant, chacun étonné tournait les yeux vers le fils d'Ulysse, et on croyait voir reluire en lui la sagesse de Minerve, qui l'inspirait.

Il s'éleva bientôt une autre question dans le conseil des rois, où il n'acquit pas moins de gloire. Adraste, toujours cruel et perfide, envoya dans le camp un transfuge nommé

Acanthe [1], qui devait empoisonner les plus illustres chefs
de l'armée ; surtout il avait ordre de ne rien épargner
pour faire mourir le jeune Télémaque, qui était déjà la
terreur des Dauniens. Télémaque, qui avait trop de courage et de candeur pour être enclin à la défiance, reçut
sans peine avec amitié ce malheureux, qui avait vu Ulysse
en Sicile, et qui lui racontait les aventures de ce héros. Il
le nourrissait, et tâchait de le consoler dans son malheur ;
car Acanthe se plaignait d'avoir été trompé et traité indignement par Adraste. Mais c'était nourrir et réchauffer
dans son sein une vipère venimeuse toute prête à faire
une blessure mortelle,

On surprit un autre transfuge, nommé Arion, qu'Acanthe
envoyait vers Adraste pour lui apprendre l'état du camp
des alliés, et pour lui assurer qu'il empoisonnerait, le lendemain, les principaux rois avec Télémaque, dans un
festin que celui-ci leur devait donner. Arion, pris, avoua
sa trahison. On soupçonna qu'il était d'intelligence avec
Acanthe, parce qu'ils étaient bons amis ; mais Acanthe,
profondément dissimulé et intrépide, se défendait avec
tant d'art qu'on ne pouvait le convaincre, ni découvrir le
fond de la conjuration.

Plusieurs des rois furent d'avis qu'il fallait, dans le doute,
sacrifier Acanthe à la sûreté publique. « Il faut, disaient-
ils, le faire mourir : la vie d'un seul homme n'est rien
quand il s'agit d'assurer celle de tant de rois. Qu'importe
qu'un innocent périsse, quand il s'agit de conserver ceux
qui représentent les dieux au milieu des hommes ? »

---

[1] Nous ne remarquerions pas que nous avons corrigé la mauvaise orthographe de ce nom, que les autres éditeurs ont écrit sans h,
si cette faute n'était assez commune. Ainsi, Marmontel a fait une
pastorale heroïque sous le titre d'*Acante* et Céphise ; Pellisson s'est
designé et l'a été sous les noms incorrects d'*Acante* et *Achante* En
general, l'*h* et l'*y* sont, dans les noms pris du grec, une source de
fautes. Geoffroy, qui se piquait d'hellénisme, a ecrit *Thiare* dans
l'edition de Racine. On est etonné de trouver *Athropos* dans Voltaire
myrthe dans Colardeau. *Hypocrate* et *Hypocrène* se trouvent partout Marmontel a ecrit *Sydonie*, etc , etc. Plus bas nous n'avons
laissé a Fénelon ni *Éryx*, ni *Hilee*, ni *Hypocoon.*

« Quelle maxime inhumaine ! quelle politique barbare !
répondait Télémaque. Quoi ! vous êtes si prodigues du
sang humain, ô vous qui êtes établis les pasteurs de
hommes, et qui ne commandez sur eux que pour les conserver, comme un pasteur conserve son troupeau ! vous
êtes donc les loups cruels, et non pas les pasteurs ; du
moins vous n'êtes pasteurs que pour tondre et pour écor-

cher le troupeau, au lieu de le conduire dans les pâturages ».

¹ Fénelon, qui a déjà employé plus haut les mêmes comparaisons, se rappelait sans doute quelques passages des anciens auteurs, que peut-être nos lecteurs ne seront pas fâchés de
trouver ici. On conseillait à Tibère d'imposer aux provinces de
nouvelles contributions : « Un bon pasteur, répondit-il, doit tondre
« le troupeau, et non pas l'écorcher ». Il demandait à un chef de
Dalmates révoltés le motif qui lui avait fait prendre les armes contre
le peuple romain : « Ne vous en prenez, répondit le barbare, qu'à
« vous-mêmes, qui envoyez, pour garder vos troupeaux, non des
« chiens et des bergers, mais des loups ». Maxime de Tyr a dit de
même que Cambyse et Xercès, de bons bergers, devinrent des
loups cruels.

Selon vous, on est coupable dès qu'on est accusé ; un soupçon mérite la mort ; les innocents sont à la merci des
envieux et des calomniateurs : à mesure que la défiance
tyrannique croîtra dans vos cœurs, il faudra aussi vous
égorger plus de victimes. »

Télémaque disait ces paroles avec une autorité et une
véhémence qui entraînait les cœurs, et qui couvrait de
honte les auteurs d'un si lâche conseil. Ensuite, se radou-
cissant, il leur dit : « Pour moi, je n'aime pas assez la vie
pour pouvoir vivre à ce prix ; j'aime mieux qu'Acanthe
soit méchant, que si je l'étais, et qu'il m'arrache la vie
par une trahison, que si je le faisais périr injustement,
dans le doute. Mais écoutez, ô vous qui, étant établis rois,
c'est-à-dire juges des peuples, devez savoir juger les
hommes avec justice, prudence et modération ; laissez-
moi interroger Acanthe en votre présence. »

Aussitôt, il interroge cet homme sur son commerce avec
Arion ; il le presse sur une infinité de circonstances ; il
fait semblant plusieurs fois de le renvoyer à Adraste
comme un transfuge digne d'être puni, pour observer s'il
aurait peur d'être ainsi renvoyé ou non ; mais le visage
et la voix d'Acanthe demeurèrent tranquilles : et Télémaque en conclut qu'Acanthe pouvait n'être pas innocent.
Enfin, ne pouvant tirer la vérité du fond de son cœur, il
dit : « Donnez-moi votre anneau, je veux l'envoyer a
Adraste ». A cette demande de son anneau, Acanthe pâlit,
et fut embarrassé. Télémaque dont les yeux étaient toujours attachés sur lui, l'aperçut : il prit cet anneau : « Je
m'en vais, lui dit-il, l'envoyer à Adraste par les mains d'un
Lucanien, nommé Polytrope, que vous connaissez, et qui
paraîtra y aller secrètement de votre part. Si nous pouvons découvrir par cette voie votre intelligence avec
Adraste, on vous fera périr impitoyablement par les tourments les plus cruels : si, au contraire, vous avouez dès à
présent votre faute, on vous la pardonnera, et on se con-
tentera de vous envoyer dans une île de la mer où vous ne
manquerez de rien ». Alors Acanthe avoua tout ; et Télémaque obtint des rois qu'on lui donnerait la vie, parce

qu'il la lui avait promise. On l'envoya dans une des îles Echinades [1] où il vécut en paix.

Peu de temps après, un Daunien d'une naissance obscure, d'un esprit violent et hardi, nommé Dioscore, vint la nuit dans le camp des alliés leur offrir d'égorger dans sa tente le roi Adraste. Il le pouvait, car on est maître de la vie des autres, quand on ne compte plus pour rien la sienne [2]. Cet homme ne respirait que la vengeance, parce que Adraste lui avait enlevé sa femme, qu'il aimait éperdument et qui était égale en beauté à Vénus même. Il était résolu, ou de faire périr Adraste et de reprendre sa femme, ou de périr lui-même. Il avait des intelligences secrètes pour entrer la nuit dans la tente du roi, et pour être favorisé dans son entreprise par plusieurs capitaines dauniens ; mais il croyait avoir besoin que les rois alliés attaquassent en même temps le camp d'Adraste, afin que, dans ce trouble, il pût plus facilement se sauver et enlever sa femme. Il était content de périr, s'il ne pouvait l'enlever après avoir tué le roi.

Aussitôt que Dioscore eut expliqué aux rois son dessein, tout le monde se tourna vers Télémaque, comme pour lui demander une décision.

« Les dieux, répondit-il, qui nous ont préservés des traîtres, nous défendent de nous en servir. Quand même nous n'aurions pas assez de vertu pour détester la trahison, notre seul intérêt suffirait pour la rejeter : dès que nous l'aurons autorisée par notre exemple, nous mériterons qu'elle se tourne contre nous. Dès ce moment, qui d'entre nous sera en sûreté ? Adraste pourra bien éviter le coup qui le menace et le faire retomber sur les rois alliés. La guerre ne sera plus une guerre ; la sagesse et la vertu ne seront plus d'aucun usage ; on ne verra plus que perfidie,

[1] Groupe d'îles au voisinage des côtes de l'Acarnanie et a l'embouchure de l'Achéloüs. Les modernes appellent le fleuve Aspropotamo, et les îles Scrophes.

[2] C'est une pensee connue. J'ai lu dans un auteur, dont je ne puis plus trouver le nom : « Alienæ vitæ dominus est quisquis suæ est contemptor. »

trahison et assassinat. Nous en ressentirons nous-mêmes les funestes suites, et nous le mériterons, puisque nous aurons autorisé le plus grand des maux. Je conclus donc qu'il faut renvoyer le traître à Adraste. J'avoue que ce roi ne le mérite pas ; mais toute l'Hespérie et toute la Grèce, qui ont les yeux sur nous, méritent que nous tenions cette conduite pour en être estimés. Nous nous devons à nous-mêmes, et plus encore aux justes dieux, cette horreur de la perfidie. »

Aussitôt on envoya Dioscore à Adraste, qui frémit du péril où il avait été, et qui ne pouvait assez s'étonner de la générosité de ses ennemis, car les méchants ne peuvent comprendre la pure vertu. Adraste admirait, malgré lui, ce qu'il venait de voir, et n'osait le louer. Cette action noble des alliés rappelait un honteux souvenir de toutes ses tromperies et de toutes ses cruautés. Il cherchait à rabaisser la générosité de ses ennemis et était honteux de paraître ingrat, pendant qu'il leur devait la vie ; mais les hommes corrompus s'endurcissent bientôt contre tout ce qui pourrait les toucher. Adraste, qui vit que la réputation des alliés augmentait tous les jours, crut qu'il était pressé de faire contre eux quelque action éclatante. Comme il n'en pouvait faire aucune de vertu, il voulut du moins tâcher de remporter quelque grand avantage sur eux par les armes, et il se hâta de combattre.

Le jour du combat étant venu, à peine l'Aurore ouvrait au soleil les portes de l'Orient, dans un chemin semé de roses [1], que le jeune Télémaque, prévenant par ses soins la vigilance des plus vieux capitaines, s'arracha d'entre les bras du doux sommeil, et mit en mouvement tous les officiers. Son casque, couvert de crins flottants, brillait déjà sur sa tête, et sa cuirasse sur son dos éblouissait les yeux de toute l'armée : l'ouvrage de Vulcain avait, outre sa beauté naturelle, l'éclat de l'égide qui y était cachée. Il

[1]   . ... Vigil rutilo patefecit ab ortu
Purpureas Aurora fores, et plena rosarum
Atria.
                                           Ovid, *Met.*, **II.**

tenait sa lance d'une main, de l'autre il montrait les divers
postes qu'il fallait occuper.

Minerve avait mis dans ses yeux un feu divin, et sur son
visage une majesté fière qui promettait déjà la victoire
Il marchait, et tous les rois, oubliant leur âge et leur
dignité, se sentaient entraînés par une force supérieure
qui leur faisait suivre ses pas. La faible jalousie ne peut
plus rentrer dans les cœurs ; tout cède à celui que Minerve
conduit invisiblement par la main. Son action n'avait rien
d'impétueux ni de précipité ; il était doux, tranquille,
patient, toujours prêt à écouter les autres et à profiter de
leurs conseils. mais actif, prévoyant, attentif aux besoins
les plus éloignés, arrangeant toutes choses à propos, ne
s'embarrassant de rien, et n'embarrassant point les autres ;
excusant les fautes, réparant les mécomptes, prévenant
les difficultés, ne demandant jamais rien de trop à personne, inspirant partout la liberté et la confiance.

Donnait-il un ordre, c'était dans les termes les plus
simples et les plus clairs : il le répétait, pour mieux instruire celui qui devait l'exécuter. Il voyait dans ses yeux
s'il l'avait bien compris : il lui faisait ensuite expliquer
familièrement comment il avait compris ses paroles, et le
principal but de son entreprise Quand il avait ainsi
éprouvé le bon sens de celui qu'il envoyait, et qu'il l'avait
fait entrer dans ses vues, il ne le faisait partir qu'après lui
avoir donné quelque marque d'estime et de confiance pour
l'encourager. Aussi, tous ceux qu'il envoyait étaient pleins
d'ardeur pour lui plaire et pour réussir ; mais ils n'étaient
point gênés par la crainte qu'il leur imputerait les mauvais
succès ; car il excusait toutes les fautes qui ne venaient
point de mauvaise volonté.

L'horizon paraissait rouge et enflammé par les premiers
rayons du soleil ; la mer était pleine des feux du jour
naissant. Toute la côte était couverte d'hommes, d'armes,
de chevaux et de chariots en mouvement : c'était un bruit
confus semblable à celui des flots en courroux, quand Neptune excite, au fond de ses abîmes, les noires tempêtes.
Ainsi Mars commençait, par le bruit des armes et par l'ap-

pareil de la guerre, à semer la rage dans tous les cœurs.
La campagne était pleine de piques hérissées, semblables
aux épis qui couvrent les sillons fertiles dans le temps des
moissons. Déjà s'élevait un nuage de poussière qui dérobait
peu à peu aux yeux des hommes la terre et le ciel. La
Confusion, l'Horreur, le Carnage, l'impitoyable Mort s'a-
vançaient.

A peine les premiers traits étaient jetés, que Télémaque
levant les yeux et les mains vers le ciel, prononça ces
paroles :

« O Jupiter, père des dieux et des hommes, vous voyez
de notre côté la justice et la paix que nous n'avons point
eu de honte de chercher. C'est à regret que nous combattons ; nous voudrions épargner le sang des hommes ; nous
ne haïssons point cet ennemi même, quoiqu'il soit cruel,
perfide et sacrilège. Voyez, et décidez entre lui et nous :
s'il faut mourir, nos vies sont dans vos mains : s'il faut
délivrer l'Hespérie et abattre le tyran, ce sera votre puissance et la sagesse de Minerve, votre fille, qui nous donnera la victoire ; la gloire vous en sera due. C'est vous qui,
la balance en main, réglez le sort des combats : nous combattons pour vous ; et, puisque vous êtes juste, Adraste est
plus votre ennemi que le nôtre. Si votre cause est victorieuse, avant la fin du jour le sang d'une hécatombe entière
ruissellera sur vos autels. »

Il dit, et à l'instant il poussa ses coursiers fougueux et
écumants dans les rangs les plus pressés des ennemis. Il
rencontra d'abord Périandre, Locrien, couvert d'une peau
de lion qu'il avait tué[1] dans la Cilicie[2], pendant qu'il y
avait voyagé : il était armé, comme Hercule, d'une massue
énorme ; sa taille et sa force le rendaient semblable aux
géants. Dès qu'il vit Télémaque, il méprisa sa jeunesse et la
beauté de son visage. « C'est bien à toi, dit-il, jeune efféminé, à nous disputer la gloire des combats ! va, enfant, va

---

[1] Cela n'est point correct. Il fallait écrire : « de la peau d'un lion
qu'il avait tué ».

[2] Contrée de l'Asie · deux de ces villes sont surtout connues :
nchiale, fondée par Sardanapale, et Tarse, patrie de saint Pau

parmi les ombres chercher ton père. » En disant ces paroles,
il lève sa massue noueuse, pesante, armée de pointes de
fer; elle paraît comme un mât de navire : chacun craint le
coup de sa chute. Elle menace la tête du fils d'Ulysse; mais
il se détourne du coup, et s'élance sur Périandre avec la
rapidité d'un aigle qui fend les airs. La massue, en tombant, brise une roue d'un char auprès de celui de Télé-

maque. Cependant le jeune Grec perce d'un trait Périandre
à la gorge; le sang qui coule à gros bouillons de sa large
plaie étouffe sa voix : ses chevaux fougueux, ne sentant
plus sa main défaillante, et les rênes flottant sur leur cou,
s'emportent çà et là : il tombe de dessus son char, les yeux
déjà fermés à la lumière, et la pâle mort étant déjà peinte
sur son visage défiguré. Télémaque eut pitié de lui; il
donna aussitôt son corps à ses domestiques, et garda,

comme une marque de sa victoire, la peau du lion avec la massue.

Ensuite il cherche Adraste dans la mêlée; mais, en le cherchant, il précipite dans les Enfers une foule de combattants : Hylée, qui avait attelé à son char deux coursiers semblables à ceux du Soleil, et nourris dans les vastes prairies qu'arrose l'Aufide [1]; Démoléon, qui, dans la Sicile, avait autrefois presque égalé Éryx [2] dans les combats du ceste; Crantor, qui avait été hôte et ami d'Hercule, lorsque ce fils de Jupiter, passant dans l'Hespérie, y ôta la vie à l'infâme Cacus; Ménécrate, qui ressemblait, dit-on, à Pollux dans la lutte; Hippocoon, Salapien [3], qui imitait l'adresse et la bonne grâce de Castor pour mener un cheval; le fameux chasseur Eurymède, toujours teint du sang des ours et des sangliers qu'il tuait dans les sommets couverts de neige du froid Apennin, et qui avait été, disait-on, si cher à Diane qu'elle lui avait appris elle-même à tirer des flèches; Nicostrate, vainqueur d'un géant qui vomissait le feu dans les rochers du mont Gargan [4]; Cléanthe, qui devait épouser la jeune Pholoé, fille du fleuve Liris [5]. Elle avait été promise par son père à celui qui la délivrerait d'un serpent ailé qui était né sur les bords du fleuve, et qui devait la dévorer dans peu de jours, suivant la prédiction d'un oracle. Ce jeune homme, par un excès d'amour, se dévoua pour tuer le monstre; il réussit, mais il ne put goûter le fruit de sa victoire; et pendant que Pholoé, se préparant à un doux hyménée, attendait impatiemment Cléanthe, elle apprit qu'il avait suivi Adraste dans les combats, et que la Parque avait tranché cruellement ses jours. Elle remplit de ses gémissements les bois et les montagnes

---

[1] L'Aulidus de l'ancienne Apulie est aujourd'hui l'Ofanto, dans la terre de Bari.

[2] Il est plus d'une fois parlé de ce fils de Vénus dans le cinquième livre de l'Énéide. Voyez Servius sur l'Énéide, I, 574

[3] L'ancienne Salapia de l'Apulie est aujourd'hui Salpi.

[4] Le Garganus des anciens, aujourd'hui monte Sant-Angelo, dans la Capitanate.

[5] Aujourd'hui le Garigliano.

qui sont auprès du fleuve; elle noya ses yeux de larmes, arracha ses beaux cheveux blonds, oublia les guirlandes de fleurs qu'elle avait accoutumé de cueillir, et accusa le ciel d'injustice. Comme elle ne cessait de pleurer nuit et jour. les dieux, touchés de ses regrets, et pressés par les prières du fleuve, mirent fin à sa douleur. A force de verser des larmes, elle fut tout à coup changée en fontaine qui, coulant dans le sein du fleuve, va joindre ses eaux à celles du dieu son père; mais l'eau de cette fontaine est encore amère; l'herbe du rivage ne fleurit jamais, et on ne trouve d'autre ombrage que celui des cyprès sur ces tristes bords.

Cependant Adraste, qui apprit que Télémaque répandait de tous côtés la terreur, le cherchait avec empressement. Il espérait de vaincre facilement le fils d'Ulysse dans un âge encore si tendre, et il menait autour de lui trente Dauniens d'une force, d'une adresse et d'une audace extraordinaires, auxquels il avait promis de grandes récompenses s'ils pouvaient, dans le combat, faire périr Télémaque, de quelque manière que ce pût être. S'il l'eût rencontré dans ce commencement du combat, sans doute ces trente hommes, environnant le char de Télémaque, pendant qu'Adraste l'aurait attaqué de front, n'auraient eu aucune peine à le tuer; mais Minerve les fit égarer.

Adraste crut voir et entendre Télémaque dans un endroit de la plaine enfoncé, au pied d'une colline, où il y avait une foule de combattants; il court, il vole, il veut se rassasier de sang; mais, au lieu de Télémaque, il aperçoit le vieux Nestor, qui, d'une main tremblante, jetait au hasard quelques traits inutiles. Adraste, dans sa fureur, veut le percer; mais une troupe de Pyliens se jeta autour de Nestor.

Alors une nuée de traits obscurcit l'air et couvrit tous les combattants: on n'entendait que les cris plaintifs des mourants, et le bruit des armes de ceux qui tombaient dans la mêlée; la terre gémissait sous un monceau de morts; des ruisseaux de sang coulaient de toutes parts. Bellone et Mars, avec les Furies infernales, vêtues de robes toutes dégouttantes de sang, repaissaient leurs yeux cruels de ce spectacle et renouvelaient sans cesse la rage dans les cœurs. Ces divinités, ennemies des hommes, repoussaient loin des deux partis la pitié généreuse, la valeur modérée, la douce humanité. Ce n'était plus, dans cet amas confu d hommes acharnés les uns sur les autres, que massacre vengeance, désespoir et fureur brutale : la sage et invin cible Pallas elle-même, l'ayant vu, frémit et recula d'hor reur.

Cependant Philoctète, marchant à pas lents, et tenant dans ses mains les flèches d'Hercule, se hâtait d'aller au secours de Nestor. Adraste, n'ayant pu atteindre le divin vieillard, avait lancé ses traits sur plusieurs Pyliens, auxquels il avait fait mordre la poudre. Déjà il avait abattu Ctésilas, si léger à la course qu'à peine il imprimait la trace de ses pas dans le sable[1], et qu'il devançait en son pays les plus rapides flots[2] de l'Eurotas[3] et de l'Alphée[4]. A ses pieds étaient tombés Euthyphron, plus beau qu'Hylas, aussi ardent chasseur qu'Hippolyte; Ptérélas, qui avait suivi Nestor au siège de Troie, et qu'Achille même avait aimé à cause de son courage et de sa force; Aristogiton, qui, s'étant baigné, disait-on, dans les ondes du fleuve Achélous[5], avait reçu secrètement de ce dieu la vertu de prendre toutes sortes de formes. En effet, il était si souple et si prompt dans tous ses mouvements, qu'il échappait aux mains les plus fortes; mais Adraste, d'un coup de lance, le rendit immobile ; et son âme s'enfuit d'abord avec son sang.

Nestor, qui voyait tomber ses plus vaillants capitaines sous la main du cruel Adraste, comme les épis dorés, pendant la moisson, tombent sous la faux tranchante d'un

[1] .... Vix somma vestigia ponat arena.
VIRG, *Georg*, III, 191.
[2] ..... Alphæa prælabi flumina.
VIRG,, *Georg*, III. 180.
[3] L'Eurotas, celebre fleuve de la Laconie, est le Basilipotamo des modernes.
[4] L'Alphee de l'ancienne Arcadie se nomme aujourd'hui Rouphia ou Ropheo.
[5] Voyez page 405

infatigable moissonneur, oubliait le danger où il exposait inutilement sa vieillesse. Sa sagesse l'avait quitté; il ne songeait plus qu'à suivre des yeux Pisistrate, son fils, qui, de son côté, soutenait avec ardeur le combat pour éloigner le péril de son père. Mais le moment fatal était venu où Pisistrate devait faire sentir à Nestor combien on est souvent malheureux d'avoir trop vécu.

Pisistrate porta un coup de lance si violent contre Adraste, que le Daunien devait succomber; mais il l'évita : et pendant que Pisistrate, ébranlé du faux coup qu'il avait donné, ramenait sa lance, Adraste le perça d'un javelot au milieu du ventre. Ses entrailles commencèrent d'abord à sortir avec un ruisseau de sang, son teint se flétrit comme une fleur que la main d'une nymphe a cueillie dans les prés, ses yeux étaient presque déjà éteints et sa voix défaillante. Alcée, son gouverneur, qui était près de lui, le soutint comme il allait tomber et n'eut le temps que de le mener entre les bras de son père. Là, il voulut parler et donner les dernières marques de sa tendresse, mais, en ouvrant la bouche, il expira.

Pendant que Philoctète répandait autour de lui le carnage et l'horreur pour repousser les efforts d'Adraste, Nestor tenait serré entre ses bras le corps de son fils; il remplissait l'air de ses cris et ne pouvait souffrir la lumière. « Malheureux, disait-il, d'avoir été père et d'avoir vécu si longtemps! Hélas! cruelles destinées, pourquoi n'avez-vous pas fini ma vie ou à la chasse du sanglier de Calydon [1], ou au voyage [2] de Colchos [3], ou au premier siège

---

[1] Calydon était en Étolie, sur l'Évènus. L'Évènus est aujourd'hui appelé Phidari. Ovide, faisant le dénombrement des héros qui prirent part à la chasse du sanglier de Calydon, nomme Nestor

..... et primis etiamnum Nestor in armis.

[2] Par le voyage de Colchos, il faut entendre l'expédition des Argonautes, dont Nestor fit partie :

Te quoque Thessalicæ, Nestor, rapit in freta puppis
Fama.

[3] La Colchide, située au fond du Pont-Euxin, répond à la Géor-

de Troie [1] ? Je serais mort avec gloire et sans amertume ;
maintenant je traîne une vieillesse douloureuse, méprisée
et impuissante ; je ne vis plus que pour les maux ; je n'ai
plus de sentiment que pour la tristesse. O mon fils ! ô mon
fils ! ô cher Pisistrate ! quand je perdis ton frère Antiloque [2], je t'avais pour me consoler ; je ne t'ai plus, je n'ai
plus rien, et rien ne me consolera : tout est fini pour moi.
L'espérance, seul adoucissement des peines des hommes,
n'est plus un bien qui me regarde. Antiloque, Pisistrate,
ô chers enfants, je crois que c'est aujourd'hui que je vous
perds tous deux ; la mort de l'un rouvre la plaie que l'autre
avait faite au fond de mon cœur. Je ne vous verrai plus !
qui fermera mes yeux ? qui recueillera mes cendres ? O
Pisistrate ! tu es mort, comme ton frère, en homme courageux ; il n'y a que moi qui ne puis mourir. »

En disant ces paroles, il voulut se percer lui-même d'un
dard qu'il tenait ; mais on arrêta sa main, on lui arracha le
corps de son fils, et comme cet infortuné vieillard tombait

gie moderne La ville de Colchos est une ville imaginaire que nos
auteurs nomment souvent et qui n'a jamais existé. Corneille, Racine,
J.-B. Rousseau et bien d'autres ont fort employé ce mot sonore,
mais vide de sens. Celui-ci a même dit *les bords de Colchos*, comme
s'il y avait aussi une rivière de ce nom. Un homme d'esprit, ayant
a traduire ces vers latins :

> Ille aspera jussa
> Repent et Colchos in me luctumque meorum.

a mis, en se conformant a la geographie de nos poètes, bien que
géographe lui-meme, et géographe erudit

> C'est lui dont la fureur, inventant ce supplice,
> M'imposa pour me perdre et les mers et *Colchos*.

Faut-il donc avertir que le latin *Colchos* est à l'accusatif, et signifie les peuples de la Colchide ? Il y a, dans le tome IX des *Jugements* de l'abbé Desfontaines, un excellent morceau sur cette ville
de Colchos.

[1] Je n'entends point ce que signifie, dans la bouche de Nestor, le
premier siège de Troie. Il ne peut s'agir de l'expédition d'Hercule
contre Troie. Aucun passage que je connaisse ne dit que Nestor y
ait accompagné Hercule ; plusieurs, au contraire, prouvent qu'il
n'a pu s'y trouver.

[2] Voyez Quintus de Smyrne, II, 236, etc.

en défaillance, on le porta dans sa tente, où, ayant un peu repris ses forces, il voulut retourner au combat ; mais on le retint malgré lui.

Cependant Adraste et Philoctète se cherchaient ; leurs yeux étaient étincelants comme ceux d'un lion et d'un léopard qui cherchent à se déchirer l'un l'autre dans les campagnes qu'arrose le Caystre[1]. Les menaces, la fureur

guerrière et la cruelle vengeance éclatent dans leurs yeux farouches ; ils portent une mort certaine partout où ils lancent leurs traits : tous les combattants les regardent avec effroi. Déjà ils se voient l'un l'autre, et Philoctète tient en main une de ces flèches terribles qui n'ont jamais manqué leur coup dans ses mains et dont les blessures

[1] Fleuve d'Asie dont l'embouchure est voisine d'Éphèse. Les Turcs l'appellent Kara-Sou et Kiay.

sont irrémédiables; mais Mars, qui favorisait le cruel et intrépide Adraste, ne put souffrir qu'il pérît sitôt; il voulait, par lui, prolonger les horreurs de la guerre et multiplier les carnages. Adraste était encore dû à la justice des dieux pour punir les hommes, et pour verser leur sang.

Dans le moment où Philoctète veut l'attaquer, il est blessé lui-même par un coup de lance que lui donne Amphimaque, jeune Lucanien, plus beau que le fameux Nirée, dont la beauté ne cédait qu'à celle d'Achille [1], parmi tous les Grecs qui combattirent au siège de Troie. A peine Philoctète eut reçu le coup, qu'il tira sa flèche contre Amphimaque; elle lui perça le cœur. Aussitôt ses beaux yeux noirs s'éteignirent et furent couverts des ténèbres de la mort : sa bouche, plus vermeille que les roses dont l'aurore naissante sème l'horizon, se flétrit; une pâleur affreuse ternit ses joues ; ce visage si tendre et si gracieux se défigura tout à coup. Philoctète lui-même en eut pitié. Tous les combattants gémirent, en voyant ce jeune homme tomber dans son sang où il se roulait, et ses cheveux, aussi beaux que ceux d'Apollon [2], traînés dans la poussière.

Philoctète, ayant vaincu Amphimaque, fut contraint de se retirer du combat; il perdait son sang et ses forces; son ancienne blessure même, dans l'effort du combat, semblait prête à se rouvrir, et à renouveler ses douleurs, car les enfants d'Esculape [3], avec leur science divine, n'avaient pu le guérir entièrement. Le voilà prêt à tomber dans un monceau de corps sanglants qui l'environnent. Archidame, le plus fier et le plus adroit de tous les Œbaliens [3] qu'il avait

---

[1] Voyez l'*Iliade*, II, 674.

[2]   Formosæ periere comæ quas vellet Apollo
                              Ovid., *Am* , I, xiv, 31.
        Et dignos Baccho, dignos Apolline crines
                            .   Id , *Met*, III, 421.

[3] Les Œbaliens n'étaient point des peuples d'Italie, comme le dit un ancien éditeur, mais des habitants de la Laconie. « Œbalia ipsa « est Laconia », dit Servius, qui observe que Castor et Pollux ont été appelés par Stace « Œbalidæ fratres » Œbalus était un ancien héros lacédémonien.

menés avec lui pour fonder Pétilie, l'enlève du combat dans le moment où Adraste l'aurait abattu sans peine à ses pieds. Adraste ne trouve plus rien qui ose lui résister, ni retarder sa victoire. Tout tombe, tout s'enfuit; c'est un torrent qui, ayant surmonté ses bords, entraîne, par ses vagues furieuses, les moissons, les troupeaux, les bergers et les villages[1].

Télémaque entendit de loin les cris des vainqueurs, et il vit le désordre des siens qui fuyaient devant Adraste, comme une troupe de cerfs timides traverse les vastes campagnes, les bois, les montagnes, les fleuves même les plus rapides, quand ils sont poursuivis par des chasseurs.

Télémaque gémit, l'indignation paraît dans ses yeux : il quitte les lieux où il a combattu longtemps avec tant de danger et de gloire. Il court pour soutenir les siens; il s'avance tout couvert du sang d'une multitude d'ennemis qu'il a étendus sur la poussière. De loin, il pousse un cri qui se fait entendre aux deux armées.

Minerve avait mis je ne sais quoi de terrible dans sa voix, dont les montagnes voisines retentirent. Jamais Mars, dans la Thrace, n'a fait entendre plus fortement sa cruelle voix, quand il appelle les Furies infernales, la Guerre et la Mort. Ce cri de Télémaque porte le courage et l'audace dans le cœur des siens; il glace d'épouvante les ennemis ; Adraste même a honte de se sentir troublé. Je ne sais combien de funestes présages le font frémir, et ce qui l'anime est plutôt un désespoir qu'une valeur tranquille Trois fois ses genoux tremblants commencèrent à se dérober sous lui, trois fois il recula sans songer à ce qu'il faisait; une pâleur de défaillance et une sueur froide se répandit dans tous ses membres; sa voix enrouée et hésitante ne pouvait achever aucune parole; ses yeux, pleins d'un feu sombre et étincelant, paraissaient sortir de sa tête; on le

---

1   Exspatiata ruunt per apertos flumina campos,
Cumque satis arbusta simul pecudesque virosque
Vectaque, cumque suis rapiunt penetralia sacris.
Ovid., *Met*. I .85

voyait, comme Oreste, agité par les Furies, tous ses mouvements étaient convulsifs. Alors il commença à croire
qu'il y a des dieux; il s'imaginait les voir irrités, et
entendre une voix sourde qui sortait du fond de l'abîme
pour l'appeler dans le noir Tartare : tout lui faisait sentir
une main céleste et invisible, suspendue sur sa tête, qui
allait s'appesantir pour le frapper; l'espérance était
éteinte au fond de son cœur : son audace se dissipait,
comme la lumière du jour disparaît quand le soleil se
couche dans le sein des ondes, et que la terre s'enveloppe
des ombres de la nuit.

L'impie Adraste, trop longtemps souffert sur la terre,
trop longtemps, si les hommes n'eussent eu besoin d'un
tel châtiment, l'impie Adraste touchait enfin à sa dernière
heure. Il court, forcené, au-devant de son inévitable destin :
l'horreur, les cuisants remords, la consternation, la fureur,
la rage, le désespoir marchent avec lui. A peine voit-il
Télémaque qu'il croit voir l'Averne qui s'ouvre, et les tourbillons de flammes qui sortent du noir Phlégéthon prêtes
à le dévorer. Il s'écrie, et sa bouche demeure ouverte
sans qu'il puisse prononcer aucune parole, tel qu'un
homme dormant, qui, dans un songe affreux, ouvre la
bouche et fait des efforts pour parler; mais la parole lui
manque toujours, et il la cherche en vain[1]. D'une main
tremblante et précipitée Adraste lance son dard contre
Télémaque. Celui-ci, intrépide comme l'ami des dieux, se
couvre de son bouclier; il semble que la Victoire, le couvrant de ses ailes, tient déjà une couronne suspendue au-
dessus de sa tête : le courage doux et paisible reluit dans
ses yeux; on le prendrait pour Minerve même, tant il
paraît sage et mesuré au milieu des plus grands périls. Le
dard lancé par Adraste est repoussé par le bouclier. Alors
Adraste se hâte de tirer son épée, pour ôter au fils
d'Ulysse l'avantage de lancer son dard à son tour. Télémaque,

---

1   Ac velut in somnis, oculos ubi languida pressit
Nocte quies.. .. non lingua valet, non corpore notæ
Sufficiunt vires, nec vox aut verba sequuntur.
                    VIRG , Æn., XII, 908.

voyant Adraste l'épée à la main, se hâte de la mettre aussi et laisse son dard inutile.

Quand on les vit ainsi tous deux combattre de près, tous les autres combattants, en silence, mirent bas les armes pour les regarder attentivement[1], et on attendit de leur combat la décision de toute la guerre. Les deux glaives

brillants comme les éclairs d'où partent les foudres, se croisent plusieurs fois et portent des coups inutiles sur les armes polies qui en retentissent. Les deux combattants s'allongent, se replient, s'abaissent, se relèvent tout à coup et enfin se saisissent. Le lierre, en naissant au pied d'un ormeau, n'en serre pas plus étroitement le tronc

[1]   Jam vero et Rutuli certatim et Troes et omnes
        Convertere oculos Itali.....
        Armaque deposuere humeris.

                                        Virg. Æn. XII. V.

pur et noueux[1] par ses rameaux entrelacés jusqu'aux plus hautes branches de l'arbre, que ces deux combattants se serrent l'un l'autre. Adraste n'avait encore rien perdu de sa force; Télémaque n'avait pas encore toute la sienne. Adraste fait plusieurs efforts pour surprendre son ennemi et pour l'ébranler. Il tâche de saisir l'épée du jeune Grec, mais en vain : dans le moment où il la cherche, Télémaque l'enlève de terre et le renverse sur le sable. Alors cet impie, qui avait toujours méprisé les dieux, montre une lâche crainte de la mort : il a honte de demander la vie et ne peut s'empêcher de témoigner qu'il la désire; il tâche d'émouvoir la compassion de Télémaque. «Fils d'Ulysse, dit-il enfin, c'est maintenant que je connais les justes dieux; ils me punissent comme je l'ai mérité[2] : il n'y a que le malheur qui ouvre les yeux des hommes pour voir la vérité; je la vois, elle me condamne. Mais qu'un roi malheureux vous fasse souvenir de votre père [3] qui est loin d'Ithaque et touche votre cœur. »

Télémaque, qui, le tenant sous ses genoux, avait déjà le glaive levé pour lui percer la gorge, répondit aussitôt: « Je n'ai voulu que la victoire et la paix des nations que je suis venu secourir; je n'aime point à répandre le sang. Vivez donc, ô Adraste; mais vivez pour réparer vos fautes; rendez tout ce que vous avez usurpé; rétablissez le calme et la justice sur la côte de la Grande-Hespérie que vous avez souillée par tant de massacres et de trahisons; vivez et devenez un autre homme. Apprenez par votre chute que les dieux sont justes, que les méchants sont malheureux; qu'ils se trompent en cherchant la félicité dans la violence, dans l'inhumanité et dans le mensonge, et

---

[1] Arctius atque hedera procera astringitur ilex.
HOR , *Epod* , XV.

[2] ..... Equidem merui, nec deprecor, inquit.
VIRG , *Æn.*, XII, 931.

[3] . . . αὐτόν τ' ἐλέησον,
Μνησάμενος σοῦ πατρός.
Il., XXIV, 503.

qu'enfin rien n'est si doux ni si heureux que la simple et constante vertu. Donnez-nous pour otage votre fils Métrodore, avec douze des principaux de votre nation. »

A ces paroles, Télémaque laisse relever Adraste, et lui tend la main, sans se défier de sa mauvaise foi ; mais aussitôt Adraste lui lance un second dard fort court, qu'il tenait caché. Le dard était si aigu et lancé avec tant d'adresse, qu'il eût percé les armes de Télémaque, si elles n'eussent été divines. En même temps Adraste se jette derrière un arbre pour éviter la poursuite du jeune Grec. Alors celui-ci s'écrie : « Dauniens, vous le voyez, la victoire est à nous ; l'impie ne se sauve que par la trahison. Celui qui ne craint point les dieux craint la mort ; au contraire, celui qui les craint ne craint qu'eux. »

En disant ces paroles, il s'avance vers les Dauniens et fait signe aux siens qui étaient de l'autre côté de l'arbre, de couper chemin au perfide Adraste. Adraste craint d'être surpris, fait semblant de retourner sur ses pas, et veut renverser les Crétois qui se présentent à son passage ; mais tout à coup Télémaque, prompt comme la foudre que la main du père des dieux lance du haut de l'Olympe sur les têtes coupables, vient fondre sur son ennemi ; il le saisit d'une main victorieuse, il le renverse comme le cruel aquilon abat les tendres moissons qui dorent la campagne. Il ne l'écoute plus, quoique l'impie ose encore une fois essayer d'abuser de la bonté de son cœur : il enfonce son glaive et le précipite dans les flammes du noir Tartare, digne châtiment de ses crimes.

¹ A peine Adraste fut mort, que tous les Dauniens, loin de déplorer leur défaite et la perte de leur chef, se réjouirent de leur délivrance ; ils tendirent les mains aux alliés en signe de paix et de réconciliation. Métrodore, fils d'Adraste, que son père avait nourri dans des maximes de dissimulation, d'injustice et d'inhumanité, s'enfuit lâchement. Mais un esclave, complice de ses infamies et de ses cruautés, qu'il avait affranchi et comblé de biens et auquel

¹ Var. Livre XXI.

seul il se confia dans sa fuite, ne songea qu'à le trahir
pour son propre intérêt : il le tua par derrière pendant
qu'il fuyait, lui coupa la tête et la porta dans le camp des
alliés, espérant une grande récompense d'un crime qui
finissait la guerre. Mais on eu horreur de ce scélérat et
on le fit mourir. Télémaque, ayant vu la tête de Métrodore, qui était un jeune homme d'une merveilleuse beauté
et d'un naturel excellent, que les plaisirs et les mauvais exemples avaient corrompu, ne put retenir ses
larmes. « Hélas! s'écria-t-il, voilà ce qui fait le poison
de la prospérité d'un jeune prince. Plus il a d'élévation
et de vivacité, plus il s'égare et s'éloigne de tout sentiment de vertu. Et maintenant je serais peut-être le même,
si les malheurs où je suis né, grâces aux dieux, et les
instructions de Mentor, ne m'avaient appris à me modérer. »

Les Dauniens assemblés demandèrent, comme l'unique
condition de paix, qu'on leur permît de faire un roi de
leur nation, qui pût effacer, par ses vertus, l'opprobre dont
l'impie Adraste avait couvert la royauté. Ils remerciaient
les dieux d'avoir frappé le tyran; ils venaient en foule baiser la main de Télémaque qui avait été trempée dans le
sang de ce monstre, et leur défaite était pour eux comme
un triomphe. Ainsi tomba en un moment, sans aucune
ressource, cette puissance qui menaçait toutes les autres
dans l'Hespérie et qui faisait trembler tant de peuples.
Semblable à ces terrains qui paraissent fermes et immobiles, mais que l'on sape peu à peu par dessous: longtemps
on se moque du faible travail qui en attaque les fondements; rien ne paraît affaibli, tout est uni, rien ne s'é-
branle; cependant tous les soutiens souterrains sont
détruits peu à peu, jusqu'au moment où, tout à coup, le
terrain s'affaisse et ouvre un abîme. Ainsi une puissance
injuste et trompeuse, quelque prospérité qu'elle se pro-
cure par ses violences, creuse elle-même un précipice
sous ses pieds. La fraude et l'inhumanité sapent peu
à peu tous les plus solides fondements de l'autorité illégitime : on l'admire, on la craint, on tremble devant

.lle jusqu'au moment où elle n'est déjà plus; elle tombe de son propre poids, et rien ne peut la relever, parce qu'elle a détruit, de ses propres mains, les vrais soutiens de la bonne foi et de la justice qui attirent l'amour et la confiance.

LIVRE XVIe

SOMMAIRE

Les chefs de l'armée s'assemblent pour délibérer sur la demande
des Dauniens. Télémaque, après avoir rendu les derniers
devoirs à Pisistrate, fils de Nestor, se rend à l'assemblée, où
la plupart sont d'avis de partager entre eux le pays des Dauniens, et offrent à Télémaque, pour sa part, la fertile contrée
d'Arpine. Bien loin d'accepter cette offre, Télémaque fait voir
que l'intérêt commun des alliés est de laisser aux Dauniens
leurs terres et de leur donner pour roi Polydamas, fameux
capitaine de leur nation, non moins estimé pour sa sagesse
que pour sa valeur. Les alliés consentent à ce choix, qui
comble de joie les Dauniens. Télémaque persuade ensuite à
ceux-ci de donner la contrée d'Arpine à Diomède, roi d'Étolie,
qui était alors poursuivi, avec ses compagnons, par la colère
de Vénus, qu'il avait blessée au siège de Troie. Les troubles
étant ainsi terminés, tous les princes ne songent plus qu'à se
séparer pour s'en retourner chacun dans son pays.

Les chefs de l'armée s'assemblèrent, dès le lendemain,
pour accorder un roi aux Dauniens. On prenait plaisir à
voir les deux camps confondus par une amitié si inespérée,
et les deux armées qui n'en faisaient plus qu'une. Le sage
Nestor ne put se trouver dans ce conseil, parce que la
douleur, jointe à la vieillesse, avait flétri son cœur, comme
la pluie abat et fait languir, le soir, une fleur[2] qui était,
le matin, pendant la naissance de l'aurore, la gloire et
l'ornement des vertes campagnes. Ses yeux étaient devenus
deux fontaines de larmes qui ne pouvaient tarir: loin

---

[1] Var. Livre XXI.

[2]   Lassove papavera collo
Demisere caput, pluvia quum forte gravenlur.
              Virg., Æn., IX, 436.

Cette comparaison a déjà été employée : voyez le livre VI.

d'eux s'enfuyait le doux sommeil, qui charme les plus
cuisantes peines; l'espérance, qui est la vie du cœur de
l'homme, était éteinte en lui. Toute nourriture était amère
à cet infortuné vieillard; la lumière même lui était odieuse :
son âme ne demandait plus qu'à quitter son corps, et qu'à
se plonger dans l'éternelle nuit de l'empire de Pluton.
Tous ses amis lui parlaient en vain; son cœur, en défail-

lance, était dégoûté de toute amitié, comme un malade est
dégoûté des meilleurs aliments. A tout ce qu'on pouvait
lui dire de plus touchant, il ne répondait que par des
gémissements et des sanglots. De temps en temps on l'entendait dire : « O Pisistrate, Pisistrate ! Pisistrate, mon
fils, tu m'appelles ! Je te suis, Pisistrate ; tu me rendras la
mort douce. O mon cher fils ! je ne désire plus pour tout
bien que de te revoir sur les rives du Styx ». Il passait des
heures entières sans prononcer aucune parole, mais gémissant et levant les mains et les yeux noyés de larmes vers
le ciel.

Cependant les princes assemblés attendaient Télémaque, qui était auprès du corps de Pisistrate : il répandait sur son corps des fleurs à pleines mains [1]; il y ajoutait des parfums exquis et versait des larmes amères. « O mon cher compagnon, disait-il, je n'oublierai jamais de t'avoir vu à Pylos, de t'avoir suivi à Sparte, de t'avoir retrouvé sur les bords de la Grande-Hespérie ; je te dois mille soins : je t'aimais, tu m'aimais aussi ; j'ai connu ta valeur, elle aurait surpassé celle de plusieurs Grecs fameux. Hélas ! elle t'a fait périr avec gloire, mais elle a dérobé au monde une vertu naissante qui eût égalé celle de ton père : oui, ta sagesse et ton éloquence, dans un âge mûr, auraient été semblables à celles de ce vieillard admiré de toute la Grèce. Tu avais déjà cette douce insinuation à laquelle on ne peut résister quand il parle, ces manières naïves de raconter, cette sage modération qui est un charme pour apaiser les esprits irrités, cette autorité qui vient de la prudence et de la force des bons conseils. Quand tu parlais, tous prêtaient l'oreille, tous étaient prévenus, tous avaient envie de trouver que tu avais raison; ta parole, simple et sans faste, coulait doucement dans les cœurs, comme la rosée sur l'herbe naissante. Hélas ! tant de biens que nous possédions, il y a quelques heures, nous sont enlevés à jamais. Pisistrate, que j'ai embrassé ce matin, n'est plus; il ne nous en reste qu'un douloureux souvenir. Au moins, si tu avais fermé les yeux de Nestor avant que nous eussions fermé les tiens, il ne verrait pas ce qu'il voit, il ne serait pas le plus malheureux de tous les pères. »

Après ces paroles, Télémaque fit laver la plaie sanglante qui était dans le côté de Pisistrate; il le fit étendre dans un lit de pourpre, où sa tête penchée avec la pâleur de la mort ressemblait à un jeune arbre qui, ayant couvert la terre de son ombre et poussé vers le ciel des rameaux fleuris, a été entamé par le tranchant de la cognée du bûcheron · il ne tient plus à sa racine ni à la terre, mère féconde

[1]   ..... Manibus date lilia plenis.
VIRG., *Æn*, VI, 883.

qui nourrit les tiges dans son sein ; il languit, sa verdure s'efface ; il ne peut plus se soutenir, il tombe : ses rameaux, qui cachaient le ciel, traînent sur la poussière, flétris et desséchés ; il n'est qu'un tronc abattu et dépouillé de toutes ses grâces. Ainsi Pisistrate, en proie à la mort, était déjà emporté par ceux qui devaient le mettre dans le bûcher fatal. Déjà la flamme montait vers le ciel. Une troupe de Pyliens, les yeux baissés et pleins de larmes, leurs armes renversées, le conduisaient lentement. Le corps est bientôt brûlé : les cendres sont mises dans une urne d'or ; et Télémaque, qui prend soin de tout, confie cette urne, comme un grand trésor, à Callimaque, qui avait été le gouverneur de Pisistrate : « Gardez, lui dit-il, ces cendres, tristes mais précieux restes de celui que vous avez aimé ; gardez-les pour son père. Mais attendez à les lui donner, quand il aura assez de force pour les demander. Ce qui irrite la douleur en un temps, l'adoucit en un autre ».

Ensuite Télémaque entra dans l'assemblée des rois ligués, où chacun garda le silence pour l'écouter dès qu'on l'aperçut : il en rougit et on ne pouvait le faire parler. Les louanges qu'on lui donna, par des acclamations publiques, sur tout ce qu'il venait de faire, augmentèrent sa honte ; il aurait voulu se pouvoir cacher ; ce fut la première fois qu'il parut embarrassé et incertain. Enfin il demanda comme une grâce qu'on ne lui donnât plus aucune louange. « Ce n'est pas, dit-il, que je ne les aime, surtout quand elles sont données par de si bons juges de la vertu ; mais c'est que je crains de les aimer trop. Elles corrompent les hommes ; elles les remplissent d'eux-mêmes ; elles les rendent vains et présomptueux. Il faut les mériter et les fuir : les meilleures louanges ressemblent aux fausses. Les plus méchants de tous les hommes, qui sont les tyrans, sont ceux qui se sont fait le plus louer par les flatteurs. Quel plaisir y a-t-il à être loué par eux ? Les bonnes louanges sont celles que vous me donnerez en mon absence, si je suis assez heureux pour en mériter. Si vous me croyez véritablement bon, vous devez croire aussi que je veux être modeste et craindre la vanité : épargnez-moi donc, si vous m'estimez, et ne me louez pas comme un homme amoureux des louanges. »

Après avoir parlé ainsi, Télémaque ne répondait plus rien à ceux qui continuaient de l'élever jusques au ciel; et, par un air d'indifférence, il arrêta bientôt les éloges qu'on lui donnait. On commença à craindre de le fâcher en le louant; ainsi les louanges finirent, mais l'admiration augmenta. Tout le monde sut la tendresse qu'il avait témoignée à Pisistrate, et les soins qu'il avait pris de lui rendre les derniers devoirs. Toute l'armée fut plus touchée de ces marques de la bonté de son cœur, que de tous les prodiges de sagesse et de valeur qui venaient d'éclater en lui. « Il est sage, il est vaillant, se disaient-ils en secret les uns aux autres; il est l'ami des dieux et le vrai héros de notre âge; il est au-dessus de l'humanité; mais tout cela n'est que merveilleux, tout cela ne fait que nous étonner. Il est humain, il est bon, il est ami fidèle et tendre; il est compatissant, libéral, bienfaisant, et tout entier à ceux qu'il doit aimer; il est les délices de ceux qui vivent avec lui; il s'est défait de sa hauteur, de son indifférence et de sa fierté; voilà ce qui est d'usage; voilà ce qui touche les cœurs, voilà ce qui nous attendrit pour lui, et qui nous rend sensibles à toutes ses vertus; voilà ce qui fait que nous donnerions tous nos vies pour lui. »

A peine ces discours furent-ils finis, qu'on se hâta de parler de la nécessité de donner un roi aux Dauniens. La plupart des princes qui étaient dans le conseil opinaient qu'il fallait partager entre eux ce pays comme une terre conquise. On offrit à Télémaque, pour sa part, la fertile contrée d'Arpine [1], qui porte deux fois l'an les riches dons de Cérès, les doux présents de Bacchus et les fruits toujours verts de l'olivier consacré à Minerve. « Cette terre, lui disait-on, doit vous faire oublier la pauvre Ithaque avec ses cabanes et les rochers affreux de Dulichie [2], et les bois

---

[1] Voyez page 439.

[2] Dulichium, petite île qui faisait partie du groupe des Échinades; c'est probablement l'île de Natolico des modernes.

sauvages de Zacynthe [1]. Ne cherchez plus ni votre père, qui doit être péri dans les flots au promontoire de Capharée [2], par la vengeance de Nauplhus et par la colère de Neptune ; ni votre mère, que ses amants possèdent depuis votre départ ; ni votre patrie, dont la terre n'est point favorisée du ciel comme celle que nous vous offrons. »

Il écoutait patiemment ces discours, mais les rochers de Thrace et de Thessalie ne sont pas plus sourds et plus insensibles aux plaintes des amants désespérés, que Télémaque l'était à ces offres. Pour moi, répondait-il, je ne suis touché ni des richesses, ni des délices : qu'importe de posséder une plus grande étendue de terre et de commander à un plus grand nombre d'hommes ? On n'en a que plus d'embarras et moins de liberté. La vie est assez pleine de malheurs pour les hommes les plus sages et les plus modérés, sans y ajouter la peine de gouverner les autres hommes, indociles, inquiets, injustes, trompeurs et ingrats. Quand on veut être le maître des hommes pour l'amour de soi-même, n'y regardant que sa propre autorité, ses plaisirs et sa gloire, on est impie, on est tyran, on est le fléau du genre humain. Quand, au contraire, on ne veut gouverner les hommes que selon les vraies règles pour leur propre bien, on est moins leur maître que leur tuteur ; on n'en a que la peine, qui est infinie, et on est bien éloigné de vouloir étendre plus loin son autorité. Le berger qui ne mange point le troupeau, qui le défend des loups en exposant sa vie, qui veille nuit et jour pour les conduire dans les bons pâturages, n'a point envie d'augmenter le nombre de ses moutons et d'enlever ceux du voisin ; ce serait augmenter sa peine. Quoique je n'aie jamais gouverné, ajoutait Télémaque, j'ai appris par les lois, et par les hommes sages qui les ont faites, combien il est pénible de conduire les villes et les royaumes. Je suis donc content de ma pauvre Ithaque, quoiqu'elle soit petite et pauvre : j'aurai assez de gloire, pourvu que j'y règne

---

1 Aujourd'hui l'île de Zante.
2 Promontoire méridional de l'île d'Eubée.

avec justice, piété et courage : encore même n'y régnerai-je
que trop tôt. Plaise aux dieux que mon père, échappé à la
fureur des vagues, y puisse régner jusqu'à la plus extrême
vieillesse, et que je puisse apprendre longtemps sous lui
comment il faut vaincre ses passions pour savoir modérer
celles de tout un peuple! »

Ensuite Télémaque dit : « Écoutez, ô princes assemblés
ici, ce que je crois vous devoir dire pour votre intérêt. Si
vous donnez aux Dauniens un roi juste, il les conduira
avec justice, il leur apprendra combien il est utile de conserver la bonne foi et de n'usurper jamais le bien de ses
voisins : c'est ce qu'ils n'ont jamais pu comprendre sous
l'impie Adraste. Tandis qu'ils seront conduits par un roi
sage et modéré, vous n'aurez rien à craindre d'eux : ils
vous devront ce bon roi que vous leur aurez donné ; ils vous
devront la paix et la prospérité dont ils jouiront : ces
peuples, loin de vous attaquer, vous béniront sans cesse,
et le roi et le peuple, tout sera l'ouvrage de vos mains. Si
au contraire vous voulez partager leur pays entre vous,
voici les malheurs que je vous prédis : ce peuple, poussé
au désespoir, recommencera la guerre ; il combattra justement pour sa liberté, et les dieux, ennemis de la tyrannie,
combattront avec lui. Si les dieux s'en mêlent, tôt ou tard
vous serez confondus ; et vos prospérités se dissiperont
comme la fumée ; le conseil et la sagesse seront ôtés à vos
chefs, le courage à vos armées, l'abondance à vos terres.
Vous vous flatterez ; vous serez téméraires dans vos entreprises ; vous ferez taire les gens de bien qui voudront dire
la vérité ; vous tomberez tout à coup, et on dira de vous :
Est-ce donc là ces peuples florissants qui devaient faire la
loi à toute la terre? et maintenant ils fuient devant leurs
ennemis, ils sont le jouet des nations qui les foulent aux
pieds ; voilà ce que les dieux ont fait ; voilà ce que méritent
les peuples injustes, superbes et inhumains. De plus, considérez que, si vous entreprenez de partager entre vous
cette conquête, vous réunissez contre vous tous les peuples
voisins ; votre ligue, formée pour défendre la liberté commune de l'Hespérie contre l'usurpateur Adraste, deviendra

odieuse, et c'est vous-mêmes que tous les peuples accuse-
ront, avec raison, de vouloir usurper la tyrannie universelle.

« Mais je suppose que vous soyez victorieux, et des Dauniens, et de tous les autres peuples, cette victoire vous
détruira : voici comment. Considérez que cette entreprise
vous désunira tous : comme elle n'est point fondée sur la

justice, vous n'aurez point de règle pour borner entre vous
les prétentions de chacun; chacun voudra que sa part de
la conquête soit proportionnée à sa puissance; nul d'entre
vous n'aura assez d'autorité parmi les autres pour faire
paisiblement ce partage; voilà la source d'une guerre dont
vos petits-enfants ne verront pas la fin. Ne vaut-il pas bien
mieux être juste et modéré que de suivre son ambition
avec tant de péril, et au travers de tant de malheurs inévitables ? La paix profonde, les plaisirs doux et innocents
qui l'accompagnent, l'heureuse abondance, l'amitié de ses
voisins, la gloire, qui est inséparable de la justice, l'auto-

rité, qu'on acquiert en se rendant par sa bonne foi l'arbitre
de tous les peuples étrangers, ne sont-ce pas des biens
plus désirables que la folle vanité d'une conquête injuste?
O princes! ô rois! vous voyez que je parle sans intérêt :
écoutez donc celui qui vous aime assez pour vous contredire et pour vous déplaire en vous représentant la vérité. »

Pendant que Télémaque parlait ainsi, avec une autorité qu'on n'avait jamais vue en nul autre, et que tous les
princes, étonnés et en suspens, admiraient la sagesse de
ses conseils, on entendit un bruit confus qui se répandit
dans tout le camp et qui vint jusqu'au lieu où se tenait
l'assemblée. « Un étranger, dit-on, est venu aborder sur
ces côtes avec une troupe d'hommes armés; cet inconnu
est d'une haute mine; tout paraît héroïque en lui; on voit
aisément qu'il a longtemps souffert, et que son grand
courage l'a mis au-dessus de toutes ses souffrances. D'abord
les peuples du pays, qui gardent la côte, ont voulu le
repousser comme un ennemi qui vient faire une irruption;
mais après avoir tiré son épée avec un air intrépide, il a
déclaré qu'il saurait se défendre si on l'attaquait, mais qu'il
ne demandait que la paix et l'hospitalité. Aussitôt il a
présenté un rameau d'olivier, comme suppliant. On l'a
écouté; il a demandé à être conduit vers ceux qui gouvernent dans cette côte de l'Hespérie, et on l'emmène ici
pour le faire parler aux rois assemblés. »

A peine ce discours fut-il achevé, qu'on vit entrer cet
inconnu avec une majesté qui surprit toute l'assemblée.
On aurait cru facilement que c'était le dieu Mars, quand
il assemble sur les montagnes de la Thrace ses troupes san-
guinaires. Il commença à parler ainsi :

« O vous, pasteurs des peuples, qui êtes sans doute
assemblés ici pour défendre la patrie contre ses ennemis,
ou pour faire fleurir les plus justes lois, écoutez un homme
que la fortune a persécuté. Fassent les dieux que vous
n'éprouviez jamais de semblables malheurs! Je suis
Diomède, roi d'Étolie, qui blessa Vénus au siège de Troie.
La vengeance de cette déesse me poursuit dans tout l'univers. Neptune, qui ne peut rien refuser à la divine fille de

la mer, m'a livré à la rage des vents et des flots, qui ont
brisé plusieurs fois mes vaisseaux contre les écueils.
L'inexorable Vénus m'a ôté toute espérance de revoir mon
royaume, ma famille et cette douce lumière d'un pays où
je commençai à voir le jour en naissant. Non, je ne reverrai
jamais tout ce qui m'a été le plus cher au monde. Je viens,
après tant de naufrages, chercher sur ces rives inconnues
un peu de repos, et une retraite assurée. Si vous craignez
les dieux, et surtout Jupiter, qui a soin des étrangers, si
vous êtes sensibles à la compassion, ne me refusez pas,
dans ces vastes pays, quelque coin de terre infertile,
quelque désert, quelques sables ou quelques rochers
escarpés, pour y fonder, avec mes compagnons, une ville
qui soit du moins une triste image de notre patrie perdue.
Nous ne demandons qu'un peu d'espace qui vous soit inutile. Nous vivrons en paix avec vous dans une étroite
alliance; vos ennemis seront les nôtres; nous entrerons
dans tous vos intérêts; nous ne demandons que la liberté
de vivre selon nos lois. »

Pendant que Diomède parlait ainsi, Télémaque, ayant les
yeux attachés sur lui, montra sur son visage toutes les
différentes passions. Quand Diomède commença à parler
de ses longs malheurs, il espéra que cet homme si majestueux serait son père. Aussitôt qu'il eut déclaré qu'il était
Diomède, le visage de Télémaque se flétrit comme une
belle fleur que les noirs aquilons viennent ternir de leur
souffle cruel. Ensuite les paroles de Diomède, qui se plaignait
de la longue colère d'une divinité, l'attendrirent par le souvenir des mêmes disgrâces souffertes par son père et par lui:
des larmes mêlées de douleur et de joie coulèrent sur ses
joues, et il se jeta tout à coup sur Diomède pour l'embrasser.

« Je suis, dit-il, le fils d'Ulysse que vous avez connu, et
qui ne vous fut pas inutile quand vous prîtes les chevaux
fameux de Rhésus. Les dieux l'ont trahi sans pitié comme
vous. Si les oracles de l'Erèbe ne sont pas trompeurs, il vit
encore; mais, hélas! il ne vit point pour moi. J'ai abandonné
Ithaque pour le chercher; je ne puis revoir maintenant ni
Ithaque, ni lui: jugez par mes malheurs de la compassion

que j'ai pour les vôtres. C'est l'avantage qu'il y a à être malheureux, qu'on sait compatir aux peines d'autrui. Quoique je ne sois ici qu'étranger, je puis, grand Diomède (car, malgré les misères qui ont accablé ma patrie dans mon enfance, je n'ai pas été assez mal élevé pour ignorer quelle est votre gloire dans les combats), je puis, ô le plus invincible de tous les Grecs après Achille, vous procurer quelque secours. Ces princes que vous voyez sont humains; ils savent qu'il n'y a ni vertu, ni vrai courage, ni gloire solide sans l'humanité. Le malheur ajoute un nouveau lustre à la gloire des grands hommes : il leur manque quelque chose quand ils n'ont jamais été malheureux; il manque dans leur vie des exemples de patience et de fermeté; la vertu souffrante attendrit tous les cœurs qui ont quelque goût pour la vertu. Laissez-moi donc le soin de vous consoler : puisque les dieux vous mènent à nous. c'est un présent qu'ils nous font, et nous devons nous croire heureux de pouvoir adoucir vos peines. »

Pendant qu'il parlait, Diomède, étonné, le regardait fixement, et sentait son cœur tout ému. Ils s'embrassaient comme s'ils avaient été longtemps liés d'une amitié étroite. « O digne fils du sage Ulysse! disait Diomède, je reconnais en vous la douceur de son visage, la grâce de ses discours, la force de son éloquence, la noblesse de ses sentiments, la sagesse de ses pensées. »

Cependant Philoctète embrasse aussi le grand fils de Tydée; ils se racontent leurs tristes aventures. Ensuite Philoctète lui dit : « Sans doute vous serez bien aise de revoir le sage Nestor. Il vient de perdre Pisistrate, le dernier de ses enfants : il ne lui reste plus dans la vie qu'un chemin de larmes qui le mène vers le tombeau. Venez le consoler : un ami malheureux est plus propre qu'un autre à soulager son cœur ». Ils allèrent aussitôt dans la tente de Nestor, qui reconnut à peine Diomède, tant la tristesse abattait ses esprits et ses sens. D'abord Diomède pleura avec lui, et leur entrevue fut pour le vieillard un redoublement de douleur; mais peu à peu la présence de cet ami apaisa son cœur. On reconnut aisément que ses maux étaient un

peu suspendus par le plaisir de raconter ce qu'il avait souffert, et d'entendre à son tour ce qui était arrivé à Diomède.

Pendant qu'ils s'entretenaient, les rois assemblés avec
Télémaque examinaient ce qu'ils devaient faire. Télémaque
leur conseillait de donner à Diomède le pays d'Arpine, et
de choisir pour roi des Dauniens Polydamas, qui était de
leur nation. Ce Polydamas était un fameux capitaine
qu'Adraste, par jalousie, n'avait jamais voulu employer, de

peur qu'on n'attribuât à cet homme habile les succès dont
il espérait d'avoir seul toute la gloire. Polydamas l'avait
souvent averti en particulier, qu'il exposait trop sa vie et
le salut de son État dans cette guerre contre tant de nations
conjurées ; il l'avait voulu engager à tenir une conduite plus
droite et plus modérée avec ses voisins. Mais les hommes,
qui haïssent la vérité, haïssent aussi les gens qui ont la
hardiesse de la dire ; ils ne sont touchés ni de leur sincérité, ni de leur zèle, ni de leur désintéressement. Une

prospérité trompeuse enduroissait le cœur d'Adraste contre
les plus salutaires conseils; en ne les suivant pas, il triomphait tous les jours de ses ennemis : la hauteur, la mauvaise foi, la violence mettaient toujours la victoire dans
son parti : tous les malheurs dont Polydamas l'avait si
longtemps menacé n'arrivaient point. Adraste se moquait
d'une sagesse timide qui prévoyait toujours des inconvénients; Polydamas lui était insupportable : il l'éloigna de
toutes les charges; il le laissa languir dans la solitude et
dans la pauvreté.

D'abord Polydamas fut accablé de cette disgrâce; mais
elle lui donna ce qui lui manquait, en lui ouvrant les yeux
sur la vanité des grandes fortunes : il devint sage à ses
dépens ; il se réjouit d'avoir été malheureux; il apprit peu
à peu à se taire, à vivre de peu, à se nourrir tranquillement de la vérité, à cultiver en lui les vertus secrètes qui
sont encore plus estimables que les éclatantes ; enfin à se
passer des hommes. Il demeura au pied du mont Gargan,
dans un désert, où un rocher en demi-voûte lui servait de
toit. Un ruisseau, qui tombait de la montagne, apaisait sa
soif; quelques arbres lui donnaient leurs fruits : il avait
deux esclaves qui cultivaient un petit champ; il travaillait
lui-même avec eux de ses propres mains : la terre le payait
de ses peines avec usure et ne le laissait manquer de rien.
Il avait non seulement des fruits et des légumes en abondance, mais encore toutes sortes de fleurs odoriférantes.
Là, il déplorait le malheur des peuples que l'ambition
insensée d'un roi entraîne à leur perte; là, il attendait
chaque jour que les dieux, justes, quoique patients, fissent
tomber Adraste. Plus sa prospérité croissait, plus il croyait
voir de près sa chute irrémédiable ; car l'imprudence heureuse dans ses fautes, et la puissance montée jusqu'au dernier excès d'autorité absolue sont les avant-coureurs du
renversement des rois et des royaumes [1]. Quand il apprit

---

[1] Se souvenait-il de l'expression de Racine ?

> Daigne, daigne, mon Dieu, sur Mathan et sur elle
> Repandre cet esprit d'imprudence et d'erreur,
> De la chute des rois funeste avant-coureur!

la défaite et la mort d'Adraste, il ne témoigna aucune joie ni de l'avoir prévue, ni d'être délivré de ce tyran; il gémit seulement, par la crainte de voir les Dauniens dans la servitude.

Voilà l'homme que Télémaque proposa pour le faire régner. Il y avait déjà quelque temps qu'il connaissait son courage et sa vertu, car Télémaque, suivant les conseils de Mentor, ne cessait de s'informer partout des qualités bonnes et mauvaises de toutes les personnes qui étaient dans quelque emploi considérable, non seulement parmi les nations alliées qu'il servait en cette guerre, mais encore chez les ennemis. Son principal soin était de découvrir et d'examiner partout les hommes qui avaient quelque talent, ou une vertu particulière.

Les princes alliés eurent d'abord quelque répugnance à mettre Polydamas dans la royauté. « Nous avons éprouvé, disaient-ils, combien un roi des Dauniens, quand il aime la guerre, et qu'il la sait faire, est redoutable à ses voisins. Polydamas est un grand capitaine, et il peut nous jeter dans de grands périls. » Mais Télémaque leur répondait : « Polydamas, il est vrai, sait la guerre, mais il aime la paix : et voilà les deux choses qu'il faut souhaiter. Un homme qui connaît les malheurs, les dangers et les difficultés de la guerre, est bien plus capable de l'éviter qu'un autre qui n'en a aucune expérience. Il a appris à goûter le bonheur d'une vie tranquille ; il a condamné les entreprises d'Adraste ; il en a prévu les suites funestes. Un prince faible, ignorant et sans expérience, est plus à craindre pour vous qu'un homme qui connaîtra et qui décidera tout par lui-même. Le prince faible et ignorant ne verra que par les yeux d'un favori passionné, ou d'un ministre flatteur, inquiet et ambitieux : ainsi ce prince aveugle s'engagera à la guerre sans la vouloir faire. Vous ne pourrez jamais vous assurer de lui, car il ne pourra être sûr de lui-même; il vous manquera de parole; il vous réduira bientôt à cette extrémité, qu'il faudra ou que vous le fassiez périr, ou qu'il vous accable. N'est-il pas plus utile, plus sûr, et en même temps plus juste et plus noble, de répondre plus

fidèlement à la confiance des Dauniens. et de leur donner
un roi digne de commander ? »

Toute l'assemblée fut persuadée par ce discours. On alla
proposer Polydamas aux Dauniens, qui attendaient une
réponse avec impatience. Quand ils entendirent le nom de
Polydamas, ils répondirent . « Nous reconnaissons bien
maintenant que les princes alliés veulent agir de bonne foi
avec nous, et faire une paix éternelle, puisqu'ils nous
veulent donner pour roi un homme si vertueux et si capable de nous gouverner. Si on nous eût proposé un homme
lâche, efféminé et mal instruit, nous aurions cru qu'on ne
cherchait qu'à nous abattre et qu'à nous corrompre la
forme de notre gouvernement; nous aurions conservé en
secret un vif ressentiment d'une conduite si dure et si artificieuse : mais le choix de Polydamas nous montre une
véritable candeur. Les alliés, sans doute, n'attendent rien
de nous que de juste et de noble, puisqu'ils nous accordent
un roi qui est incapable de faire rien contre la liberté et
contre la gloire de notre nation : aussi pouvons-nous protester, à la face des justes dieux, que les fleuves remonteront vers leurs sources avant que nous cessions d'aimer
des peuples si bienfaisants. Puissent nos derniers neveux
se souvenir du bienfait que nous recevons aujourd'hui, et
renouveler, de génération en génération, la paix de l'âge
d'or dans toute la côte de l'Hespérie ! »

Télémaque leur proposa ensuite de donner à Diomède
les campagnes d'Arpine, pour y fonder une colonie. « Ce
nouveau peuple, leur disait-il, vous devra son établissement
dans un pays que vous n'occupez point. Souvenez-vous que
tous les hommes doivent s'entr'aimer; que la terre est trop
vaste pour eux; qu'il faut bien avoir des voisins, et qu'il
vaut mieux en avoir qui vous soient obligés de leur établissement. Soyez touchés du malheur d'un roi qui ne peut
retourner dans son pays. Polydamas et lui étant unis ensemble par les liens de la justice et de la vertu, qui sont
les seuls durables, vous entretiendront dans une paix profonde et vous rendront redoutables à tous les peuples voisins qui penseraient à s'agrandir. Vous voyez, ô Dauniens,

que nous avons donné à votre terre et à votre nation un
roi capable d'en élever la gloire jusqu'au ciel : donnez
aussi, puisque nous vous le demandons, une terre qui vous
est inutile, à un roi qui est digne de toute sorte de secours. »

Les Dauniens répondirent qu'ils ne pouvaient rien refuser
à Télémaque, puisque c'était lui qui leur avait procuré
Polydamas pour roi. Aussitôt ils partirent pour l'aller chercher dans son désert et pour le faire régner sur eux. Avant
de partir, ils donnèrent les fertiles plaines d'Arpine[1] à
Diomède, pour y fonder un nouveau royaume. Les alliés
en furent ravis, parce que cette colonie des Grecs pourrait
secourir puissamment le parti des alliés, si jamais les Dauniens voulaient renouveler les usurpations dont Adraste
avait donné le mauvais exemple.

Tous les princes ne songèrent plus qu'à se séparer. Télémaque, les larmes aux yeux, partit avec sa troupe, après
avoir embrassé tendrement le vaillant Diomède, le sage et
inconsolable Nestor, et le fameux Philoctète, digne héritier
des flèches d'Hercule.

[1] Diomède posséda effectivement cette portion de la Grande-Grèce
que l'auteur appelle Arpine, du nom de la ville d'Arpi. Mais il y a
anachronisme dans cette appellation ; car le nom d'Arpi est de beaucoup postérieur à Diomède. Diomede fonda la ville d'Argos-Hip-
pium, ou d'Argyripa. Arpi est une altération du nom primitif.

LIVRE XVII[1]

SOMMAIRE

Télémaque, de retour à Salente, admire l'état florissant de la campagne ; mais il est choqué de ne plus trouver dans la ville la magnificence qui éclatait partout avant son départ. Mentor lui donne les raisons de ce changement : il lui montre en quoi consiste les solides richesses d'un État et lui expose les maximes fondamentales de l'art de gouverner. Télémaque ouvre son cœur à Mentor sur son inclination pour Antiope, fille d'Idoménée. Mentor loue avec lui les bonnes qualités de cette princesse, l'assure que les dieux la lui destinent pour épouse ; mais que maintenant il ne doit songer qu'à partir pour Ithaque. Idoménée, craignant le départ de ses hôtes, parle à Mentor de plusieurs affaires embarrassantes qu'il avait à terminer, et pour lesquelles il avait encore besoin de son secours. Mentor lui trace la conduite qu'il doit suivre, et persiste à vouloir s'embarquer au plus tôt avec Télémaque. Idoménée essaie encore de les retenir en excitant la passion de ce dernier pour Antiope Il les engage dans une partie de chasse, dont il veut donner le plaisir à sa fille. Elle y eût été déchirée par un sanglier, sans l'adresse et la promptitude de Télémaque, qui perça de son dard l'animal. Idoménée, ne pouvant plus retenir ses hôtes, tombe dans une tristesse mortelle. Mentor le console et obtient enfin son consentement pour partir. Aussitôt on se quitte avec les plus vives démonstrations d'estime et d'amitié.

Le jeune fils d'Ulysse brûlait d'impatience de retrouver Mentor à Salente, et de s'embarquer avec lui pour revoir Ithaque, où il espérait que son père serait arrivé. Quand il s'approcha de Salente, il fut bien étonné de voir toute la campagne des environs, qu'il avait laissée presque inculte et déserte, cultivée comme un jardin, et pleine d'ouvriers diligents : il reconnut l'ouvrage de la sagesse de Mentor. Ensuite, entrant dans la ville, il remarqua qu'il y avait

[1] Var. Livro XXIII.

beaucoup moins d'artisans pour les délices de la vie, et beaucoup moins de magnificence. Il en fut choqué ; car il aimait naturellement toutes les choses qui ont de l'éclat et de la politesse. Mais d'autres pensées occupèrent aussitôt son cœur ; il vit de loin venir Idoménée avec Mentor. Aussitôt son cœur fut ému de joie et de tendresse. Malgré tous les succès qu'il avait eus dans la guerre contre Adraste, il craignait que Mentor ne fût pas content de lui ; et, à mesure qu'il s'avançait, il cherchait dans les yeux de Mentor, pour voir s'il n'avait rien à se reprocher.

D'abord Idoménée embrassa Télémaque comme son propre fils, ensuite Télémaque se jeta au cou de Mentor et l'arrosa de ses larmes. Mentor lui dit : « Je suis content de vous : vous avez fait de grandes fautes, mais elles vous ont servi à vous connaître et à vous défier de vous-même. Souvent on tire plus de fruit de ses fautes que de ses belles actions. Les grandes actions enflent le cœur et inspirent une présomption dangereuse ; les fautes font rentrer l'homme en lui-même et lui rendent la sagesse qu'il avait perdue dans les bons succès. Ce qui vous reste à faire, c'est de louer les dieux et de ne vouloir pas que les hommes vous louent. Vous avez fait de grandes choses ; mais, avouez la vérité, ce n'est guère vous par qui elles ont été faites : n'est-il pas vrai qu'elles vous sont venues comme quelque chose d'étranger qui était mis en vous ? n'étiez-vous pas capable de les gâter par votre promptitude et par votre imprudence ? Ne sentez-vous pas que Minerve vous a comme transformé en un autre homme au-dessus de vous-même, pour faire par vous ce que vous avez fait ? elle a tenu tous vos défauts en suspens, comme Neptune, quand il apaise les tempêtes, suspend les flots irrités ».

Pendant qu'Idoménée interrogeait avec curiosité les Crétois qui étaient revenus de la guerre, Télémaque écoutait ainsi les sages conseils de Mentor. Ensuite il regardait de tous côtés avec étonnement, et disait à Mentor : « Voici un changement dont je ne comprends pas bien la raison : est-il arrivé quelque calamité à Salente pendant mon absence ? d'où vient qu'on n'y remarque plus cette magnificence qui

éclatait partout avant mon départ? Je ne vois plus ni or, ni
argent, ni pierres précieuses; les habits sont simples; les
bâtiments qu'on fait sont moins vastes et moins ornés; les
arts languissent; la ville est devenue une solitude ».

Mentor lui répondit en souriant : « Avez-vous remarqué
l'état de la campagne autour de la ville? » « Oui, reprit
Télémaque; j'ai vu partout le labourage en honneur et les
champs défrichés. » « Lequel vaut mieux, ajouta Mentor,
ou une ville superbe en marbre, en or et en argent, avec
une campagne négligée et sterile, ou une campagne cultivée et fertile, avec une ville médiocre et modeste dans
ses mœurs? Une grande ville tort peuplée d'artisans occupés
a amollir les mœurs par les delices de la vie, quand elle
est entourée d'un royaume pauvre et mal cultivé, ressemble a un monstre dont la tête est d'une grosseur énorme,
et dont tout le corps, exténué et prive de nourriture, n'a
aucune proportion avec cette tête. C'est le nombre du peuple
et l'abondance des aliments qui font la vraie richesse d'un
royaume. Idoménée a maintenant un peuple innombrable
et infatigable dans le travail, qui remplit toute l'étendue de
son pays. Tout son pays n'est plus qu'une seule ville;
Salente n en est que le centre. Nous avons transporte de la
ville dans la campagne les hommes qui manquaient à la
campagne, et qui étaient superflus dans la ville. De plus,
nous avons attiré dans ce pays beaucoup de peuples étrangers Plus ces peuples se multiplient, plus ils multiplient
les fruits de la terre par leur travail ; cette multiplication
si douce et si paisible augmente plus son royaume qu'une
conquête. On n'a rejeté de cette ville que les arts superflus,
qui détournent les pauvres de la culture de la terre pour
les vrais besoins, et qui corrompent les riches en les jetant
dans le faste et dans la mollesse ; mais nous n'avons fait
aucun tort aux beaux-arts, ni aux hommes qui ont un vrai
génie pour les cultiver. Ainsi Idoménée est beaucoup plus
puissant qu'il ne l'était quand vous admiriez sa magnificence. Cet éclat éblouissant cachait une faiblesse et une
misère qui eussent bientôt renversé son empire : maintenant il a un plus grand nombre d'hommes et les nourrit

plus facilement. Ces hommes, accoutumés au travail, à la
peine, et au mépris de la vie par l'amour des bonnes lois,
sont tous prêts à combattre pour défendre ces terres cultivées de leurs propres mains. Bientôt cet État, que vous
croyez déchu, sera la merveille de l'Hespérie.

« Souvenez-vous, ô Télémaque, qu'il y a deux choses
pernicieuses dans le gouvernement des peuples, auxquelles
on n'apporte presque jamais aucun remède : la première

est une autorité injuste et trop violente dans les rois ; la
seconde est le luxe, qui corrompt les mœurs.

« Quand les rois s'accoutument à ne connaître plus d'autres
lois que leurs volontés absolues, et qu'ils ne mettent plus de
frein à leurs passions, ils peuvent tout ; mais, à force de
tout pouvoir, ils sapent les fondements de leur puissance,
ils n'ont plus de règle certaine, ni de maximes de gouvernement ; chacun à l'envi les flatte ; ils n'ont plus de
peuples ; il ne leur reste que des esclaves dont le nombre
diminue chaque jour. Qui leur dira la vérité ? qui donnera

des bornes à ce torrent? Tout cède ; les sages s'enfuient,
se cachent et gémissent. Il n'y a qu'une révolution soudaine et violente qui puisse ramener dans son cours naturel cette puissance débordée : souvent même le coup qui
pourrait la modérer l'abat sans ressource. Rien ne menace
tant d'une chute funeste qu'une autorité qu'on pousse
trop loin : elle est semblable à un arc trop tendu, qui se
rompt enfin tout à coup si on ne le relâche : mais qui est-
ce qui osera le relâcher? Idoménée était gâté jusqu'au
fond du cœur par cette autorité si flatteuse ; il avait été
renversé de son trône, mais il n'avait pas été détrompé.
Il a fallu que les dieux nous aient envoyés ici pour le dé-
sabuser de cette puissance aveugle et outrée qui ne convient point à des hommes; encore a-t-il fallu des espèces
de miracles pour lui ouvrir les yeux.

« L'autre mal, presque incurable, est le luxe. Comme la
trop grande autorité empoisonne les rois, le luxe empoisonne toute une nation. On dit que ce luxe sert à nourrir
les pauvres aux dépens des riches ; comme si les pauvres
ne pouvaient pas gagner leur vie plus utilement, en multipliant les fruits de la terre, sans amollir les riches par
des raffinements de volupté. Toute une nation s'accoutume
à regarder comme les nécessités de la vie les choses
les plus superflues: ce sont tous les jours de nouvelles
nécessités qu'on invente, et on ne peut plus se passer
des choses qu'on ne connaissait point trente ans auparavant. Ce luxe s'appelle bon goût, perfection des arts, et
politesse de la nation. Ce vice, qui en attire tant d'autres,
est loué comme une vertu : il répand sa contagion depuis
le roi jusqu'au dernier de la lie du peuple. Les proches
parents du roi veulent imiter sa magnificence ; les grands,
celle des parents du roi ; les gens médiocres veulent égaler
les grands: car qui est-ce qui se fait justice? les petits
veulent passer pour médiocres ; tout le monde fait plus
qu'il ne peut : les uns par faste, et pour se prévaloir de
leurs richesses ; les autres par mauvaise honte, et pour
cacher leur pauvreté. Ceux mêmes qui sont assez sages
pour condamner un si grand désordre, ne le sont pas assez

pour oser lever la tête les premiers, et pour donner des exemples contraires. Toute une nation se ruine, toutes les conditions se confondent. La passion d'acquérir du bien pour soutenir une vaine dépense corrompt les âmes les plus pures : il n'est plus question que d'être riche; la pauvreté est une infamie. Soyez savant, habile, vertueux ; instruisez les hommes, gagnez des batailles, sauvez la patrie ; sacrifiez tous vos intérêts : vous êtes méprisé, si vos talents ne sont relevés par le faste. Ceux mêmes qui n'ont pas de biens veulent paraître en avoir; ils en dépensent comme s'ils en avaient : on emprunte, on trompe, on use de mille artifices indignes pour parvenir. Mais qui remédiera à ces maux? Il faut changer le goût et les habitudes de toute une nation, il faut lui donner de nouvelles lois. Qui le pourra entreprendre, si ce n'est un roi philosophe, qui sache, par l'exemple de sa propre modération, faire honte à tous ceux qui aiment une dépense fastueuse, et encourager les sages, qui seront bien aises d'être autorisés dans une honnête frugalité? »

Télémaque, écoutant ce discours, était comme un homme qui revient d'un profond sommeil; il sentait la vérité de ces paroles; et elles se gravaient dans son cœur, comme un savant sculpteur imprime les traits qu'il veut sur le marbre, en sorte qu'il lui donne de la tendresse, de la vie et du mouvement. Télémaque ne répondait point; mais, repassant tout ce qu'il venait d'entendre, il parcourait des yeux les choses qu'on avait changées dans la ville. Ensuite il disait à Mentor :

« Vous avez fait d'Idoménée le plus sage de tous les rois; je ne le connais plus, ni lui ni son peuple. J'avoue même que ce que vous avez fait ici est infiniment plus grand que les victoires que nous venons de remporter. Le hasard et la force ont beaucoup de part aux succès de la guerre; il faut que nous partagions la gloire des combats avec nos soldats [1] : mais tout votre ouvrage vient d'une seule tête;

[1] Bellicas laudes solent quidam extenuare verbis, easque detrahere ducibus, communicare cum multis, ne propriæ sint imperato—

il a fallu que vous ayez travaillé seul contre un roi et
contre tout un peuple, pour les corriger. Les succès de la
guerre sont toujours funestes et odieux : ici tout est l'ouvrage d'une sagesse céleste ; tout est doux, tout est pur,
tout est aimable, tout marque une autorité qui est au-
dessus de l'homme. Quand les hommes veulent de la
gloire, que ne la cherchent-ils dans cette application à
faire du bien? Oh! qu'ils s'entendent mal en gloire, d'en
espérer une solide en ravageant la terre et en répandant
le sang humain! »

Mentor montra sur son visage une joie sensible de voir
Télémaque si désabusé des victoires et des conquêtes,
dans un âge où il était si naturel qu'il fût enivré de la
gloire qu'il avait acquise.

Ensuite Mentor ajouta : « Il est vrai que tout ce que vous
voyez ici est bon et louable ; mais sachez qu'on pourrait
faire des choses encore meilleures. Idoménée modère ses
passions et s'applique à gouverner son peuple avec justice ;
mais il ne laisse pas de faire encore bien des fautes, qui
sont des suites malheureuses de ses fautes anciennes.
Quand des hommes veulent quitter le mal, le mal semble
encore les poursuivre longtemps ; il leur reste de mauvaises
habitudes, un naturel affaibli, des erreurs invétérées et
des préventions presque incurables. Heureux ceux qui ne
se sont jamais égarés! Ils peuvent faire le bien plus parfaitement. Les dieux, ô Télémaque, vous demanderont plus
qu'à Idoménée, parce que vous avez connu la vérité dès
votre jeunesse, et que vous n'avez jamais été livré aux
séductions d'une trop grande prospérité ».

« Idoménée, continuait Mentor, est sage et éclairé ;
mais il s'applique trop au détail et ne médite pas assez le
gros de ses affaires pour former des plans. L'habileté d'un
roi, qui est au-dessus des autres hommes, ne consiste pas
à faire tout par lui-même : c'est une vanité grossière que

rum. Et certe in armis militum virtus, locorum opportunitas, auxilia
sociorum, classes, commeatus, multum juvant ; maximam vero partem quasi suo jure fortuna sibi vindicat, et quicquid est prospere
gestum, id pene omne ducit suum. CICERO, *Pro Marc.*, 2.

d'espérer d'en venir à bout, ou de vouloir persuader au
monde qu'on en est capable. Un roi doit gouverner en
choisissant et en conduisant ceux qui gouvernent sous lui :
il ne faut pas qu'il fasse le détail, car c'est la fonction de
ceux, qui ont à travailler sous lui ; il doit seulement s'en
faire rendre compte, et en savoir assez pour rentrer dans
ce compte avec discernement. C'est merveilleusement

gouverner que de choisir et d'appliquer selon leurs talents
les gens qui gouvernent. Le suprême et le parfait gouvernement consiste à gouverner ceux qui gouvernent : il faut
les observer, les éprouver, les modérer, les corriger, les
animer, les élever, les rabaisser, les changer de places,
et les tenir toujours dans sa main. Vouloir examiner tout
par soi-même, c'est défiance, c'est petitesse ; c'est se
livrer à une jalousie pour les détails qui consument le
temps et la liberté d'esprit nécessaires pour les grandes

choses. Pour former de grands desseins, il faut avoir l'esprit libre et reposé; il faut penser à son aise dans un entier dégagement de toutes les expéditions d'affaires épineuses. Un esprit épuisé par le détail est comme la lie du vin, qui n'a plus ni force ni délicatesse. Ceux qui gouvernent par le détail sont toujours déterminés par le présent, sans étendre leur vues sur un avenir éloigné; ils sont toujours entraînés par l'affaire du jour où ils sont, et cette affaire étant seule à les occuper, elle les frappe trop, elle rétrécit leur esprit; car on ne juge sainement des affaires que quand on les compare toutes ensemble, et qu'on les place toutes dans un certain ordre, afin qu'elles aient de la suite et de la proportion. Manquer à suivre cette règle dans le gouvernement, c'est ressembler à un musicien qui se contenterait de trouver des sons harmonieux, et qui ne se mettrait point en peine de les unir et de les accorder pour en composer une musique douce et touchante. C'est ressembler aussi à un architecte qui croit avoir tout fait, pourvu qu'il assemble de grandes colonnes, et beaucoup de pierres mal taillées, sans penser à l'ordre et à la proportion des ornements de son édifice. Dans le temps qu'il fait un salon, il ne prévoit pas qu'il faudra faire un escalier convenable; quand il travaille au corps du bâtiment, il ne songe ni à la cour, ni au portail. Son ouvrage n'est qu'un assemblage confus de parties magnifiques, qui ne sont point faites les unes pour les autres; cet ouvrage, loin de lui faire honneur, est un monument qui éternisera sa honte; car il fait voir que l'ouvrier n'a pas su penser avec assez d'étendue pour concevoir à la fois le dessein général de tout son ouvrage: c'est un caractère d'esprit court et subalterne. Quand on est né avec ce génie borné au détail, on n'est propre qu'à exécuter sous autrui. N'en doutez pas, ô mon cher Télémaque, le gouvernement d'un royaume demande une certaine harmonie comme la musique, et de justes proportions comme l'architecture.

« Si vous voulez que je me serve encore de la comparaison de ces arts, je vous ferai entendre combien les hommes qui gouvernent par le détail sont médiocres.

Celui qui, dans un concert, ne chante que certaines choses, quoiqu'il les chante parfaitement, n'est qu'un chanteur; celui qui conduit tout le concert, et qui en règle à la fois toutes les parties, est le seul maître de musique. Tout de même celui qui taille des colonnes, ou qui élève un côté d'un bâtiment, n'est qu'un maçon; mais celui qui a pensé tout l'édifice, et qui en a toutes les proportions dans sa tête, est le seul architecte. Ainsi ceux qui travaillent, qui expédient, qui font le plus d'affaires, sont ceux qui gouvernent le moins; ils ne sont que les ouvriers subalternes. Le vrai génie qui conduit l'État est celui qui, ne faisant rien, fait tout faire; qui pense, qui invente, qui pénètre dans l'avenir, qui retourne dans le passé, qui arrange, qui proportionne, qui prépare de loin, qui se raidit sans cesse pour lutter contre la fortune, comme un nageur contre le torrent de l'eau, qui est attentif nuit et jour pour ne laisser rien au hasard.

« Croyez-vous, Télémaque, qu'un grand peintre travaille assidûment depuis le matin jusqu'au soir, pour expédier plus promptement ses ouvrages? Non : cette gêne et ce travail servile éteindraient tout le feu de son imagination : il ne travaillerait plus de génie; il faut que tout se fasse irrégulièrement et par saillies, suivant que son génie le mène et que son esprit l'excite. Croyez-vous qu'il passe son temps à broyer des couleurs et à préparer des pinceaux? Non : c'est l'occupation de ses élèves. Il se réserve le soin de penser; il ne songe qu'à faire des traits hardis qui donnent de la noblesse, de la vie et de la passion à ses figures. Il a dans la tête les pensées et les sentiments des héros qu'il veut représenter; il se transporte dans leurs siècles et dans toutes les circonstances où ils ont été : à cette espèce d'enthousiasme il faut qu'il joigne une sagesse qui le retienne, que tout soit vrai, correct, et proportionné l'un à l'autre. Croyez-vous, Télémaque, qu'il faille moins d'élévation de génie et d'effort de pensée pour faire un bon peintre? Concluez donc que l'occupation d'un roi doit être de penser, de former de grands projets et de choisir les hommes propres à les exécuter sous lui. »

Télémaque lui répondit : « Il me semble que je comprends tout ce que vous dites ; mais si les choses allaient ainsi, un roi serait souvent trompé, n'entrant point par lui-même dans ce détail ». « C'est vous-même qui vous trompez, repartit Mentor. Ce qui empêche qu'on ne soit trompé, c'est la connaissance générale du gouvernement. Les gens qui n'ont point de principes dans les affaires, et qui n'ont point le vrai discernement des esprits, vont toujours comme à tâtons ; c'est un hasard quand ils ne se trompent pas ; ils ne savent pas même précisément ce qu'ils cherchent, ni à quoi ils doivent tendre ; ils ne savent que se défier, et se défient plutôt des honnêtes gens qui les contredisent que des trompeurs qui les flattent. Au contraire, ceux qui ont des principes pour le gouvernement, et qui se connaissent en hommes, savent ce qu'ils doivent chercher en eux, et les moyens d'y parvenir ; ils reconnaissent assez, du moins en gros, si les gens dont ils se servent sont des instruments propres à leurs desseins, et s'ils entrent dans leurs vues pour tendre au but qu'ils se proposent. D'ailleurs, comme ils ne se jettent point dans des détails accablants, ils ont l'esprit plus libre pour envisager d'une seule vue le gros de l'ouvrage, et pour observer s'il s'avance vers la fin principale. S'ils sont trompés, du moins ils ne le sont guère dans l'essentiel. D'ailleurs ils sont au-dessus des petites jalousies qui marquent un esprit borné et une âme basse ; ils comprennent qu'on ne peut éviter d'être trompé dans les grandes affaires, puisqu'il faut s'y servir des hommes, qui sont si souvent trompeurs On perd plus dans l'irrésolution où jette la défiance qu'on ne perdrait à se laisser un peu tromper. On est trop heureux quand on n'est trompé que dans des choses médiocres ; les grandes ne laissent pas de s'acheminer, et c'est la seule chose dont un grand homme doit être en peine. Il faut réprimer sévèrement la tromperie, quand on la découvre ; mais il faut compter sur quelque tromperie, si l'on ne veut point être véritablement trompé. Un artisan, dans sa boutique, voit tout de ses propres yeux, et fait tout de ses propres mains ; mais un roi, dans un grand État, ne peut tout faire ni tout voir. Il

ne doit faire que les choses que nul autre ne peut faire
sous lui ; il ne doit voir que ce qui entre dans la décision
des choses importantes. »

Enfin Mentor dit à Télémaque : « Les dieux vous aiment,
et vous préparent un règne plein de sagessse. Tout ce que
vous voyez ici est fait moins pour la gloire d'Idoménée que
pour votre instruction. Tous ces sages établissements que
vous admirez dans Salente ne sont que l'ombre de ce que
vous ferez un jour à Ithaque, si vous répondez par vos
vertus à votre haute destinée. Il est temps que nous songions à partir d'ici ; Idoménée tient un vaisseau prêt pour
notre retour. »

Aussitôt Télémaque ouvrit son cœur à son ami, mais avec
quelque peine, sur un attachement qui lui faisait regretter
Salente. « Vous me blâmerez peut-être, lui dit-il, de prendre
trop facilement des inclinations-dans les lieux où je passe
mais mon cœur me ferait de continuels reproches, si je
vous cachais que j'aime Antiope, fille d'Idoménée. Non,
mon cher Mentor, ce n'est point une passion aveugle comme
celle dont vous m'avez guéri dans l'île de Calypso. J'ai bien
reconnu la profondeur de la plaie que l'Amour m'avait
faite auprès d'Eucharis : je ne puis encore prononcer son
nom sans être troublé ; le temps et l'absence n'ont pu
l'effacer. Cette expérience funeste m'apprend à me défier
de moi-même.

« Mais pour Antiope, ce que je sens n'a rien de semblable :
ce n'est point amour passionné ; c'est goût, c'est estime,
c'est persuasion que je serais heureux, si je passais ma
vie avec elle. Si jamais les dieux me rendent mon père, et
qu'il me permette de choisir une femme, Antiope sera mon
épouse. Ce qui me touche en elle, c'est son silence, sa
modestie, sa retraite, son travail assidu, son industrie pour
les ouvrages de laine et de broderie, son application à conduire toute la maison de son père depuis que sa mère est
morte, son mépris des vaines parures, l'oubli et l'ignorance
même qui paraît en elle de sa beauté. Quand Idoménée
lui ordonne de mener les danses des jeunes Crétoises au
son des flû' es, on la prendrait pour la riante Vénus, qui

est accompagnée des Grâces[1]. Quand il la mène avec lui
à la chasse dans les forêts, elle paraît majestueuse et
adroite à tirer de l'arc, comme Diane au milieu de ses
nymphes : elle seule ne le sait pas, et tout le monde l'admire. Quand elle entre dans les temples des dieux, et qu'elle
porte sur sa tête les choses sacrées dans des corbeilles, on
croirait qu'elle est elle-même la divinité qui habite dans
les temples. Avec quelle crainte et quelle religion l'avons-
nous vue offrir des sacrifices et fléchir la colère des dieux,
quand il a fallu expier quelque faute ou détourner quelque
funeste présage ! Enfin, quand on la voit avec une troupe
de femmes, tenant en sa main une aiguille d'or, on croit
que c'est Minerve même qui a pris sur la terre une forme
humaine, et qui inspire aux hommes les beaux-arts ; elle
anime les autres à travailler ; elle leur adoucit le travail et
l'ennui par les charmes de sa voix, lorsqu'elle chante
toutes les merveilleuses histoires des dieux ; et elle surpasse la plus exquise peinture par la délicatesse de ses
broderies. Heureux l'homme qu'un doux hymen unira avec
elle[2] ! il n'aura à craindre que de la perdre, et lui survivre.

« Je prends ici, mon cher Mentor, les dieux à témoin que
je suis tout prêt à partir : j'aimerai Antiope tant que je
vivrai ; mais elle ne retardera pas d'un moment mon retour
à Ithaque. Si un autre la devait posséder, je passerais le
reste de mes jours avec tristesse et amertume : mais enfin
je la quitterais. Quoique je sache que l'absence peut me la
faire perdre, je ne veux ni lui parler, ni parler à son père
de mon amour ; car je ne dois en parler qu'à vous seul,
jusqu'à ce qu'Ulysse, remonté sur son trône, m'ait déclaré
qu'il y consent. Vous pouvez reconnaître par là, mon cher
Mentor, combien cet attachement est différent de la passion dont vous m'avez vu aveuglé pour Eucharis ».

1   Jam Cytherea choros ducit Venus... .
     Junctæque Nymphis Gratiæ decentes.
                                    HOR , I, Od 4.

2   ,.... O felix, si quem dignabitur, inquit,
     Ista virum.
                              OVID , Met., VIII, 325.

Mentor répondit à Télémaque : « Je conviens de cette différence. Antiope est douce, simple et sage ; ses mains ne méprisent point le travail ; elle prévoit de loin ; elle pourvoit à tout ; elle sait se taire et agit de suite sans empressement ; elle est à toute heure occupée et ne s'embarrasse jamais, parce qu'elle fait chaque chose à propos : le bon ordre de la maison de son père est sa gloire ; elle en est plus ornée que de sa beauté. Quoiqu'elle ait soin de tout et qu'elle soit chargée de corriger, de refuser, d'épargner, choses qui font haïr presque toutes les femmes, elle s'est rendue aimable à toute la maison : c'est qu'on ne trouve en elle ni passion, ni entêtement, ni légèreté, ni humeur, comme dans les autres femmes ; d'un seul regard elle se fait entendre, et on craint de lui déplaire ; elle donne des ordres précis ; elle n'ordonne que ce qu'on peut exécuter ; elle reprend avec bonté, et, en reprenant, elle encourage. Le cœur de son père se repose sur elle, comme un voyageur abattu par les ardeurs du soleil se repose à l'ombre sur l'herbe tendre. Vous avez raison, Télémaque ; Antiope est un trésor digne d'être cherché dans les terres les plus éloignées. Son esprit, non plus que son corps, ne se pare jamais de vains ornements ; son imagination, quoique vive, est retenue par sa discrétion : elle ne parle que pour la nécessité ; et si elle ouvre la bouche, la douce persuasion et les grâces naïves coulent de ses lèvres. Dès qu'elle parle, tout le monde se tait, et elle en rougit : peu s'en faut qu'elle ne supprime ce qu'elle a voulu dire, quand elle aperçoit qu'on l'écoute si attentivement. A peine l'avons-nous entendue parler.

« Vous souvenez-vous, ô Télémaque, d'un jour que son père la fit venir ? Elle parut, les yeux baissés, couverte d'un grand voile ; et elle ne parla que pour modérer la colère d'Idoménée, qui voulait faire punir rigoureusement un de ses esclaves : d'abord elle entra dans sa peine, puis elle le calma, enfin elle lui fit entendre ce qui pouvait excuser ce malheureux ; et, sans faire sentir au roi qu'il s'était trop emporté, elle lui inspira des sentiments de justice et de compassion. Thétis, quand elle flatte le vieux

Nérée, n'apaise pas avec plus de douceur les flots irrités. Ainsi Antiope, sans prendre aucune autorité, et sans se prévaloir de ses charmes, maniera un jour le cœur de son époux, comme elle touche maintenant sa lyre, quand elle en veut tirer les plus tendres accords. Encore une fois, Télémaque, votre amour pour elle est juste ; les dieux vous la destinent : vous l'aimez d'un amour raisonnable ; il faut attendre qu'Ulysse vous la donne. Je vous loue de n'avoir point voulu lui découvrir vos sentiments, mais sachez que, si vous eussiez pris quelque détour pour lui apprendre vos desseins, elle les aurait rejetés et aurait cessé de vous estimer. Elle ne se promettra jamais à personne ; elle se laissera donner par son père ; elle ne prendra jamais pour époux qu'un homme qui craigne les dieux et qui remplisse toutes les bienséances. Avez-vous observé, comme moi, qu'elle se montre encore moins, et qu'elle baisse plus les yeux depuis votre retour ? Elle sait tout ce qui vous est arrivé d'heureux dans la guerre ; elle n'ignore ni votre naissance, ni vos aventures, ni tout ce que les dieux ont mis en vous : c'est ce qui la rend si modeste et si réservée. Allons, Télémaque, allons vers Ithaque ; il ne me reste plus qu'à vous faire trouver votre père, et qu'à vous mettre en état d'obtenir une femme digne de l'âge d'or. Fût-elle bergère dans la froide Algide[1], au lieu qu'elle est fille du roi de Salente, vous seriez trop heureux de la posséder ».

[2] Idoménée, qui craignait le départ de Télémaque et de Mentor, ne songeait qu'à le retarder ; il représenta à Mentor qu'il ne pouvait régler sans lui un différend qui s'était élevé entre Diophane, prêtre de Jupiter-Conservateur, et Héliodore, prêtre d'Apollon, sur les présages qu'on tire du vol des oiseaux et des entrailles des victimes.

---

[1] Il a pris cette épithète dans le vers d'Horace :

Gelido prominet Algido.

L'Algide est une montagne à quelques milles de Rome, vers l'Orient.

Var. *Commencement du* Livre XXIII, *dans la division en* XXIV Livres.

« Pourquoi, lui répondit Mentor, vous mêleriez-vous des
choses sacrées ? laissez-en la décision aux Étruriens [1], qui
ont la tradition des plus anciens oracles, et qui sont inspirés pour être les interprètes des dieux : employez seulement votre autorité à étouffer ces disputes dès leur
naissance. Ne montrez ni partialité, ni prévention : contentez-vous d'appuyer la décision quand elle sera faite ; souvenez-vous qu'un roi doit être soumis à la religion, et qu'il ne
doit jamais entreprendre de la régler ; la religion vient des
dieux, elle est au-dessus des rois. Si les rois se mêlent de
a religion, au lieu de la protéger, ils la mettront en servitude. Les rois sont si puissants, et les autres hommes sont
si faibles, que tout sera en péril d'être altéré au gré des
rois, si on les fait entrer dans les questions qui regardent
les choses sacrées. Laissez donc en pleine liberté la décision
aux amis des dieux, et bornez-vous à réprimer ceux qui
n'obéiront pas à leur jugement quand il aura été prononcé. »

Ensuite Idoménée se plaignit de l'embarras où il était
sur un grand nombre de procès entre divers particuliers,
qu'on le pressait de juger.

« Décidez, lui répondit Mentor, toutes les questions nouvelles qui vont à établir des maximes générales de juris-
prudence et à interpréter les lois, mais ne vous chargez
jamais de juger les choses particulières ; elles viendraient
toutes en foule vous assiéger ; vous seriez l'unique juge de
tout votre peuple ; tous les autres juges, qui sont sous vous,
deviendraient inutiles ; vous seriez accablé, et les petites
affaires vous déroberaient aux grandes, sans que vous
pussiez suffire à régler le détail des petites. Gardez-vous
donc bien de vous jeter dans cet embarras ; renvoyez les
affaires des particuliers aux juges ordinaires. Ne faites que
ce que nul autre ne peut faire pour vous soulager : vous
ferez alors les véritables fonctions de roi. »

« On me presse encore, disait Idoménée, de faire certains
mariages. Les personnes d'une naissance distinguée qui

---

[1] Étruriens, ou Étrusques. L'Étrurie s'étendait à peu près du pays
des Liguriens à la rive droite du Tibre.

m'ont suivi dans toutes les guerres, et qui ont perdu ue
très grands biens en me servant, voudraient trouver une
espèce de récompense en épousant certaines filles riches :
je n'ai qu'un mot à dire pour leur procurer ces établissements. »

« Il est vrai, répondait Mentor, qu'il ne vous en coûterait
qu'un mot; mais ce mot lui-même vous coûterait trop cher.
Voudriez-vous ôter aux pères et aux mères la liberté et la
consolation de choisir leurs gendres, et par conséquent
leurs héritiers? ce serait mettre toutes les familles dans
le plus rigoureux esclavage ; vous vous rendriez responsable
de tous les malheurs domestiques de vos citoyens. Les
mariages ont assez d'épines sans leur donner encore cette
amertume. Si vous avez des serviteurs fidèles à récompenser, donnez-leur des terres incultes; ajoutez-y des
rangs et des honneurs proportionnés à leur condition et à
leurs services; ajoutez-y, s'il le faut, quelque argent pris
par vos épargnes sur les fonds destinés à votre dépense ;
mais ne payez jamais vos dettes en sacrifiant les filles
riches malgré leur parenté. »

Idoménée passa bientôt de cette question à une autre.
« Les Sybarites [1], disait-il, se plaignent de ce que nous
avons usurpé des terres qui leur appartiennent, et de ce
que nous les avons données, comme des champs à défricher, aux étrangers que nous avons attirés depuis peu ici :
céderai-je à ces peuples? Si je le fais, chacun croira qu'il
n'a qu'à former des prétentions sur nous. »

« Il n'est pas juste, répondit Mentor, de croire les Sybarites dans leur propre cause; mais il n'est pas juste aussi
de vous croire dans la vôtre. » « Qui croirons-nous donc? »
repartit Idoménée. « Il ne faut croire, poursuivit Mentor,
aucune des deux parties; mais il faut prendre pour arbitre
un peuple voisin qui ne soit suspect d'aucun côté : tels sont
les Sipontins [2]; ils n'ont aucun intérêt contraire aux vôtres.»

[1] La ville de Sybaris, plus tard appelée Thurium, existait dans
un endroit de la Calabre appelé aujourd'hui Sibari Rovinata.

[2] Siponto, le Sipûs des Grecs, n'existe plus. Pres de ses ruines
est bâtie la ville actuelle de Manfredonia.

« Mais suis-je obligé, répondait Idoménée, à croire quelque arbitre? ne suis-je pas roi? Un souverain est-il obligé
à se soumettre à des étrangers sur l'étendue de sa domination? »

Mentor reprit ainsi le discours : « Puisque vous voulez
tenir ferme, il faut que vous jugiez que votre droit est bon :
d'un autre côté, les Sybarites ne relâchent rien; ils soutiennent que leur droit est certain. Dans cette opposition

de sentiment, il faut qu'un arbitre, choisi par les parties,
vous accommode, ou que le sort des armes décide; il n'y
a point de milieu. Si vous entriez dans une république où
il n'y eût ni magistrats ni juges, et où chaque famille se
crût en droit de se faire justice à elle-même, par violence,
sur toutes ses prétentions contre ses voisins, vous déplo-
reriez le malheur d'une telle nation, et vous auriez horreur
de cet affreux désordre, où toutes les familles s'armeraient
les unes contre les autres. Croyez-vous que les dieux regar-

dent avec moins d'horreur le monde entier, qui est la
république universelle, si chaque peuple, qui n'y est que
comme une grande famille, se croit en plein droit de se
faire, par violence, justice à soi-même, sur toutes ses prétentions contre les autres peuples voisins? Un particulier
qui possède un champ, comme l'héritage de ses ancêtres,
ne peut s'y maintenir que par l'autorité des lois et par le
jugement du magistrat; il serait très sévèrement puni
comme un séditieux, s'il voulait conserver, par la force,
ce que la justice lui a donné. Croyez-vous que les rois
puissent employer d'abord la violence pour soutenir leurs
prétentions, sans avoir tenté toutes les voies de douceur et
d'humanité? La justice n'est-elle pas encore plus sacrée
et plus inviolable pour les rois, par rapport à des pays
entiers, que pour les familles, par rapport à quelques
champs labourés? Sera-t-on injuste et ravisseur quand on
ne prend que quelques arpents de terre? sera-t-on juste,
sera-t-on héros, quand on prend des provinces? Si on se
prévient, si on se flatte, si on s'aveugle dans les petits
intérêts de particuliers, ne doit-on pas encore plus craindre
de se flatter et de s'aveugler sur les grands intérêts d'État?
Se croira-t-on soi-même dans une matière où l'on a tant
de raisons de se défier de soi? ne craindra-t-on point de
se tromper dans des cas où l'erreur d'un seul homme a
des conséquences affreuses? L'erreur d'un roi qui se flatte
sur ses prétentions cause souvent des ravages, des famines,
des massacres, des pestes, des dépravations de mœurs,
dont les effets funestes s'étendent jusque dans les siècles
les plus reculés. Un roi, qui assemble toujours tant de
flatteurs autour de lui, ne craindra-t-il point d'être flatté
en ces occasions? S'il convient de quelque arbitre pour
terminer le différend, il montre son équité, sa bonne foi,
sa modération. Il publie les solides raisons sur lesquelles
sa cause est fondée. L'arbitre choisi est un médiateur
aimable, et non un juge de rigueur. On ne se soumet pas
aveuglément à ses décisions, mais on a pour lui une grande
déférence, il ne prononce pas une sentence en juge souverain, mais il fait des propositions, et on sacrifie quelque

chose par ses conseils pour conserver la paix. Si la guerre
vient, malgré tous les soins qu'un roi prend pour conserver
la paix, il a du moins alors pour lui le témoignage de sa
conscience, l'estime de ses voisins et la juste protection
des dieux. »

Idoménée, touché de ce discours, consentit que les
Sypontins fussent médiateurs entre lui et les Sybarites.

Alors le roi, voyant que tous les moyens de retenir les
deux étrangers lui échappaient, essaya de les arrêter par
un lien plus fort. Il avait remarqué que Télémaque aimait
Antiope, et il espéra de le prendre par cette passion. Dans
cette vue, il la fit chanter plusieurs fois pendant des
festins. Elle le fit pour ne pas désobéir à son père, mais
avec tant de modestie et de tristesse, qu'on voyait bien la
peine qu'elle souffrait en obéissant. Idoménée alla jusqu'à
vouloir qu'elle chantât la victoire remportée sur les Dauniens et sur Adraste; mais elle ne put se résoudre à chanter
les louanges de Télémaque, elle s'en défendit avec respect,
et son père n'osa la contraindre. Sa voix douce et touchante
pénétrait le cœur du jeune fils d'Ulysse; il était tout ému.
Idoménée, qui avait les yeux attachés sur lui, jouissait du
plaisir de remarquer son trouble, mais Télémaque ne
faisait pas semblant d'apercevoir les desseins du roi : il
ne pouvait s'empêcher, en ces occasions, d'être fort touché;
mais la raison était en lui au-dessus du sentiment, et ce
n'était plus ce même Télémaque qu'une passion tyrannique
avait autrefois captivé dans l'île de Calypso. Pendant qu'Antiope chantait, il gardait un profond silence; dès qu'elle
avait fini, il se hâtait de tourner la conversation sur quelque autre matière.

Le roi, ne pouvant par cette voie réussir dans son dessein, prit enfin la résolution de faire une grande chasse,
dont il voulut, contre la coutume, donner le plaisir à sa
fille. Antiope pleura, ne voulant point y aller; mais il
fallut exécuter l'ordre absolu de son père. Elle monte un
cheval écumant, fougueux, et semblable à ceux que Castor
domptait pour les combats; elle le conduit sans peine;
une troupe de jeunes filles la suit avec ardeur; elle paraît

au milieu d'elles comme Diane dans les forêts [1]. Le roi la
voit, et il ne peut se lasser de la voir ; en la voyant, il
oublie tous ses malheurs passés. Télémaque la voit aussi,
et il est encore plus touché de la modestie d'Antiope que
de son adresse et de toutes ses grâces.

Les chiens poursuivaient un sanglier d'une grandeur
énorme, et furieux comme celui de Calydon ; ses longues
soies étaient dures et hérissées comme des dards ; ses
yeux étincelants étaient pleins de sang et de feu [2]; son
souffle se faisait entendre de loin, comme le bruit sourd
des vents séditieux, quand Éole les rappelle dans son
antre pour apaiser les tempêtes ; ses défenses, longues et
crochues comme la faux tranchante des moissonneurs,
coupaient le tronc des arbres. Tous les chiens qui osaient
en approcher étaient déchirés. Les plus hardis chasseurs,
en le poursuivant, craignaient de l'atteindre.

Antiope, légère à la course comme les vents, ne craignit point de l'attaquer de près ; elle lui lance un trait qui
le perce au-dessus de l'épaule. Le sang de l'animal farouche
ruisselle et le rend plus furieux ; il se tourne vers celle
qui l'a blessé. Aussitôt le cheval d'Antiope, malgré sa
fierté, frémit et recule ; le sanglier monstrueux s'élance
contre lui, semblable aux pesantes machines qui ébran-
lent les murailles des plus fortes villes. Le coursier chan-
celle et est abattu : Antiope se voit par terre, hors d'état
d'éviter le coup fatal de la défense du sanglier animé
contre elle. Mais Télémaque, attentif au danger d'Antiope,
était déjà descendu de cheval. Plus prompt que les éclairs,
il se jette entre le cheval abattu et le sanglier, qui revient
pour venger son sang ; il tient dans ses mains un long
dard, et l'enfonce presque tout entier dans le flanc de
l'horrible animal, qui tombe plein de rage.

[1] ...., Magna juvenum stipante caterva.
Qualis in Eurotæ ripis, aut per juga Cynthi
Exercet Diana choros.
VIRG. Æn., I, 436.

Sanguine et igne micant oculi ; riget horrida cervix,
Et setæ rigidis similes hastilibus horrent.
OVID., Met. VIII, 284.

A l'instant Télémaque en coupe la hure, qui fait encore peur quand on la voit de près, et qui étonne tous les chasseurs : il la présente à Antiope. Elle en rougit ; elle consulte des yeux son père, qui, après avoir été saisi de frayeur, est transporté de joie de la voir hors du péril, et lui fait signe qu'elle doit accepter ce don. En le prenant, elle dit à Télémaque : « Je reçois de vous avec reconnaissance un autre don plus grand; car je vous dois la vie ». A peine eut-elle parlé, qu'elle craignit d'avoir trop dit : elle baissa les yeux, et Télémaque, qui vit son embarras, n'osa lui dire que ces paroles : « Heureux le fils d'Ulysse d'avoir conservé une vie si précieuse! mais plus heureux encore s'il pouvait passer la sienne auprès de vous! » Antiope, sans lui répondre, rentra brusquement dans la troupe de ses jeunes compagnes, où elle remonta à cheval.

Idoménée aurait, dès ce moment, promis sa fille à Télémaque; mais il espéra d'enflammer davantage sa passion en le laissant dans l'incertitude, et crut même le retenir encore à Salente par le désir d'assurer son mariage. Idoménée raisonnait ainsi en lui-même; mais les dieux se jouent de la sagesse des hommes. Ce qui devait retenir Télémaque fut précisément ce qui le pressa de partir : ce qu'il commençait à sentir le mit dans une juste défiance de lui-même.

Mentor redoubla ses soins pour lui inspirer un désir impatient de s'en retourner à Ithaque ; et il pressa en même temps Idoménée de le laisser partir : le vaisseau était déjà prêt. Car Mentor, qui réglait tous les moments de la vie de Télémaque, pour l'élever à la plus haute gloire, ne l'arrêtait en chaque lieu qu'autant qu'il le fallait pour exercer sa vertu, et pour lui faire acquérir de l'expérience. Mentor avait eu soin de faire préparer le vaisseau dès l'arrivée de Télémaque.

Mais Idoménée, qui avait eu beaucoup de répugnance à le voir préparer, tomba dans une tristesse mortelle et dans une désolation à faire pitié, lorsqu'il vit que ses deux hôtes, dont il avait tiré tant de secours, allaient l'abandonner. Il se renfermait dans les lieux les plus secrets de

sa maison : là il soulageait son cœur en poussant des
gémissements et en versant des larmes ; il oubliait le besoin
de se nourrir : le sommeil n'adoucissait plus ses cuisantes
peines ; il se desséchait, il se consumait par ses inquiétudes, semblable à un grand arbre qui couvre la terre de
l'ombre de ses rameaux épais, et dont un ver commence à
ronger la tige dans les canaux déliés où la sève coule pour
sa nourriture: cet arbre, que les vents n'ont jamais ébranlé,
que la terre féconde se plaît à nourrir dans son sein, et
que la hache du laboureur a toujours respecté, ne laisse
pas de languir sans qu'on puisse découvrir la cause de son
mal ; il se flétrit ; il se dépouille de ses feuilles qui sont sa
gloire ; il ne montre plus qu'un tronc couvert d'une écorce
entr'ouverte, et des branches sèches : tel parut Idoménée
dans sa douleur.

Télémaque, attendri, n'osait lui parler : il craignait le
jour du départ, il cherchait des prétextes pour le retarder,
et il serait demeuré longtemps dans cette incertitude, si
Mentor ne lui eût dit : « Je suis bien aise de vous voir si
changé. Vous étiez né dur et hautain ; votre cœur ne se
laissait toucher que de vos commodités et de vos intérêts ;
mais vous êtes enfin devenu homme, et vous commencez,
par l'expérience de vos maux, à compatir à ceux des autres.
Sans cette compassion, on n'a ni bonté, ni vertu, ni capa-
cité pour gouverner les hommes ; mais il ne faut pas la
pousser trop loin, ni tomber dans une amitié faible. Je par-
lerais volontiers à Idoménée pour le faire consentir à notre
départ, et je vous épargnerais l'embarras d'une conversation si fâcheuse ; mais je ne veux point que la mauvaise
honte et la timidité dominent votre cœur. Il faut que vous
vous accoutumiez à mêler le courage et la fermeté avec
une amitié tendre et sensible. Il faut craindre d'affliger
les hommes sans nécessité ; il faut entrer dans leur peine
quand on ne peut éviter de leur en faire, et adoucir le
plus qu'on peut le coup qu'il est impossible de leur épargner entièrement». « C'est pour chercher cet adoucissement, répondit Télémaque, que j'aimerais mieux qu'Idoménée apprît notre départ par vous que par moi. »

Mentor lui dit aussitôt : « Vous vous trompez, mon cher Télémaque ; vous êtes né comme les enfants des rois nourris dans la pourpre, qui veulent que tout se fasse à leur mode, et que toute la nature obéisse à leurs volontés, mais qui n'ont la force de résister à personne en face. Ce n'est pas qu'ils se soucient des hommes, ni qu'ils craignent par bonté de les affliger ; mais c'est que, pour leur propre commodité, ils ne veulent point voir autour d'eux des visages tristes et mécontents. Les peines et les misères des hommes ne les touchent point, pourvu qu'elles ne soient pas sous leurs yeux ; s'ils en entendent parler, ce discours les importune et les attriste : pour leur plaire, il faut toujours dire que tout va bien : pendant qu'ils sont dans leurs plaisirs, ils ne veulent rien voir ni entendre qui puisse interrompre leurs joies. Faut-il reprendre, corriger, détromper quelqu'un, résister aux prétentions et aux passions injustes d'un homme importun, ils en donneront toujours la commission à quelque autre personne ; plutôt que de parler eux-mêmes avec une douce fermeté dans ces occasions : ils se laisseraient plutôt arracher les grâces les plus injustes ; ils gâteraient leurs affaires les plus importantes, faute de savoir décider contre le sentiment de ceux auxquels ils ont affaire tous les jours. Cette faiblesse, qu'on sent en eux, fait que chacun ne songe qu'à s'en prévaloir : on les presse, on les importune, on les accable, et on réussit en les accablant. D'abord on les flatte et on les encense pour s'insinuer ; mais dès qu'on est dans leur confiance et qu'on est auprès d'eux dans des emplois de quelque autorité, on les mène loin, on leur impose le joug : ils en gémissent, ils veulent souvent le secouer, mais ils le portent toute leur vie. Ils sont jaloux de ne paraître point gouvernés, et ils le sont toujours : ils ne peuvent même se passer de l'être ; car ils sont semblables à ces faibles tiges de vigne qui, n'ayant par elles-mêmes aucun soutien, rampent toujours autour du tronc de quelque grand arbre.

« Je ne souffrirai point, ô Télémaque, que vous tombiez dans ce défaut, qui rend un homme imbécile pour le gou-

vernement. Vous qui êtes tendre jusqu'à n'oser parler à
Idoménée, vous ne serez plus touché de ses peines dès que
vous serez sorti de Salente; ce n'est point sa douleur qui
vous attendrit, c'est sa présence qui vous embarrasse.
Allez parler vous-même à Idoménée; apprenez en cette
occasion à être tendre et ferme tout ensemble; montrez-
lui votre douleur de le quitter; mais montrez-lui aussi
d'un ton décisif la nécessité de notre départ. »

Télémaque n'osait ni résister à Mentor, ni aller trouver
Idoménée; il était honteux de sa crainte, et n'avait pas le
courage de la surmonter : il hésitait; il faisait deux pas,
et revenait incontinent pour alléguer à Mentor quelque
nouvelle raison de différer. Mais le seul regard de Mentor
lui ôtait la parole et faisait disparaître tous ses beaux
prétextes. « Est-ce donc là, disait Mentor en souriant, ce
vainqueur des Dauniens, ce libérateur de la Grande-Hespérie, ce fils du sage Ulysse, qui doit être après lui l'oracle
de la Grèce? il n'ose dire à Idoménée qu'il ne peut plus
retarder son retour dans sa patrie, pour revoir son père!
O peuple d'Ithaque, combien serez-vous malheureux un
jour, si vous avez un roi que la mauvaise honte domine, et
qui sacrifie les plus grands intérêts à ses faiblesses sur les
plus petites choses! Voyez, Télémaque, quelle différence il
y a entre la valeur dans les combats et le courage dans les
affaires : vous n'avez point craint les armes d'Adraste, et
vous craignez la tristesse d'Idoménée. Voilà ce qui déshonore les princes qui ont fait les plus grandes actions :
après avoir paru des héros dans la guerre, ils se montrent
les derniers des hommes dans les occasions communes où
d'autres se soutiennent avec vigueur. »

Télémaque, sentant la vérité de ces paroles, et piqué de
ce reproche, partit brusquement sans s'écouter lui-même;
mais à peine commença-t-il à paraître dans le lieu où
Idoménée était assis, les yeux baissés, languissant et abattu
de tristesse, qu'ils se craignirent l'un l'autre; ils n'osaient
se regarder. Ils s'entendaient sans se rien dire, et chacun
craignait que l'autre ne rompît le silence; ils se mirent
tous deux à pleurer. Enfin Idoménée, pressé d'un excès

de douleur, s'écria : « A quoi sert de chercher la vertu, si
elle récompense si mal ceux qui l'aiment? Après m'avoir
montré ma faiblesse, on m'abandonne! Hé bien! je vais
retomber dans tous mes malheurs : qu'on ne me parle plus

de bien gouverner ; non, je ne puis le faire ; je suis las des
hommes ! Où voulez-vous aller, Télémaque? Votre père
n'est plus ; vous le cherchez inutilement. Ithaque est en
proie à vos ennemis ; ils vous feront périr, si vous y
retournez : quelqu'un d'entre eux aura épousé votre mère.
Demeurez ici ; vous serez mon gendre et mon héritier ;

vous régnerez après moi. Pendant ma vie même, vous
aurez ici un pouvoir absolu; ma confiance en vous sera
sans bornes. Que si vous êtes insensible à tous ces avantages, du moins laissez-moi Mentor, qui est toute ma ressource. Parlez, répondez-moi, n'endurcissez pas votre cœur,
ayez pitié du plus malheureux de tous les hommes. Quoi!
vous ne dites rien! Ah! je comprends combien les dieux me
sont cruels; je le sens encore plus rigoureusement qu'en
Crète, lorsque je perçai mon propre fils. »

Enfin **Télémaque** lui répondit d'une voix troublée et
timide : « **Je ne suis point à moi**; les destinées me rappel-
lent dans ma patrie. Mentor, qui a la sagesse des dieux,
m'ordonne en leur nom de partir. Que voulez-vous que
je fasse? Renoncerai-je à mon père, à ma mère, à ma
patrie, qui me doit être encore plus chère qu'eux? Étant
né pour être roi, je ne suis pas destiné à une vie douce et
tranquille, ni à suivre mes inclinations. Votre royaume
est plus riche et plus puissant que celui de mon père;
mais je dois préférer ce que les dieux me destinent à ce
que vous avez la bonté de m'offrir. Je me croirais heureux
si j'avais Antiope pour épouse, sans espérance de votre
royaume; mais, pour m'en rendre digne, il faut que j'aille
où mes devoirs m'appellent, et que ce soit mon père qui
vous la demande pour moi. Ne m'avez-vous pas promis de
me renvoyer à Ithaque? N'est-ce pas sur cette promesse
que j'ai combattu pour vous contre Adraste avec les alliés?
Il est temps que je songe à réparer mes malheurs domestiques. Les dieux, qui m'ont donné à Mentor, ont aussi
donné Mentor au fils d'Ulysse pour lui faire remplir ses
destinées. Voulez-vous que je perde Mentor, après avoir
perdu tout le reste? Je n'ai plus ni biens, ni retraite, ni
père, ni mère, ni patrie assurée; il ne me reste qu'un
homme sage et vertueux, qui est le plus précieux don
de Jupiter : jugez vous-même si je puis y renoncer, et
consentir qu'il m'abandonne. Non, je mourrais plutôt.
Arrachez-moi la vie : la vie n'est rien; mais ne m'arrachez
pas Mentor. »

A mesure que Télémaque parlait, sa voix devenait plus

forte, et sa timidité disparaissait. Idoménée ne savait que répondre et ne pouvait demeurer d'accord de ce que le fils d'Ulysse lui disait. Lorsqu'il ne pouvait plus parler, du moins il tâchait, par ses regards et par ses gestes, de faire pitié. Dans ce moment, il vit paraître Mentor, qui lui dit ces graves paroles :

« Ne vous affligez point : nous vous quittons, mais la sagesse qui préside aux conseils des dieux demeurera sur vous; croyez seulement que vous êtes trop heureux que Jupiter nous ait envoyés ici pour sauver votre royaume, et pour vous ramener de vos égarements. Philoclès, que nous vous avons rendu, vous servira fidèlement : la crainte des dieux, le goût de la vertu, l'amour des peuples, la compassion pour les misérables, seront toujours dans son cœur. Écoutez-le; servez-vous de lui avec confiance et sans jalousie. Le plus grand service que vous puissiez en tirer est de l'obliger à vous dire tous vos défauts sans adoucissement. Voilà en quoi consiste le plus grand courage d'un bon roi, que de chercher de vrais amis qui lui fassent remarquer ses fautes. Pourvu que vous ayez ce courage, notre absence ne vous nuira point, et vous vivrez heureux ; mais si la flatterie, qui se glisse comme un serpent, retrouve un chemin jusqu'à votre cœur, pour vous mettre en défiance contre les conseils désintéressés, vous êtes perdu. Ne vous laissez point abattre mollement à la douleur, mais efforcez-vous de suivre la vertu. J'ai dit à Philoclès tout ce qu'il doit faire pour vous soulager, et pour n'abuser jamais de votre confiance; je puis vous répondre de lui : les dieux vous l'ont donné comme ils m'ont donné à Télémaque. Chacun doit suivre courageusement sa destinée; il est inutile de s'affliger. Si jamais vous aviez besoin de mon secours, après que j'aurai rendu Télémaque à son père et à son pays, je reviendrais vous voir. Que pourrais-je faire qui me donnât un plaisir plus sensible ? Je ne cherche ni biens ni autorité sur la terre; je ne veux qu'aider ceux qui cherchent la justice et la vertu. Pourrais-je oublier jamais la confiance et l'amitié que vous m'avez témoignées?»

A ces mots, Idoménée fut tout à coup changé; il sentit

son cœur apaisé, comme Neptune de son trident apaise
les flots en courroux et les plus noires tempêtes : il restait
seulement en lui une douleur douce et paisible ; c'était
plutôt une tristesse et un sentiment tendre qu'une vive douleur. Le courage, la confiance, la vertu, l'espérance du secours des dieux, commencèrent à renaître au dedans de lui.

« Hé bien ! dit-il, mon cher Mentor, il faut donc tout
perdre, et ne se point décourager ! Du moins souvenez-vous
d'Idoménée quand vous serez arrivé à Ithaque, où votre
sagesse vous comblera de prospérité. N'oubliez pas que Salente fut votre ouvrage, et que vous y avez laissé un roi malheureux qui n'espère qu'en vous. Allez, digne fils d'Ulysse,
je ne vous retiens plus ; je n'ai garde de résister aux dieux,
qui m'avaient prêté un si grand trésor. Allez aussi, Mentor,
le plus grand et le plus sage de tous les hommes (si toutefois
l'humanité peut faire ce que j'ai vu en vous, et si vous
n'êtes point une divinité sous une forme empruntée pour
instruire les hommes faibles et ignorants), allez conduire
le fils d'Ulysse, plus heureux de vous avoir que d'être
le vainqueur d'Adraste. Allez tous deux : je n'ose plus
parler, pardonnez mes soupirs. Allez, vivez, soyez heureux
ensemble ; il ne me reste plus rien au monde que le souvenir de vous avoir possédés ici. O beaux jours ! trop
heureux jours ! jours dont je n'ai pas assez connu le prix !
jours trop rapidement écoulés ! vous ne reviendrez jamais !
jamais mes yeux ne reverront ce qu'ils voient ! »

Mentor prit ce moment pour le départ ; il embrassa
Philoclès, qui l'arrosa de ses larmes sans pouvoir parler.
Télémaque voulut prendre Mentor par la main pour le
tirer de celle d'Idoménée ; mais Idoménée, prenant le
chemin du port, se mit entre Mentor et Télémaque : il les
regardait ; il gémissait ; il commençait des paroles entre
coupées et n'en pouvait achever aucune.

Cependant on entend des cris confus sur le rivage,
couvert de matelots : on tend les cordages ; le vent favorable
se lève. Télémaque et Mentor, les larmes aux yeux, prennent congé du roi, qui les tient longtemps serrés entre ses
bras, et qui les suit des yeux aussi loin qu'il le peut.

LIVRE XVIII[1]

SOMMAIRE

Pendant la navigation, Télémaque s'entretient avec Mentor sur
les principes d'un sage gouvernement, et en particulier sur
les moyens de connaître les hommes, pour les chercher et
les employer selon leurs talents. Pendant cet entretien, le
calme de la mer les oblige à relâcher dans une île ou Ulysse
venait d'aborder. Télémaque le rencontre, et lui parle sans
le reconnaître ; mais, après l'avoir vu s'embarquer, il ressent
un trouble secret dont il ne peut concevoir la cause. Mentor
la lui explique et l'assure qu'il rejoindra bientôt son père ;
puis il éprouve encore sa patience, en retardant son départ,
pour faire un sacrifice à Minerve. Enfin la déesse elle-même,
cachée sous la figure de Mentor, reprend sa forme et se fait
connaître. Elle donne à Télémaque ses dernières instructions et disparaît Alors Télémaque se hâte de partir et arrive
à Ithaque, où il retrouve son père chez le fidèle Eumée.

Déjà les voiles s'enflent, on lève les ancres; la terre
semble s'enfuir. Le pilote expérimenté aperçoit de loin la
montagne de Leucate [2], dont la tête se cache dans un
tourbillon de frimas glacés, et les monts Acrocérauniens [3],
qui montrent encore un front orgueilleux au ciel, après
avoir été si souvent écrasés par la foudre.

Pendant cette navigation, Télémaque disait à Mentor :
« Je crois maintenant concevoir les maximes de gouvernement que vous m'avez expliquées. D'abord elles me
paraissaient comme un songe, mais peu à peu elles se

---

[1] Var. Livre XXIV.

[2] L'île de Leucade ou Leucate touche à l'Acarnanie, à laquelle
elle est jointe par un pont.

[3] Montagnes qui bordent la côte d'Épire. Leur nom grec exprime
et qu'elles sont hautes et qu'elles sont frappées de la foudre.
Horace les appelle : « infames scopulos Acroceraunia ». Ce sont
aujourd'hui les montagnes de la Chimere, en Albanie.

démêlent dans mon esprit, et s'y présentent clairement :
comme tous les objets paraissent sombres et en confusion,
le matin, aux premières lueurs de l'aurore; mais ensuite
ils semblent sortir comme d'un chaos, quand la lumière,
qui croît insensiblement, leur rend, pour ainsi dire, leurs
figures et leurs couleurs naturelles. Je suis très persuadé
que le point essentiel du gouvernement est de bien discerner les différents caractères d'esprits, pour les choisir
et pour les appliquer selon leurs talents; mais il me reste
à savoir comment on peut se connaître en hommes ».

Alors Mentor lui répondit : « Il faut étudier les hommes
pour les connaître ; et, pour les connaître, il en faut voir
souvent, et traiter avec eux. Les rois doivent converser
avec leurs sujets, les faire parler, les consulter, les éprouver par de petits emplois dont ils leur fassent rendre compte,
pour voir s'ils sont capables de plus hautes fonctions.
Comment est-ce, mon cher Télémaque, que vous avez
appris, à Ithaque, à vous connaître en chevaux? c'est à
force d'en voir, et de remarquer leurs défauts et leurs per-
fections avec des gens expérimentés. Tout de même, parlez
souvent des bonnes et des mauvaises qualités des hommes
avec d'autres hommes sages et vertueux, qui aient longtemps étudié leurs caractères ; vous apprendrez insensiblement comment ils sont faits, et ce qu'il est permis d'en
attendre. Qu'est-ce qui vous a appris à connaître les bons
et les mauvais poètes ? c'est la fréquente lecture, et la réflexion avec des gens qui avaient le goût de la poésie.
Qu'est-ce qui vous a acquis le discernement sur la musique?
c'est la même application à observer les divers musiciens.
Comment peut-on espérer de bien gouverner les hommes,
si on ne les connaît pas ? et comment les connaîtra-t-on,
si on ne vit jamais avec eux ? Ce n'est pas vivre avec eux
que de les voir tous en public, où l'on ne dit de part et
d'autre que des choses indifférentes et préparées avec art :
il est question de les voir en particulier, de tirer du fond
de leurs cœurs toutes les ressources secrètes qui y sont,
de les tâter de tous côtés, de les sonder pour découvrir
leurs maximes. Mais, pour bien juger des hommes, il faut

commencer par savoir ce qu'ils do.vent être; il faut savoir
ce que c'est que le vrai et solide mérite, pour discerner
ceux qui en ont, d'avec ceux qui n'en ont pas.

« On ne cesse de parler de vertu et de mérite, sans savoir
ce que c'est précisément que le mérite et la vertu. Ce ne
sont que de beaux noms, que des termes vagues, pour la
plupart des hommes, qui se font honneur d'en parler à
toute heure. Il faut avoir des principes certains de justice,
de raison, de vertu, pour connaître ceux qui sont raisonnables et vertueux. Il faut savoir les maximes d'un bon et
sage gouvernement, pour connaître les hommes qui ont
ces maximes, et ceux qui s'en éloignent par une fausse
subtilité. En un mot, pour mesurer plusieurs corps, il faut
avoir une mesure fixe; pour juger, il faut tout de même
avoir des principes constants auxquels tous nos jugements
se réduisent. Il faut savoir précisément quel est le but de
la vie humaine, et quelle fin on doit se proposer en gou-
vernant les hommes. Ce but unique et essentiel est de ne
vouloir jamais l'autorité et la grandeur pour soi; car cette
recherche ambitieuse n'irait qu'à satisfaire un orgueil
tyrannique; mais on doit se sacrifier, dans les peines
infinies du gouvernement, pour rendre les hommes bons
et heureux. Autrement on marche à tâtons et au hasard
pendant toute la vie: on va comme un navire en pleine.
mer, qui n'a point de pilote, qui ne consulte point les
astres, et à qui toutes les côtes voisines sont inconnues;
il ne peut faire que naufrage.

« Souvent les princes, faute de savoir en quoi consiste
la vraie vertu, ne savent point ce qu'ils doivent chercher
dans les hommes. La vraie vertu a pour eux quelque chose
d'âpre; elle leur paraît trop austère et indépendante; elle
les effraie et les aigrit: ils se tournent vers la flatterie.
Dès lors ils ne peuvent plus trouver ni de sincérité ni de
vertu, dès lors ils courent après un vain fantôme de fausse
gloire, qui les rend indignes de la véritable. Ils s'accoutument bientôt à croire qu'il n'y a point de vraie vertu sur
la terre; car les bons connaissent bien les méchants, mais
les méchants ne connaissent point les bons, et ne peuvent

pas croire qu'il y en ait. De tels princes ne savent que se
défier de tout le monde également ; ils se cachent ; ils se
renferment ; ils sont jaloux sur les moindres choses ; ils
craignent les hommes, et se font craindre d'eux. Ils fuient
la lumière, ils n'osent paraître dans leur naturel. Quoiqu'ils ne veuillent pas être connus, ils ne laissent pas de
l'être ; car la curiosité maligne de leurs sujets pénètre et
devine tout : mais ils ne connaissent personne. Les gens
intéressés qui les obsèdent sont ravis de les voir inaccessibles. Un roi inaccessible aux hommes l'est aussi à la
vérité : on noircit par d'infâmes rapports, et on écarte de
lui tout ce qui pourrait lui ouvrir les yeux. Ces sortes de
rois passent leur vie dans une grandeur sauvage et farouche, ou, craignant sans cesse d'être trompés, ils le
sont toujours inévitablement, et méritent de l'être. Dès
qu'on ne parle qu'à un petit nombre de gens, on s'engage
à recevoir toutes leurs passions et tous leurs préjugés : les
bons mêmes ont leurs défauts et leurs préventions. De
plus, on est à la merci des rapporteurs, nation basse et
maligne qui se nourrit de venin ; qui empoisonne les
choses innocentes ; qui grossit les petites ; qui invente le
mal plutôt que de cesser de nuire ; qui se joue, pour son
intérêt, de la défiance et de l'indigne curiosité d'un prince
faible et ombrageux.

« Connaissez donc, ô mon cher Télémaque, connaissez
les hommes ; examinez-les, faites-les parler les uns sur les
autres ; éprouvez-les peu à peu, ne vous livrez à aucun.
Profitez de vos expériences, lorsque vous aurez été trompé
dans vos jugements, car vous serez trompé quelquefois,
et les méchants sont trop profonds pour ne surprendre
pas les bons par leurs déguisements. Apprenez par là à
ne juger promptement de personne ni en bien ni en mal ;
l'un et l'autre est très dangereux : ainsi vos erreurs passées
vous instruiront très utilement. Quand vous aurez trouvé
des talents et de la vertu dans un homme, servez-vous en
avec confiance, car les honnêtes gens veulent qu'on sente
leur droiture ; ils aiment mieux de l'estime et de la confiance que des trésors, mais ne les gâtez pas en leur don-

nant un pouvoir sans bornes : tel eût été toujours vertueux,
qui ne l'est plus parce que son maître lui a donné trop
d'autorité et trop de richesses. Quiconque est assez aimé
des dieux pour trouver dans tout un royaume deux ou
trois vrais amis, d'une sagesse et d'une bonté constante,
trouve bientôt par eux d'autres personnes qui leur ressemblent, pour remplir les places inférieures. Par les bons
auxquels on se confie, on apprend ce qu'on ne peut pas
discerner par soi-même sur les autres sujets. »

« Mais faut-il, disait Télémaque, se servir des méchants
quand ils sont habiles, comme je l'ai ouï dire souvent? »
« On est souvent, répondait Mentor, dans la nécessité de
s'en servir. Dans une nation agitée et en désordre, on
trouve souvent des gens injustes et artificieux qui sont
déjà en autorité; ils ont des emplois importants qu'on ne
peut leur ôter, ils ont acquis la confiance de certaines personnes puissantes qu'on a besoin de ménager : il faut les
ménager eux-mêmes, ces hommes scélérats, parce qu'on
les craint et qu'ils peuvent tout bouleverser. Il faut bien
s'en servir pour un temps, mais il faut aussi avoir en
vue de les rendre peu à peu inutiles. Pour la vraie et intime
confiance, gardez-vous bien de la leur donner jamais ; car
ils peuvent en abuser et vous tenir ensuite malgré vous
par votre secret, chaîne plus difficile à rompre que toutes
les chaînes de fer. Servez-vous d'eux pour des négociations
passagères; traitez-les bien, engagez-les par leurs passions
mêmes à vous être fidèles, car vous ne les tiendrez que
par là, mais ne les mettez point dans vos délibérations
les plus secrètes. Ayez toujours un ressort prêt pour les
remuer à votre gré, mais ne leur donnez jamais la clef
de votre cœur ni de vos affaires. Quand votre État devient
paisible, réglé, conduit par des hommes sages et droits
dont vous êtes sûr, peu à peu les méchants dont vous étiez
contraint de vous servir deviennent inutiles. Alors il ne
faut pas cesser de les bien traiter; car il n'est jamais
permis d'être ingrat, même pour les méchants; mais, en
les traitant bien, il faut tâcher de les rendre bons. Il est
nécessaire de tolérer en eux certains défauts qu'on par-

donne à l'humanité; il faut néanmoins peu à peu relever
l'autorité, et réprimer les maux qu'ils feraient ouverte-
ment si on les laissait faire. Après tout, c'est un mal que
le bien se fasse par les méchants; et, quoique ce mal soit
souvent inévitable, il faut tendre néanmoins peu à peu à
le faire cesser. Un prince sage, qui ne veut que le bon
ordre et la justice, parviendra, avec le temps, à se passer
des hommes corrompus et trompeurs ; il en trouvera assez
de bons qui auront une habileté suffisante.

« Mais ce n'est pas assez de trouver de bons sujets dans
une nation, il est nécessaire d'en former de nouveaux. »
« Ce doit être, répondit Télémaque, un grand embarras. »
« Point du tout, reprit Mentor : l'application que vous avez
à chercher les hommes habiles et vertueux, pour les
élever, excite et anime tous ceux qui ont du talent et du
courage ; chacun fait des efforts. Combien y a-t-il d'hommes
qui languissent dans une oisiveté obscure, et qui deviendraient de grands hommes, si l'émulation et l'espérance
du succès les animaient au travail ! Combien y a-t-il
d'hommes que la misère et l'impuissance de s'élever par
la vertu tentent de s'élever par le crime ! Si donc vous
attachez les récompenses et les honneurs au génie et à la
vertu, combien de sujets se formeront d'eux-mêmes ! Mais
combien en formerez-vous en les faisant monter de degré en
degré, depuis les derniers emplois jusqu'aux premiers !
vous exercerez les talents; vous éprouverez l'étendue de
l'esprit et la sincérité de la vertu. Les hommes qui par-
viendront aux plus hautes places auront été nourris sous
vos yeux dans les inférieures. Vous les aurez suivis toute
leur vie, de degré en degré ; vous jugerez d'eux, non par
leurs paroles, mais par toute la suite de leurs actions. »

Pendant que Mentor raisonnait ainsi avec Télémaque,
ils aperçurent un vaisseau phéacien qui avait relâché dans
une petite île déserte et sauvage bordée de rochers affreux.
En même temps les vents se turent, les plus doux zéphyrs
même semblèrent retenir leurs haleines ; toute la mer
devint unie comme une glace ; les voiles abattues ne pouvaient plus animer le vaisseau ; l'effort des rameurs, déjà

fatigués, était inutile ; il fallut aborder en cette île, qui
était plutôt un écueil qu'une terre propre à être habitée
par des hommes. En un autre temps moins calme, on
n'aurait pu y aborder sans un grand péril.

Les Phéaciens, qui attendaient le vent, ne paraissaient
pas moins impatients que les Salentins de continuer leur
navigation. Télémaque s'avance vers eux sur ces rivage

escarpes. Aussitôt il demande au premier homme qu'il
rencontre s'il n'a point vu Ulysse, roi d'Ithaque, dans la
maison du roi Alcinoüs.

Celui auquel il s'était adressé par hasard n'était pas
phéacien : c'était un étranger inconnu qui avait un air
majestueux, mais triste et abattu ; il paraissait rêveur, et
à peine écouta-t-il d'abord la question de Télémaque ;
mais enfin il lui répondit : « Ulysse, vous ne vous trompez
pas, a été reçu chez le roi Al inoüs, comme en un lieu où

l'on craint Jupiter, et où l'on exerce l'hospitalité, mais il
n'y est plus, et vous l'y chercheriez inutilement: il est
parti pour revoir Ithaque, si les dieux apaisés souffrent
enfin qu'il puisse jamais saluer ses dieux pénates. »

A peine cet étranger eut prononcé tristement ces paroles,
qu'il se jeta dans un petit bois épais sur le haut d'un
rocher, d'où il regardait tristement la mer, fuyant les
hommes qu'il voyait, et paraissant affligé de ne pouvoir
partir.

Télémaque le regardait fixement; plus il le regardait,
plus il était ému et étonné. « Cet inconnu, disait-il à
Mentor, m'a répondu comme un homme qui écoute à peine
ce qu'on lui dit, et qui est plein d'amertume. Je plains le
malheureux depuis que je le suis, et je sens que mon
cœur s'intéresse pour cet homme, sans savoir pourquoi. Il
m'a assez mal reçu; à peine a-t-il daigné m'écouter et me
répondre : je ne puis cesser néanmoins de souhaiter la
fin de ses maux. »

Mentor, souriant, répondit : « Voilà à quoi servent les
malheurs de la vie; ils rendent les princes modérés, et
sensibles aux peines des autres. Quand ils n'ont jamais
goûté que le doux poison des prospérités, ils se croient des
dieux; ils veulent que les montagnes s'aplanissent pour
les contenter; ils comptent pour rien les hommes; ils
veulent se jouer de la nature entière. Quand ils entendent
parler de souffrance, ils ne savent ce que c'est; c'est un
songe pour eux; ils n'ont jamais vu la distance du bien et
du mal. L'infortune seule peut leur donner de l'humanité,
et changer leur cœur de rocher en un cœur humain : alors
ils sentent qu'ils sont hommes et qu'ils doivent ménager
les autres hommes qui leur ressemblent. Si un inconnu
vous fait tant de pitié, parce qu'il est, comme vous, errant
sur ce rivage, combien devrez-vous avoir plus de compassion pour le peuple d'Ithaque, lorsque vous le verrez un
jour souffrir, ce peuple que les dieux vous auront confié
comme on confie un troupeau à un berger, et que ce
peuple sera peut-être malheureux par votre ambition, ou
par votre faste, ou par votre imprudence! car les peuples

ne souffrent que par les fautes des rois, qui devraient veiller pour les empêcher de souffrir ».

Pendant que Mentor parlait ainsi, Télémaque était plongé dans la tristesse et dans le chagrin; il lui répondit enfin avec un peu d'émotion : « Si toutes ces choses sont vraies, l'état d'un roi est bien malheureux. Il est l'esclave de tous ceux auxquels il paraît commander : il est fait pour eux; il se doit tout entier à eux; il est chargé de tous leurs besoins; il est l'homme de tout le peuple et de chacun en particulier. Il faut qu'il s'accommode à leurs faiblesses, qu'il les corrige en père, qu'il les rende sages et heureux. L'autorité qu'il paraît avoir n'est point la sienne; il ne peut rien faire ni pour sa gloire ni pour son plaisir; son autorité est celle des lois, il faut qu'il leur obéisse pour en donner l'exemple à ses sujets. A proprement parler, il n'est que le défenseur des lois pour les faire régner; il faut qu'il veille et qu'il travaille pour les maintenir : il est l'homme le moins libre et le moins tranquille de son royaume; c'est un esclave qui sacrifie son repos et sa liberté pour la liberté et la félicité publiques ».

« Il est vrai, répondit Mentor, que le roi n'est roi que pour avoir soin de son peuple, comme un berger de son troupeau, ou comme un père de sa famille; mais trouvez-vous, mon cher Télémaque, qu'il soit malheureux d'avoir du bien à faire à tant de gens? Il corrige les méchants par des punitions; il encourage les bons par des récompenses; il représente les dieux en conduisant ainsi à la vertu tout le genre humain. N'a-t-il pas assez de gloire à faire garder les lois? Celle de se mettre au-dessus des lois est une gloire fausse qui ne mérite que de l'horreur et du mépris. S'il est méchant, il ne peut être que malheureux, car il ne saurait trouver aucune paix dans ses passions et dans sa vanité : s'il est bon, il doit goûter le plus pur et le plus solide de tous les plaisirs à travailler pour la vertu, et à attendre des dieux une éternelle récompense. »

Télémaque, agité au-dedans par une peine secrète, semblait n'avoir jamais compris ces maximes, quoiqu'il en fût rempli, et qu'il les eût lui-même enseignées aux autres.

Une humeur noire lui donnait, contre ses véritables sentiments, un esprit de contradiction et de subtilité pour rejeter les vérités que Mentor expliquait : Télémaque opposait à ces raisons l'ingratitude des hommes. « Quoi! disait-il, prendre tant de peine pour se faire aimer des hommes qui ne vous aimeront peut-être jamais, et pour faire du bien à des méchants qui se serviront de vos bienfaits pour vous nuire! »

Mentor lui répondait patiemment : « Il faut compter sur l'ingratitude des hommes, et ne laisser pas de leur faire du bien ; il faut les servir moins pour l'amour d'eux que pour l'amour des dieux, qui l'ordonnent. Le bien qu'on fait n'est jamais perdu : si les hommes l'oublient, les dieux s'en souviennent et le récompensent. De plus, si la multitude est ingrate, il y a toujours des hommes vertueux qui sont touchés de votre vertu. La multitude même, quoique changeante et capricieuse, ne laisse pas de faire tôt ou tard une espèce de justice à la véritable vertu.

« Mais voulez-vous empêcher l'ingratitude des hommes, ne travaillez point uniquement à les rendre puissants, riches, redoutables par les armes, heureux par les plaisirs : cette gloire, cette abondance et ces délices les corrompront; ils n'en seront que plus méchants, et par conséquent plus ingrats : c'est leur faire un présent funeste; c'est leur servir un poison délicieux. Mais appliquez-vous à redresser leurs mœurs, à leur inspirer la justice, la sincérité, la crainte des dieux, l'humanité, la fidélité, la modération, le désintéressement ; en les rendant bons, vous les empêcherez d'être ingrats, vous leur donnerez le véritable bien, qui est la vertu ; et la vertu, si elle est solide, les attachera toujours à celui qui la leur aura inspirée. Ainsi, en leur donnant les véritables biens, vous vous ferez du bien à vous-même, et vous n'aurez point à craindre leur ingratitude. Faut-il s'étonner que les hommes soient ingrats pour des princes qui ne les ont jamais exercés qu'à l'injustice, qu'à l'ambition sans bornes, qu'à la jalousie contre leur voisin, qu'à l'inhumanité, qu'à la hauteur, qu'à la mauvaise foi? Le prince ne doit attendre

d'eux que ce qu'il leur a appris à faire. Si au contraire il
travaillait, par ses exemples et par son autorité, à les
rendre bons, il trouverait le fruit de son travail dans leur
vertu, ou du moins il trouverait dans la sienne et dans
l'amitié des dieux de quoi se consoler de tous les mécomptes. »

A peine ce discours fut-il achevé, que Télémaque

s avança avec empressement vers les Phéaciens du vaisseau qui était arrêté sur le rivage. Il s'adressa à un vieillard
d'entre eux pour lui demander d'où ils venaient, où ils
allaient, et s'ils n'avaient point vu Ulysse. Le vieillard
répondit :

« Nous venons de notre île, qui est celle des Phéaciens,
nous allons chercher des marchandises vers l'Épire.
Ulysse, comme on vous l'a déjà dit, a passé dans notre
patrie ; mais il en est parti. » « Quel est, ajouta aussitôt

Télémaque, cet homme si triste qui cherche les lieux le
plus déserts en attendant que votre vaisseau parte ? »
« C'est, répondit le vieillard, un étranger qui nous est inconnu ; mais on dit qu'il se nomme Cléomènes, qu'il est né
en Phrygie[1], qu'un oracle avait prédit à sa mère, avant sa
naissance, qu'il serait roi, pourvu qu'il ne demeurât point
dans sa patrie, et que, s'il y demeurait, la colère des dieux
se ferait sentir aux Phrygiens par une cruelle peste. Dès
qu'il fut né, ses parents le donnèrent à des matelots, qui le
portèrent dans l'île de Lesbos. Il y fut nourri en secret aux
dépens de sa patrie, qui avait un si grand intérêt de le
tenir éloigné. Bientôt il devint grand, robuste, agréable,
et adroit à tous les exercices du corps ; il s'appliqua
même, avec beaucoup de goût et de génie, aux sciences et
aux beaux-arts. Mais on ne put le souffrir dans aucun pays :
la prédiction faite sur lui devint célèbre ; on le reconnut
bientôt partout où il alla ; partout les rois craignaient
qu'il ne leur enlevât leurs diadèmes. Ainsi il est errant
depuis sa jeunesse, et il ne peut trouver aucun lieu du
monde où il soit libre de s'arrêter. Il a souvent passé chez
des peuples fort éloignés du sien ; mais à peine est-il arrivé
dans une ville, qu'on y découvre sa naissance, et l'oracle
qui le regarde. Il a beau se cacher et choisir en chaque
lieu quelque genre de vie obscure, ses talents éclatent,
dit-on, toujours malgré lui, et pour la guerre et pour les
lettres, et pour les affaires les plus importantes ; il se présente toujours en chaque pays quelque occasion imprévue
qui l'entraîne, et qui le fait connaître au public. C'est son
mérite qui fait son malheur ; il le fait craindre et l'exclut
de tous les pays où il veut habiter. Sa destinée est d'être
estimé, aimé, admiré partout, mais rejeté de toutes les
terres connues. Il n'est plus jeune, et cependant, il n'a pu
encore trouver aucune côte, ni de l'Asie, ni de la Grèce,
où l'on ait voulu le laisser vivre en quelque repos. Il paraît
sans ambition, et il ne cherche aucune fortune ; il se
trouverait trop heureux que l'oracle ne lui eût jamais

---

[1] Contrée de l'Asie-Mineure, à l'est de la Lydie.

promis la royauté. Il ne lui reste aucune espérance de
revoir jamais sa patrie ; car il sait qu'il ne pourrait porter
que le deuil et les larmes dans toutes les familles. La
royauté même, pour laquelle il souffre, ne lui .paraît
point désirable ; il court, malgré lui, après elle, par une
triste fatalité, de royaume en royaume, et elle semble
fuir devant lui pour se jouer de ce malheureux jusqu'à sa
vieillesse : funeste présent des dieux, qui trouble tous ses
plus beaux jours, et qui ne lui causera que des peines
dans l'âge où l'homme infirme n'a plus besoin que de
repos ! Il s'en va, dit-il, chercher vers la Thrace quelque
peuple sauvage et sans lois qu'il puisse assembler, policer,
et gouverner pendant quelques années ; après quoi, l'oracle
étant accompli, on n'aura plus rien à craindre de lui dans
les royaumes les plus florissants : il compte de se retirer
alors en liberté dans un village de Carie, où il s'adonnera
à l'agriculture qu'il aime passionnément. C'est un homme
sage et modéré, qui craint les dieux, qui connaît bien les
hommes, et qui sait vivre en paix avec eux, sans les estimer.
Voilà ce qu'on raconte de cet étranger dont vous me
demandez des nouvelles. »

Pendant cette conversation, Télémaque retournait souvent
ses yeux vers la mer, qui commençait à être agitée. Le
vent soulevait les flots, qui venaient battre les rochers, les
blanchissant de leur écume. Dans ce moment, le vieillard
dit à Télémaque : « Il faut que je parte ; mes compagnons
ne peuvent m'attendre ». En disant ces mots, il court au
rivage : on s'embarque ; on n'entend que cris confus sur ce
rivage, par l'ardeur des mariniers impatients de partir.

Cet inconnu, qu'on nommait Cléomènes, avait erré
quelque temps dans le milieu de l'île, montant sur le sommet de tous les rochers, et considérant de là les espaces
immenses des mers avec une tristesse profonde. Télémaque
ne l'avait point perdu de vue, et il ne cessait d'observer
ses pas. Son cœur était attendri pour un homme vertueux
errant, malheureux, destiné aux plus grandes choses, e
servant de jouet à une rigoureuse fortune loin de sa patrie
« Au moins, disait-il en lui-même, peut-être reverrai-je

Ithaque; mais ce Cléomènes ne peut jamais revoir ?
Phrygie. » L'exemple d'un homme encore plus malheureux
que lui adoucissait la peine de Télémaque. Enfin cet
homme, voyant son vaisseau prêt, était descendu de ces
rochers escarpés avec autant de vitesse et d'agilité qu'Apollon, dans les forêts de Lycie[1], ayant noué ses cheveux
blonds, passa au travers des précipices pour aller percer
de ses flèches les cerfs et les sangliers. Déjà cet inconnu
est dans le vaisseau, qui fend l'onde amère, et qui s'éloigne
de la terre.

Alors une impression secrète de douleur saisit le cœur
de Télémaque; il s'afflige sans savoir pourquoi; les larmes
coulent de ses yeux, et rien ne lui est si doux que de pleurer. En même temps, il aperçoit sur le rivage tous les
mariniers de Salente, couchés sur l'herbe, et profondément
endormis. Ils étaient las et abattus : le doux sommeil s'était
insinué dans leurs membres, et tous les humides pavots
de la nuit avaient été répandus sur eux en plein jour par
la puissance de Minerve. Télémaque est étonné de voir cet
assoupissement universel des Salentins, pendant que les
Phéaciens avaient été si attentifs et si diligents pour profiter du vent favorable; mais il est encore plus occupé à
regarder le vaisseau phéacien prêt à disparaître au milieu
des flots, qu'à marcher vers les Salentins pour les éveiller;
un étonnement et un trouble secret tient ses yeux attachés
vers ce vaisseau déjà parti, dont il ne voit plus que les
voiles qui blanchissent un peu dans l'onde azurée. Il
n'écoute pas même Mentor qui lui parle; et il est tout
hors de lui-même, dans un transport semblable à celui des
Ménades, lorsqu'elles tiennent le thyrse en main, et qu'elles
font retentir de leurs cris insensés les rives de l'Hèbre[2],
avec les monts Rhodope[3] et Ismare[4].

Enfin il revient un peu de cette espèce d'enchantement;

---

[1] Apollon était particulièrement adoré en Lycie.
[2] L'Hèbre de Thrace est le Mariza des modernes
[3] Montagne de Thrace, appelée aujourd'hui Valiza et Iourjan-
Dag.
[4] Autre montagne de Thrace.

et les larmes recommencent à couler de ses yeux. Alors
Mentor lui dit : « Je ne m'étonne point, mon cher Télémaque, de vous voir pleurer ; la cause de votre douleur,
qui vous est inconnue, ne l'est pas à Mentor : c'est la nature
qui parle, et qui se fait sentir ; c'est elle qui attendrit votre
cœur. L'inconnu qui vous a donné une si vive émotion est
le grand Ulysse : ce qu'un vieillard phéacien vous a raconté
de lui, sous le nom de Cléomènes, n'est qu'une fiction faite

pour cacher plus sûrement le retour de votre père dans son
royaume. Il s'en va tout droit à Ithaque ; déjà il est bien
près du port, et il revoit enfin ces lieux si longtemps
désirés. Vos yeux l'ont vu, comme on vous l'avait prédit
autrefois[1], mais sans le connaître : bientôt vous le verrez,
et vous le connaîtrez, et il vous connaîtra ; mais maintenant les dieux ne pouvaient permettre votre reconnaissance

[1] C'est Calypso qui lui avait fait cette prédiction. Voyez liv. VI.

hors d'Ithaque. Son cœur n'a pas été moins ému que le vôtre il est trop sage pour se découvrir à nul mortel dans un lieu où il pourrait être exposé à des trahisons et aux insultes des cruels amants de Pénélope. Ulysse, votre père, est le plus sage de tous les hommes ; son cœur est comme un puits profond ; on ne saurait y puiser son secret. Il aime la vérité, et ne dit jamais rien qui la blesse, mais il ne la dit que pour le besoin ; et la sagesse, comme un sceau, tient toujours ses lèvres fermées à toute parole inutile. Combien a-t-il été ému en vous parlant ! combien s'est-il fait de violence pour ne se point découvrir ! que n'a-t-il pas souffert en vous voyant ! Voilà ce qui le rendait triste et abattu. »

Pendant ce discours, Télémaque, attendri et troublé, ne pouvait retenir un torrent de larmes : les sanglots l'empêchèrent, même longtemps, de répondre ; enfin il s'écria : « Hélas ! mon cher Mentor, je sentais bien dans cet inconnu je ne sais quoi qui m'attirait à lui et qui remuait toutes mes entrailles. Mais pourquoi ne m'avez-vous pas dit, avant son départ, que c'était Ulysse, puisque vous le connaissiez ? Pourquoi l'avez-vous laissé partir sans lui parler, et sans faire semblant de le connaître ? Quel est donc ce mystère ? Serai-je toujours malheureux ? Les dieux irrités me veulent-ils tenir comme Tantale altéré, qu'une onde trompeuse amuse, s'enfuyant de ses lèvres ? Ulysse, Ulysse, m'avez-vous échappé pour jamais ?... Peut-être ne le verrai-je plus ! peut-être que les amants de Pénélope le feront tomber dans les embûches qu'ils me préparent ! Au moins, si je le suivais, je mourrais avec lui ! O Ulysse, ô Ulysse, si la tempête ne vous rejette point encore contre quelque écueil (car j'ai tout à craindre de la fortune ennemie), je tremble de peur que vous n'arriviez à Ithaque avec un sort aussi funeste qu'Agamemnon à Mycènes[1]. Mais pourquoi, cher Mentor, m'avez-vous envié mon bonheur ? Maintenant je l'embrasserais ; je serais déjà avec lui dans le port d'Itha-

[1] Ancienne ville de l'Argolide, dont il ne reste plus que quelques ruines.

que ; nous combattrions pour vaincre tous nos ennemis ».

Mentor lui répondit en souriant : « Voyez, mon cher Télémaque, comment les hommes sont faits : vous voilà tout désolé, parce que vous avez vu votre père sans le reconnaître. Que n'eussiez-vous pas donné hier pour être assuré qu'il n'était pas mort ? Aujourd'hui, vous en êtes assuré par vos propres yeux ; et cette assurance, qui devrait

vous combler de joie, vous laisse dans l'amertume ! Ainsi le cœur malade des mortels compte toujours pour rien ce qu'il a le plus désiré, dès qu'il le possède, et est ingénieux pour se tourmenter sur ce qu'il ne possède pas encore.

« C'est pour exercer votre patience que les dieux vous tiennent ainsi en suspens. Vous regardez ce temps comme perdu : sachez que c'est le plus utile de votre vie ; car ces peines servent à vous exercer dans la plus nécessaire de

ntes les vertus pour ceux qui doivent commander. Il
ut être patient pour devenir maître de soi et des autres
ommes, l'impatience, qui paraît une force et une vigueur
de l'âme, n'est qu'une faiblesse et une impuissance de souffrir la peine. Celui qui ne sait pas attendre et souffrir est
comme celui qui ne sait pas se taire sur un secret : l'un et
l'autre manque de fermeté pour se retenir, comme un
homme qui court dans un chariot, et qui n'a pas la main
assez ferme pour arrêter, quand il le faut, ses coursiers
fougueux ; ils n'obéissent plus au frein, ils se précipitent,
et l'homme faible, auquel ils échappent, est brisé dans sa
chute. Ainsi l'homme impatient est entraîné, par des désirs
indomptés et farouches, dans un abîme de malheurs ; plus
sa puissance est grande, plus son impatience lui est funeste ;
il n'attend rien, il ne se donne le temps de rien mesurer ;
il force toutes choses pour se contenter ; il rompt les
branches pour cueillir le fruit avant qu'il soit mûr ; il brise
les portes, plutôt que d'attendre qu'on les lui ouvre ; il
veut moissonner quand le sage laboureur sème : tout ce
qu'il fait à la hâte et à contre-temps est mal fait, et ne peut
avoir de durée non plus que ses désirs volages. Tels sont
les projets insensés d'un homme qui croit pouvoir tout, et
qui se livre à ses désirs impatients pour abuser de sa puissance. C'est pour vous apprendre à être patient, mon cher
Télémaque, que les dieux exercent tant votre patience, et
semblent se jouer de vous dans la vie errante où ils vous
tiennent toujours incertain. Les biens que vous espérez se
montrent à vous, et s'enfuient comme un songe léger que
le réveil fait disparaître, pour vous apprendre que les
choses mêmes qu'on croit tenir dans ses mains échappent
dans l'instant. Les plus sages leçons d'Ulysse ne vous seront
pas aussi utiles que sa longue absence et que les peines
que vous souffrez en le cherchant. »

Ensuite Mentor voulut mettre la patience de Télémaque
à une dernière épreuve encore plus forte. Dans le moment
où le jeune homme allait avec ardeur presser les matelots
pour hâter le départ, Mentor l'arrêta tout à coup et l'engagea à faire sur le rivage un grand sacrifice à Minerve,

Télémaque fait avec docilité ce que Mentor veut. On dresse deux autels de gazon. L'encens fume, le sang des victimes coule. Télémaque pousse des soupirs tendres vers le ciel : il reconnaît la puissante protection de la déesse.

A peine le sacrifice est-il achevé, qu'il suit Mentor dans les routes sombres d'un petit bois voisin. Là, il aperçoit tout à coup que le visage de son ami prend une nouvelle forme : les rides de son front s'effacent, comme les ombres disparaissent, quand l'aurore, de ses doigts de rose, ouvre les portes de l'Orient, et enflamme tout l'horizon; ses yeux creux et austères se changent en des yeux bleus d'une douceur céleste et pleins d'une flamme divine; sa barbe grise et négligée disparaît; des traits nobles et fiers, mêlés de douceur et de grâce, se montrent aux yeux de Télémaque ébloui. Il reconnaît un visage de femme, avec un teint plus uni qu'une fleur tendre : on y voit la blancheur des lis mêlés de roses naissantes. Sur ce visage fleurit une éternelle jeunesse avec une majesté simple et négligée; une odeur d'ambroisie se répand dans ses cheveux flottants; ses habits éclatent comme les vives couleurs dont le Soleil, en se levant, peint les sombres voûtes du ciel, et les nuages qu'il vient dorer. Cette divinité ne touche pas du pied à terre; elle coule légèrement dans l'air comme un oiseau le fend de ses ailes : elle tient de sa puissante main une lance brillante, capable de faire trembler les villes et les nations les plus guerrières; Mars même en serait effrayé : sa voix est douce et modérée, mais forte et insinuante; toutes ses paroles sont des traits de feu qui percent le cœur de Télémaque, et qui lui font ressentir je ne sais quelle douleur délicieuse; sur son casque paraît l'oiseau triste d'Athènes, et sur sa poitrine brille la redoutable égide. A ces marques, Télémaque reconnaît Minerve.

« O déesse, dit-il, c'est donc vous-même qui avez daigné conduire le fils d'Ulysse pour l'amour de son père!... » Il voulait en dire davantage; mais la voix lui manqua, ses lèvres s'efforçaient en vain d'exprimer les pensées qui sortaient avec impétuosité du fond de son cœur; la divinité présente l'accablait; et il était comme un homme qui, dans un songe, est oppressé jusqu'à perdre la respiration, et qui, par l'agitation pénible de ses lèvres, ne peut former aucune voix.

Enfin Minerve prononça ces paroles : « Fils d'Ulysse écoutez-moi pour la dernière fois. Je n'ai instruit aucun, mortel avec autant de soin que vous; je vous ai mené par la main au travers des naufrages, des terres inconnues, des guerres sanglantes et de tous les maux qui peuvent éprouver le cœur de l'homme. Je vous ai montré, par des expériences sensibles, les vraies et les fausses maximes par lesquelles on peut régner. Vos fautes ne vous ont pas été moins utiles que vos malheurs : car quel est l'homme qui peut gouverner sagement, s'il n'a jamais souffert, et s'il n'a jamais profité des souffrances où ses fautes l'ont précipité?

« Vous avez rempli, comme votre père, les terres et les mers de vos tristes aventures. Allez, vous êtes maintenant digne de marcher sur ses pas. Il ne vous reste plus qu'un court et facile trajet jusques à Ithaque, où il arrive dans ce moment. Combattez avec lui ; obéissez-lui comme le moindre de ses sujets; donnez-en l'exemple aux autres. Il vous donnera pour épouse Antiope, et vous serez heureux avec elle, pour avoir moins cherché la beauté que la sagesse et la vertu.

« Lorsque vous régnerez, mettez toute votre gloire à renouveler l'âge d'or. Écoutez tout le monde ; croyez peu de gens ; gardez-vous bien de vous croire trop vous-même. Craignez de vous tromper, mais ne craignez jamais de laisser voir aux autres que vous avez été trompé.

« Aimez les peuples ; n'oubliez rien pour en être aimé. La crainte est nécessaire, quand l'amour manque; mais il la faut toujours employer à regret, comme les remèdes les plus violents et les plus dangereux.

« Considérez toujours de loin toutes les suites de ce que vous voulez entreprendre : prévoyez les plus terribles inconvénients, et sachez que le vrai courage consiste à envisager tous les périls et à les mépriser quand ils deviennent nécessaires. Celui qui ne veut pas les voir n'a pas assez de

courage pour en supporter tranquillement la vue ; celui
qui les voit tous, qui évite tous ceux qu'on peut éviter, et
qui tente les autres sans s'émouvoir, est le seul sage et
magnanime.

« Fuyez la mollesse, le faste, la profusion ; mettez votre
gloire dans la simplicité ; que vos vertus et vos bonnes
actions soient les ornements de votre personne et de votre
palais ; qu'elles soient la garde qui vous environne, et que
tout le monde apprenne de vous en quoi consiste le vrai
bonheur.

« N'oubliez jamais que les rois ne règnent point pour leur
propre gloire, mais pour le bien des peuples. Les biens
qu'ils font s'étendent jusque dans les siècles les plus éloignés : les maux qu'ils font se multiplient de génération en
génération, jusqu'à la postérité la plus reculée. Un mauvais règne fait quelquefois la calamité de plusieurs
siècles.

« Surtout soyez en garde contre votre humeur : c'est un
ennemi que vous porterez partout avec vous jusques à la
mort ; il entrera dans vos conseils et vous trahira, si vous
l'écoutez. L'humeur fait perdre les occasions les plus importantes ; elle donne des inclinations et des adversions d'enfant, au préjudice des plus grands intérêts ; elle fait décider
les plus grandes affaires par les plus petites raisons ; elle
obscurcit tous les talents, rabaisse le courage, rend un
homme inégal, faible, vil et insupportable. Défiez-vous de
cet ennemi.

« Craignez les dieux, ô Télémaque ! Cette crainte est le
plus grand trésor du cœur de l'homme : avec elle, vous
viendront la sagesse, la justice, la paix, la joie, les plaisirs
purs, la vraie liberté, la douce abondance, la gloire sans
tache.

« Je vous quitte, ô fils d'Ulysse ; mais ma sagesse ne vous
quittera point, pourvu que vous sentiez toujours que vous
ne pouvez rien sans elle. Il est temps que vous appreniez à
marcher tout seul. Je ne me suis séparée de vous, en Phénicie et à Salente, que pour vous accoutumer à être privé
de cette douceur, comme on sèvre les enfants, lorsqu'il est

temps de leur ôter le lait pour leur donner des aliments solides. »

A peine la déesse eut achevé ce discours, qu'elle s'éleva lans les airs et s'enveloppa d'un nuage d'or et d'azur où elle disparut. Télémaque, soupirant, étonné, et hors de lui-même, se prosterna à terre, leva les mains au ciel, puis alla éveiller ses compagnons, se hâta de partir, arriva à Ithaque et reconnut son père chez le fidèle Eumée.

VARIANTE

POUR LA PAGE 346, LIGNE 4.

Après ces mots : *Ces armes étaient polies comme une glace,
et brillantes comme les rayons du Soleil,* on lit : Dessus était
gravée la fameuse histoire du siège de Thèbes : on voyait
d'abord le malheureux Laïus, qui, ayant appris par la
réponse de l'oracle d'Apollon que son fils qui venait de
naître serait le meurtrier de son père, livra aussitôt l'enfant
à un berger pour l'exposer aux bêtes sauvages et aux oiseaux
de proie. Puis on remarquait le berger qui portait l'enfant
sur la montagne de Cithéron, entre la Béotie et la Phocide.
Cet enfant semblait crier et sentir sa déplorable destinée.
Il avait je ne sais quoi de naïf, de tendre et de gracieux,
qui rend l'enfance si aimable. Le berger qui le portait sur
des rochers affreux paraissait le faire à regret, et être
touché de compassion : des larmes coulaient de ses yeux.
Il était incertain et embarrassé ; puis il perçait les pieds de
l'enfant avec son épée, les traversait d'une branche d'osier,
et le suspendait à un arbre, ne pouvant se résoudre ni à le
sauver contre l'ordre de son maître, ni à le livrer à une
mort certaine : après quoi il partit, de peur de voir mourir
ce petit innocent qu'il aimait.

Cependant l'enfant allait mourir faute de nourriture ;
déjà ses pieds, par lesquels tout son corps était suspendu,
étaient enflés et livides. Phorbas, berger de Polybe, roi de

Corinthe, qui faisait paître dans ce désert les grands troupeaux du roi, entendit les cris de ce petit enfant; il accourt, il le détache, il le donne à un autre berger, afin qu'il le porte à la reine Mérope qui n'a point d'enfant : elle est touchée de sa beauté; elle le nomme OEdipe, à cause de l'enflure de ses pieds percés, et le nourrit comme son propre fils, le croyant un enfant envoyé des dieux. Toutes ces diverses actions paraissent chacune en leurs places.

Ensuite on voyait OEdipe déjà grand, qui, ayant appris que Polybe n'était pas son père, allait de pays en pays pour découvrir sa naissance. L'oracle lui déclara qu'il trouverait son père dans la Phocide. Il y va, et y trouve le peuple agité par une grande sédition : dans ce trouble il tue Laïus son père sans le connaître. Bientôt on le voit encore qui se présente à Thèbes; il explique l'énigme du Sphinx. Il tue le monstre; il épouse la reine Jocaste sa mère, qu'il ne connaît point, et qui croit OEdipe fils de Polybe. Une horrible peste, signe de la colère des dieux, suit de près un mariage si détestable. Là, Vulcain avait pris plaisir à représenter les enfants qui expiraient dans le sein de leurs mères, tout un peuple languissant, la mort et la douleur peinte sur les visages. Mais ce qui était le plus affreux, était de voir OEdipe, qui, après avoir longtemps cherché le sujet du courroux des dieux, découvre qu'il en est lui-même la cause. On voyait sur le visage de Jocaste la honte et la crainte d'éclaircir ce qu'elle ne voulait pas connaître; sur celui d'OEdipe, l'horreur et le désespoir; il s'arrache les yeux, et il paraît conduit comme un aveugle par sa fille Antigone : on voit qu'il reproche aux dieux les crimes dans lesquels ils l'ont laissé tomber. Ensuite on le voyait s'exiler lui-même pour se punir, et ne pouvant plus vivre avec les hommes.

En partant il laissait son royaume aux deux fils qu'il avait eus de Jocaste, Étéocle et Polynice, à condition qu'ils régneraient tour à tour chacun leur année; mais la discorde des frères paraissait encore plus horrible que le malheur d'OEdipe. Étéocle paraissait sur le trône, refusant d'en descendre pour y faire monter à son tour Polynice. Celui-ci ayant eu recours à Adraste, roi d'Argos, dont il épousa la fille Argia, s'avançait vers Thèbes avec des troupes innombrables. On voyait partout des combats autour de la ville assiégée. Tous les héros de la Grèce étaient assemblés dans cette guerre, et elle ne paraissait pas moins sanglante que celle de Troie.

On y reconnaissait l'infortuné mari d'Ériphyle. C'était le célèbre devin Amphiaraüs qui prévit son malheur, et qui ne sut s'en garantir; il se cache pour n'aller point au siège de Thèbes, sachant qu'il ne peut espérer de revenir de cette guerre, s'il s'y engage. Eriphyle était la seule à qui il eût osé confier son secret; Ériphyle, son épouse, qu'il aimait plus que sa vie, et dont il se croyait tendrement aimé; séduite par un collier qu'Adraste, roi d'Argos, lui donna, elle trahit son époux Amphiaraüs. On la voyait qui découvrait le lieu où il s'était caché. Adraste le menait malgré lui à Thèbes. Bientôt, en y arrivant, il paraissait englouti dans la terre qui s'entr'ouvrait tout à coup pour l'abîmer.

Parmi tant de combats où Mars exerçait sa fureur, on remarquait avec horreur celui des deux frères Étéocle et Polynice : il paraissait sur leurs visages je ne sais quoi d'odieux et de funeste. Le crime de leur naissance était comme écrit sur leurs fronts. Il était facile de juger qu'ils étaient dévoués aux Furies infernales et à la vengeance des dieux. Les dieux les sacrifiaient pour servir d'exemple à tous les frères dans la suite de tous les siècles, et pour montrer ce que fait l'impie discorde quand elle peut séparer des cœurs qui doivent être si étroitement unis. On voyait ces deux frères pleins de rage, qui s'entre-déchiraient; chacun oubliait de défendre sa vie pour arracher celle de son frère; ils étaient tous deux sanglants, percés de coups mortels, tous deux mourants, sans que leur fureur pût se ralentir, tous deux tombés par terre et prêts à rendre le dernier soupir; mais ils se traînaient encore l'un contre l'autre pour avoir le plaisir de mourir dans un dernier effort de cruauté et de vengeance. Tous les autres combats paraissaient suspendus par celui-là. Les deux armées étaient consternées et saisies d'horreur à la vue de ces deux monstres. Mars lui-même détournait ses yeux cruels pour ne pas voir un tel spectacle. Enfin on voyait la flamme du bûcher sur lequel on mettait les corps de ces deux frères dénaturés. Mais, ô chose incroyable ! la flamme se partageait en deux, la mort même n'avait pu finir la haine implacable qui était entre Étéocle et Polynice; ils ne pouvaient brûler ensemble, et leurs cendres, encore sensibles aux maux qu'ils s'étaient faits l'un à l'autre, ne purent jamais se mêler. Voilà ce que Vulcain avait représenté avec un art divin sur les armes que Minerve avait données à Télémaque.

Ce bouclier représentait Cérès dans les campagnes 'Enna etc. *La suite, page 347, ligne 18.*

DE LA MORALE
DU TÉLÉMAQUE [1]

Les *Aventures de Télémaque* offrent un mélange et un contraste admirable de vertus et de passions. Ce merveilleux tableau, qui n'offre rien de trop grand, nous représente également l'excellence et la bassesse de l'homme. Il est dangereux de montrer l'une sans l'autre, et rien n'est plus utile que de nous faire voir les deux ensemble ; car la justice et la vertu parfaite demandent qu'on s'estime et qu'on se méprise, qu'on s'aime et qu'on se haïsse. Fénelon n'élève pas Télémaque au-dessus de l'humanité; il le fait tomber dans les faiblesses qui sont compatibles avec un amour sincère de la vertu, et ses faiblesses servent à le corriger, en lui inspirant la défiance de soi-même et de ses propres forces. Il ne rend pas son imitation impossible, en lui donnant une perfection sans tache ; mais il excite notre émulation, en nous mettant devant les yeux l'exemple d'un jeune homme qui, avec les imperfections que chacun sent en soi, fait les actions les plus nobles et les plus vertueuses. Il a uni ensemble, dans le caractère de son héros, le courage d'Achille, la prudence d'Ulysse, et le naturel tendre d'Énée. Télémaque est colère comme le premier, sans être brutal; politique comme le second, sans être fourbe; sensible comme le troisième, sans être voluptueux.

Une autre manière d'instruire, c'est par les préceptes. L'auteur du *Télémaque* joint ensemble les grandes instructions avec les exemples héroïques, la morale d'Homère avec les mœurs de Virgile. Sa morale a cependant trois qualités qui ne se trouvent au même degré dans aucun des anciens, soit poètes, soit philosophes : elle est *sublime* dans ses principes, *noble* dans ses motifs, *universelle* dans ses usages.

[1] Extrait du *Discours sur la Poésie épique*, par Ramsay.

1º Sublime dans ses principes. Elle vient d'une profonde
connaissance de l'homme : on l'introduit dans son propre
fond ; on lui développe les ressorts secrets de ses passions,
les replis cachés de son amour-propre, la différence des
vertus fausses d'avec les solides. De la connaissance de
l'homme, on remonte à celle de Dieu même. L'on fait
sentir partout que l'Être infini agit sans cesse en nous pour
nous rendre bons et heureux ; qu'il est la source immédiate
de toutes nos lumières et de toutes nos vertus ; que nous
ne tenons pas moins de lui la raison que la vie ; que sa
vérité souveraine doit être notre unique lumière, et sa
volonté suprême régler tous nos amours ; que, faute de
consulter cette Sagesse universelle et immuable, l'homme
ne voit que des fantômes séduisants ; faute de l'écouter, il
n'entend que le bruit confus de ses passions ; que les
solides vertus ne nous viennent que comme quelque chose
d'étranger qui est en nous ; qu'elles ne sont pas les effets
de nos propres efforts, mais l'ouvrage d'une puissance
supérieure à l'homme, qui agit en nous quand nous n'y
mettons point d'obstacle, et dont nous ne distinguons pas
toujours l'action, à cause de sa délicatesse. L'on nous
montre enfin que, sans cette puissance première et souveraine qui élève l'homme au-dessus de lui-même, les vertus
les plus brillantes ne sont que des raffinements d'un amour-
propre qui se renferme en soi-même, se rend sa divinité,
et devient en même temps et l'idolâtre et l'idole. Rien n'est
plus admirable que le portrait de ce philosophe que Télémaque voit aux Enfers, et dont tout le crime était d'avoir
été amoureux de sa propre vertu.

C'est ainsi que la morale de notre auteur tend à nous
faire oublier nous-mêmes, pour rapporter tout à l'Être
souverain et nous en rendre les adorateurs, comme le but
de sa politique est de nous faire préférer le bien public au
bien particulier, et de nous faire aimer le genre humain.
On sait les systèmes de Machiavel, de Hobbes et de deux
auteurs plus modérés, Puffendorf et Grotius. Les deux premiers établissent, pour seules maximes dans l'art de gouverner, la finesse, les artifices, les stratagèmes, le despo-
tisme, l'injustice et l'irréligion. Les deux derniers auteurs
ne fondent leur politique que sur des maximes de gouvernement, et qui même n'égalent ni celles de *la République*
de Platon, ni celle des *Offices* de Cicéron. Il est vrai que

ces deux écrivains modernes ont travaillé dans le dessein d'être utiles à la société, et qu'ils ont rapporté presque tout au bonheur de l'homme considéré selon le civil. Mais l'auteur du *Télémaque* est original, en ce qu'il a uni la politique la plus parfaite avec les idées de la vertu la plus consommée. Le grand principe sur lequel tout roule est que le monde entier n'est qu'une même république dont Dieu est le père commun, et chaque peuple comme une grande famille. De cette belle et lumineuse idée, naissent ce que les politiques appellent les *lois de nature et des nations*, équitables, généreuses, pleines d'humanité. On ne regarde plus chaque pays comme indépendant des autres, mais le genre humain comme un tout indivisible. On ne se borne plus à l'amour de sa patrie : le cœur s'étend, devient immense, et, par une amitié universelle, embrasse tous les hommes. De là naissent l'amour des étrangers, la confiance mutuelle entre les nations voisines, la bonne foi, la justice et la paix parmi les princes de l'univers, comme entre les particuliers de chaque État. Notre auteur nous montre encore que la gloire de la royauté est de gouverner les hommes pour les rendre bons et heureux ; que l'autorité du prince n'est jamais mieux affermie que lorsqu'elle est appuyée sur l'amour des peuples, et que la véritable richesse de l'Etat consiste à retrancher tous les faux besoins de la vie pour se contenter du nécessaire et des plaisirs simples et innocents. Par là il fait voir que la vertu contribue non seulement à préparer l'homme pour une félicité future, mais qu'elle rend la société actuellement heureuse dans cette vie, autant qu'elle le peut être.

2° La morale du *Télémaque* est noble dans ses motifs. Son grand principe est qu'il faut préférer l'amour du *beau* à l'amour du *plaisir*, comme disent Socrate et Platon; *l'honnête à l'agréable*, selon l'expression de Cicéron. Voilà la source des sentiments nobles, de la grandeur d'âme, et de toutes les **vertus héroïques**. C'est par ces idées pures et élevées qu'il détruit, d'une manière infiniment plus touchante que par la dispute, la fausse philosophie de ceux *qui font du plaisir le seul ressort du cœur humain*. Notre auteur montre, par la belle morale qu'il met dans la bouche de ses héros, et les actions généreuses qu'il leur fait faire, ce que peut l'amour pur de la vertu sur un cœur noble. Je sais que cette vertu héroïque passe parmi les

32

âmes vulgaires pour un fantôme, et que les gens d'imagination se sont déchaînés contre cette vérité sublime et
solide, par plusieurs pointes d'esprit frivoles et méprisables:
c'est que, ne trouvant rien au dedans d'eux qui soit compa-
rable à ces grands sentiments, ils concluent que l'humanité
en est incapable. Ce sont des nains qui jugent de la force
des géants par la leur. Les esprits qui rampent sans cesse
dans les bornes de l'amour-propre ne comprendront jamais
le pouvoir et l'étendue d'une vertu qui élève l'homme au-
dessus de lui-même. Quelques philosophes, qui ont fait
d'ailleurs de belles découvertes dans la philosophie, se sont
laissé entraîner par leurs préjugés, jusqu'à ne point distinguer assez entre l'amour de l'ordre et l'amour du plaisir,
et à nier que la volonté puisse être remuée aussi fortement
par la vue claire de la vérité que *par le goût naturel du plaisir.*
On ne peut lire attentivement *Télémaque* sans revenir de
ces préjugés. L'on y voit les sentiments généreux d'un
âme noble, qui ne conçoit rien que de grand; d'un cœur
désintéressé, qui s'oublie sans cesse; d'un philosophe, qui
ne se borne ni à soi, ni à sa nation, ni à rien de particulier, mais qui rapporte tout au bien commun du genre
humain, et tout le genre humain à l'Être suprême.

3° La morale du *Télémaque* est universelle dans ses usages,
étendue, féconde, proportionnée à tous les temps, à toutes
les nations et à toutes les conditions. On y apprend les
devoirs d'un prince qui est tout ensemble roi, guerrier et
législateur. On y voit l'art de conduire des nations différentes, la manière de conserver la paix au dehors avec
ses voisins, et cependant d'avoir toujours au dedans du
royaume une jeunesse aguerrie prête à le défendre; d'enrichir ses Etats, sans tomber dans le luxe; de trouver le
milieu entre les excès d'un pouvoir despotique et les
désordres de l'anarchie. On y donne des préceptes pour
l'agriculture, pour le commerce, pour les arts, pour la
police, pour l'éducation des enfants. Notre auteur fait
entrer dans son livre non seulement les vertus héroïques
et royales, mais celles qui sont propres à toutes sortes de
conditions. En formant le cœur de son prince, il n'instruit
pas moins chaque particulier de ses devoirs.

LES AVENTURES D'ARISTONOÜS

Sophronyme, ayant perdu les biens de ses ancêtres par des naufrages et par d'autres malheurs, s'en consolait par sa vertu dans l'île de Délos. Là il chantait sur une lyre d'or les merveilles du dieu qu'on y adore : il cultivait les Muses, dont il était aimé : il recherchait curieusement tous les secrets de la nature, le cours des astres et des cieux, l'ordre des éléments, la structure de l'univers, qu'il mesurait de son compas, la vertu des plantes, la conformation des animaux : mais surtout il s'étudiait lui-même et s'appliquait à orner son âme par la vertu. Ainsi la fortune, en voulant l'abattre, l'avait élevé à la véritable gloire, qui est celle de la sagesse.

Pendant qu'il vivait heureux sans biens dans cette retraite, il aperçut un jour sur le rivage de la mer un vieillard vénérable qui lui était inconnu ; c'était un étranger qui venait d'aborder dans l'île. Ce vieillard admirait les bords de la mer, dans laquelle il savait que cette île avait été autrefois flottante ; il considérait cette côte, où s'élevaient, au-dessus des sables et des rochers, de petites collines toujours couvertes d'un gazon naissant et fleuri ; il ne pouvait assez regarder les fontaines pures et les ruisseaux rapides qui arrosaient cette délicieuse campagne ; il s'avançait vers les bocages sacrés qui environnent le temple du dieu ; il était étonné de voir cette verdure que les aquilons n'osent jamais ternir, et il considérait déjà le temple, d'un marbre de Paros plus blanc que la neige, environné de hautes colonnes de jaspe. Sophronyme n'était pas moins attentif à considérer ce vieillard : sa barbe blanche tombait sur sa poitrine, son visage ridé n'avait rien de difforme : il était encore exempt des injures d'une vieillesse caduque ; ses yeux montraient une douce vivacité, sa taille était haute et majestueuse, mais un peu courbée, et un bâton d'ivoire le soutenait. « O étranger, lui dit Sophronyme, que cherchez-vous dans cette île, qui paraît vous être inconnue ? Si c'est le temple du dieu, vous le voyez de loin, et je m'offre

de vous y conduire, car je crains les dieux, et j'ai appris ce
que Jupiter veut qu'on fasse pour secourir les étrangers. »
« J'accepte, répondit le vieillard, l'offre que vous me faites
avec tant de marques de bonté; je prie les dieux de récompenser votre amour pour les étrangers. Allons vers le
temple. » Dans le chemin, il raconta à Sophronyme le sujet
de son voyage: « Je m'appelle, dit-il, Aristonoüs, natif de
Clazomène, ville d'Ionie, située sur cette côte agréable qui
s'avance dans la mer, et semble s'aller joindre à l'île de
Chio, fortunée patrie d'Homère. Je naquis de parents pauvres, quoique nobles. Mon père, nommé Polystrate, qui
était déjà chargé d'une nombreuse famille, ne voulut point
m'élever; il me fit exposer par un de ses amis de Téos.
Une vieille femme d'Érythre, qui avait du bien auprès du
lieu où l'on m'exposa, me nourrit du lait de chèvre dans
sa maison: mais, comme elle avait à peine de quoi vivre,
dès que je fus en âge de servir elle me vendit à un marchand d'esclaves qui me mena dans la Lycie. Il me vendit,
à Patare, à un homme riche et vertueux, nommé Alcine;
cet Alcine eut soin de moi dans ma jeunesse. Je lui parus
docile, modéré, sincère, affectionné et appliqué à toutes
les choses honnêtes dont on voulut m'instruire; il me
fit apprendre la musique, les exercices du corps, et surtout l'art de guérir les plaies des hommes. J'acquis bientôt
une assez grande réputation dans cet art, qui est si nécessaire, et Apollon qui m'inspira me découvrit des secrets
merveilleux. Alcine, qui m'aimait de plus en plus, et qui
était ravi de voir le succès de ses soins pour moi, m'affranchit et m'envoya à Damoclès, roi de Lycaonie, qui, vivant
dans les délices, aimait la vie et craignait de la perdre. Ce
roi, pour me retenir, me donna de grandes richesses. Quelques années après, Damoclès mourut. Son fils, irrité contre
moi par des flatteurs, servit à me dégoûter de toutes les
choses qui ont de l'éclat. Je sentis enfin un violent désir de
revoir la Lycie, ou j'avais passé si doucement mon enfance[1].
J'espérais y retrouver Alcine qui m'avait nourri, et qui

⁴ Au lieu de ce qui est dit ici de Damoclès, on lit dans toutes les

était le premier auteur de toute ma fortune. En arrivant dans ce pays, j'appris qu'Alcine était mort après avoir perdu ses biens, et souffert avec beaucoup de constance les malheurs de sa vieillesse. J'allai répandre des fleurs et des larmes sur ses cendres; je mis une inscription honorable sur son tombeau, et je demandai ce qu'étaient devenus ses enfants. On me dit que le seul qui était resté, nommé Orciloque, ne pouvant se résoudre à paraître sans biens dans sa patrie, où son père avait eu tant d'éclat, s'était embarqué dans un vaisseau étranger pour aller mener une vie obscure dans quelque île écartée de la mer. On m'ajouta que cet Orciloque avait fait naufrage peu de temps après, vers l'île de Carpathe, et qu'ainsi il ne restait plus rien de la famille de mon bienfaiteur Alcine. Aussitôt je songeai à acheter la maison où il avait demeuré, avec les champs fertiles qu'il possédait autour. J'étais bien aise de revoir ces lieux, qui me rappelaient le doux souvenir d'un âge si agréable et d'un si bon maître : il me semblait que j'étais encore dans cette fleur de mes premières années où j'avais servi Alcine. A peine eus-je

éditions antérieures à celle de 1718 l'épisode suivant, que nous avons cru devoir conserver en note. Fénelon le supprima, vraisemblablement parce qu'il le trouvait trop long, eu egard au plan de la pièce entière. (*Édit. de Vers.*)

« Alcine, qui m'aimait de plus en plus, et qui était ravi de voir « le succès de ses soins pour moi, m'affranchit et m'envoya a Poly-« crate, tyran de Samos, qui, dans son incroyable félicite, craignait « toujours que la fortune, après l'avoir si longtemps flatte, ne le « trahit cruellement. Il aimait la vie, qui était pour lui pleine de « délices ; il craignait de la perdre et voulait prevenir les moindres « apparences de maux : ainsi il était toujours environne des hommes « les plus celebres dans la médecine.

« Polycrate fut ravi que je voulusse passer ma vie auprès de lui. « Pour m'y attacher, il me donna de grandes richesses, et me com-« bla d'honneurs. Je demeurai longtemps à Samos, ou je ne pouvais « assez m'etonner de voir un homme que la fortune semblait prendre « plaisir a servir selon tous ses désirs. Il suffisait qu'il entreprit « une guerre, la victoire suivait de pres ; il n'avait qu'a vouloir les « choses les plus difficiles, elles se faisaient d'abord comme d'elles-« mêmes Ses richesses immenses se multipliaient tous les jours ; « tous ses ennemis étaient abattus à ses pieds ; sa santé, loin de

acheté de ses créanciers les biens de sa succession, que
je fus obligé d'aller à Clazomène: mon père Polystrate et
ma mère Phidile étaient morts. J'avais plusieurs frères
qui vivaient mal ensemble: aussitôt que je fus arrivé à
Clazomène, je me présentai à eux avec un habit simple,
comme un homme dépourvu de biens, en leur montrant
les marques avec lesquelles vous savez qu'on a soin
d'exposer les enfants. Ils furent étonnés de voir ainsi
augmenter le nombre des héritiers de Polystrate, qui devaient partager sa petite succession; ils voulurent même
me contester ma naissance, et ils refusèrent devant les
juges de me reconnaître. Alors, pour punir leur inhumanité, je déclarai que je consentais à être comme un étranger
pour eux; et je demandai qu'ils fussent aussi exclus pour
jamais d'être mes héritiers. Des juges l'ordonnèrent; et
alors je montrai les richesses que j'avais apportées
dans mon vaisseau; je leur découvris que j'étais cet Aristonous qui avait acquis tant de trésors auprès de Damoclès, roi de Lycaonie, et que je ne m'étais jamais marié.

« diminuer, devenait plus forte et plus égale. Il y avait déjà qua-
« rante ans que ce tyran tranquille et heureux tenait la fortune
« comme enchaînée, sans qu'elle osât jamais se démentir en rien,
« ni lui causer le moindre mécompte dans tous ses desseins. Une
« prospérité si inouïe parmi les hommes me faisait peur pour lui.
« Je l'aimais sincèrement, et je ne pus m'empêcher de lui décou-
« vrir ma crainte : elle fit impression dans son cœur ; car, encore
« qu'il fût amolli par les délices et enorgueilli de sa puissance, il
« ne laissait pas d'avoir quelques sentiments d'humanité, quand on
« le faisait ressouvenir des dieux et de l'inconstance des choses
« humaines. Il souffrit que je lui disse la vérité ; et il fut si touché
« de ma crainte pour lui, qu'enfin il résolut d'interrompre le cours
« de ses prospérités par une perte qu'il voulait se préparer lui-
« même. Je vois bien, me dit-il, qu'il n'y a point d'homme qui ne
« doive en sa vie éprouver quelque disgrâce de la fortune : plus on
« a été épargné d'elle, plus on a à craindre quelque révolution
« affreuse ; moi, qu'elle a comblé de biens pendant tant d'années,
« je dois en attendre des maux extrêmes, si je ne détourne ce qui
« semble me menacer. Je veux donc me hâter de prévenir les tra-
« hisons de cette fortune flatteuse. En disant ces paroles, il tira
« de son doigt son anneau, qui était d'un très grand prix, et qu'il
« aimait fort ; il le jeta en ma présence du haut d'une tour dans

« Mes frères se repentirent de m'avoir traité si injustement; et, dans le désir de pouvoir être un jour mes héritiers,
ils firent leurs derniers efforts, mais inutilement, pour s'insinuer dans mon amitié. Leur division fut cause que les
biens de notre père furent vendus ; je les achetai, et ils
eurent la douleur de voir tout le bien de notre père passer
dans les mains de celui à qui ils n'avaient pas voulu en
donner la moindre partie : ainsi ils tombèrent tous dans
une affreuse pauvreté. Mais, après qu'ils eurent assez senti
leur faute, je voulus leur montrer mon naturel; je leur
pardonnai, je les reçus dans ma maison, je leur donnai à
chacun de quoi gagner du bien dans le commerce de la
mer; je les réunis tous; eux et leurs enfants demeurèrent
ensemble paisiblement chez moi; je devins le père commun
de toutes ces différentes familles. Par leur union et par
leur application au travail, ils amassèrent bientôt des
richesses considérables. Cependant, la vieillesse, comme
vous le voyez, est venue frapper à ma porte ; elle a blanchi
mes cheveux et ridé mon visage; elle m'avertit que je ne

« la mer, et espéra, par cette perte, d'avoir satisfait a la necessité
« de subir, du moins une fois en sa vie, les rigueurs de la fortune.
« Mais c'était un aveuglement causé par sa prospérité. Les maux
« qu'on choisit, et qu'on se fait soi-même, ne sont plus des maux ;
« nous ne sommes affligés que par les peines forcees et imprevues
« dont les dieux nous frappent. Polycrate ne savait pas que le vrai
« moyen de prévenir la fortune était de se détacher par sagesse et
« par moderation de tous les biens fragiles qu'elle donne. La for-
« tune, à laquelle il voulut sacrifier son anneau, n'accepta point ce
« sacrifice ; et Polycrate, malgré lui, parut plus heureux que jamais.
« Un poisson avait avalé l'anneau; le poisson avait été pris, porté
« chez Polycrate, préparé pour être servi a sa table ; et l'anneau
« trouve par un cuisinier dans le ventre du poisson, fut rendu au
« tyran, qui pâlit à la vue d'une fortune si opiniâtre à le favoriser.
« Mais le temps s'approchait où ses prospérites se devaient changer
« tout a coup en des adversités affreuses. Le grand roi de Perse
« Darius, fils d'Hystape, entreprit la guerre contre les Grecs. Il sub-
« jugua bientôt toutes les colonies grecques de la côte d'Asie et des
« iles voisines qui sont dans la mer Égee. Samos fut prise, le tyran
« fut vaincu ; et Orante, qui commandait pour le grand roi, ayant
« fait dresser une haute croix, y fit attacher le tyran. Ainc seit
« homme, qui avait joui d'une si haute prosperité, et qui n'avait pu

jouirai pas longtemps d'une si parfaite prospérité. Avant
que de mourir, j'ai voulu voir encore une dernière fois cette
terre qui m'est si chère, et qui me touche plus que ma
patrie même, cette Lycie où j'ai appris à être bon et sage
sous la conduite du vertueux Alcide. En y repassant par
mer, j'ai trouvé un marchand d'une des îles Cyclades, qui
m'a assuré qu'il restait encore à Délos un fils d'Orciloque,
qui imitait la sagesse et la vertu de son grand-père Alcine.
Aussitôt j'ai quitté la route de Lycie, et je me suis hâté de
venir chercher, sous les auspices d'Apollon, dans son île,
ce précieux reste d'une famille à qui je dois tout. Il me
reste peu de temps à vivre : la Parque, ennemie de ce
doux repos que les dieux accordent si rarement aux mortels, se hâtera de trancher mes jours; mais je serai content
de mourir, pourvu que mes yeux, avant que de se fermer
à la lumière, aient vu le petit-fils de mon maître. Parlez
maintenant, ô vous qui habitez avec lui dans cette île : le
connaissez-vous? pouvez-vous me dire où je le trouverai?
Si vous me le faites voir, puissent les dieux en récompense

« même eprouver le malheur qu'il avait cherché, périt tout à coup
« par le plus cruel et le plus infâme de tous les supplices. Ainsi rien
« ne menace tant les hommes de quelque grand malheur, qu'une
« trop grande prosperité.
   « Cette fortune, qui se joue cruellement des hommes les plus
« eleves, tire aussi de la poussiere ceux qui étaient les plus malheu-
« reux. Elle avait précipité Polycrate du haut de sa roue, et elle
« m'avait fait sortir de la plus miserable de toutes les conditions,
« pour me donner de grands biens. Les Perses ne me l'ôterent point;
« au contraire, ils firent grand cas de ma science pour guerir les
« hommes, et de la moderation avec laquelle j'avais vecu pendant
« que j'etais en faveur auprès du tyran. Ceux qui avaient abusé
« de sa confiance et de son autorité furent punis de divers supplices.
« Comme je n'avais jamais fait de mal a personne, et que j'avais
« au contraire fait tout le bien que j'avais pu faire, je demeurai
« le seul que les victorieux épargnèrent et qu'ils traitèrent hono-
« rablement. Chacun s'en réjouit, car j'étais aimé ; et j'avais joui
« de la prosperité sans envie, parce que je n'avais jamais montre
« ni dureté, ni orgueil, ni avidite, ni injustice. Je passai encore
« a Samos quelques années assez tranquillement, mais je sentis
« enfin un violent desir de revoir la Lycie, ou j'avais passe si dou
« « cement mon enfance.

.vous faire voir sur vos genoux les enfants de vos enfants jusqu'à la cinquième génération! puissent les dieux conserver toute votre maison dans la paix et dans l'abondance, pour fruit de votre vertu! »

Pendant qu'Aristonous parlait ainsi, Sophronyme versait des larmes mêlées de joie et de douleur. Enfin il se jette, sans pouvoir parler, au cou du vieillard ; il l'embrasse, il le serre, et il pousse avec peine ces paroles entrecoupées de soupirs : « Je suis, ô mon père, celui que vous cherchez : vous voyez Sophronyme, petit-fils de votre ami Alcine : c'est moi ; et-je ne puis douter, en vous écoutant, que les dieux ne vous aient envoyé ici pour adoucir mes maux. La reconnaissance, qui semblait perdue sur la terre, se retrouve en vous seul. J'avais ouï dire, dans mon enfance, qu'un homme célèbre et riche, établi en Lycaonie, avait été nourri chez mon grand-père ; mais comme Orciloque, mon père, qui est mort jeune, me laissa au berceau, je n'ai su ces choses que confusément. Je n'ai osé aller en Lycaonie, dans l'incertitude, et j'ai mieux aimé demeurer en cette île, me consolant dans mes malheurs par le mépris des vaines richesses, et par le doux emploi de cultiver les Muses dans la maison sacrée d'Apollon. La sagesse, qui accoutume les hommes à se contenter de peu et à vivre tranquilles, m'a tenu lieu jusqu'ici de tous les autres biens. »

En achevant ces paroles, Sophronyme, se voyant arrivé au temple, proposa à Aristonoüs d'y faire sa prière et ses offrandes. Ils firent au dieu un sacrifice de deux brebis plus blanches que la neige, et d'un taureau qui avait un croissant sur le front entre les deux cornes : ensuite ils chantèrent des vers en l'honneur du dieu qui éclaire l'univers, qui règle les saisons, qui préside aux sciences et qui anime le chœur des neuf Muses. Au sortir du temple, Sophronyme et Aristonoüs passèrent le reste du jour à se raconter leurs aventures. Sophronyme reçut chez lui le vieillard, avec la tendresse et le respect qu'il aurait témoignés à Alcine même, s'il eût été encore vivant. Le lendemain ils partirent ensemble, et firent voile vers la Lycie. Aristonous mena **Sophronyme dans une fertile campagne sur le bord du**

fleuve Xanthe, dans les ondes duquel Apollon, au retour
de la chasse, couvert de poussière, a tant de fois plongé son
corps et lavé ses beaux cheveux blonds Ils trouvèrent, le
long de ce fleuve, des peupliers et des saules, dont la verdure tendre et naissante cachait les nids d'un nombre infini
d'oiseaux qui chantaient nuit et jour. Le fleuve, tombant
d'un rocher avec beaucoup de bruit et d'écume, brisait ses
flots dans un canal plein de petits cailloux : toute la plaine
était couverte de moissons dorées ; les collines, qui s'élevaient en amphithéâtre, étaient chargées de ceps de vignes
et d'arbres fruitiers. Là, toute la nature était riante et gracieuse; le ciel était doux et serein, et la terre toujours
prête à tirer de son sein de nouvelles richesses pour payer
les peines du laboureur. En s'avançant le long du fleuve,
Sophronyme aperçut une maison simple et médiocre, mais
d'une architecture agréable, avec de justes proportions. Il
n'y trouva ni marbre, ni or, ni argent, ni ivoire, ni meubles
de pourpre : tout y était propre, et plein d'agrément et de
commodité, sans magnificence. Une fontaine coulait au
milieu de la cour, et formait un petit canal le long d'un
tapis vert. Les jardins n'étaient point vastes ; on y voyait
des fruits et des plantes utiles pour nourrir les hommes :
aux deux côtés du jardin paraissaient deux bocages, dont
les arbres étaient presque aussi anciens que la terre leur
mère, et dont les rameaux épais faisaient une ombre impénétrable aux rayons du soleil. Ils entrèrent dans un salon,
où ils firent un doux repas des mets que la nature fournis-
sait dans les jardins, et on n'y voyait rien de ce que la délicatesse des hommes va chercher si loin et si chèrement
dans les villes ; c'était du lait aussi doux que celui qu'Apollon avait le soin de traire pendant qu'il était berger chez
le roi Admète; c'était du miel plus exquis que celui des
abeilles d'Hybla en Sicile, ou du mont Hymette dans
l'Attique : il y avait des légumes du jardin, et des fruits
qu'on venait de cueillir. Un vin plus délicieux que le nectar
coulait de grands vases dans des coupes ciselées. Pendan
ce repas frugal, mais doux et tranquille, Aristonous ne
voulut point se mettre à table D'abord il fit ce qu'il put,

sous divers prétextes, pour cacher sa modestie ; mais enfin,
comme Sophronyme voulut le presser, il déclara qu'il ne
se résoudrait jamais à manger avec le petits-fils d'Alcine,
qu'il avait si longtemps servi dans la même salle. Voilà, lui
disait-il, où ce sage vieillard avait accoutumé de manger ;
voilà où il conversait avec ses amis; voilà où il jouait à
divers jeux; voici où il se promenait en lisant Hésiode et
Homère ; voici où il se reposait la nuit. En rappelant ces
circonstances, son cœur s'attendrissait et les larmes coulaient de ses yeux. Après le repas, il mena Sophronyme
voir la belle prairie où erraient ses grands troupeaux
mugissants sur le bord du fleuve; puis ils aperçurent les
troupeaux de moutons qui revenaient des gras pâturages;
les mères bêlantes et pleines de lait y étaient suivies de
leurs petits agneaux bondissants. On voyait partout les
ouvriers empressés, qui animaient le travail pour l'intérêt
de leur maître doux et humain, qui se faisait aimer d'eux
et leur adoucissait les peines de l'esclavage.

Aristonoüs ayant montré à Sophronyme cette maison,
ces esclaves, ces troupeaux et ces terres devenues si fertiles par une soigneuse culture, lui dit ces paroles : « Je suis
ravi de vous voir dans l'ancien patrimoine de vos ancêtres;
me voilà content, puisque je vous mets en possession du
lieu où j'ai servi si longtemps Alcine. Jouissez en paix de
ce qui était à lui, vivez heureux, et préparez-vous de loin
par votre vigilance une fin plus douce que la sienne. » En
même temps il lui fait une donation de ce bien, avec toutes
les solennités prescrites par les lois; et il déclare qu'il
exclut de sa succession ses héritiers naturels, si jamais ils
sont assez ingrats pour contester la donation qu'il a faite
au petit-fils d'Alcine son bienfaiteur. Mais ce n'est pas
assez pour contenter le cœur d'Aristonous. Avant que de
donner sa maison, il l'orne tout entière de meubles neufs,
simples et modestes à la vérité, mais propres et agréables;
il remplit les greniers des riches présents de Cérès, et les
celliers d'un vin de Chio, digne d'être servi par la main
d'Hébé ou de Ganimède à la table du grand Jupiter; il y
met aussi du vin parménien, avec une abondante provision

du miel d'Hymette et d'Hybla, et d'huile d'Attique, presque
aussi douce que le miel même. Enfin il y ajoute d'innombrables toisons d'une laine fine et blanche comme la neige,
riche dépouille des tendres brebis qui paissaient sur les
montagnes d'Arcadie et dans les gras pâturages de Sicile.
C'est en cet état qu'il donne sa maison à Sophronyme : il
lui donne encore cinquante talents euboïques, et réserve
à ses parents les biens qu'il possède dans la péninsule de
Clazomène, aux environs de Smyrne, de Lébède et de
Colophon, qui étaient d'un très grand prix. La donation
étant faite, Aristonous se rembarque dans son vaisseau,
pour retourner dans l'Ionie. Sophronyme, étonné et attendri
par des bienfaits si magnifiques, l'accompagne jusqu'au
vaisseau, les larmes aux yeux, le nommant toujours son
père et le serrant entre ses bras. Aristonous arriva bientôt
chez lui par une heureuse navigation : aucun de ses parents
n'osa se plaindre de ce qu'il venait de donner à Sophronyme. « J'ai laissé, leur disait-il, pour dernière volonté dans
mon testament, cet ordre, que tous mes biens seront vendus
et distribués aux pauvres de l'Ionie, si jamais aucun de vous
s'oppose au don que je viens de faire au petit-fils d'Alcine. »
   Le sage vieillard vivait en paix et jouissait des biens que
les dieux avaient accordés à sa vertu. Chaque année, malgré sa vieillesse, il faisait un voyage en Lycie pour revoir
Sophronyme, et pour aller faire un sacrifice sur le tombeau d'Alcine, qu'il avait enrichi des plus beaux ornements
de l'architecture et de la sculpture. Il avait ordonné que
ses propres cendres, après sa mort, seraient portées dans
le même tombeau, afin qu'elles reposassent avec celles de
son cher maître. Chaque année, au printemps, Sophronyme, impatient de le revoir, avait sans cesse les yeux
tournés vers les rivages de la mer, pour tâcher de découvrir le vaisseau d'Aristonous, qui arrivait dans cette saison.
Chaque année il avait le plaisir de voir venir de loin, au
travers des ondes amères, ce vaisseau qui lui était si cher;
et la venue de ce vaisseau lui était infiniment plus douce
que toutes les grâces de la nature renaissante **au printemps**, après les rigueurs de l'affreux hiver.

Une année il ne voyait point venir, comme les autres,
ce vaisseau tant désiré ; il soupirait amèrement ; la tristesse
et la crainte étaient peintes sur son visage ; le doux sommeil fuyait loin de ses yeux ; nul mets exquis ne lui semblait doux : il était inquiet, alarmé du moindre bruit, toujours tourné vers le port ; il demandait à tous moments si
on n'avait point vu quelque vaisseau venu d'Ionie. Il en vit
un ; mais, hélas ! Aristonoüs n'y était pas, il ne portait que
ses cendres dans une urne d'argent. Amphiclès, ancien
ami du mort, et à peu près du même âge, fidèle exécuteur
de ses dernières volontés, apportait tristement cette urne.
Quand il aborda Sophronyme, la parole leur manqua à
tous deux, et ils ne s'exprimèrent que par leurs sanglots.
Sophronyme ayant baisé l'urne, et l'ayant arrosée de ses
larmes, parla ainsi : « O vieillard, vous avez fait le bonheur
de ma vie, et vous me causez maintenant la plus cruelle de
toutes les douleurs : je ne vous verrai plus ; la mort me
sera douce pour vous voir et pour vous suivre dans les
Champs-Élysées, où votre ombre jouit de la bienheureuse
paix que les dieux justes réservent à la vertu. Vous avez
ramené en nos jours la justice, la piété et la reconnaissance
sur la terre : vous avez montré dans un siècle de fer la
bonté et l'innocence de l'âge d'or. Les dieux, avant que de
vous couronner dans le séjour des justes, vous ont accordé
ici-bas une vieillesse heureuse, agréable et longue : hélas !
ce qui devrait toujours durer n'est jamais assez long. Je
ne sens plus aucun plaisir à jouir de vos dons, puisque je
suis réduit à en jouir sans vous. O chère ombre ! quand
est-ce que je vous suivrai ? Précieuses cendres, si vous pouvez sentir encore quelque chose, vous ressentirez sans doute
le plaisir d'être mêlées à celles d'Alcine. Les miennes s'y
mêleront aussi un jour. En attendant, toute ma consolation
sera de conserver ces restes de ce que j'ai le plus aimé.
O Aristonoüs ! ô Aristonous ! non, vous ne mourrez point,
et vous vivrez toujours dans le fond de mon cœur. Plutôt
m'oublier moi-même, que d'oublier jamais cet homme si
aimable, qui m'a tant aimé, qui aimait tant la vertu, à qui
je dois tout ! »

Après ces paroles entrecoupées de profonds soupirs, Sophronyme mit l'urne dans le tombeau d'Alcine : il immola plusieurs victimes, dont le sang inonda les autels de gazon qui environnaient le tombeau ; il répandit des libations abondantes de vin et de lait ; il brûla des parfums venus du fond de l'Orient, et il s'éleva un nuage odoriférant au milieu des airs. Sophronyme établit à jamais, pour toutes les années, dans la même saison, des jeux funèbres en l'honneur d'Alcine et d'Aristonoüs. On y venait de la Carie, heureuse et fertile contrée ; des bords enchantés du Méandre, qui se joue par tant de détours, et qui semble quitter à regret le pays qu'il arrose ; des rives toujours vertes du Caystre ; des bords du Pactole, qui roule sous ses flots un sable doré ; de la Pamphylie, que Cérès, Pomone et Flore ornent à l'envi ; enfin des vastes plaines de la Cilicie, arrosées comme un jardin par les torrents qui tombent du mont Taurus toujours couvert de neige. Pendant cette fête si solennelle, les jeunes garçons et les jeunes filles, vêtus de robes traînantes de lin plus blanches que les lis, chantaient des hymnes à la louange d'Alcine et d'Aristonous ; car on ne pouvait louer l'un sans louer aussi l'autre, ni séparer deux hommes si étroitement unis, même après leur mort.

Ce qu'il y eut de plus merveilleux, c'est que, dès le premier jour, pendant que Sophronyme faisait les libations de vin et de lait, un myrte d'une odeur exquise naquit au milieu du tombeau, et éleva tout à coup sa tête touffue pour couvrir les deux urnes de ses rameaux et de son ombre : chacun s'écria qu'Aristonoüs, en récompense de sa vertu, avait été changé par les dieux en un arbre si beau. Sophronyme prit soin de l'arroser lui-même, et de l'honorer comme une divinité. Cet arbre, loin de vieillir, se renouvelle de dix ans en dix ans ; et les dieux ont voulu faire voir, par cette merveille, que la vertu, qui jette un si doux parfum dans la mémoire des hommes, ne meurt jamais.

FIN

TABLE DES MATIÈRES

LIVRE PREMIER

LIVRE II

LIVRE VI

LIVRE VII

LIVRE XII

LIVRE XIII

TABLE DES MATIÈRES.

FIN DE LA TABLE

Imprimerie A. Derst, 9, Rue Édouard-Jacques, à Paris. — 9 -20.

Collection des Classiques GARNIER

CLASSIQUES FRANÇAIS

BELLAY (J. du). — Poésies françaises et latines, 2 vol.
— Défense et illustration de la langue française, 1 vol.
BOILEAU. — Œuvres, 1 vol.
— Œuvres poétiques. (Edition Laplace illustrée). 1 vol.
CHÉNIER. — Œuvres poétiques, 2 vol.
— Œuvres en prose, 1 vol.
COURIER (P.-L.). — Œuvres, 1 vol.
DESCARTES. — Œuvres complètes, 1 vol.
DIDEROT. — Œuvres choisies, 2 vol.
— Jacques le fataliste et son maître, 1 vol.
— Les Bijoux indiscrets, 1 vol.
FÉNELON. — Les Aventures de Télémaque, 1 vol. illustré.
LA BRUYÈRE. — Les caractères, 1 vol.
— Les caractères (Edition Laplace illustrée), 1 vol.
LA FAYETTE (Mme de). — Romans et Nouvelles, 1 vol.
LA FONTAINE. — Fables, 1 vol. illustré.
— Contes et Nouvelles, 1 vol.
LA ROCHEFOUCAULD. — Réflexions, sentences et maximes morales, 1 vol.
LESAGE. — Histoire de Gil Blas de Santillane, 1 vol. in-18.
— Le diable boiteux, 1 vol.
— Histoire de Guzman d'Alfarache, 1 vol.
— Théâtre, 1 vol.
MALHERBE. — Œuvres poétiques. 1 vol.
MARIVAUX. — La vie de Marianne, 1 vol.
— Le Paysan parvenu, 1 vol.

MAROT (Clément). — Œuvres complètes, 2 vol.
MILLEVOYE. — Œuvres, 1 vol.
MONTAIGNE. — Essais, 2 vol.
MONTESQUIEU. — De l'Esprit des lois, 1 vol.
— Lettres persanes, 1 vol.
— De la grandeur des Romains et de leur décadence, 1 vol.
PASCAL. — Pensées, 1 vol.
— Lettres écrites à un provincial, 1 vol.
RONSARD. — Œuvres choisies, 1 vol.
ROUSSEAU. — Les Confessions, 1 vol.
— Contrat social, 1 vol.
— Émile, 1 vol.
— Julie ou la *Nouvelle Héloïse* 1 vol.
— Œuvres, 1 vol.
— Lettres à d'Alembert, 1 vol.
SÉVIGNÉ (Mme de). — Lettres choisies, 1 vol.
STAËL (Mme de). — Corinne ou l'Italie.
— De l'Allemagne, 1 vol.
— Delphine, 1 vol.
— Dix années d'exil, 1 vol.
VOLTAIRE. — Théâtre, 1 vol.
— Théâtre (Edition Laplace illustrée), 1 vol.
— Epîtres, Satires, 1 vol.
— La Henriade, 1 vol.
— Histoire de Charles XII, 1 vol.
— Lettres choisies, 2 vol.
— Précis du siècle de Louis XV, 1 vol.
— La Pucelle d'Orléans. 1 vol.
— Romans, 1 vol.
— Le siècle de Louis XIV, 1 vol.
— Le Sottisier, 1 vol.

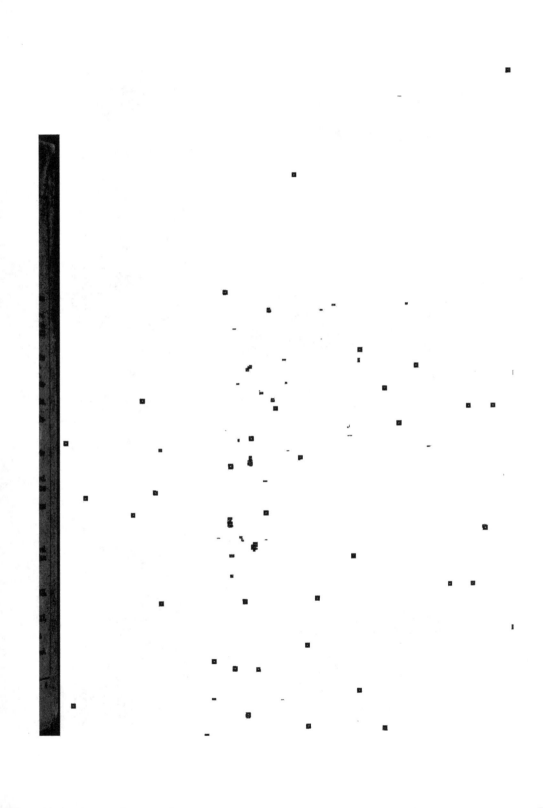

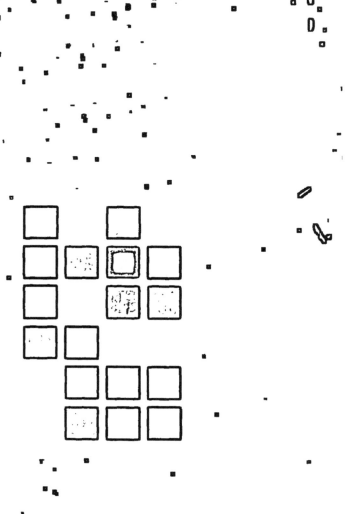

CPSIA information can be obtained
at www.ICGtesting.com
Printed in the USA
BVHW011433290421
605864BV00040B/294